会社法大系

1

[会社法制・会社概論・設立]

編集代表
江頭憲治郎
門口正人

編集者
西岡清一郎
市村陽典
相澤　哲
河和哲雄

青林書院

はしがき

　会社をめぐる社会経済情勢はめまぐるしく動き，立法の分野では会社法（平成17年法律86号）が制定されたのみならず，金融商品取引法，担保付社債信託法など多くの重要な法律の改正が相次いで施行され，裁判や行政の分野でも新しい判断や提言が示されている。

　本書は，現在の社会経済情勢と立法等の状況を踏まえつつ，会社法制に関して当面する課題を取り上げ，会社法務や訴訟実務に携わる上において役に立つことを目指している。そのために，解説項目は，会社法の改正部分にとどまらず，広く会社関係実務に係るものや旧来から会社法制分野で問題とされてきた事項を対象とし，解説の内容も，従来の実務を参照しつつ，立法の趣旨や新たな裁判例等に触れるとともに学問的成果を取り入れるように心がけたものである。執筆者は，学者，裁判官，法務省検事及び弁護士に広く求めることとし，商事法を専門とする学者のほか，裁判官には商事分野に専門的に関与した経験がある者，検事には立案担当者，弁護士には会社関係実務に精通している者から全国規模で参加してもらった。

　本書が，会社法務や訴訟実務に役立つだけではなく，会社法制の研究と会社法学の発展に寄与することができれば，編集に携わった者として，これ以上の喜びはない。

　今後とも，大方の批判を仰ぎながら，内容の改善を図り，機会があれば，さらに充実したものとしていきたい。

　平成20年4月

　　　　　　　　　　　　　　　　　　編集者代表　　江　頭　憲治郎
　　　　　　　　　　　　　　　　　　　　　　　　　門　口　正　人

執 筆 者

江頭　憲治郎	早稲田大学大学院法務研究科教授
弥永　真生	筑波大学ビジネス科学研究科教授
仮屋　広郷	一橋大学大学院法学研究科教授
小林　俊明	専修大学法学部教授
葉玉　匡美	弁護士（第一東京弁護士会）〔元法務省民事局付〕・上智大学法科大学院教授
岩渕　正紀	弁護士（第一東京弁護士会）
野下　えみ	弁護士（第一東京弁護士会）
藤原　総一郎	弁護士（第二東京弁護士会）
近藤　昌昭	名古屋地方裁判所判事
小原　正敏	弁護士（大阪弁護士会）・大阪市立大学法科大学院特任教授
清水　毅	法務省民事局付・弁護士（第一東京弁護士会）
本間　健裕	司法研修所教官・判事
氏本　厚司	最高裁判所事務総局総務局第二課長
小柿　徳武	大阪市立大学大学院法学研究科准教授
尾崎　雅俊	弁護士（大阪弁護士会）
小澤　優一	弁護士（第二東京弁護士会）
太田　穰	弁護士（第一東京弁護士会）・慶應義塾大学大学院法務研究科講師
菅　尋史	弁護士（第二東京弁護士会）
相澤　光江	弁護士（東京弁護士会）
松嶋　英機	弁護士（東京弁護士会）
濱田　芳貴	弁護士（東京弁護士会）・慶應義塾大学大学院法務研究科講師
相澤　哲	法務省民事局商事課長

〔執筆順・執筆者の肩書は執筆当時〕

凡　例

1．用字・用語等
　本書の用字・用語は，原則として常用漢字，現代仮名づかいによったが，法令に用いられているもの，及び判例，文献等の引用文は原文どおりとした。

2．段落構成
　本文中の段落構成は，Ⅰ，Ⅱ，Ⅲ……，**1**，**2**，**3**……，(1)，(2)，(3)……，(a)，(b)，(c)……のような区分によっている。

3．本文の注記
　本文中でさらに補足・関連説明や文献引用等の注記を必要とする場合は，注番号（1），（2），（3）……を付し，各段落本文の末尾に別注としてまとめた。ただし，法令の引用及び語句の言換え，例示，学説の呼称（「○○説」など）等は，本文中にかっこ書で表した。

4．関係法令
　関係法令は，原則として平成20年1月末日現在のものによった。

5．法令の引用表記
　法令の引用表記においては，本文解説中における法令条項は，原則としてフルネームで引用した。かっこ内における法令条項のうち主要な法令名は，後掲の「主要法令略語表」によった。

6．判例の引用表記
　判例の引用表記は，通例に従い，次の略記法を用いた。その際の略語は，後掲の「判例集等略語表」によった。
【例】　昭和61年3月13日最高裁判所判決，最高裁判所民事判例集40巻2号229頁
　　　→　最判昭61・3・13民集40巻2号229頁
　　平成15年10月10日東京地方裁判所判決，金融・商事判例1178号2頁
　　　→　東京地判平15・10・10金判1178号2頁

7．文献の引用表示
　注記中に引用した文献については，初出の際，単行本等については著者（執筆者）及び編者・監修者の姓名，書名（論文名）及びその巻数又は号数，刊行年，参照頁

凡　例

を掲記し，雑誌論文等については著者（執筆者）の姓名，論文名，掲載誌及びその巻数又は号数，刊行年，参照頁を掲記した。

注釈書その他の編集物については，編者名のほか引用箇所の執筆者名を〔　〕内に示した。

判例批評は，執筆者名に続けて〔判批〕と示した。

主要な雑誌等は後掲の「主要雑誌等略語表」によった。

〔主要法令略語表〕

会社	会社法（平成17年法律86号）	一般法人法	一般社団法人及び一般財団法人に関する法律〔平成20年12月1日施行〕
会社令	会社法施行令（平成17年政令364号）		
整備法	会社法の施行に伴う関係法律の整備等に関する法律（平成17年法律87号）	会更	会社更生法
		会社非訟	会社非訟事件等手続規則
		家審	家事審判法
整備政令	会社法及び会社法の施行に伴う関係法律の整備等に関する法律の施行に伴う法務省関係政令の整備等に関する政令（平成17年政令366号）	行政書士	行政書士法
		銀行	銀行法
		金融商品	金融商品取引法
		金融商品令	金融商品取引法施行令
		構造改革特別区	構造改革特別区域法
会社規	会社法施行規則（平成18年法務省令12号）	財規	財務諸表等の用語，様式及び作成方法に関する規則（財務諸表等規則）
計算規	会社計算規則（平成18年法務省令13号）		
		産業再生	産業活力再生特別措置法
電子公告規	電子公告規則（平成18年法務省令14号）	社債株式振替	社債，株式等の振替に関する法律〔平成21年までは，社債等の振替に関する法律〕
商	商法	商登	商業登記法
商施規	商法施行規則	商登規	商業登記規則
非訟	非訟事件手続法	信託業	信託業法
旧商	平成17年法律87号による改正前商法	地方自治	地方自治法
		中間法人	中間法人法〔一般社団法人及び一般財団法人に関する法律の施行日（平成20年12月1日）に廃止〕
旧商施規	平成18年法務省令12号による改正前商法施行規則		
旧商特	平成17年法律87号による廃止前株式会社の監査等に関する商法の特例に関する法律（商法特例法）		
		中協	中小企業等協同組合法
		独禁	私的独占の禁止及び公正取引の確保に関する法律（独占禁止法）
旧非訟	平成17年法律87号による改正前非訟事件手続法		
		日本電信電話株式会社法	日本電信電話株式会社等に関する法律
旧有	平成17年法律87号による廃止前有限会社法		
		農協	農業協同組合法

凡　例

破	破産法	民訴	民事訴訟法
不正競争	不正競争防止法	民訴規	民事訴訟規則
不登	不動産登記法	民訴費	民事訴訟費用等に関する法律
法税	法人税法	民保	民事保全法
保険業	保険業法	有限組合	有限責任事業組合契約に関する法律
民	民法		
民再	民事再生法		

〔判例集等略語表〕

大	大審院	刑集	最高裁判所（又は大審院）刑事判例集
控	控訴院		
最	最高裁判所	裁判集民	最高裁判所裁判集民事
最大	最高裁判所大法廷	判決全集	大審院判決全集（法律新報付録）
最一小	最高裁判所第一小法廷		
最二小	最高裁判所第二小法廷	評論全集	法律〔学説判例〕評論全集
最三小	最高裁判所第三小法廷	高民	高等裁判所民事判例集
高	高等裁判所	東高民時報	東京高等裁判所判決時報民事
地	地方裁判所	新聞	法律新聞
簡	簡易裁判所	法学	法学
支	支部	下民	下級裁判所民事裁判例集
判	判決	金判	金融・商事判例
決	決定	金法	旬刊金融法務事情
民録	大審院民事判決録	判時	判例時報
民集	最高裁判所（又は大審院）民事判例集	判タ	判例タイムズ

〔主要雑誌等略語表〕

NBL	NBL	判時	判例時報
企会	企業会計	判タ	判例タイムズ
金判	金融・商事判例	ひろば	法律のひろば
最判解説民	最高裁判所判例解説民事篇	法学	法学
重判解	重要判例解説（ジュリスト臨時増刊）	法協	法学協会雑誌
		法教	法学教室
主判解	主要民事判例解説（判例タイムズ臨時増刊）	法資	法令解説資料総覧
		法セ	法学セミナー
ジュリ	ジュリスト	法時	法律時報
商事	旬刊商事法務	民商	民商法雑誌
新報	法学新報	リマークス	私法判例リマークス（法律時報別冊）
租税	租税法研究		
登研	登記研究	論叢	法学論叢
登情	登記情報		

目　次

目　次

第1章　会社法制概論 ― 3

1．会社法の趣旨 …… 5

Ⅰ　会社法の制定…… 5
　1．会社法の制定の目的　5
　　(1)　「会社法」への法律の整理・統合　5
　　(2)　制度の整合性を図るための体系的な見直し　6
　　(3)　最近の社会経済情勢の変化への対応　7
　2．法務省令への委任　8
Ⅱ　会社法の意義と適用関係…… 9
　1．実質的意義の会社法・形式的意義の会社法　9
　2．渉外関係における会社法の適用　10
Ⅲ　強行法規性と定款自治…… 11
　1．定款自治の拡大　11
　2．会社法は明文の定めがない限り強制法規か　12

1．会社法とその他の関連法，会計基準 …… 15

Ⅰ　会社法と商法…… 15
Ⅱ　会社法と金融商品取引法…… 16
　1．会社法と金融商品取引法との重複適用と棲分け　16
　　(1)　投資者保護　16
　　(2)　情報開示　17
　　(3)　証券の発行時の開示　18
　　(4)　書面による議決権行使と委任状勧誘規制　19
　　(5)　企業買収についての規制　20
　2．会社法の規律の前提としての金融商品取引法　21
Ⅲ　会社法と業法…… 21
　1．最低資本金制度など　21
　2．株式の譲渡や議決権行使の制限　22
　3．会社の計算　24
Ⅳ　会社法と税法…… 25

         1．確定決算主義　25
         2．一般に公正妥当と認められる企業会計の慣行といわゆる税法
            基準　25
    Ⅴ　会社法と倒産法……27
         1．特別清算　27
         2．役員等の責任の査定　29
         3．会社更生手続における会社法の特則　30
            (1) 意思決定手続　30
            (2) 計　算　31
    Ⅵ　会社法と独占禁止法……33
    Ⅶ　会社法と会計基準……36

3．各種会社における社員の地位と債権者保護　…………………39

    はじめに……39
    Ⅰ　合名会社における社員の地位と債権者保護規制……40
         1．合名会社の社員の地位　40
         2．合名会社における債権者保護規制の概要　40
            (1) 社員への払戻規制　40
            (2) 会社財産の開示規制　41
    Ⅱ　株式会社における社員の地位と債権者保護規制……41
         1．株式会社の社員の地位　41
         2．株式会社における債権者保護規制の概要　41
            (1) 社員への払戻規制　41
            (2) 会社財産の開示規制　42
    Ⅲ　合名会社と株式会社における債権者保護規制が異なる理由
       ……42
         1．伝統的な説明　42
         2．立法担当者の説明　44
         3．有限責任と債権者保護規制─伝統的説明と異なる位置付け
            45
    Ⅳ　合資会社と合同会社における社員の地位と債権者保護規制
       ……49
         1．合資会社と合同会社の社員の地位　49
         2．合資会社における債権者保護規制の概要　50
         3．合同会社における債権者保護規制の概要　50
            (1) 社員への払戻規制　50

　　　　(2)　会社財産の開示規制　51
　Ⅴ　合同会社と株式会社における債権者保護規制が異なる理由
　　……52
　　1．はじめに　52
　　2．合同会社の創設目的と債権者保護規制　52
おわりに……55

4．各種会社における投下資本の回収手段……57

はじめに……57
　Ⅰ　株式会社における投下資本の回収手段……59
　　1．株式の譲渡による投下資本の回収　59
　　　(1)　株式の自由譲渡性　59
　　　(2)　株式譲渡の制限　62
　　2．株式会社の財産の払戻しによる投下資本の回収　68
　　　(1)　払戻方法の多様化　68
　　　(2)　会社財産の払戻しによる投下資本の全部回収
　　　　　—会社が自己の株式を取得する場合　71
　　　(3)　会社財産の払戻しによる投下資本の一部回収
　　　　　—会社が自己の株式を取得しない場合　82
　　　(4)　解散判決請求権による投下資本の回収　86
　Ⅱ　持分会社における投下資本の回収手段……88
　　1．合名会社・合資会社における投下資本の回収手段　88
　　　(1)　持分の譲渡による投下資本の回収　88
　　　(2)　退社に伴う持分払戻しによる投下資本の回収　90
　　　(3)　退社以外の払戻しによる投下資本の一部回収　93
　　　(4)　解散判決請求権による投下資本の回収　95
　　2．合同会社における投下資本の回収　96
おわりに……99

第2章　会社法総則 ────────── 101

1．会社の目的 ……103

　Ⅰ　総　　論……103
　Ⅱ　「目的」を定めることの法的効果……104
　　1．目的の意義　104

Ⅱ

　　　　　目　　次

　　　　2．目的を要件とする規定　104
　　　　3．権利能力の制限　105
　Ⅲ　適法性……105
　Ⅳ　明確性……106
　　　　1．意　義　106
　　　　2．明確性と具体性の関係　107
　　　　3．明確性の判断基準　107
　　　　4．固有名詞の取扱い　108
　Ⅴ　具体性……109
　Ⅵ　営利性……110
　　　　1．営利性の意義　110
　　　　2．旧商法52条廃止の趣旨　110
　　　　3．法人種別の区別基準　112
　　　　4．寄付行為　112
　Ⅶ　親会社の目的……113
　Ⅷ　結　語……115

2．商号の選定と商業登記の効力 …………………………………116
　Ⅰ　商号の選定……116
　　　　1．商号の意義　116
　　　　2．商号の選定　117
　　　　　(1)　会社の商号　117
　　　　　(2)　特例有限会社たる株式会社の特則　118
　Ⅱ　商号選定の自由の例外―商号権の保護……119
　　　　1．商号権の意義　119
　　　　2．不正目的による商号等使用の制限　119
　　　　　(1)　旧商法における制限　119
　　　　　(2)　会社法における制限　120
　　　　3．不正競争防止法による商号使用制限　121
　　　　　(1)　禁止の要件　121
　　　　　(2)　効　果　122
　　　　4．不正競争防止法による救済と会社法による救済の異同　122
　　　　　(1)　主観的要件　122
　　　　　(2)　周知性　123
　　　　　(3)　損害額の推定　123
　　　　　(4)　効果及び制裁　123

目　次

- Ⅲ　商号の登記……124
  1. 商号登記の手続　124
  2. 同一商号の登記の排除規定（旧商19条，旧商登27条）の廃止　124
     (1) 類似商号規制の内容　124
     (2) 類似商号規制に対する批判　125
     (3) 廃　止　126
  3. 同一又は類似の商号の使用禁止規定（旧商20条）の廃止　127
     (1) 旧商法20条の内容　127
     (2) 旧商法20条に対する批判　127
     (3) 廃　止　128
  4. 同一所在場所における同一商号の扱い　128
  5. 国会における審議経過　128
  6. 類似商号規制撤廃に伴う制度変更等　129
     (1) 商号仮登記制度の廃止　129
     (2) 会社の目的の具体性に関する審査の廃止　130
- Ⅳ　商号の譲渡・変更・廃止……130
  1. 商号の譲渡　130
  2. 商号の変更・廃止　131
- Ⅴ　商号使用の許諾……131
- Ⅵ　商業登記の効力……132
  1. 商業登記制度の意義　132
  2. 商業登記の一般的効力（宣言的効力，確保的効力）　133
     (1) 登記前の効力（消極的公示力）　133
     (2) 登記後の効力（積極的公示力）　134
  3. 特殊的効力　135
     (1) 創設的効力　135
     (2) 補完的効力　136
     (3) 付随的効力　136
     (4) その他　136
  4. 不実の登記の効力　136
  5. 支店における登記　137

目　次

3．会社の使用人等……………………………………………138

はじめに……138
Ⅰ　支 配 人……139
　　1．支配人の意義　139
　　2．支配人の選任・終任　139
　　　(1)　支配人の選任・解任　139
　　　(2)　支配人の終任　140
　　　(3)　登　記　140
　　3．支配人の権限　140
　　　(1)　代理権の及ぶ範囲　141
　　　(2)　代理権の内容　141
　　　(3)　代理権の権限　142
　　　(4)　共同支配人の制度の廃止　142
　　4．支配人の義務　143
　　　(1)　義務の内容　143
　　　(2)　義務違反の効果（介入権制度の廃止）　144
　　5．表見支配人　145
　　　(1)　表見支配人の意義　145
　　　(2)　適用要件　145
Ⅱ　その他の商業使用人……147
　　1．ある種類又は特定の事項の委任を受けた使用人　147
　　　(1)　選　任　147
　　　(2)　代理権の範囲　147
　　　(3)　名称の使用許諾に関する会社の責任　148
　　　(4)　競業避止義務の存否　148
　　　(5)　任務の終了　149
　　2．物品販売店等の使用人　149
Ⅲ　代 理 商……150
　　1．意　義　150
　　2．代理商の権利義務　150
　　　(1)　会社との関係　150
　　　(2)　第三者との関係　153
　　3．代理商関係の終了　154

目　次

4．競業避止義務等 …………………………………………………155

　　はじめに……155
　Ⅰ　事業譲渡の意義……156
　　1．「事業」の一般的な意義　156
　　2．会社法21条の「事業譲渡」の意義　157
　　　(1)　会社法21条と同法467条の「事業譲渡」の意義　157
　　　(2)　事業譲渡契約の効果　159
　　　(3)　全事業の譲渡と一部の譲渡　160
　Ⅱ　事業譲渡にかかる譲渡人と譲受人との間の規律……160
　　1．競業避止義務の効果の性質　160
　　2．デフォルトルールの内容と限界　161
　　　(1)　総　説　161
　　　(2)　競業避止義務の発生する地域　162
　　　(3)　別段の合意の限界　162
　　　(4)　競業避止義務の特性　162
　　3．不正競争目的の事業の禁止　163
　Ⅲ　事業譲渡の第三者に及ぼす効果……163
　　1．事業譲受会社が商号を続用する場合　163
　　　(1)　商号続用の意義　163
　　　(2)　商号続用の事業譲受会社が責任を負わない場合　168
　　　(3)　効　果　168
　　2．事業譲受会社が商号を続用しない場合　169
　　3．除斥期間　170

第3章　株式会社①設立 ─────────────173

1．発起設立と募集設立 …………………………………………175

　Ⅰ　設立の意義及び種類……175
　　1．はじめに　175
　　2．2つの設立手続が設けられた理由　176
　Ⅱ　発起設立と募集設立に共通する手続……177
　　1．発起人　177
　　2．設立手続前の交渉　178
　　3．定款の作成と認証　179
　　4．設立時株式発行事項の決定　179

　　　　　　　目　　次

　　　5．定款の備置き　180
　　　6．設立の登記　180
　　　　(1)　登記の申請　180
　　　　(2)　登記の効果　180
　Ⅲ　発起設立……181
　　　1．株式の引受けと出資の履行　181
　　　　(1)　株式の引受け　181
　　　　(2)　出資の履行　181
　　　　(3)　失　権　182
　　　　(4)　譲合い・見せ金　183
　　　2．設立時取締役・設立時監査役等の選任　184
　　　　(1)　設立時取締役　184
　　　　(2)　設立時取締役の資格・員数　184
　　　　(3)　設立時取締役の権限　184
　　　　(4)　設立時監査役等　185
　　　3．設立経過の調査　185
　　　4．定款の変更　186
　Ⅳ　募集設立……186
　　　1．株式引受人の募集　186
　　　　(1)　発起人が通知すべき事項　186
　　　　(2)　株式の引受けの申込み　187
　　　2．株式の引受け　187
　　　3．出資の履行　188
　　　4．創立総会　188
　　　　(1)　招集・決議　188
　　　　(2)　権　限　189
　　　　(3)　設立過程の調査　189
　Ⅴ　会社の不成立・設立の無効・取消し……190
　　　1．会社の不成立と不存在　190
　　　2．設立無効　190
　　　　(1)　設立無効の意義と原因　190
　　　　(2)　設立無効訴訟の手続　191

2．定　　款　…………………………………………………192

　はじめに……192
　Ⅰ　定款の意義……192

目　　次

- Ⅱ　定款の作成……193
- Ⅲ　定款の内容……194
  - 1．定款の記載事項　194
  - 2．定款の絶対的記載事項　194
  - 3．定款の相対的記載事項　196
  - 4．定款の任意的記載事項　197
  - 5．株式取扱規則等への委任　198
- Ⅳ　定款の備置等……200
  - 1．定款の備置　200
  - 2．定款の閲覧請求権　201
- Ⅴ　定款の変更……202
  - 1．会社の成立前の定款変更手続　202
  - 2．会社の成立後の定款変更手続　203
  - 3．特別決議の要件の加重　204
  - 4．他の事項に関する決議要件の加重との関係　206
  - 5．定款の記載・記録の更生　207
- Ⅵ　相対的記載事項に関する若干の考察……208
  - 1．相対的記載事項の範囲　208
  - 2．明文の規定で認められた相対的記載事項　210
  - 3．解釈上認められる相対的記載事項　212

3．発起人と設立時取締役の権限と責任　……215

はじめに……215
- Ⅰ　発起人の権限……216
  - 1．発起人の定義　216
  - 2．設立事務　217
  - 3．設立中の会社　217
  - 4．設立中の会社と発起人組合　218
  - 5．発起人の権限が及ぶ行為　218
    - (1)　設立を目的とする行為　219
    - (2)　設立のためにする行為　219
    - (3)　開業準備行為　222
    - (4)　営業行為　223
- Ⅱ　設立時取締役の権限……224
  - 1．設立時取締役の定義　224
  - 2．調査義務　225

　　　　　　　目　　次

　　　3．報告義務・説明義務　226
　　　4．選任直後の報告・調査　226
　　　5．設立時監査役の権限　227
　Ⅲ　発起人及び設立時取締役の責任……228
　　　1．財産価額塡補責任　228
　　　　(1)　過失責任　228
　　　　(2)　無過失責任　229
　　　2．引受担保責任，払込担保責任の廃止　229
　　　3．発起人，設立時取締役の任務懈怠責任　230
　Ⅳ　第三者に対する責任……231
　Ⅴ　会社不成立の場合の発起人の責任……231

4．現物出資・財産引受け・事後設立　　　233

　はじめに……233
　Ⅰ　現物出資……234
　　　1．定　義　234
　　　　(1)　現物出資の目的財産について　235
　　　　(2)　現物出資者について　236
　　　2．株式会社の設立における現物出資の規制（その1）
　　　　　―定款への記載又は記録　237
　　　　(1)　規律の内容　237
　　　　(2)　立法趣旨　238
　　　　(3)　定款に記載又は記録のない現物出資の効果　239
　　　3．現物出資の給付（出資の履行）　239
　　　　(1)　出資の履行　239
　　　　(2)　現物出資の目的財産の第三者対抗要件の具備　240
　　　　(3)　失権手続　241
　　　4．株式会社の設立における現物出資の規制（その2）
　　　　　―裁判所が選任する検査役による調査　242
　　　　(1)　原則―検査役による調査の必要性　242
　　　　(2)　立法趣旨　243
　　　　(3)　例外―検査役による調査を要しない場合　244
　　　　(4)　検査役の選任に係る手続　247
　　　　(5)　設立時取締役等による調査　253
　　　　(6)　募集設立の場合の創立総会における現物出資に係る定款の変
　　　　　　更の可否　254

目　次

　　　5．現物出資と民法の規定の適用について　255
　　　　(1)　現物出資に関する危険負担・担保責任　255
　　　　(2)　引受けに係る意思表示の瑕疵　255
　　　6．株式会社の設立における現物出資に関する責任　256
　　　　(1)　発起設立における発起人及び設立時取締役らの財産価額塡補責任　256
　　　　(2)　募集設立における発起人及び設立時取締役らの財産価額塡補責任　259
　　　　(3)　発起人・設立時取締役・設立時監査役の任務懈怠責任　260
　　　　(4)　募集設立における擬似発起人の責任　260
　　　7．現物出資と設立無効原因　261
　Ⅱ　財産引受け……262
　　　1．定　　義　262
　　　2．株式会社の設立における財産引受けの規制（その1）
　　　　　—定款への記載又は記録　262
　　　　(1)　規律の内容　262
　　　　(2)　立法趣旨　263
　　　　(3)　定款に記載又は記録のない財産引受けの効果（成立後の株式会社による追認の可否）　263
　　　3．株式会社の設立における財産引受けの規制（その2）
　　　　　—裁判所が選任する検査役による調査　266
　　　　(1)　検査役による調査　266
　　　　(2)　立法趣旨　266
　　　　(3)　例外—検査役による調査を要しない場合　266
　　　　(4)　検査役の選任に係る手続　267
　　　　(5)　設立時取締役等による調査　267
　　　　(6)　募集設立の場合の創立総会における財産引受けに係る定款の変更の可否　268
　　　4．株式会社の設立における財産引受けに関する責任　269
　　　　(1)　発起設立における発起人及び設立時取締役らの財産価額塡補責任　269
　　　　(2)　募集設立における発起人及び設立時取締役らの財産価額塡補責任　270
　　　　(3)　発起人・設立時取締役・設立時監査役の任務懈怠責任　270
　　　　(4)　募集設立における擬似発起人の責任　270
　Ⅲ　事後設立……271
　　　1．定　　義　271

　　　　　目　次

　　　2．株式会社における事後設立の規制　271
　　　　　(1)　会社法における検査役の調査の制度の廃止　271
　　　　　(2)　株主総会の特別決議による承認　273

5．資本に関する原則……276

　　はじめに……276
　　Ⅰ　資本制度の沿革……277
　　　1．昭和25年商法改正まで　277
　　　2．昭和25年商法改正　277
　　　3．昭和56年商法改正　278
　　　4．平成13年商法改正　279
　　Ⅱ　会社法における資本金の制度……280
　　　1．資本金の額　280
　　　2．最低資本金制度の撤廃　280
　　　3．資本金制度に関連する改正の概要　280
　　Ⅲ　会社法における資本の三原則……281
　　　1．総　　説　281
　　　2．資本維持・充実の原則　281
　　　　　(1)　立案担当者の見解　281
　　　　　(2)　学説の見解　282
　　　　　(3)　資本充実の原則をめぐる議論　285
　　　　　(4)　資本維持の原則をめぐる議論　288
　　　　　(5)　小　　括　290
　　　3．資本不変の原則　291
　　　4．資本確定の原則　292
　　おわりに……293

第4章　持分会社 ──────────── 295

1．持分会社の設立……297

　　はじめに……297
　　　1．持分会社の類型　297
　　　2．持分会社の社員　299
　　　　　(1)　無限責任社員と有限責任社員　299
　　　　　(2)　一人会社と法人社員　300

目　次

- I　設立手続の概要……304
- II　定款の作成……306
  - 1．定款の作成　306
  - 2．定款の記載事項　306
    - (1)　絶対的記載事項　306
    - (2)　その他の記載事項　312
- III　出　資……314
  - 1．出資の目的　314
  - 2．現物出資　315
  - 3．出資の時期　316
    - (1)　合名会社及び合資会社　316
    - (2)　合同会社　317
- IV　会社の成立……317
- V　持分会社の設立の無効・取消し……319
  - 1．概　要　319
  - 2．設立無効の訴え　320
    - (1)　制度の趣旨　320
    - (2)　設立の無効原因　320
    - (3)　設立無効の訴え　322
    - (4)　設立無効判決の効果　324
    - (5)　設立無効の登記　325
  - 3．設立取消し　326
    - (1)　制度の趣旨　326
    - (2)　設立の取消し原因　329
    - (3)　設立取消しの訴え　330
    - (4)　設立取消判決の効果　330
- VI　会社の継続……331

2．持分会社の社員の責任　……332

- はじめに……332
- I　持分会社と社員の責任……333
  - 1．持分会社の概念の新設　333
  - 2．持分会社の種類と社員の責任の対応関係　334
    - (1)　設立に際しての定款の規定　334
    - (2)　定款の変更による社員の責任状況の変更　334
    - (3)　合資会社の社員の退社による責任状況の変更　335

目 次

　　3．持分会社の種類の変更と登記　335
　　4．合同会社の社員の責任について　336
　Ⅱ　社員の責任の内容と性質……338
　　1．無限直接責任，有限直接責任及び有限間接責任　338
　　2．会社債権者より社員に対する責任追及の要件　338
　　　(1)　債務の完済不能　339
　　　(2)　強制執行不奏効　339
　　3．社員の責任の内容と性質　340
　　　(1)　社員の責任の内容　340
　　　(2)　各種の持分会社の社員の責任　340
　　　(3)　社員の責任を変更した場合の責任　343
　　　(4)　持分の譲渡　343
　　　(5)　出資の価額の減少　344
　　　(6)　退社後の責任　344
　　　(7)　加入した社員の責任　344
　　　(8)　誤認行為の責任　345
　　4．社員の業務執行権と責任　345
　　　(1)　持分会社の業務執行権と，業務執行社員の責任　345
　　　(2)　有限責任社員である業務執行社員の，第三者に対する責任　346
　　5．業務執行社員の利益相反取引規制　346

3．持分会社の社員の加入と退社 ……………………………348

　はじめに……348
　Ⅰ　社員の加入……349
　　1．社員の加入　349
　　2．出資の増加　351
　Ⅱ　退　　社……352
　　1．任意退社　352
　　2．法定退社　355
　　　(1)　除名をめぐる諸問題1　定款による除名事由及び除名手続の変更の可否　357
　　　(2)　除名をめぐる諸問題2　一括除名の可否　358
　　　(3)　除名をめぐる諸問題3　社員が2名の会社における除名の可否　358
　　　(4)　除名をめぐる諸問題4　有限責任社員のする無限責任社員の

目　　次

　　　　　除名の可否　359
　　　3．その他の退社事由　359
　　　　(1) 社員持分の差押債権者による退社　359
　　　　(2) 解散後の会社継続に同意しなかった社員の退社　360
　　　　(3) 設立無効又は取消しの場合においてその原因が特定の社員にのみある場合の当該社員の退社　360
　　　4．退社に伴うみなし変更規定　361
　　　5．合同会社の社員の退社に伴う払戻し　362
　　　　(1) 持分の払戻しにより社員に対する金銭等の帳簿価額（持分払戻額）が剰余金額を超えない場合　363
　　　　(2) 持分払戻額が剰余金額を超えるが，会社の簿価純資産額を超えない場合　363
　　　　(3) 持分払戻額が会社の簿価純資産額を超える場合（簿価債務超過の会社において持分を払い戻す場合を含む。）　364
　　Ⅲ　持分の譲渡……365
　　　1．持分全部譲渡の意義　365
　　　2．持分譲渡の効果　367
　　　　(1) 社員でない者に対して持分の全部又は一部が譲渡された場合　367
　　　　(2) 社員に対して持分の全部又は一部の譲渡がされた場合　367
　　　　(3) 代表権・業務執行権の承継　368
　　　　(4) 持分の全部の譲渡をした社員の責任　368
　　Ⅳ　包括承継の場合……369
　　　1．相続等による持分承継の定款の定めがない場合　369
　　　2．相続等による持分承継の定款の定めがある場合　370
　　　3．持分承継の時期・定款の変更等　371
　　　　(1) 持分承継の時期　371
　　　　(2) 一般承継に伴うみなし定款変更　372
　　　　(3) 未履行出資の連帯責任　372
　　　　(4) 相続による共有と権利の行使者　372
　　　4．責任・業務執行権・代表権の承継　373

4．持分会社の業務執行 …………………………374

　　Ⅰ　業務執行社員……374
　　　1．業務執行社員と無限責任　374
　　　2．業務執行社員の辞任・解任　375

         3．業務執行の決定　375
　Ⅱ　法人社員と業務執行……376
         1．業務執行権のある法人社員の許容　376
         2．法人が業務を執行する社員となる場合の特則—職務執行者
            377
         3．職務執行者の法人社員又は持分会社に対する関係　379
         4．職務執行者の解職の可否　380
　Ⅲ　業務執行社員の持分会社に対する関係……381
         1．業務執行社員と持分会社との間の法律関係　381
         2．業務執行社員の善管注意義務・忠実義務の制限　381
         3．業務執行社員の損害賠償責任の制限　382
         4．業務執行社員の競業規制　382
         5．業務執行社員の利益相反取引規制　383
         6．業務を執行する有限責任社員の第三者に対する責任　383
　Ⅳ　持分会社の代表者……384
         1．持分会社の代表　384
         2．代表者の所在　385
         3．社員との訴訟における持分会社の代表　386
　Ⅴ　業務を執行しない社員の権限……387
　Ⅵ　持分会社における機関設計の自由と限界……387
         1．持分会社における「所有と経営の分離」　387
         2．機関設計の自由に対する制約　388
         3．社員間契約（議決権拘束契約）と定款　389

5．持分会社の計算等……391

　はじめに……391
　Ⅰ　概　　要……392
　Ⅱ　会計帳簿，計算書類……392
         1．会計帳簿と公正妥当な会計慣行　392
         2．計算書類の作成　393
            ⑴　貸借対照表　394
            ⑵　損益計算書　395
            ⑶　社員資本等変動計算書　395
            ⑷　注　記　表　395
         3．計算書類の閲覧　395
　Ⅲ　出　　資……396

　　　　　　　目　　次

　　　　1．出資の履行　396
　　　　2．資本金の額　396
　　　　3．資本剰余金　397
　　　　4．資本準備金，利益準備金　397
　Ⅳ　出資の払戻し……398
　　　　1．概　　要　398
　　　　2．金銭出資の払戻し　399
　　　　3．現物出資財産の払戻し　399
　Ⅴ　利益の配当……400
　　　　1．利益配当の原則　400
　　　　2．新入社員に対する利益の配当　401
　　　　3．合名会社における利益配当　401
　　　　4．合同会社における利益配当　402
　　　　5．合資会社における利益配当　403
　Ⅵ　損失の処理……403
　Ⅶ　持分の払戻し……404
　　　　1．持分払戻しの性質　404
　　　　2．出資の清算　406
　　　　3．損益の清算　406
　Ⅷ　組織変更に伴う計算……406
　　　　1．資産・負債の帳簿価額　406
　　　　2．株主資本・社員資本　407

6．合同会社　……………………………………………408

　はじめに……408
　Ⅰ　合同会社の設立……409
　　　　1．定　　款　409
　　　　　(1)　定款の作成　409
　　　　　(2)　定款の内容　409
　　　　　(3)　定款の変更　411
　　　　2．出資の履行　411
　　　　3．会社の成立　412
　　　　4．会社設立の無効・取消し　413
　Ⅱ　合同会社の社員……414
　　　　1．社員の地位　414
　　　　2．間接有限責任　414

目　次

　　3．社員の加入　415
　　4．社員の退社　415
　　　(1)　退社の事由　415
　　　(2)　退社に伴う措置　417
　　　(3)　持分の払戻し　417
　　5．持分の譲渡　419
　Ⅲ　合同会社の業務執行と代表権……420
　　1．業務を執行する権利　420
　　　(1)　原　　則　420
　　　(2)　定款の定めがある場合　421
　　　(3)　業務を執行する権利の消滅　422
　　2．業務執行の適正の確保　422
　　　(1)　業務及び財産状況の調査権　422
　　　(2)　計算書類の閲覧等請求権　423
　　　(3)　監視義務の存否　423
　　3．業務を執行する社員と会社との関係　423
　　　(1)　善管注意義務等　423
　　　(2)　職務執行状況の報告　424
　　　(3)　競業禁止　424
　　4．業務を執行する役員の責任　424
　　　(1)　任務懈怠責任　424
　　　(2)　会社財産確保のための責任　425
　　　(3)　第三者に対する責任　425
　　　(4)　利益相反取引規制　425
　　5．合同会社の代表　426
　　　(1)　代　表　者　426
　　　(2)　代表者の権限　426
　　　(3)　会社の代表者の行為に対する責任　426
　　　(4)　社員との訴訟における代表権　426
　　　(5)　職務代行者　427
　Ⅳ　合同会社の計算等……428
　　1．計　　算　428
　　　(1)　会計の原則　428
　　　(2)　会計帳簿の作成　428
　　　(3)　計算書類の作成　428
　　　(4)　計算書類の閲覧等　429
　　2．資　本　金　429

　　　　　(1)　合同会社における資本金の意義　　429
　　　　　(2)　資本金の額の減少　　430
　　　3．利益の配当　　431
　　　　　(1)　利益配当の方法　　431
　　　　　(2)　利益配当の規制　　432
　　　　　(3)　欠損が生じた場合　　432
　　　4．出資の払戻し　　433
　　Ⅴ　会社の種類の変更と組織変更……434
　　　1．会社の種類の変更　　434
　　　2．株式会社との組織変更　　435
　　Ⅵ　合同会社の解散・清算……436
　　　1．解　　散　　436
　　　　　(1)　解散の事由　　436
　　　　　(2)　解散を命ずる裁判　　437
　　　2．清　　算　　437
　　　　　(1)　清算の開始原因　　437
　　　　　(2)　清　算　人　　438
　　　　　(3)　清算事務の流れ　　439
　　Ⅶ　合同会社の想定される活用とその問題点……440
　　　1．想定される活用場面　　440
　　　2．活用上の利点　　441
　　　3．ベンチャー企業などにとっての利点と問題点　　441
　　　4．投資ファンド，証券化スキームにおける特別目的会社（SPC）
　　　　　にとっての利点と問題点　　442

第5章　外国会社　―――――――――――――――――――443

1．外国会社　……………………………………………445

　　はじめに……445
　　Ⅰ　外国会社の意義……445
　　　1．外国会社の定義　　445
　　　2．親会社・子会社と外国会社　　446
　　　3．社債と外国会社　　447
　　Ⅱ　外国会社の日本における代表者……447
　　　1．日本における代表者の住所　　447
　　　2．日本における代表者の権限等　　449

　　　　　　　　目　　次

　　　３．日本に住所を有する日本における代表者の退任　449
　Ⅲ　外国会社の登記……449
　　　１．外国会社の登記の必要性　449
　　　２．登記事項等　450
　　　３．登記前の継続取引の禁止　450
　Ⅳ　外国会社の公告……451
　　　１．公告方法　451
　　　２．貸借対照表に相当するものの公告　452
　Ⅴ　擬似外国会社……452
　　　１．旧商法482条の規定の内容　452
　　　２．会社法821条についての検討の経過　453
　　　３．国会における審議　456
　　　４．会社法における擬似外国会社　458
　　　　(1)　会社法821条の内容　458
　　　　(2)　擬似外国会社についての登記上の取扱い　462
　　　　(3)　資産流動化等との関係　462
　Ⅵ　外国会社の取引継続禁止命令等……463
　Ⅶ　日本における外国会社の財産の清算……464
　Ⅷ　外国会社についての他の法律の適用関係……464

　判例索引　467

会社法大系

第1巻

会社法制・会社概論・設立

第1章
会社法制概論

1．会社法の趣旨

I　会社法の制定

1．会社法の制定の目的

　会社法（平成17年法律86号）は，平成17年7月26日に公布され，平成18年5月1日に施行された。

　会社法制定の目的は，①それまで会社法制の中心を形成していた商法第2編及び有限会社法（昭和13年法律74号）が片仮名・文語体であったものを平仮名・口語体による表記に改め，かつ重要事項が複数の法律に散在していたのを1つの法律にまとめ，わかりやすいものとする，②近時，会社法制については，議員立法によるものも含め短期間に多数回の法改正が行われてきたことにかんがみ，全体的な整合性を図る観点から体系的な見直しを行う，③最近の社会経済情勢の変化に対応するため，会社法制の各種制度を見直すことにあった[1]。

（1）　相澤哲＝郡谷大輔「新会社法の解説(1)会社法制の現代化に伴う実質改正の概要と基本的な考え方」商事1737号（2005）11頁。

(1)　「会社法」への法律の整理・統合

　上記の①の目的，すなわち会社法制上の諸規定が複数の法律に散在して定められていたのを1つの法律にまとめるという目的のため，いくつかの法律が廃止され，そこに規定されていた事項は，「会社法」の中に規定された。会社法制定時に廃止された法律には，「商法中署名すべき場合に関する法律」（明治33年法律17号），「商法中改正法律施行法」（昭和13年法律73号），「有限会社法」，「銀

第1章　会社法制概論

行等の事務の簡素化に関する法律」(昭和18年法律42号),「会社の配当する利益又は利息の支払に関する法律」(昭和23年法律64号),「法務局及び地方法務局設置に伴う関係法律の整理等に関する法律」(昭和24年法律137号),「株式会社の監査等に関する商法の特例に関する法律」(昭和49年法律22号),「銀行持株会社の創設のための銀行等に係る合併手続の特例等に関する法律」(平成9年法律121号)がある(整備法1条)。

(2) 制度の整合性を図るための体系的な見直し

上記の②の目的,すなわち制度の不整合の体系的な見直しのうち,近時の会社法改正が議員立法と法制審議会の審議を経た内閣提出法案によりなされることから生じた不整合とされていたのは,利益相反取引等に関する無過失責任の有無及び剰余金の配当等の決定機関の差異であった[2]。しかし,会社法は,その点の不整合を改めたにとどまらず,極めて多くの制度の体系的な見直しを行った。

そのもっとも重要なものは,有限会社と全株式譲渡制限会社との制度の一本化である。すなわち,日本の中小企業には,「有限会社」というネーミングを嫌う結果,本来有限会社形態の方が実態に適合するにもかかわらず,株式会社形態を選択する傾向があった。そこで,制度を株式会社制度に一本化し,全株式について譲渡制限をした株式会社に対しては従前の有限会社並みの広い定款自治を認める方が,中小企業に,当該会社の実態に適した制度選択を行わせることになろうとの理由から,有限会社制度は廃止された[3]。そして,全株式譲渡制限会社については,株主の剰余金の配当を受ける権利・議決権等に関し定款上「属人的定め」を認める(会社109条2項),取締役会・監査役の設置を不要とする(会社326条1項)など,これまで有限会社について認められていた制度が大幅に導入された。

そのほかに,会社法においては,会社法第1編「総則」中に商法第1編「総則」に対応する規定を設ける,第7編「雑則」中に会社訴訟・登記等に関する規定をまとめる,介入権(旧商264条3項)・引受担保責任(旧商280条ノ13第1項)等の制度を廃止する,社債の定義規定(会社2条23号)・株主平等の原則を明示する規定(会社109条1項)等を新設する,違法配当があった場合の会社債権者

1 会社法の趣旨

の権利（会社463条2項）に関する改正を行うなど，多くの改正がなされた。
（2）　これは，平成13年に議員立法（平成13年法律149号）により監査役制度が改正され，平成14年に内閣提出法案（平成14年法律44号）により委員会等設置会社が創設された際に生じた不整合であった。
（3）　会社法施行前に有限会社であったものは，株式会社として存続するが（整備法2条1項），その株式会社は，商号中に「有限会社」という文字を用いるべきものとされ（整備法3条），同社が定款を変更して商号を「株式会社」に変更するまでの間（「特例有限会社」〔整備法3条2項〕の地位とどまる間）は，役員の任期，計算書類の公告等につき，株式会社より緩い従前の有限会社法のもとの規律が課されることになった（整備法18条，28条等）。

(3) 最近の社会経済情勢の変化への対応

上記の③の目的，すなわち最近の社会経済情勢の変化に対応するための制度の見直しとしては，特に重要なものとして，合同会社制度の創設，会計参与制度の創設，組織再編行為の自由化，剰余金分配手続の自由化等がある。新聞等の伝えるところによると，会社法の施行後1年間に，合同会社は約5000社が設立され，会計参与設置会社となった会社は約1000社といわれる[4]。

また，規制緩和措置として，設立時の出資額規制（最低資本金）の廃止，商号専用権制度の廃止，事後設立に関する検査役調査の廃止，破産者の取締役等の欠格事由からの除外，全株式譲渡制限大会社における監査役会の義務付けの廃止，支店における登記事項の削減などが行われた。

他方，会社運営上の規律の強化としては，大会社に対する会社の業務の適正を確保するための体制（いわゆる「内部統制システム」）整備の義務付け（会社348条3項4号・4項，362条4項6号・5項，416条1項1号ホ・2項），会計監査人に対する株主代表訴訟制度の導入（会社847条1項），株主から請求を受けた監査役等が役員等の責任を追及する訴訟を提起しない場合における不提訴理由書の交付制度の導入（同条4項）などが行われた。

また，定款自治等の当事者自治の拡大として，相続人等に対する会社からの株式売渡請求制度の導入（会社174条），取締役会の書面決議制度の導入（会社370条），種類株式における種類の増加等（会社108条1項・2項，322条2項），種類株式の内容の決定を取締役会に委ね得る範囲の拡大（会社108条3項）などが行われた。

（4） 日本経済新聞2007年6月21日付夕刊参照。

2．法務省令への委任

　会社法が制定されたことにより従来の法制と大きく変わった点として，会社法においては，法務省令に委任される事項が極めて増加したことがあげられる。すなわち，会社法制定前には，法律が法務省令に委任している事項は，株主総会参考書類・議決権行使書面等の記載事項，財産評価に関する規制，計算書類・附属明細書の記載事項，配当可能利益の計算に関する規制，監査報告書の記載事項など，法技術的な事項を中心とする若干のものにとどまっていた。それに対し，会社法のもとでは，約300の膨大な事項が法務省令に委任されている。

　会社法は，社会経済情勢の変化に敏感に反応する事項を取り扱っており，しかも強行法規の部分が多い。したがって，頻繁に改正を行う必要が生ずるので，迅速にそれを行う方法として法務省令への委任事項を多くすることは，一つの解決方法である。しかし，今回の具体的な会社法及び法務省令の内容については，批判が少なくない。

　第1に，法律に定めるべき事項と省令に委任することが適当な事項との区分につき十分な検討がされたかが疑問である，との批判がある[5]。

　第2に，法律上法務省令に委任されていない事項を法務省令で定めていると思われる点もある。例えば，法律上は，「準備金」（資本準備金・利益準備金をいう〔会社445条4項〕。）の額を減少して資本金の額を増加すること（会社448条1項2号），及び，「剰余金」（「その他資本剰余金」・「その他利益剰余金」が含まれる〔会社446条，計算規177条参照〕。）の額を減少して資本金の額を増加すること（会社450条1項）が認められている。そして，資本金の増加に使用できる準備金・剰余金に制限は設けられておらず[6]，法務省令により当該準備金・剰余金の範囲を制限できる旨の文言もない。ところが，法務省令上，準備金の額を減少して資本金の額を増加する場合の準備金は「資本準備金」に限られ，剰余金の額を減少して資本金の額を増加する場合の剰余金は「その他資本剰余金」に限られるとの制限が加えられている（計算規48条1項1号・2号）。これは，法律の委任の範囲を超えた事項を法務省令で規定しているのではないか。

　会社法の立法担当官は，一方では，同法の規定は細心の注意を払って作られ

ており，したがって，会社法に定めがある事項につき定款で別段の定めができるケースはすべて明文で規定されており，明文の定めがない限り定款により法律の定めを変更することは認められない（原則としての強行法規性）と主張している[7]（Ⅲ2参照）。強行法規か否かについてはそれほどの厳密さで規定が作られておりながら，他方，法務省令で規定できるか否かについては，会社法の文言は厳密に作られておらず，上記のような法務省令を制定することも許されると主張するのは，法務省当局のご都合主義以外の何ものでもなかろう。

(5) 稲葉威雄・会社法の基本を問う（2006）50頁。
(6) 会社法制定前は，実際に，制度上，資本金に組み入れることができる準備金・剰余金に制限は設けられていなかった。
(7) 相澤＝郡谷・前掲注（1）16頁，相澤哲＝岩崎友彦「新会社法の解説(2)会社法総則・株式会社の設立」商事1738号（2005）12頁。

Ⅱ 会社法の意義と適用関係

1．実質的意義の会社法・形式的意義の会社法

会社法（平成17年法律86号）は，「会社の設立，組織，運営及び管理については，他の法律に特別の定めがある場合を除くほか，この法律の定めるところによる」（会社1条）と定めている。すなわち，会社の設立，組織，運営，管理につき定める法律は，同法以外にも存在しているわけで，それらの法律（「他の法律」）を併せ会社の設立，組織，運営・管理を定める法の総体を，学問上，「実質的意義の会社法」と呼ぶことが多い。それに対し，平成17年法律86号を「形式的意義の会社法」と呼ぶ。

上記の「他の法律」として，第1に，会社法の附属法令があげられる。特例有限会社等の取扱いを定める「会社法の施行に伴う関係法律の整備等に関する法律」（平成17年法律87号），株式等の譲渡の特則を定める「社債，株式等の振替に関する法律」（平成13年法律75号）及び「株券等の保管及び振替に関する法律」（昭和59年法律30号），株式譲渡制限等の特則を定める「日刊新聞紙の発行を目的とする株式会社の株式の譲渡の制限等に関する法律」（昭和26年法律212号），計算

第1章　会社法制概論

に関する特則を定める「土地の再評価に関する法律」(平成10年法律34号)，社債に物上担保を付す場合の特則を定める「担保付社債信託法」(明治38年法律52号)などがそれである。

　会社法の附属法令としては，ほかに「商業登記法」(昭和38年法律125号)，「会社法施行令」(平成17年政令364号)，「会社法施行規則」(平成18年法務12号)，「会社計算規則」(平成18年法務13号)，「会社非訟事件等手続規則」(平成18年最高裁規1号)，「電子公告規則」(平成18年法務14号) などがあるが，これらは，会社法を補充する関係に立つものであり，会社法が規定している事項につき会社法に優先して適用される特別法の関係に立つものではない。

　会社の設立，組織，運営，管理につき定める「他の法律」として，ほかに，「金融商品取引法」(昭和23年法律25号。会社201条5項，440条4項等参照)，「私的独占の禁止及び公正取引の確保に関する法律」(昭和22年法律54号。独禁18条参照)，「産業活力再生特別措置法」(平成11年法律131号。産業再生18条〜22条参照) 等がある。

　「会社更生法」(平成14年法律154号)，「民事再生法」(平成11年法律225号)，「預金保険法」(昭和46年法律34号) などには，倒産手続中の会社の資金調達・株主総会決議等に関する特則が設けられている。

　特定の事業 (業種) を営む事業者に対する監督を行うことを目的とする業法中には，会社の組織 (役員の適格性等)，運営 (計算，社債の一般担保，組織再編行為等)，管理 (株主の監督権限等) 等に関する特則が設けられている例がある (銀行7条・7条の2・12条の3・18条・23条・34条，電気事業法36条・37条)。

　また，「日本郵政株式会社法」(平成17年法律98号)，「日本電信電話株式会社等に関する法律」(昭和59年法律85号)，「日本たばこ産業株式会社法」(昭和59年法律69号)，「旅客鉄道株式会社及び日本貨物鉄道株式会社に関する法律」(昭和61年法律88号) のように，特定の会社に対する特別法が作られている例があり (特殊会社法)，これらの法律には，通常，代表取締役等役員の選解任に対する主務大臣の認可，社債に関する一般担保等の会社法の特則が規定されている。

2．渉外関係における会社法の適用

　日本の会社の設立，組織，運営，管理に関係する法律問題であっても，渉外 (国際) 関係がからむ場合には，当然に会社法 (日本法) が適用されるとは限ら

ない。その場合には，原則として，法廷地の国際私法により，当該単位法律関係にはいずれの国の法律を適用すべきかが判断され（準拠法の選択），準拠法が日本法と判断された場合にのみ「会社法」が適用されることになる。例えば，子会社による親会社株式の取得の規制は，親会社に生ずる弊害を防止する目的の規制であるから，親会社の従属法がその準拠法になると解すべきであり[8]，したがって，日本法に基づき設立された子会社による外国会社である親会社の株式の取得には，会社法135条１項の規定は適用されないと解される（通説）。

なお，会社法の規律の中には，特に公益性・強行性が強いため，「(法廷地)強行法規の特別連結」等の公法的アプローチ（法規からのアプローチ）により，準拠法のいかんにかかわらず属地的に適用されるものもあり[9]，例えば，社債管理者の設置（会社702条）はその例である（日本の会社が日本国外で発行する社債には適用されない。）と解する見解がある[10]。

(8) 藤田友敬「国際会社法研究(1)国際会社法の諸問題(上)」商事1673号（2003）21頁。
(9) 早川吉尚「会社法の抵触法的分析（日本私法学会シンポジウム資料 国際会社法）」商事1706号（2004）22頁。
(10) 道垣内正人「企業の国際的活動と法—会社法の国際的事業への適用」岩村正彦ほか編・現代の法(7)企業と法（1988）157頁，青木浩子「国外発行債に社債管理会社設置条項が適用されるか」小塚荘一郎＝高橋美加編・商事法への提言：落合誠一先生還暦記念（2004）453頁。

Ⅲ　強行法規性と定款自治

1．定款自治の拡大

会社法（実質的意義の会社法）の規定のうち，株式会社に関する規定は，外部関係に関するものも内部関係に関するものも，原則として強行法規であるべきで，法令に別段の定めがある場合を除き定款自治[11]は許されないと主張するのが，長らく支配的な見解であった[12]。すなわち，外部関係に関する規定，例えば代表権の所在は取引の安全にかかわり，配当規制等の制度は不法行為債権者も含めた債権者の利益のための制度であるから，株主による定款自治は認

められず，また内部関係，例えば機関の権限・責任，意思決定手続等に関する規定も，資本多数決による大株主の専横防止等のため，原則として強行規定である必要があるとする立場である。

これに対し，1980年代に米国で法学上も影響力を取得した会社を「契約の束」（nexus of contracts）と捉える思想は，「契約自由が関係者の富の最大化をもたらす」との考えを基礎に，株式会社の法制も原則として任意法規（定款自由）であるべきだ，と主張した[13]。この考えによれば，任意法規（一種の標準契約書式）である株式会社法の意義は，基本的に「取引費用（関係者の合意形成に要するコスト）の節減」にあるにすぎない。

もちろん，株式会社をめぐる合意形成に参加できない第三者（不法行為債権者等）もおり，ルールを強行法規化することによりもたらされる画一性に基づく効率性も無視できない等のことがあるため，米国でも日本でも，多くの論者は，株式会社法制に一種の標準契約書式の役割しかもたせるべきでない，とは考えていない。しかし，米国において，定款自治を最大限に利用して種類株式，機関設計等に関し法的テクニックを駆使するベンチャー・キャピタル及びベンチャー企業が大きな成功を収めた事情等を目にして，日本でも，1990年代以後，株式会社においても定款自治を重視すべきであるとの見解が強まり，会社法は，定款自治の拡大を中心とする「当事者の選択肢の拡大」を立法の大きな旗印とした[14]。

(11) 厳密にいえば，「定款自治」は，会社法における「当事者自治」の一部であって，現在その拡大が問題とされているのは，後者である。例えば，会社の組織再編行為における対価の自由化は，「定款自治」に含まれない「当事者自治」の拡大である。

(12) 田中耕太郎「組織法としての商法と行為法としての商法」田中耕太郎著作集(7)商法学一般理論(1954) 244頁, 鈴木竹雄＝竹内昭夫・会社法〈法律学全集〉〔第3版〕(1994) 34頁。

(13) Easterbrook & Fischel, The Economic Structure of Corporate Law (Harvard University Press 1991).

(14) 相澤＝郡谷・前掲注（1）18頁。Ⅰ1(3)参照。

2．会社法は明文の定めがない限り強制法規か

Ⅰ2で述べたように，会社法の立法担当官は，会社法においては，当事者間の合意によって処分可能な規律に関しては広く定款自治を認めることにしたと

一方では述べ，他方，「どの規定について定款自治が認められるかという点をもっぱら解釈に委ねることは，利用者にとってわかりやすい法制とはいいがたい（任意規定かどうかの解釈が分かれていれば，利用者は結局のところ強行規定として取り扱うほかないという状況に置かれることになる）」との理由から，「会社法においては，基本的に，すべての規定を強行規定とした上で，……定款自治が認められるべき規律については，その旨が明らかになるような手当てを講じ（た）」としている[15]。すなわち，会社法においては，強行規定か任意規定かについて解釈の余地を認めないと主張するのである。

しかし，当該立法担当官の主張に対しては，学説からの批判が強い。

批判の第1は，Ⅰ2で述べたように，会社法の各規定が立法担当官の主張するほど厳密に作られているか否かは，疑わしいことである。

第2に，会社法が特に定款自治を認めていない限り他のオプションをすべて排斥するという立法政策が，はたして正当化できるかという批判である。機関の権限等につき，この点を指摘するものがある[16]。

第3に，定款自治が明文の規定によって認められていても，それがどこまで認められるかという限界に関しては解釈の余地がある場合がほとんどであること等を考えると，定款自治の範囲を完全に明確化することなどそもそも不可能という批判である[17]。

立法担当官の「強行規定か否かにつき解釈の余地を認めない」との主張は，法律上その旨がはっきり規定されているわけではないし[18]，上記の批判の第2・第3が指摘するように，それが私法の基本法の一つである会社法の立法政策として正当なものなのか否かも疑わしい。したがって，裁判所や学説は，立法担当官の主張に拘束されるべきではなく，「立法担当官は，そうした意気込みで，規定の明確化のため努力したようだ」という程度に認識すればよいであろう。

(15)　相澤＝郡谷・前掲注（1）16頁。
(16)　神作裕之「会社の機関―選択の自由と強制（日本私法学会シンポジウム資料　新会社法の意義と問題点）」商事1775号（2006）41頁。
(17)　宍戸善一「定款自治の範囲の拡大と明確化―株主の選択（日本私法学会シンポジウム資料　新会社法の意義と問題点）」商事1775号（2006）21頁は，この観点から，いくつかの定款自治の限界が明確でない事例を指摘している。

第1章 会社法制概論

(18) 立法担当官は，定款で規定できる事項を定めた会社法29条の「この法律の規定により定款の定めがなければその効力を生じない事項」とは，法律の規定に基づき定款で定めを置く事項を意味し，「その他の事項でこの法律の規定に違反しないもの」とは，法律に定めがない事項について，法律とは無関係に定款で一定の事項を定めるものを意味するから，したがって，法律に定めのある事項で，法律に言及はないが定款で別段の定めができる事項は存在しない，と主張するが（相澤＝岩崎・前掲注（7）12〜13頁），同条の文言（特に「この法律の規定により」との文言）が当然にそのように解釈できるかは疑問である。法務省内にも，立法担当官の主張に疑問を呈する見解はある（松井信憲・商業登記ハンドブック（2007）78頁）。

〔江頭　憲治郎〕

2. 会社法とその他の関連法, 会計基準

I　会社法と商法

　商法4条1項によれば,固有の商人とは,自己の名をもって商行為をすることを業とする者をいう。ここで,「自己の名をもって」とは,法律上,自己がその行為から生ずる権利義務の帰属主体となることをいい,ここでいう「商行為」は,会社・外国会社以外にとっては,基本的商行為（絶対的商行為と営業的商行為。商501条,502条）を意味する。「業とする」とは営利の目的をもって同種の行為を反復的・継続的に行うことをいう。

　会社・外国会社がその事業として行う行為及びその事業のために行う行為は商行為とされるため（会社5条）,通常,会社・外国会社は自己の名をもって商行為をすることを業とする者であり[1],商人にあたる。実際,商法11条1項かっこ書は「会社及び外国会社を除く。以下この編において同じ」と定めるから,商法4条1項は会社・外国会社にも適用され得るし,商人に会社・外国会社が含まれることがあることを前提としている。

　実質的に考えてみても,例えば,商法第2編中の商人間の売買に関する規定その他当事者の両方又は一方が商人である場合にのみ適用される規定が,当事者の両方又は一方が会社である場合に適用されないと解することは適当ではない。

　このように考えると,会社法6条から24条及び907条から938条は,実質的には,商法第1編の特別規定であると位置付けることができる。

(1)　仮に,営利の目的なく事業として行う行為を反復継続しているというのであれば,「業として」とはいえないので,会社・外国会社が商人にあたらないということもあ

り得る(神作裕之「会社法総則・擬似外国会社(特集 新会社法の制定Ⅲその他)」ジュリ1295号(2005)134頁以下参照)。

Ⅱ 会社法と金融商品取引法

　金融商品取引法には会社法の特別法としての面と金融商品市場(金融商品取引所市場,店頭市場,私設取引システムなど)を規制する市場規制法及び金融商品取引に関与する業者(金融商品取引業者等)を規制する業法としての面とがある。

1. 会社法と金融商品取引法との重複適用と棲分け

　金融商品取引法は不特定多数の投資者が参加する取引の対象となっている有価証券を発行している会社及び多数の株主が存在する大規模な会社に適用され,それらの会社には,会社法による規整のほか,金融商品取引法が適用される。

(1) 投資者保護

　会社法は,規模の大小あるいは株式の譲渡制限の有無にかかわらず,すべての株式会社を対象とし,会社法には株主及び会社債権者の保護を図るための規定が多く設けられている。しかし,会社法の規整では,株式,新株予約権あるいは社債を除く有価証券への投資者——会社債権者に含まれる場合もあるが——の保護は明示的にはなされていない。また,将来の投資者の保護には不十分な面がある。そこで,金融商品取引法には,現在及び将来の株主・社債権者などを投資者として保護するための規定が設けられている。

　また,会社法は,株式,新株予約権あるいは社債の権利内容を規律し,株主・新株予約権者・社債権者の権利行使の機会を保証するという形でそれらの者の保護を図っているのに対し,金融商品取引法は,投資判断を行う投資者が適切な投資判断を行えるような環境を整備するという形で投資者保護を図っている。すなわち,投資者の権利行使を保護することは——議決権代理行使の勧誘規制を除けば——金融商品取引法の目的ではない。

2　会社法とその他の関連法，会計基準

　さらに，会社法は，株主及び会社債権者の保護を図るための規定を多く有するとはいえ，株主や会社債権者がいわば弱者であるという前提には立っていないのに対し，金融商品取引法は，情報の偏在や取引の経験・知識あるいは交渉力の不均衡を前提として，投資者が弱者であるという認識のもとに投資者の保護を図っているものと解される。

(2)　情 報 開 示

　会社法は，株式会社に対し，計算書類，事業報告及びそれらの附属明細書の作成を要求し（会社435条2項），計算書類，事業報告及び監査役の監査報告（大会社である公開会社では，監査役会〔委員会設置会社では監査委員会〕の監査報告，大会社などではさらに会計監査人の会計監査報告。以下，同じ。）は，定時総会の招集通知に添付して株主に送付される（会社437条）。また，計算書類，事業報告，附属明細書及び監査報告は本店に5年間，支店に3年間備え置かれ，株主及び会社債権者の閲覧・謄写等に供される（会社442条）。また，株式会社は，貸借対照表又はその要旨，大会社はさらに損益計算書又はその要旨を時事に関する事項を掲載する日刊新聞紙又は官報において公告するか，貸借対照表（大会社はさらに損益計算書）を電子公告し又は電磁的方法により公開しなければならない（会社440条1項～3項）。さらに，大会社（有価証券報告書提出会社に限る。）は連結計算書類を作成し，監査役会（委員会設置会社では監査委員会）及び会計監査人の監査を受けなければならないが（会社444条），連結計算書類については備置・閲覧・謄写等や公告・公開は要求されていない。

　これに対して，金融商品取引法は，まず，一定の会社について，事業年度ごとに，内閣総理大臣に対して有価証券報告書を提出することを要求しており（金融商品24条1項），有価証券報告書は公衆の縦覧に供されるほか（金融商品25条），行政サービスの一環としてEDINETのホームページを通じて誰でも入手することができる。有価証券報告書によって開示される内容は，一般的に，企業の経理の状況に関しては，計算書類及びその附属明細書よりも詳細な開示が要求され，連結ベースのものとして，連結株主資本等変動計算書，連結キャッシュ・フロー計算書，連結附属明細表の作成・開示が求められている。また，金融商品取引法上は，半期報告書（上場会社等は四半期報告書及び内部統制報告書）及び臨

第1章　会社法制概論

時報告書の内閣総理大臣への提出が要求されている（金融商品24条の4の7，24条の5）。

これを背景として，会社法440条4項は，有価証券報告書を提出しなければならない会社は，その貸借対照表（大会社はさらに損益計算書）又はその要旨を公告し，又は，その貸借対照表（大会社はさらに損益計算書）を電磁的方法により公開することを要しないこととしている。

(3)　証券の発行時の開示

会社法のもとでは，証券発行時の株主保護のための規定は比較的充実しているし，社債権者保護のための規定も設けられているが，投資意思決定のための情報開示は必ずしも十分ではない。

すなわち，株式・新株予約権・新株予約権付社債の発行手続（発行事項の通知・公告を含む。），株主の株式・新株予約権・新株予約権付社債の発行差止請求，株主の株式発行無効の訴え・新株予約権又は新株予約権付社債の発行無効の訴えなどに関する規定が会社法には設けられている（会社199条～213条，238条～248条，828条）。また，社債の発行手続，社債管理者の設置，社債権者集会などに関する規定も存在する（会社676条～742条）。

他方，総額引受けの場合（会社205条，244条，679条）及び金融商品取引法に基づく目論見書の交付等がなされる場合（会社203条4項，242条4項，677条4項）を除き，募集株式，募集新株発行，募集社債の発行にあたって，会社は引受けの申込みをしようとする者に対し，法務省令で定める事項を通知しなければならないとされているが（会社203条1項4号，242条1項4号，677条1項3号），法定されている通知事項のほとんどは株式・社債・新株予約権等の内容に関するものであり，発行会社の内容に関する情報は極めて形式的なもののみの通知が要求されている。

他方，金融商品取引法には，（発行会社との関係で）既存株主の保護や社債権者保護のための規定は設けられていない一方で，有価証券（株券，社債券，新株予約権証券は含まれる。）の募集・売出しに際しては，有価証券届出書などの内閣総理大臣への提出（金融商品5条，23条の3，23条の8）と目論見書の投資者への交付（金融商品13条）が要求される。有価証券届出書や目論見書では，株式・社債・

新株予約権の投資価値を判断するために有用であると考えられる情報を開示することが求められている。これは、投資者、とりわけ、零細な投資者には、そのような情報を入手することが、交渉力の欠如などのため、容易ではないことが少なくないと考えられるからである。

このような金融商品取引法上の開示を前提として、会社法では、第1に、公開会社において募集株式又は募集新株予約権の募集事項を取締役会が定めた場合であっても、株式会社が募集事項について払込期日の2週間前までに有価証券届出書を内閣総理大臣に提出している場合その他の株主の保護に欠けるおそれがないものとして法務省令で定める場合（会社規40条、53条）には、募集事項の株主に対する通知又は公告を要しないものとしている（会社201条5項、240条4項）。第2に、株式会社が募集株式・募集新株予約権・募集社債の引受けの申込みをしようとする者に対して会社法の規定により通知すべき事項を記載した目論見書を申込みをしようとする者に対して交付している場合その他募集株式等の引受けの申込みをしようとする者の保護に欠けるおそれがないものとして法務省令で定める場合（会社規42条、55条、164条）には、申込みをしようとする者に対して通知することを要しないものとしている（会社203条4項、242条4項、677条4項）。

(4) 書面による議決権行使と委任状勧誘規制

会社法のもとでは、原則として、議決権を有する株主が1000人以上の会社は書面による議決権行使を認めなければならないものとされている（会社298条2項本文）。そして、このような会社においては、議決権の行使につき参考となるべき事項を記載した書類（参考書類）を株主に送付しなければならない（会社301条）。

他方、金融商品取引法194条及びそれに基づく政令の規定[2]並びに「上場株式の議決権の代理行使の勧誘に関する内閣府令」（平成15年内閣府令21号）[3]は、株主総会における議決権の代理行使を勧誘する場合について、議決権の行使の参考となる一定の情報を記載した参考書類を提供しなければならないものとしている。

いずれも、株主総会決議における議決権行使の機会を確保し、また、十分な

情報を得て議決権を行使することができるようにするための規律であることから,金融商品取引所に上場されている株式を発行している株式会社については,株主総会の招集者が当該株主総会において議決権を行使することができる株主の全部に対して金融商品取引法の規定に基づき株主総会の通知に際して委任状の用紙を交付することにより議決権の行使を第三者に代理させることを勧誘している場合には,書面による議決権行使を認めることを要しないものとされている(会社298条2項ただし書,会社規64条)。

(2) 金融商品取引法施行令36条の2。
(3) 詳細については,例えば,一松旬「委任状勧誘制度の整備の概要」商事1662号(2003)54頁以下参照。

(5) 企業買収についての規制

会社法においても,企業買収の際の反対株主あるいは会社債権者保護のための規制が看取される。すなわち,合併・会社分割・株式交換・株式移転・事業譲渡に関して反対株主の株式買取請求権(会社469条,785条,797条,806条),略式組織再編の場合の株主の差止請求(会社784条2項,796条2項),合併・会社分割・株式交換・株式移転の無効の訴え(会社828条),合併又は会社分割,株式交換又は株式移転の際の会社債権者保護手続(会社789条,799条,810条)などに関する規定が設けられている。また,株主以外の者に対する新株発行・自己株式の処分による企業買収は,特に有利な払込金額による発行に対する規制(会社199条2項・3項,201条1項)や著しく不公正な方法による発行に関する差止請求(会社210条)に服する。

他方,金融商品取引法のもとでは,有価証券の募集及び売出しと同様に,相手方が当該有価証券に係る5条1項各号に掲げる事項(有価証券届出書に記載すべき事項)に関する情報を既に取得し,又は容易に取得することができる場合として政令で定める場合(金融商品令2条の12),組織再編成[4]対象会社が発行者である株券(新株予約権証券その他の政令で定める有価証券を含む。)に関して開示が行われている場合に該当しない場合,組織再編成発行手続に係る新たに発行される有価証券又は組織再編成交付手続に係る既に発行された有価証券に関して開示が行われている場合などを除き,特定組織再編成発行手続及び特定組織再

編成交付手続は，原則として，発行者が当該有価証券の募集又は売出しに関し内閣総理大臣に届出をしているものでなければすることができないものとされている（金融商品4条1項本文）[5]。

また，金融商品取引法は，市場外で株券等を買い受ける行為（公開買付け）を規制している（金融商品27条の2以下）。これは，投資者への情報提供と投資者の平等取扱いを確保するためである。さらに，株券等の大量保有開示規制（金融商品27条の23以下）も企業買収規制の一環であると位置付けることができる。

（4） 合併，会社分割，株式交換その他会社の組織に関する行為であって政令で定めるもの（株式移転。金融商品令2条）をいう（金融商品2条の2第1項）。
（5） 詳細については，例えば，谷口義幸＝野村昭文「金融商品取引法制の解説(3)企業内容等開示制度の整備」商事1773号（2006）38頁以下参照。

2．会社法の規律の前提としての金融商品取引法

会社法は，金融商品取引法上の規整を前提として，自己株式の有償取得を認めている。すなわち，自己株式の有償取得が相場操縦に用いられるおそれや内部者（インサイダー）取引の弊害が生ずるおそれがあるので，金融商品取引法上，相場操縦・内部者取引規制が存在することが，会社法上，自己株式の有償取得を認める前提となっている。

Ⅲ　会社法と業法

一定の事業を行う企業について特別な規律を定める，いわゆる業法が少なからず制定されており，また，特定の企業についてはその設立準拠法としての法律が制定されている。このような法律に含まれる条項の少なくとも一部は会社法の特則を定めるものである。

例えば，以下のような点で会社法の特則が定められている。

1．最低資本金制度など

会社法は，最低資本金制度を放棄したが，一定の事業を行う会社については，

第1章　会社法制概論

最低資本金額規制、純資産額規制及び自己資本比率規制が定められている。例えば、金融商品取引法は、第1種金融商品取引業者などについて、最低資本金額規制（金融商品29条の4第1項4号・30条の4第2号、金融商品令15条の7・15条の11）、純財産額規制（金融商品29条の4第1項5号ロ、金融商品令15条の9）、自己資本比率規制（金融商品29条の4第1項6号）を定めている。また、銀行法は、銀行の資本金の額は政令で定める額（20億円。銀行法施行令3条）以上でなければならないとし（銀行5条1項）、いわゆる自己資本比率規制（銀行14条の2）を銀行に対して加えている。同様に、保険業法は、保険会社の資本金の額又は基金の額は政令で定める額（10億円。保険業法施行令2条の2）を下回ってはならない（保険業6条1項）とし、また、いわゆるソルベンシー・マージン規制（保険業130条）を保険会社について加えている。

2．株式の譲渡や議決権行使の制限

株式の譲渡制限については、例えば、「日刊新聞紙の発行を目的とする株式会社の株式の譲渡の制限等に関する法律」1条が、一定の題号を用い時事に関する事項を掲載する日刊新聞紙の発行を目的とする株式会社には、定款をもって、株式の譲受人を、その株式会社の事業に関係のある者に限ることができるものとし、この場合には、株主が株式会社の事業に関係のない者であることとなったときは、その株式を株式会社の事業に関係のある者に譲渡しなければならない旨をあわせて定めることができると定めている[6]。

また、株主名簿の書換えあるいは議決権行使に関して、例えば、放送法52条の8[7]は、金融商品取引所に上場されている株式又はこれに準ずるものとして総務省令で定める株式を発行している会社である一般放送事業者は、その株式を取得した外国人等からその氏名及び住所を株主名簿に記載し、又は記録することの請求を受けた場合において、その請求に応ずることにより、例えば、外国人等がその議決権の3分の1以上（受託放送事業者である場合）あるいは5分の1以上（人工衛星の無線局により放送を行う場合であって受託放送事業者ではない場合）を占めることになり、欠格事由に該当することとなるときは、その氏名及び住所を株主名簿に記載し、又は記録することを拒むことができるものとしている（放送法52条の8第1項）[8]。そして、株主名簿又は実質株主名簿に記載し、又は

記録することを拒むことができる場合を除き，外国人等により直接に占められる議決権の割合が総務省令で定める割合以上である法人又は団体を通じて，外国人等により間接に占められる議決権の割合が増加することにより，株主名簿又は実質株主名簿に記載され，又は記録されている外国人等により直接に占められる議決権の割合が総務省令で定める割合以上である法人又は団体に掲げる者が有し，又は有するものとみなされる株式のすべてについて議決権を有することとした場合に株式会社である一般放送事業者（人工衛星の無線局により放送を行う一般放送事業者を除く。）が欠格事由に該当することとなるときは，特定外国株主（株主名簿又は実質株主名簿に記載され，又は記録されている外国人等及び外国人等により直接に占められる議決権の割合が総務省令で定める割合以上である法人又は団体が有し，又は有するものとみなされる株式のうち欠格事由に該当することとならないように総務省令で定めるところにより議決権を有することとなる株式以外の株式を有する株主）は，当該株式についての議決権を有しないとされている（放送法52条の8第3項）。

他方，「日本電信電話株式会社等に関する法律」6条は，会社は，その株式を取得した外国人等及び外国人等により直接に占められる議決権の割合が総務省令で定める割合以上である法人又は団体から，その氏名及び住所を株主名簿に記載し，又は記録することの請求を受けた場合において，その請求に応ずることによって外国人等により直接に占められる議決権の割合とこれらの者により外国人等により直接に占められる議決権の割合が総務省令で定める割合以上である法人又は団体を通じて間接に占められる議決権の割合として総務省令で定める割合とを合計した割合が3分の1以上となるときは，その氏名及び住所を株主名簿に記載し，又は記録してはならないものとしているが[9]，議決権の停止については定めていない[10]。

(6) なお，昭和62年廃止前日本航空株式会社法2条3項は「会社は，……定款の定めるところにより，航空法……第4条第1項各号に掲げる者が議決権の3分の1以上を占めることとならないようにするため，株式の譲渡を制限することができる。」と定めていた。
(7) 詳細については，例えば，中山裕司＝長谷川哲雄「法律解説 総務 電波法及び放送法の一部を改正する法律—平成17年11月2日法律第107号」法資288号（2006）17頁以下参照。
(8) 実質株主名簿への記載又は記録についても同様の定めが置かれている（放送法52条の8第2項）。

(9) 実質株主名簿への記載又は記録についても同様の定めが置かれている（日本電信電話株式会社法6条2項）。
(10) 同様に，航空法120条の2も，金融商品取引所に上場されている株式又はこれに準ずるものとして国土交通省令で定める株式を発行している会社である本邦航空運送事業者及びその持株会社等は，その株式を取得した外国人等から，その氏名及び住所を株主名簿に記載し，又は記録することの請求を受けた場合において，その請求に応ずることにより外国人等がその議決権の3分の1以上を占めるものに該当することとなるときは，その氏名及び住所を株主名簿に記載し，又は記録することを拒むことができるものとしているが，議決権の停止については定めていない。

3．会社の計算

　会社計算規則146条は，財務諸表等規則にいう別記事業（財規2条）を営む会社が当該別記事業の所管官庁に提出する計算関係書類の用語，様式及び作成方法について，特に法令の定めがある場合又は当該別記事業の所管官庁が会社計算規則に準じて計算書類準則を制定した場合には，当該別記事業を営む会社が作成すべき計算関係書類の用語，様式及び作成方法については，その法令又は準則の定めによるものとしている。そして，別記事業の二以上を兼ねて営む会社が作成すべき計算関係書類の用語，様式及び作成方法については，それらの別記事業のうち，当該会社の事業の主要な部分を占める事業に関して適用される法令又は準則の定めによるが，その主要事業以外の別記事業に関する事項については，主要事業以外の別記事業に関して適用される法令又は準則の定めによることができるものとしている[11]。

　ここでいう別記事業には，建設業，鋼船製造・修理業，銀行・信託業，建設業保証業，証券業，保険業，民営鉄道業，水運業，道路運送固定施設業，電気通信業，電気業，ガス業，中小企業等金融業，農林水産金融業，資産流動化業，投資信託委託業，投資業（投資法人の行う業務に限る。），特定金融業が含まれるが，法令の定めとしては，建設業法施行規則，銀行法施行規則，長期信用銀行法施行規則，無尽業法施行細則，公共工事の前払金保証事業に関する法律施行規則，証券会社に関する内閣府令，保険業法施行規則，鉄道事業会計規則，自動車道事業会計規則，東京湾横断道路事業会計規則，電気通信事業会計規則，電気事業会計規則，ガス事業会計規則，特定金融会社等の会計の整理に関する内閣府令などが，所管官庁が制定した計算書類準則としては，造船業財務諸表準則，

海運企業財務諸表準則などがある。

(11) 詳細については，例えば，弥永真生・コンメンタール会社計算規則・改正商法施行規則（2006）655頁以下参照。

Ⅳ　会社法と税法

1．確定決算主義

　法人税法74条1項は，「内国法人は……税務署長に対し，確定した決算に基づき……申告書を提出しなければならない」と規定している。決算の確定は会社法が定める手続によるから，会社法上の計算書類に基づいて，法人税申告書を作成・提出すべきことになる。このような仕組みが採用されていることについては，「対外的に実現をみない金額を第三者たる課税権者が認定することは適当ではないし，そもそも可能でもない……。そこで，これらの内部計算に係る損益については，租税法上の所得計算の原則においては，一定の限界を定め，その範囲内において企業の行った会計処理を最終のものとし，それ以外の計算はこれを認めないこととしているのである」と説明されている[12]。

(12) 田中二郎・租税法〈法律学全集〉(1968) 412頁。なお，確定決算主義の意義については，例えば，中里実「企業課税における課税所得算定の法的構造(1)～(5)」法協100巻1号・3号・5号・7号・9号（1983）参照。

2．一般に公正妥当と認められる企業会計の慣行といわゆる税法基準

　現段階における税務会計と会社法会計との主要な差異をまとめると，第1に，減価償却について，法人税法は，課税の公平の確保や税務行政上の要請という観点から，耐用年数を法定し，残存価額を一律のものとしているが，会社法上は，その企業の資産の実態を反映するように相当の償却を行うこととされている。第2に，法人税法は，引当金繰入額の損金算入が認められる範囲が限定されているが，会社法上は，一般に公正妥当と認められる企業会計の慣行に従って引当金を認識しなければならず，法的債務性のある引当金は認識が強制され

るものと考えられている。第3に，法人税法は，債務確定原則を基調として費用の帰属を判断するが，会社法上は，法人税法にいう債務確定がなくとも，費用・損失を認識し，資産の減少あるいは負債の増加を認識しなければならない場合がある。第4に，租税特別措置法などは政策的に早期の損金算入を認めているが，会社法上は，経済的実態などに注目して，一般に公正妥当と認められる企業会計の慣行に従って費用・損失の認識を行うことになっている。

　もっとも，従来から，商法・商法施行規則又は公表されている企業会計の基準がカバーしていない領域においては，実務上，いわゆる税法基準によって会計処理が行われることが多いといわれてきた。したがって，いわゆる税法基準によって会計処理をすることは，旧商法32条2項にいう「会計慣行」にあたると解される場合は少なくなかった。そして，税法上の規定がどのようなものであれ，営業上の財産及び損益の状況を的確に示すことができない会計処理方法は，「公正なる会計慣行」とはいえないが，商法・商法施行規則の明文の規定や趣旨に反しない限りでは税法の規定を参照することはできるとする立場が，商法の解釈としてこれまで受け入れられてきたと思われる[13]。

　そして，このような考え方は，会社法のもとでも妥当するものと考えられる。もっとも，いわゆる税法基準が「一般に公正妥当と認められる企業会計の慣行」であるか否かは，税法等の個々の規定及びその適用の仕方によって異なるのであって，個別的に検討を加える必要がある。なぜならば，税法の目的と会社法の目的とは異なるのであって，税法は，企業の財産及び損益の状況を正確に判断するための情報を提供することを目的とはしていないからである。

　例えば，税法が定める耐用年数に従った減価償却は，原則として，「一般に公正妥当と認められる企業会計の慣行」に従ったものと解される。これに対して，法人税法は減価償却限度額未満の償却や非償却も許容しているが，会社法上は非償却などは違法であると考えられる。

　なお，「中小企業の会計に関する指針」(平成20年5月1日最終改正)は，「コスト・ベネフィットの観点から，会計処理の簡便化や法人税法で規定する処理の適用が，一定の場合には認められる」という立場に立って，会計基準がなく，かつ，法人税法で定める処理に拠った結果が，経済実態をおおむね適正に表していると認められる場合又は会計基準は存在するものの，法人税法で定める処理に

拠った場合と重要な差異がないと見込まれる場合には、法人税法で定める処理を会計処理として適用できるという解釈を示している。

(13) 例えば、上田明信・改正会社法と計算規則（1974）64頁参照。また、渡辺徹也「確定決算主義の再考」森淳二朗編・企業監査とリスク管理の法構造：蓮井良憲先生・今井宏先生古稀記念論文集（1994）600頁、江村稔・企業会計と商法（1977）16頁も参照。また、下級審裁判例として、東京高判平18・11・29（判例集未登載）、大阪地判平19・4・13（判例集未登載）、東京地判平17・9・21判タ1205号221頁、東京地判平17・5・19判時1900号3頁。

他方、東京地判平17・7・6（判例集未登載）、東京高判平17・6・21判時1912号135頁、東京地判平14・9・10（判例集未登載）は税法の規定を参照することに対して消極的である。

Ⅴ　会社法と倒産法

1．特別清算

破産法は会社の清算についての特則を定めていると見る余地もないわけではないが（会社475条1号かっこ書、644条1号かっこ書）、他方で、会社法は、株式会社[14]について、特別清算という清算型倒産処理手続を定めており、これは、破産法の特則を定めるものであると位置付けることができよう[15]。

特別清算は、解散して清算中の株式会社（清算株式会社）に一定の事由（債務超過の疑い、清算の遂行に著しい支障を来すべき事情）があると認められる場合に、債権者や株主の利益を保護するため、申立てにより、裁判所の特別清算開始の命令で開始される法的な倒産処理手続の一つである。裁判所の監督のもとで行われる手続ではあるが、債権者の自主性（私的自治）を尊重しつつ簡易・迅速に行われるという点で、通常の清算と破産手続による清算との中間的な性格を有するものということができる[16]。

このような特別清算という制度が設けられているのは、特別清算手続には多くのメリットがあると考えられたからである。

まず、裁判所が選任した破産管財人が清算事務を遂行する破産手続と異なり、原則として、清算人が清算事務を遂行するため、清算開始前の事業又は清算業

務との連続性を確保することができる。また，例えば，スポンサーや特殊な債権者のみが譲歩をして，一般の債権者に対しては全額弁済ができるような場合には，清算株式会社が主導的に終結時期を選択することも可能であるし，少額の債権等についての許可弁済の制度（会社500条2項，537条2項）を利用することにより，協定に参加する債権者数を減少させるとともに，清算会社の下請企業等の連鎖倒産を防止することが可能である。

また，管財人が選任されなければ，その報酬が不要であるため，裁判所に対する予納金が低廉であり，破産手続よりも利用しやすい。しかも，債権の調査及び確定の手続がなく，厳格な配当手続を経る必要もなく，協定による清算，個別和解による清算及び割合的な債務弁済による清算という3つの方法のうちから選択し，必要に応じて変更することすらできるなど手続構造が柔軟で融通性があり，簡易・迅速に処理をすることができるという利点がある。

さらに，裁判所の監督に服するため，債権者の信頼を得やすい一方で，手続の進め方が基本的には債権者の自治に委ねられているというメリットがある。

以上に加えて，解散した株式会社の清算の一類型として位置付けられ，破産法ではなく会社法に規定されていることから，清算株式会社にとっても債権者（特に親会社や関連会社）にとっても破産によって名声を損なうことを回避することができる[17]。

(14) 特例有限会社にも会社法の特別清算に関する規定を適用し，特別清算手続を利用することができるものとすると，例えば，清算人は債務超過の疑いがある場合には特別清算開始の申立てをする義務を負い，これに違反した場合には過料の制裁の対象となるなど（会社511条2項，976条27号），（廃止前）有限会社法の規律を実質的に変更することになってしまい，特例有限会社の経営者や債権者等に混乱が生ずるおそれがあることから（萩本修「特別清算（新・会社法の特別解説）」商事1748号（2005）36頁），特例有限会社が特別清算手続を利用することはできないものとされている（整備法35条）。

他方，特例有限会社に対する会社更生法の適用を排除する旨の経過規定は設けられていないので，特例有限会社も会社更生手続を利用することができる。

(15) 旧商法は，株式会社について再建型倒産処理手続として整理を定めていたが，会社法ではこのような制度は設けられていない。これは，和議手続に代わる新しい再建型の倒産処理手続として民事再生法により設けられた再生手続が，旧商法が定めていた会社の整理について指摘されていた問題に対しても解決を与えるものであったため，民事再生法の施行後は，会社の整理という制度の存在意義は失われたと考えられるに

至ったからである。
(16) 萩本・前掲注（14）26頁。
(17) 萩本・前掲注（14）27〜28頁。また，特別清算には，清算株式会社と債権者の双方にとって税務上のメリットがある。すなわち，清算株式会社に対する課税は清算所得に対する課税となるため非課税であり，債務免除益も課税の対象とならない。また，債権者は，特別清算の申立てがあった場合，当該事業年度において当該清算株式会社に対する債権額の50％に相当する額を損金処理することができ，協定の認可があった場合，当該事業年度において協定によって切り捨てられた債権額を損金処理することができる。したがって，親会社にとっては，業績不振の子会社を整理する手段として利用しやすい。

2．役員等の責任の査定

　会社がその役員等に対し損害賠償請求権を有する場合は，会社の財産あるいは破産財団の財産の最大化を図り，また，役員の責任を明確にしモラル・ハザードを防止するという観点から，損害賠償請求権の行使が重要な意味をもつ。しかし，民事訴訟法のもとでの裁判を通じた損害賠償請求では時間と費用がかかるので，わが国の倒産法制は，簡易・迅速な査定という制度を設けている。会社法のもとでの特別清算において認められるのみならず（会社545条），会社更生手続（会更100条），民事再生手続（民再143条）及び破産手続（破178条）が役員等の責任の査定制度を定めている[18]。

　すなわち，裁判所は，株式会社について特別清算開始の命令があった場合，会社更生手続開始の決定があった場合，法人である再生債務者について再生手続開始の決定があった場合及び法人である債務者について破産手続開始の決定があった場合において，必要があると認めるときは，一定の者の申立てにより又は職権で，役員等の責任に基づく損害賠償請求権の査定の裁判をすることができる。株式会社の役員等については会社法423条に基づく損害賠償請求権が，持分会社の業務執行社員については会社法596条に基づく損害賠償請求権が対象となるほか，一般的な善管注意義務違反に基づく損害賠償請求権が対象となる。査定の裁判手続は決定手続であるが，損害賠償請求権という実体法上の最終的な審理・判断のためには，口頭弁論に基づく判決手続が保障される必要があることから，査定の裁判に対しては異議の訴えを提起できるものとされている。また，倒産法制は，この損害賠償査定の制度の実効性を確保するため，役

員等の個人財産に対する保全処分の制度を定めている（会社542条，会更99条，民再142条，破177条）。

(18) 例えば，谷口安平・倒産処理法〈現代法学全集〉〔第2版〕(1986) 281～282頁・368～369頁，同「倒産企業の経営者の責任」鈴木忠一＝三ケ月章監修・新・実務民事訴訟講座(13)(1981) 239頁以下，小原一人「損害賠償請求権の査定」門口正人＝西岡清一郎＝大竹たかし編・新・裁判実務大系(21)会社更生法・民事再生法（2004）478頁以下など参照。

3．会社更生手続における会社法の特則

(1) 意思決定手続

　更生手続開始後その終了までの間においては，更生計画の定めるところによらなければ，更生会社について株式の消却，併合もしくは分割，株式無償割当て又は募集株式を引き受ける者の募集，募集新株予約権を引き受ける者の募集，新株予約権の消却又は新株予約権無償割当て，資本金又は準備金の額の減少，剰余金の配当，一定の自己株式の有償取得，解散又は株式会社の継続，募集社債を引き受ける者の募集，及び，持分会社への組織変更又は合併，会社分割，株式交換もしくは株式移転を行うことができない（会更45条1項）。また，更生手続開始後その終了までの間においては，更生計画の定めるところによるか，又は裁判所の許可を得なければ[19]，更生会社の定款の変更をすることができない（同条2項）。これらの行為が更生会社の基礎に重要な影響を与え，利害関係人の利害に係る事項であることにかんがみ，会社法上は株主総会の決議又は取締役会の決議[20]によってなし得る行為についての特則を会社更生法が定めるものである[21]。

　更生計画で定めるということは，更生計画案への記載（会更174条～182条の4），裁判所による当該更生計画案を決議に付する旨の決定（会更189条），関係人集会による当該更生計画案の可決（会更196条）及び裁判所による当該更生計画案の認可（会更199条）という手続によって，意思決定手続が代替されることになる。

　他方，更生手続開始後その終了までの間においては，更生計画の定めるところによらなければ，更生会社の事業の全部の譲渡又は事業の重要な一部の譲渡をすることもできないのが原則であるが（会更46条1項本文），更生手続開始後更生計画案を決議に付する旨の決定がされるまでの間においては，管財人は，裁

判所の許可を得て，更生会社の株主総会の特別決議を経ることなく（同条9項），更生会社の事業の全部の譲渡又は事業の重要な一部の譲渡をすることができる（同条2項）。裁判所は，当該譲渡が当該更生会社の事業の更生のために必要であると認める場合に限り，許可をすることができるとされているほか（同条2項），知れている更生債権者・更生担保権者及び労働組合等の意見を聴かなければならない。また，更生会社の事業の全部の譲渡もしくは事業の重要な一部の譲渡に係る契約の相手方が更生会社の特別支配会社である場合又は事業譲渡の許可の時において更生会社がその財産をもって債務を完済することができない状態にある場合を除き（同条8項），管財人は，あらかじめ，当該譲渡の相手方，時期及び対価並びに当該譲渡の対象となる事業の内容と，当該譲渡に反対の意思を有する株主は，当該公告又は当該通知があった日から2週間以内にその旨を書面をもって管財人に通知すべき旨とを公告し，又は株主に通知しなければならないが（同条4項），公告又は通知があった日から1月を経過した後に許可の申立てがあったとき又は当該公告又は当該通知があった日から2週間以内に更生会社の総株主の議決権の3分の1を超える議決権を有する株主が，書面をもって管財人に当該譲渡に反対の意思を有する旨の通知をしたときには，裁判所は事業譲渡の許可をすることができないものとされている（同条7項）[22]。

(19) この場合には，株主総会の特別決議をも要すると考えられる。田頭章一「更生手続開始と更生会社及びその機関等の権限」山本克己＝山本和彦＝瀬戸英雄編・新会社更生法の理論と実務〔判タ（臨増）1132号〕（2003）90頁。

(20) 会社法上は，株式の分割，株式又は新株予約権の無償割当てについて，定款に別段の定めを置くことができる。

(21) 深山卓也「会社更生法の立案過程からみた営業譲渡の手続的規律」伊藤眞＝春日偉知郎＝上原敏夫＝野村秀敏編・権利実現過程の基本構造：竹下守夫先生古稀記念（2002）783頁参照。

(22) この株主保護手続については，立法論的批判が強いことについて，神作裕之「更生計画外の営業譲渡」山本（克）＝山本（和）＝瀬戸編・前掲注（19）93頁。

(2) 計　　算

会社計算規則88条は，更生会社が更生計画に基づき行う行為について当該更生会社が計上すべきのれん，純資産その他の計算に関する事項あるいは更生計画において株式会社を設立することを定めた場合（新設合併，新設分割又は株式移

第1章　会社法制概論

転により株式会社を設立することを定めた場合を除く。）の当該株式会社の設立時ののれん，純資産その他の計算に関する事項は，この省令の規定にかかわらず，更生計画の定めるところによるものとするとともに，更生会社が吸収合併，株式交換，新設合併又は株式移転を行う場合に更生債権者等に交付される金銭等，株式又は社債等の価格を吸収型再編対価又は新設型再編対価として考慮する旨を定めている。

　まず，更生会社が更生計画に基づきこのような行為を行う場合には，会社計算規則の規定にかかわらず，更生会社が計上すべきのれん，純資産その他の計算に関する事項は，更生計画の定めるところによるものとしている（計算規88条1項）。これは，会社更生手続においては，①更生計画に基づく更生債権者等又は株主の権利の消滅と引換えにする株式等の発行や②組織再編行為など，平時には行われないような手続がなされ，このような場合に，会社計算規則の規定を直接適用すると不都合な点があり得る可能性があるからである。会社更生手続は裁判所の監督に服し，更生計画は裁判所の認可を受けなければならないこととされているので（会更199条），会社計算規則の規定によらず，更生計画の定めるところによるものとしても問題はないと考えられる。

　また，更生計画において株式会社を設立することを定めた場合（新設合併，新設分割又は株式移転により株式会社を設立することを定めた場合を除く。）には，当該株式会社の設立時ののれん，純資産その他の計算に関する事項は，会社計算規則の規定にかかわらず，更生計画の定めるところによるものとされている（計算規88条2項）。これは，会社更生手続においては，①更生計画に基づく更生債権者等又は株主の権利の消滅と引換えにする株式等の発行や②組織再編行為など，平時には行われないような手続がなされ，このような場合に，会社計算規則の規定を直接適用すると不都合な点があり得る可能性があり，また，更生計画は裁判所の認可を受けなければならないものとされていることから設けられた，会社計算規則88条1項と同趣旨の規定である。設立会社が計上すべきのれん，純資産その他の計算については更生計画の定めるところによるものとされているが，「新設合併，新設分割又は株式移転により株式会社を設立することを定めた場合を除く」とされている。これは，新設合併設立会社，新設分割設立会社，及び，株式移転設立完全親会社の計上すべきのれん，純資産その他の

計算は会社計算規則の規定に従って行われるべきだからである。

　なお，会社更生法施行規則1条2項は，会社更生法83条1項の規定により評定した価額（会社更生法83条2項は，評定は，更生手続開始の時における時価によるものとすると定めている。）を取得価額とみなすと定め，会社更生法施行規則1条3項は，更生会社は，貸借対照表の資産の部にのれんを計上することができると定めている。また，会社更生法施行規則2条は，更生計画において更生会社の財産の譲渡をする旨及びその対価，相手方その他の事項が定められているときは，当該財産については，処分価額を付すことができると定め，同規則3条は，更生計画が更生会社の事業の全部の廃止を内容とするものである場合には，更生会社に属する一切の財産につき，処分価額を付さなければならないと定めている[23]。

(23)　深山卓也＝菅家忠行＝髙山崇彦＝村松秀樹「会社更生法施行令および会社更生法施行規則の概要」NBL759号（2003）8頁以下参照。

VI　会社法と独占禁止法

　会社法は，組織再編行為や株式の取得について一定の手続や制約を定めているが，会社がそのような行為を行う際には，独占禁止法上の規律をも考慮に入れる必要がある[24]。独占禁止法は公正な競争を阻害する要因を除去し，公正・自由な競争を促進することによって，資源の最適配分を図り，一般消費者の利益の確保と経済の健全な発展を図ろうとするものであり，私的独占を可能にするような経済力が少数の事業者に集中することをできるだけ抑制して，市場を競争的環境のままに維持するために，独占禁止法の第4章（独禁9条以下）は，いわゆる集中規制を定めている。

　まず，他の国内の会社の株式（社員の持分を含む。）を所有することにより事業支配力が過度に集中することとなる会社を設立してはならず，会社（外国会社を含む。）は，他の国内の会社の株式を取得し，又は所有することにより国内において事業支配力が過度に集中することとなる会社となってはならないとされている（独禁9条）。同様に，会社は，他の会社の株式を取得し，又は所有する

ことにより，一定の取引分野における競争を実質的に制限することとなる場合には，当該株式を取得し，又は所有してはならないとされている（独禁10条）[25]。しかも，銀行業又は保険業を営む会社については，一定の取引分野における競争の実質的制限が生ずる蓋然性の存在を要件とせず，他の国内の会社の議決権をその総株主の議決権の一定割合（銀行業を営む会社は100分の5，保険業を営む会社は100分の10）を超えて有することとなる場合には，公正取引委員会の認可を受けた場合を除き，原則として，その議決権を取得し，又は保有してはならないとされている（独禁11条）。

また，会社の役員又は従業員（継続して会社の業務に従事する者であって，役員以外の者）は，他の会社の役員の地位を兼ねることにより一定の取引分野における競争を実質的に制限することとなる場合には，当該役員の地位を兼ねてはならないとされている（独禁13条1項）。

さらに，会社は，合併によって一定の取引分野における競争を実質的に制限することとなる場合などには，そのような合併をしてはならないものとされている（独禁15条1項）。そして，国内の会社は，合併をしようとする場合に，その合併をしようとする会社のうち，いずれか1つの会社に係る総資産合計額が100億円を超え，かつ，他のいずれか1つの会社に係る総資産合計額が10億円を超えるときは，公正取引委員会規則で定めるところにより，合併会社のうち，いずれか1つの会社が他のすべての会社のそれぞれの総株主の議決権の過半数を有している場合又は合併会社のそれぞれの総株主の議決権の過半数を有する会社が同一の会社である場合を除き，あらかじめ当該合併に関する計画を公正取引委員会に届け出なければならないものとされている（同条2項）。また，この届出を行った会社は，届出受理の日から30日[26]を経過するまでは，合併をしてはならないこととされている（同条4項）。

同様に，会社は，共同新設分割又は吸収分割によって一定の取引分野における競争を実質的に制限することとなる場合などには，共同新設分割（会社が他の会社と共同してする新設分割）をし，又は吸収分割をしてはならないものとされている（独禁15条の2第1項）。そして，国内の会社は，共同新設分割又は吸収分割をしようとする場合であって一定の要件を満たすときには，共同新設分割をしようとし，又は吸収分割をしようとする会社のうち，いずれか1つの会社

が他のすべての会社のそれぞれの総株主の議決権の過半数を有している場合又は 共同新設分割をしようとし，又は吸収分割をしようとする会社のそれぞれの総株主の議決権の過半数を有する会社が同一の会社である場合を除き（同条4項），公正取引委員会規則で定めるところにより，あらかじめ当該共同新設分割又は当該吸収分割に関する計画を公正取引委員会に届け出なければならないとされている（同条2項・3項）。この届出を行った会社は，届出受理の日から30日を経過するまでは，共同新設分割又は吸収分割をしてはならないこととされていることは合併の場合と同様である（同条6項，15条4項）。

同様に，会社は，他の会社の事業の全部又は重要部分の譲受け，他の会社の事業上の固定資産の全部又は重要部分の譲受け，他の会社の事業の全部又は重要部分の賃借，他の会社の事業の全部又は重要部分についての経営の受任又は他の会社と事業上の損益全部を共通にする契約の締結をすることにより，一定の取引分野における競争を実質的に制限することとなる場合などには，そのような行為をしてはならないとされている（独禁16条1項）。そして，その総資産合計額が100億円を超える譲受会社は，総資産の額が10億円を超える他の国内の会社の事業の全部の譲受けをしようとする場合又は他の国内の会社の事業の重要部分又は事業上の固定資産の全部もしくは重要部分の譲受けをしようとする場合であって，当該譲受けの対象部分に係る最終の貸借対照表と共に作成した損益計算書による売上高が10億円を超えるときには，事業等の譲受けをしようとする会社及び当該事業等の譲渡をしようとする会社のうち，いずれか1つの会社が他のすべての会社のそれぞれの総株主の議決権の過半数を有している場合又は事業等の譲受けをしようとする会社及び当該事業等の譲渡をしようとする会社のそれぞれの総株主の議決権の過半数を有する会社が同一の会社である場合を除き（同条3項），公正取引委員会規則で定めるところにより，あらかじめ事業又は事業上の固定資産の譲受けに関する計画を公正取引委員会に届け出なければならないものとされている（同条2項）[27]。この届出を行った会社は，届出受理の日から30日を経過するまでは，事業の譲受け等をしてはならないこととされていることは合併の場合と同様である（同条5項，15条4項）。

そして，計画の届出をしなければならないにもかかわらず届出をせずに，又は届出受理からの待機期間中に，会社が合併，共同新設分割又は吸収分割をし

た場合においては，公正取引委員会は，合併の無効の訴え，共同新設分割又は吸収分割の無効の訴えを提起することができるものとされている（独禁18条）。この規定は，会社法828条2項7号から10号の規定が定める原告適格の例外を定めるものであるのみならず，合併又は会社分割の無効原因を定めているという点で注目に値する。

(24) 例えば，大隅健一郎＝今井宏・会社法論(上)〔第3版〕(1991) 3頁は，「独占禁止法は，……商法の定める企業秩序の基本的在り方を定めるものであって，同法の会社に関する諸規定もまた実質的意義における会社法の一部をなすものと解すべきである」とする。なお，独占禁止法が定める規整の詳細については，例えば，松下満雄・経済法概説〔第4版〕(2006) 90頁以下参照。また，「一定の取引分野における競争を実質的に制限することとなる場合」の意義について，例えば，宮井雅明「企業結合の制限(2)—市場集中の規制」日本経済法学会編・経済法講座(2)独禁法の理論と展開1 (2002) 267頁以下参照。
(25) 会社以外の者についても，独占禁止法14条が同様の規律を加えている。
(26) 公正取引委員会は，その必要があると認める場合には，当該期間を短縮することができる。共同新設分割又は吸収分割の場合や事業の譲受け等の場合も同様である。
(27) 譲受会社が他の外国会社の事業等の譲受けをしようとする場合も同様である（独禁16条4項）。

Ⅶ　会社法と会計基準

　会社法431条は「株式会社の会計は，一般に公正妥当と認められる企業会計の慣行に従うものとする。」と，また，会社法614条は「持分会社の会計は，一般に公正妥当と認められる企業会計の慣行に従うものとする。」とそれぞれ定めている[28]。また，会社計算規則3条は，「この省令の用語の解釈及び規定の適用に関しては，一般に公正妥当と認められる企業会計の基準その他の企業会計の慣行をしん酌しなければならない。」〔傍点：筆者〕と規定している。すなわち，会社法に基づく会計処理の原則及び方法といった実体面は「一般に公正妥当と認められる企業会計の基準」を含む「一般に公正妥当と認められる企業会計の慣行」によって規律されることになる。

　たしかに，会社法の委任を受けて定められた法務省令である会社計算規則（平成18年法務省令13号）には，会社法に基づく会計処理の原則及び方法，とりわけ，

2　会社法とその他の関連法，会計基準

資本金の額，資本準備金の額，利益準備金の額，その他資本剰余金の額及びその他利益準備金の額の算定については詳細な定めが設けられているが，これは，「一般に公正妥当と認められる企業会計の慣行」を明文化したものであると位置付けるべきであろう。すなわち，「公正ナル会計慣行」が商法及び商法施行規則の規定を補充していた旧商法のもととは異なり，会社法のもとでは，会社の会計は「一般に公正妥当と認められる企業会計の慣行」に従うことが原則となることを前提としつつ，会社計算規則が「一般に公正妥当と認められる企業会計の慣行」の内容の一部を規定し，又は，一部分について制約を加えていると評価することが自然である[29]。会社計算規則はそれ自体では必ずしも自己完結的に規定を設けておらず，「一般に公正妥当と認められる企業会計の基準その他の企業会計の慣行」――とりわけ，企業会計審議会『企業結合に係る会計基準』（平成15年10月31日）及び企業会計基準委員会『企業会計基準適用指針第10号　企業結合会計基準及び事業分離等会計基準に関する適用指針』（平成17年12月27日，最終改正平成20年3月10日）――と併せてはじめて，会社の計算に関する規律が明らかになるという構造が採用されている。また，会社計算規則は，資産の評価や負債の評価との関連では「減損損失を認識すべき資産」（計算規5条3項2号），「前2号に掲げる資産のほか，事業年度の末日においてその時の時価又は適正な価格を付すことが適当な資産」（同条6項3号），あるいは「前2号に掲げる負債のほか，事業年度の末日においてその時の時価又は適正な価格を付すことが適当な負債」（計算規6条2項3号）といった規定ぶりが採用されており，どのような場合に減損損失を認識すべきなのか，事業年度の末日においてその時の時価又は適正な価格を付すことが適当な資産・負債とは何なのかは「一般に公正妥当と認められる企業会計の基準その他の企業会計の慣行」をしん酌して判断することが前提とされている。同様に，会社計算規則は，その他資本剰余金やその他利益剰余金の増減に関連して，「前2号に掲げるもののほか，その他資本剰余金の額を増加すべき場合」（計算規50条1項3号），「前2号に掲げるもののほか，その他資本剰余金の額を減少すべき場合」（同条2項3号），「前項，前3款及び第4節の場合において，これらの規定により減少すべきその他資本剰余金の額の全部又は一部を減少させないこととすることが必要，かつ，適当であるとき」（同条3項），「前2号に掲げるもののほか，その他利益剰

第 1 章　会社法制概論

余金の額を増加すべき場合」(計算規52条 1 項 3 号) あるいは「前 2 号に掲げるもののほか，その他利益剰余金の額を減少すべき場合」(同条 2 項 3 号) という定め方をしており，どのような場合にそれらの場合にあたるのかはやはり「一般に公正妥当と認められる企業会計の基準その他の企業会計の慣行」をしん酌して判断されることになる。

　他方，計算書類・連結計算書類・臨時計算書類の用語・様式などの形式面については会社計算規則に定めが設けられている。

(28)　立案担当者は「『斟酌』を『従う』」と，より強い表現に変更している。もっとも，「……このような用語の変更によって，実質的な規定内容が変わるものではないと考えられる」と指摘し (相澤哲＝岩崎友彦「新会社法の解説(10)株式会社の計算等」商事1746号 (2005) 26頁，神田教授も実質的な変更はないという理解を示されている (斎藤静樹ほか「座談会　新会社法と企業会計法上の諸問題」中央経済社編・新「会社法」詳解 (2005) 121頁〔神田秀樹発言〕。なお，「従うものとする」という表現は，財務諸表等規則 1 条 1 項などに倣ったものと推測される。

(29)　相澤哲＝郡谷大輔＝和久友子「新会社法関係法務省令の解説(6)会計帳簿」商事1764号 (2006) 13～14頁参照。

〔弥　永　真　生〕

3．各種会社における社員の地位と債権者保護

はじめに

　会社法上の会社には，合名会社・合資会社・合同会社・株式会社の4つがあるが（会社2条1号），会社法制の中心に置かれているのは株式会社である。そして，株式会社における債権者保護制度は，会社財産の開示規制と社員（株主）への払戻規制の2つが主なものである(1)。この2つに着目して各会社の債権者保護規制を見てみると，規制の態様は，合名会社・合資会社・合同会社・株式会社の順に複雑になっている。そこで，本項目は，なぜそうした規制内容の差があるのかについて述べることにする。

　まず，債権者保護規制が対極にある合名会社と株式会社の社員の地位と債権者保護規制を概観したあと（Ⅰ，Ⅱ），双方の規制内容の差を決定する論拠についての伝統的説明（社員の地位〔有限責任か無限責任か〕に基づく会社財産確保の必要性の観点から説明）と，立法担当者の説明（政策判断を強調する説明）を確認し，伝統的説明を離れた場合，有限責任との関わりで，会社法における債権者保護規制についていかなる論理的整理が可能かを考えてみる（Ⅲ）。

　次に，Ⅰ，Ⅱで述べたことを基礎に残る2つの会社類型について社員の地位と債権者保護規制を概観したあと（Ⅳ），伝統的説明によれば説明が難しいと思われる合同会社と株式会社の規制内容が異なる理由に目を向けてみる（Ⅴ）。

　要するに，本項目の目的は，会社法における社員の地位と債権者保護規制を概観しつつ，それがどのような論理的整理に基づいて作られているのかを考えてみることにある。

（1）　森淳二朗＝吉本健一編・会社法：エッセンシャル〈有斐閣ブックス〉(2006)22頁〔森

淳二朗〕参照。もちろん、債権者保護規制は本文の2つに限られず、取締役等の第三者責任、法人格否認の法理、合併等における債権者保護手続など、いろいろある。なお、会社法のもとで株式会社の債権者保護を実現するためどのような解釈が可能かを論じた最近の文献として、弥永真生「債権者保護」淺木愼一＝小林量＝中東正文＝今井克典編・検証会社法：浜田道代先生還暦記念（2007）483頁以下がある。

I 合名会社における社員の地位と債権者保護規制

1．合名会社の社員の地位

　合名会社は、無限責任社員だけからなる会社である（会社576条2項）。合名会社の社員は、定款に別段の定めがない限り、業務執行権を持つことが原則とされ（会社590条1項）、合名会社の定款の作成・変更には原則として総社員の同意が必要とされている（会社575条、637条）。したがって、合名会社の所有と経営は一致するのが原則である。

　所有と経営が一致するような会社では、社員相互の人的関係が強くなるであろうから、合名会社の社員は、他の社員の全員の承諾がなければ、社員の地位である持分の全部又は一部を他人に譲渡することができないのが原則である（会社585条1項）。持分の譲渡が制約されることから、社員による投下資本の回収機会を確保するため、合名会社の社員は、出資の払戻しを請求することができ（会社624条1項）、自由な退社（会社606条1項）と退社に伴う持分の払戻しが認められている（会社611条）。また、合名会社の社員は、利益の配当を請求することができる（会社621条1項）。

2．合名会社における債権者保護規制の概要

(1)　社員への払戻規制

　出資の払戻し・退社に伴う持分の払戻し・利益の配当は、会社財産を社員に流出させる行為であるが、合名会社については、株式会社のように会社債権者保護のために会社財産の流出を防止する事前の規制はされておらず、事後的に社員の責任で対処されるのみである。なお、退社した社員もその登記前に生じ

た会社債務について，従前の責任の範囲内で弁済責任を負う（会社612条）。

(2) 会社財産の開示規制

合名会社については，計算書類の作成・保存についての規定（会社617条）が置かれてはいるが，次に述べる株式会社とは異なり，それについて会社債権者の閲覧・謄写権が認められているわけではないし，計算書類の公告が規定されているわけでもない。

Ⅱ 株式会社における社員の地位と債権者保護規制

1．株式会社の社員の地位

株式会社は，株式の引受価額を限度とする出資義務を負う以外，会社債務について責任を負うことはない有限責任社員のみからなる（会社104条）。そして，社員としての地位に業務執行権が伴うわけではなく，株式会社の業務執行は取締役等が行う（会社348条1項，363条1項，418条）。特に，株式会社が公開会社の場合，取締役が株主でなければならない旨を定款で定めることができないとされている（会社331条2項）。このように，株式会社の場合，所有と経営が制度的に分離されている。

所有と経営が分離された会社では，社員の変更は会社経営に直接の影響を及ぼすわけではない。したがって，合名会社とは反対に，社員の地位である株式の譲渡は原則自由である（会社127条）。それによって投下資本の回収が保障されるが，反面，合名会社のように出資の払戻しは認められないし，払戻しを伴う自由な退社という制度もない。

2．株式会社における債権者保護規制の概要

(1) 社員への払戻規制

株式会社においては，出資の払戻し等が認められていないが，剰余金の配当や自己株式の取得により，会社財産が流出し，出資の払戻しと同様の経済効果

が生じ得る。そこで、貸借対照表上の純資産額が資本金等の総額を上回る場合でなければ、株式会社は剰余金の配当等を行うことができないという形での財源規制が課されており（会社461条）、これに違反した場合、株主や関与した業務執行者等には、会社に対して分配額を支払う義務を負わせている（会社462条1項）。また、債権者は自己の債権額の範囲内で、株主に違法分配額を自分に返還することを請求できる（会社463条2項）。なお、配当阻止数としての機能を果たす資本金の額は債権者保護手続を経ることなく減少できないことになっている（会社449条）。さらに、株式会社の純資産額が300万円を下回る場合には、剰余金の配当等を行うことができない（会社458条）。

(2) 会社財産の開示規制

株式会社は、会社の財産及び損益状況を示すため、計算書類等の作成・保存が義務付けられている（会社435条）。また、計算書類等は、本店等に備え置かれ、会社債権者の閲覧・謄写に供される（会社442条）。さらに、株式会社は、定時株主総会の終結後遅滞なく、貸借対照表（大会社にあっては、貸借対照表及び損益計算書）又はその要旨の公告等が義務付けられている（会社440条）。なお、資本金の額が登記事項とされている（会社911条3項5号）。

Ⅲ 合名会社と株式会社における債権者保護規制が異なる理由

1. 伝統的な説明

合名会社と株式会社の債権者保護規制を比べると、株式会社における方がより厳重である。このような違いがある理由としては、伝統的に、社員の責任と会社財産確保の必要性を結びつけた説明がなされてきた。例えば、株式会社の債権者保護規制について伝統的に行われてきたのは、次のような説明である。

「株式会社では、株主は間接有限責任を負うにすぎないから、会社債権者にとって債権の満足を受けるためにあてにできるのは、会社財産だけである。したがって、会社債権者の債権の満足にあてられるように会社財産が確保される

3 各種会社における社員の地位と債権者保護

ことが必要である。このために認められたのが資本金という制度であって、それは『会社財産を確保するための基準となる一定の金額』のことである。いいかえれば、会社財産がこれよりも下回ってはならないという基準となる金額が資本金である。」[2]

「資本金の額がいくらかは会社債権者にとって重要な意味を有し、会社債権者にこれを知らせる必要があるので、それは登記事項とされる。」[3]

「以上のような資本金を定めた趣旨から、資本金に関して、資本充実・維持の原則および資本不変の原則の2つが当然に導かれる。」[4]

これを基礎に、資本に関する各原則が維持され、資本金額だけの金銭が会社に現実に払い込まれ、払戻しによって会社外に流出することはないという、会社債権者の登記への信頼を保護する必要があるとされてきた[5]。また、会社財産の開示規制についても、会社財産の維持に特別の配慮をすることの必要性を前提にしつつ、法が会社財産が減少した場合にとるべき措置を定めていないことからその重要性がいわれてきた[6]。

他方、合名会社の債権者保護規制は、「合名会社は、典型的な人的会社であって、社員が直接無限責任を負う。したがって、会社債権者にとっては、必ずしも会社財産が確保される必要はないから、資本充実・維持の原則等は問題にならない」[7]とされ、株式会社の債権者保護規制の裏返しとして把握されてきた。

会社法における合名会社・株式会社の債権者保護規制は、先に確認したとおりであるが、株式会社においては、従来の法制同様に、資本金が株主と債権者の利害調整装置として位置付けられている。また、合名会社の債権者保護規制も相変わらず軽いままであるので、制度の外観からは、会社法における債権者保護規制の趣旨は基本的に変わっていないという見方ができそうに思われるところである。

(2) 前田庸・会社法入門〔第11版〕(2006) 19頁。
(3) 前田・前掲注 (2) 20頁。
(4) 前田・前掲注 (2) 21頁。
(5) 岩原紳作「総論(日本私法学会シンポジウム資料 新会社法の意義と問題点)」商事1775号 (2006) 4頁以下・13頁参照。
(6) 弥永真生・リーガルマインド会社法〔第11版〕(2007) 23頁参照。
(7) 前田・前掲注 (2) 738頁。

第1章 会社法制概論

2．立法担当者の説明

　従来どおりの説明が可能に見える制度の外観にもかかわらず，立法担当者の考えは違うところにあるようである。立法担当者の論稿によれば，①無限責任社員の存否及び会社債権者にとっての引当財産の有無は，債権者保護制度を切り分ける論理的根拠ではない，②「資本」は会社財産の維持機能を有しておらず，それを前提とする資本の各原則が債権者保護との関係で役割を果たしているとは考えない，③ある会社類型について，どの程度の債権者保護のための仕組みを用意するかは政策判断の問題である，④規制を講ずるにあたっては，当該規制によって現実に得られる当事者の利益と失われる当事者の利益を実質的に比較衡量して，法規制によって得られる利益の最大化を図る，という整理を前提に会社法は作られたという[8]。

　①②は，明らかに伝統的説明と異なる。それにもかかわらず，従来と同じような法制が維持された理由は何か？　その点，次のように述べられている。

　まず，株式会社の払戻規制の目的について，以下のように言われる。仮に払戻規制がなければ，債権者は自己の債権の管理のために，株主への会社財産の払戻しを監視・制限するような契約等を締結しなければならなくなり，コストがかさむ。他方，会社も，十分な信用を得られずに事業に支障が出るか，信用供与を得るために多大なコストをかけなければならなくなる。これでは，不特定多数者から資金を集め，大規模事業を実施する株式会社制度の法制目的が達成されない事態が生じ得る。そこで，こうしたコストを削減するために，会社財産が一定額未満となるような株主に対する払戻しを禁止する債権者保護規制を強行法的に設けているのである，と。つまり，払戻規制の目的は，株主・債権者間の利害調整コストを軽減することにあるということである[9]。

　そして，株式会社の払戻規制の方法として従来どおり資本金が利用された理由はこの点と，上記の整理④に関係している。すなわち，貸借対照表上の数値を利用した払戻規制については，いろいろな問題点が認識されつつも，その明確性や基準の作成・遵守，監視等が容易であり，かつ，安価であることから従来の規制が維持されたようである[10]（以上のような観点からは，株式会社における会社財産の開示規制についても，会社の財務状況調査に要するコストを削減するために会社に

義務付けられているものと位置付けられるのであろう[11]。)。

　では，立法担当者の整理①にもかかわらず，合名会社における債権者保護規制が弱い理由は何か？　それは，立法担当者の整理③にある，政策判断としての割切りの結果であるとされている。すなわち，合名会社については，債権者保護規制がないことにより，会社債権者の利益が害されたり，会社債権者がそうしたリスクを考慮して会社が十分な信用を得られずに事業に支障が出たとしても，自己責任の問題であるとし，会社法の法規制によって，会社債権者との取引を円滑化するための強行法的な債権者保護規制は設けないという考え方が採用されているということのようである[12]。

（8）　郡谷大輔＝岩崎友彦「新会社法の特別解説　会社法における債権者保護(上)」商事1746号（2005）42頁以下・42頁参照。
（9）　郡谷大輔＝岩崎友彦「新会社法の特別解説　会社法における債権者保護(下)」商事1747号（2005）19頁以下・20頁参照。
（10）　郡谷＝岩崎・前掲注（9）20〜23頁参照。
（11）　江頭憲治郎・株式会社法（2006）37頁参照。
（12）　郡谷＝岩崎・前掲注（8）44〜45頁参照。

3．有限責任と債権者保護規制—伝統的説明と異なる位置付け

　無限責任社員の存否・債権者にとっての引当財産の限定の有無といった点が，債権者保護制度を切り分ける論拠となり得るかについては以前から疑問が提示されてきた。立法担当者はこれを意識して制度設計をしたものと思われるが，こうした指摘をされていたのは藤田友敬教授である。藤田教授は，個人企業であったとしても，債権者の引当てとなる財産が事業者の財産だけであることには変わりがないから，株式会社において会社債権者保護が要請される理由として，株主有限責任による会社債権者にとっての引当財産の限定をいうだけでは，なにゆえ株式会社にのみ特別な債権者保護規制が存在するかの十分な説明にはならないと指摘されていた[13]。会社法によって債権者保護が担われるからには，その規制は会社制度に特有のリスクを念頭に置いたものである必要があることを考えれば[14]，もっともな指摘であり，立法担当者も同様の点を整理①の根拠にしている[15]。そこで，この観点から株式会社における債権者保護規制を位置付けるとすればどのように考えられるかを検討してみよう。

第1章　会社法制概論

　藤田教授は，伝統的な説明が，有限責任の問題として，会社債権者にとって引当てとなるのは会社財産だけであるという点を主に問題としてきたのは的を射ておらず，個人財産が会社財産から遮断されてしまうことにより出資者の行動・決定が歪められてしまう（リスクが大きくかつリターンの大きい事業計画を行うインセンティブが生み出されてしまう。）可能性があることこそ有限責任特有の問題であるとされる[16]。つまり，有限責任制度の問題の本質は株主のモラル・ハザードにある，という説明である[17]。株主のモラル・ハザードが引き起こされるのは，株主は，事業から利益が生じれば，債権者には固定額を返済するのみでその利益を独占する一方，会社財産が十分でなく，事業が失敗して倒産するような場合には，失敗のリスクを債権者と分かち合うからである。

　もちろん，モラル・ハザードが生じ得ることに対しては，債権者がそのようなリスクを織り込み，高い金利を設定して，自己防衛を図ることが考えられる。しかし，それについては，次のような可能性が考えられる[18]。債権者が金利を設定する場合，借入れを希望するそれぞれの会社のリスクは異なるわけであるから，それぞれのリスクに応じて利子率が設定されるべきことになる。しかし，貸し手と借り手の間に情報の非対称性があると，その設定もうまくいかない（一律に利子率が設定されてしまう。）。その結果，高い利子率でも借入れを行おうという会社は，リスキーなものばかりということになり，そのため，さらに利子率が上がるからますますリスキーな会社が借り手として集まってしまう，というレモン問題が発生することになる。これは要するに，貸し手のモラル・ハザードへの対応によって生じているアドバース・セレクションであるが，そうなると，会社は借入れによる十分な資金調達ができなくなり，ひいては多数の者から資金を集めて事業を行うという株式会社制度そのものが成り立たなくなりかねない。

　以上の視点は，会社債権者保護が確保されることにより，債権者・株主双方の利益になるということを示唆する。しかし，債権者保護が必要であるとしても，そのことが法の介入を正当化するわけではない。こうした利害調整を，個別の契約によるのではなく，法規制によって行うことが望ましいということは自明なことではないからである。こうした介入は，法規制（と契約の組合せ）による債権者保護の方が，個別の契約による債権者保護よりも効率的な場合に正

当化される⁽¹⁹⁾。その意味で，会社法による強行法的な債権者保護の必要性は自明とはいえないし，よくわかっていないことが多い⁽²⁰⁾。この点については，立法担当者も十分に整理しきれなかったようであり⁽²¹⁾，不特定多数の者から資金の提供を受け，大規模な事業を行うための会社類型である株式会社については，会社法の法規制によって，会社債権者との取引を円滑化するための強行法的な債権者保護規制を設けるという考え方が，とりあえずの政策的な価値判断として採用されたという観がある。

　また，会社法による一律の債権者保護規制を考える場合，その目的が，株主の機会主義的行動からもたらされるコストを削減し，会社債権者との取引を円滑化することにあるとしても，株主の機会主義的行動を完全に排除することが究極の目標ではないことにも注意すべきである。あまりに厳格な法規制では，規制のコストの方が大きくなってしまうからである。つまり，ポイントは，株主の機会主義的行動からもたらされるコストと規制のコスト（機会主義をコントロールするためのコスト）をうまくバランスさせることにある⁽²²⁾。この考え方は，立法担当者の整理④と共通するが，この点が払戻規制の方法として，貸借対照表・資本金を基準にする方法が維持された理由であることは先に述べたとおりである。

　ところで，債権者保護規制をモラル・ハザードやアドバース・セレクションの問題として把握すると，前者は，プリンシパル（ここでは債権者）がエージェント（ここでは株主）の行動を完全に監視することができないこと（隠れた行動）から生じる問題であり，後者は，プリンシパルがエージェントのもっている特性を完全に観察できないこと（隠れた情報）から生じる問題である。つまり，これらは，債権者・株主間の情報の非対称に起因する問題である。この点にかんがみれば，債権者保護規制において，会社財産についての情報開示が重視されるべきことは当然であろう。また，社員への払戻規制（配当規制）は，株式会社が過小資本になると株主による過度なリスク・テイクが行われる可能性があるので，こうしたモラル・ハザードが起こりやすくなる事態が生じることを予防するための規制であると位置付けることができる⁽²³⁾。

　もっとも，モラル・ハザードが生じやすくなる事態は，社員への払戻しに限らず，会社事業の遂行による会社財産流出（事業リスクを大きくするなどの間接的

第1章　会社法制概論

な態様も含めて）によっても生じ得る。しかし，会社法は，会社事業の遂行による会社財産流出については特に債権者保護規制を設けているわけではない。この点アンバランスであるが，これは，従来の会社法（平成17年改正前商法）が，会社事業の遂行による会社財産流出によって債権者が弁済を受けられなくなるリスクは，会社に資金を提供する者が負うべき通常のリスク（債権者が担保を徴求したり，代表者の連帯保証を求めるなどして，自ら債権保全手段を講ずべきリスク）であるという整理をしてきたことを受けての経路依存的な制度選択の結果であるという側面もあるのだろうし（そして，そのことはモラル・ハザードの観点から会社法の規律を全体的に見直し，規定の内容を決定するまでのコンセンサスが形成されているわけではないので，規律の不整合さはそのままにしておくしかないという立法担当者の判断〔論理的整理〕の表われでもある。)，また，こうした点を規制しようとすると規制のコストの方が高くなってしまいかねないので，株主に対する会社財産の払戻しという，債権者と株主の利害が衝突し，利害調整コストを軽減する必要がある典型的な場面だけを規制することにした結果であるという側面もあるのだろう[24]。

ともかく，有限責任制度の問題の本質が株主のモラル・ハザードにあるとすれば，有限責任制度のもとでは，そうでない場合より，問題がさらに悪化する可能性があるものの，株式会社における債権者保護規制も個人を債務者とする債権者保護規制（合名会社における債権者保護規制も同じように考えられる。）も対処すべき問題の質は基本的に変わらないことになる[25]。

(13)　藤田友敬「会社法と債権者保護」商法会計制度研究懇談会編・商法会計に係る諸問題：商法会計制度研究懇談会委員の論文集（1997）15頁以下・17頁参照。なお，会社法制の現代化においては，債権者保護の要請に基づく資本充実責任と位置付けられてきた引受担保責任が廃止されるというドラスティックな変更がなされた。また，不足額填補責任（会社213条）も従来資本充実責任と位置付けられてきたにもかかわらず，会社法のもとでは，債権者保護のための規制ではなく，株主間の利益移転の問題に対処するための規制として置かれているというのが立法担当者の見解である。相澤哲＝豊田祐子「新会社法の解説(5)株式（株式の併合等・単元株式数・募集株式の発行等・株券・雑則）」商事1741号（2005）15頁以下・27頁参照。こうした改正の論拠として相澤＝豊田論文が藤田論文を引用していることにも窺えるように，会社法における債権者保護規制のあり方についての論理的整理を行う際，藤田論文が与えた影響は大きいと思われる。

(14)　Gerard Hertig and Hideki Kanda, *Creditor Protection, in* THE ANATOMY OF CORPORATE LAW: A COMPARATIVE AND FUNCTIONAL APPROACH 71, 71 (2004).

(15) 郡谷＝岩崎・前掲注（8）44頁参照。
(16) 藤田・前掲注（13）18頁参照。
(17) 立法担当者も同様の理解をしているのではないかと思われる。例えば，郡谷＝岩崎・前掲注（8）45頁では，株式会社と同じく有限責任社員のみからなる合同会社について，この問題を指摘している。なお，株式会社と合同会社の債権者保護規制が異なることについては，Ⅴを参照。
(18) 以下の論述に関し，藤田・前掲注（13）21〜22頁参照。
(19) Hertig and Kanda, supra note（14），at 72. また，藤田・前掲注（13）23頁参照。
(20) 藤田・前掲注（13）28頁。
(21) 郡谷＝岩崎・前掲注（8）43頁参照。
(22) Hertig and Kanda, supra note（14），at 72-73.
(23) 金本良嗣＝藤田友敬「株主の有限責任と債権者保護」三輪芳朗＝神田秀樹＝柳川範之編・会社法の経済学（1998）191頁以下・212頁。
(24) 郡谷＝岩崎・前掲注（9）20頁参照。
(25) Hertig and Kanda, supra note（14），at 71-72.

Ⅳ 合資会社と合同会社における社員の地位と債権者保護規制

1．合資会社と合同会社の社員の地位

　合資会社は，無限責任社員と有限責任社員の両方からなる会社である（会社576条3項）。合同会社は，有限責任社員だけからなる会社である（同条4項）。会社法上，両者は合名会社とともに持分会社という上位概念でくくられ（会社575条1項），合名会社と同様の規制に服する。

　持分会社の社員は，定款に別段の定めがない限り，業務執行権を持つことが原則とされ（会社590条1項），持分会社の定款の作成・変更には原則として総社員の同意が必要とされている（会社575条，637条）。したがって，合資会社・合同会社の所有と経営も一致するのが原則となる。

　合名会社の場合と同様の考慮から，合資会社・合同会社の社員も，他の社員の全員の承諾がなければ，社員の地位である持分の全部又は一部を他人に譲渡することができないのが原則である（会社585条1項）。また，持分の譲渡が制約されることから，社員による投下資本の回収機会を確保するため，合資会社・

合同会社の社員も，出資の払戻しを請求することができ（会社624条1項），退社（会社606条1項）と退社に伴う持分の払戻しが認められている（会社611条）点も合名会社の場合と同様である。さらに，利益の配当を請求することができる点も同様である（会社621条1項）。

2．合資会社における債権者保護規制の概要

　合資会社における債権者保護規制は，基本的に合名会社の場合と同様である。ただし，一部有限責任社員が存在するため，合資会社において，利益額を超えて利益の配当が行われた場合，利益の配当を受けた有限責任社員は，会社に対して，連帯して当該配当額に相当する金銭を支払う義務を負うとされ，有限責任社員の会社債権者に対する弁済責任の限度額が増加するものとされている（会社623条，580条2項）。なお，出資の払戻しが行われると，有限責任社員には，出資の価額の未履行分が発生することになる。
　いずれにしても，会社債権者保護のために会社財産の流出を防止する事前の規制はされておらず，事後的に社員の責任で対処される点，並びに特別な開示規制が置かれていない点で，合名会社の場合と変わらない。

3．合同会社における債権者保護規制の概要

(1) 社員への払戻規制

　合同会社の社員は，定款を変更してその出資の価額を減少する場合を除き，出資の払戻しの請求をすることができない。また，出資払戻額が剰余金額又は出資の価額を減少した額のいずれか少ない額を超える場合には，出資の払戻しをすることができず，この場合，合同会社は，出資の払戻請求を拒むことができる（会社632条）。さらに，これに違反して出資の払戻しをした場合には，当該出資の払戻しに関する業務を執行した社員は，当該合同会社に対し，当該出資の払戻しを受けた社員と連帯して，当該出資払戻額に相当する金銭を支払う義務を負うことが規定されている（会社633条）。
　合同会社において，剰余金額を超えて持分の払戻しをする場合には，債権者の異議手続を踏むべきことが規定され（会社635条），これに違反して持分の払戻しをした場合には，当該持分の払戻しに関する業務を執行した社員は，当該

合同会社に対し，当該持分の払戻しを受けた社員と連帯して，当該持分払戻額に相当する金銭を支払う義務を負う旨規定されている（会社636条）。

　合同会社は，社員への配当額が当該利益の配当をする日における利益額を超える場合には，当該利益の配当をすることができず，この場合においては，合同会社は，社員の利益配当請求を拒むことができる（会社628条）。これに違反した場合，株式会社の場合と同じように，配当を受けた社員や関与した業務執行社員には，会社に対して分配額を支払う義務が負わされている（会社629条）。また，債権者は自己の債権額の範囲内で，利益の配当を受けた社員に違法配当額を自分に返還することを請求できるものとされている（会社630条2項）。なお，合資会社の有限責任社員とは異なり，合同会社の社員には会社法623条2項の規定は適用されない（会社630条3項）。

　以上に加え，資本金の額が財源規制の控除額として利用され，資本金の額が債権者保護手続を経ることなく減少できないなど（会社627条），合同会社の社員への払戻規制の大きな枠組みは，株式会社の財源規制とほぼ同様のものとなっている。

　他方，株式会社の場合には，大会社であれば会計監査人の設置が義務付けられ，さらに公開会社である大会社には，監査役会も設置しなければならないなど，監査手続が厳重にされる制度となっているが（会社328条），合同会社にはこうした規制はない。また，会社の純資産額が300万円を下回る場合には配当を行うことができないという会社法458条に相当する規制もない。

(2)　会社財産の開示規制

　合名会社・合資会社については，計算書類の作成・保存についての規定（会社617条）が置かれているのみであったが，合同会社の場合には，会社債権者の閲覧・謄写権が認められている（会社625条）。また，資本金の額も登記事項とされている（会社914条5号）。こうした点は，株式会社の規制に近い。しかし，株式会社には決算公告義務が課されているのに対して（会社440条），合同会社にこのような義務はない。

V 合同会社と株式会社における債権者保護規制が異なる理由

1．はじめに

　すでに確認したように，合同会社の債権者保護規制は，株式会社の規制に類似し，合名会社・合資会社の規制よりも厳格である。この点については，株式会社に比べて合名会社・合資会社の債権者保護規制が緩やかである理由についてされてきた，従来どおりの説明（Ⅲ1参照）が成り立ち得る[26]。しかし，合同会社と株式会社における債権者保護規制を比較すると，合同会社における債権者保護規制の方が緩やかになっており，この点についての説明は困難である[27]。

　立法担当者が，無限責任社員の存否及び会社債権者にとっての引当財産の有無は，債権者保護制度を切り分ける論理的根拠とならないといい，ある会社類型について，どの程度の債権者保護のための仕組みを用意するかは政策判断の問題である，という整理をしているのは（Ⅲ2参照），こうした点とも関わっていると思われる。

　政策判断という点が強調されているところにも表われているように，合同会社の債権者保規制が株式会社のそれより緩やかなものとされている理由は，合同会社制度を創設した経緯と関わるところが大きいようであるので，以下この点について述べる。

(26) モラル・ハザードの観点からの説明（Ⅲ3参照）も成り立つ。
(27) モラル・ハザードの観点からの説明（Ⅲ3参照）も困難である。

2．合同会社の創設目的と債権者保護規制

　株式会社と合同会社の債権者保護規制が違う理由に関連して，会社法の立法担当者は以下のように述べている。

　「株式会社は，不特定多数の者から幅広く資金の提供を受け，大規模な事業の実施を行うことを可能にするための制度として，会社法上用意されている会社類型であり，株主や取締役の構成が頻繁に変更される可能性があることを制

3　各種会社における社員の地位と債権者保護

度的に予定している会社である。そのため，株式会社は，持分会社に比べて，株式会社自体に対する会社債権者の信頼を確保する要請が強く，厳格な債権者保護の制度が構築されている。」(下線筆者)(28)

「合同会社において通常想定される小規模会社ならば，債権者の数はそれほど多くなく，社員，特に業務執行社員の変動が少ないことが制度的に予定されているから，債権者は，その業務執行社員の経営能力等の人的信頼を基礎に取引に入ることができるため，株式会社よりも債権者保護規制は簡素化されている。」(下線筆者)(29)

　下線部は，債権者保護規制の軽重が，社員，特に業務執行社員の変動を制度的に予定されている会社類型であるかどうかに依存して決まると考えられているように読める。

　合同会社に，社員，特に業務執行社員の変動を制度的に予定していない会社類型としての位置付けが与えられるのは，それが持分会社に分類されているからであるが(Ⅲ1とⅣ1対比)，合同会社が持分会社に分類されたことには，次のような経緯がある。すなわち，合同会社は，日本経団連等の経済団体から，①私法上の法主体性（法人格），②定款自治（会社内部の規律についての契約自由），③有限責任，④税法上のパス・スルー課税という4つの特徴を兼ね備えている事業組織形態の創設を求める要望が高まっていることを受けて，会社法制の現代化で新たに導入された会社形態であり(30)，②の点を考慮して会社の内部関係については，合名会社の規律に準ずるものが適用される（Ⅰ1，Ⅳ1参照）こととされたという経緯である(31)。

　この経緯にかんがみれば，下線部の説明は後付けの感が否めないところではあるが，引用文の中で立法担当者が前提としているように，合同会社において通常想定されている事業が小規模であるという点を捉えれば，不特定多数の者から幅広く資金の提供を受け，大規模な事業の実施を行うことを可能にするための制度として存在している株式会社とは規制を違える合理性を見出し得るようにも思われるところである。それは，合同会社として中小企業が念頭にあることを前提に，会社債権者として問題になる者について整理してみると以下のようであるからである。

　すなわち，金融機関や大企業が中小企業と取引をする際には，経営者に担保

第1章　会社法制概論

提供や計算書類の提出を求める力をもっていると考えられるので，会社法が債権者保護規制を提供する必要性はない。また，一般消費者が中小企業に債権を持っているケースも，例外的な場合（不法行為債権者など）に限られるので，制度的保護の必要性は薄い。結局，会社法上の保護が問題にされるべき債権者は，中小企業である取引先ということになる[32]。なお，現に取引しようとする者は，当該会社の取引状況・他の取引者間における評判・社長等の個人的な信用力等を基礎にして取引開始を決定しているようである[33]。

　以上の整理に基づき，理念型として合同会社については中小企業を，株式会社については大企業を前提に制度を設計するとすれば，合同会社については債権者保護規制を緩やかにすることにも一定の合理性が見出せよう。しかし，会社法は，こうした理念型によってきっちり整理されているわけではなく，合同会社の社員数・債権者数・債権額は規制されていない。したがって，合同会社と株式会社の債権者保護規制の差異を，不特定多数の者が出資者となりにくいことや，想定される事業規模が小さいことをもって説明することはやはり困難である[34]。

　結局，別の箇所で立法担当者が述べているように，合同会社については，法の介入により会社債権者との取引を円滑化させ，合同会社の資金調達をスムーズにしてやるという政策判断の面において，合名会社・合資会社（債権者保護を自己責任に委ねる。）と株式会社（強行法的な債権者保護規制を設ける。）の中間的な位置付けがされたことによって，規制の差が生じているというほかはないのであろう（Ⅲ2「立法担当者の整理③」参照）[35]。

　なお，上記のように合同会社に中間的な位置付けがされたことは，合同会社制度導入の目的と関わっている。既に述べたように，合同会社制度の導入には，①私法上の法主体性，②定款自治，③有限責任，④税法上のパス・スルー課税という4つの特徴を兼ね備えている事業組織形態を新たに創設する目的があったわけであるが，特に目指されていたのは，④のポイントであった[36]。そのため，株式会社と同じ厳格な債権者保護規制をかけることは回避されたようなのである。つまり，合同会社の債権者保護規制は，債権者保護（会社の外部関係）について厳格な法規制をかけてしまうと，会社組織（会社の内部関係）にも厳格な規制をかけざるを得なくなり，それをしてしまうと，パス・スルー課税の導

3　各種会社における社員の地位と債権者保護

入等が難しくなってしまうことが危惧された結果として選択された制度であるということになる。その意味では，合同会社の今後の利用形態いかんによっては，債権者保護規制が株式会社並みに強められる可能性は十分にある[37]。

(28)　葉玉匡美編著・新会社法100問〔第2版〕(2006) 63頁。この文献は，立案担当者が立案時に頭に描いていた会社法の基本的な考え方を伝えるためのものであるとされている（同書4頁参照）。
(29)　葉玉編著・前掲注 (28) 65頁。
(30)　大杉謙一「LLC制度の導入（特集 会社法制現代化を検証する）」企会56巻2号 (2004) 62頁以下・62頁参照。また，法務省民事局参事官室「会社法制の現代化に関する要綱試案補足説明」第6部を参照。
(31)　法務省民事局参事官室・前掲注 (30) 第6部参照。
(32)　以上の記述は，江頭憲治郎「新会社法制定によせて」中央経済社編・新「会社法」詳解：企業会計特別保存版 (2005) 2頁以下・4頁で，最低資本金規制に関連して述べられていることであるが，中小企業の債権者保護という意味において本文の文脈と関わる。
(33)　郡谷＝岩崎・前掲注 (8) 46頁参照。
(34)　この点は，立案担当者自身が指摘していることである。相澤哲＝郡谷大輔「新会社法の解説(12)持分会社」商事1748号 (2005) 11頁以下・12頁参照。
(35)　郡谷＝岩崎・前掲注 (8) 45〜47頁参照。
(36)　大杉謙一「合同会社（特集 新会社法を学ぶ）」法教304号 (2006) 84頁以下・85頁注5参照。
(37)　江頭・前掲注 (32) 4頁参照。なお，最終的に，合同会社についてパス・スルー課税は実現していない。その一方で，合同会社制度導入の議論において，（わが国における私法上の法人格があれば法人課税を受けるという私法と税法のリンクから）パス・スルー課税の実現が困難であるという認識に至った経済産業省は，平成16年夏頃から，合同会社の特徴として掲げた「私法上の法主体性」という特徴を取り払い，残り3つの特徴を兼ね備えた事業組織形態の導入に方向転換を図っていた。そして，平成17年5月に「有限責任事業組合契約に関する法律」が成立した。こうして，①出資者全員の有限責任，②組合契約書による内部自治の徹底（≒定款自治),③パス・スルー課税，といった3つの特徴をもつ新しい事業組織形態としての有限責任事業組合が誕生することとなった。大杉・前掲注 (36) 85頁参照。

お わ り に

　以上のように，会社法の債権者保護規制について，理論的に矛盾のない説明を与えることは非常に困難である。それは，会社法制の現代化にあたり，会社

第1章 会社法制概論

法がどのような目的で債権者保護を講じ、その内容はいかにあるべきかといった点についての十分なコンセンサスが得られていなかったことに起因している面もあるし、政策目的達成のためにあえて理論的な不整合をそのままにせざるを得なかったことに起因している面もある。

今後、会社法の債権者保護規制の制度としての妥当性が検討されることになるのであろうが、そのような検討を行うには、まず、制度が前提としている問題意識や仮定を確認し、それを慎重に吟味する必要がある。そして、(会社法も制度である以上当然のことではあるが) 会社法が上記のような制約など様々な面に配慮した妥協の産物であるということを考慮すると、その作業は、制度構築にあたり立法担当者が頭に描いていた理論的枠組みは何か、そして、その理論的枠組みをどこまで一貫させ、どこで妥協するという政策判断がいかなる論理的な整理によって行われたか、ということの理解から始める必要があるように思う[38]。本項がそうした問題整理の端緒となれば幸いである。

(38) 立法担当者の一人は、「ある規定を見直すことにより、他の規律との不整合さが現われてくるとした場合、それを不整合のまま放っておくのか、あるいは明らかにこのように改正するというコンセンサスがある内容に整合的な整理をするのかという選択の問題が生じます。会社法の立案過程では、そのような整理をするかどうかということで悩む部分は結構ありました。」と述べている。神田秀樹＝相澤哲「会社法の『見えざる構造』」新会社法A2Z15号 (2006) 6頁以下・11頁〔相澤哲発言〕参照。

〔仮屋　広郷〕

4．各種会社における投下資本の回収手段

はじめに

　会社は営利法人であって（会社3条，105条），利益追求に適した共同企業形態として設計されている[1]。なかでも義務・責任の帰属点として出資者から完全に独立した法人である株式会社は，株主が最大の営利本能を発揮できる企業形態と位置付けられる[2]。さらに，所有と経営の分離が進んだ理念型としての株式会社では，権限集中型の経営機構を置き，株主は経営の専門家である取締役に業務執行の意思決定を委ねている[3]。そこでは株主は会社の基礎的事項の意思決定に資本多数決を通じて参加するにすぎない[4]。株主は株式の引受価額にリスクを限定して出資できるとともに[5]，出資を回収したければ自由に株式を第三者に譲渡することができる。会社もまた，会社財産に変動を来さない株式の譲渡であれば出資持分の払戻しを気にせず安定した経営を遂行できよう。資本維持の要請からも払戻しよりはむしろ譲渡によって出資を回収させる方が望ましい。ただし，株式の譲渡が制限されている会社では，会社からの払戻しも有効な株主の出資回収手段として考慮されなければならない[6]。

　これに対して，義務・責任の帰属点として出資者から完全に独立しているとはいえない持分会社（合名会社・合資会社・合同会社）では，社員同士が実質的に組合契約によって結合しており[7]，定款に別段の定めがない限り，社員各人が会社を代表し，業務執行を行う[8]。社員の持分の譲渡は経営者の一部交代を意味し，経営の混乱を招きかねないことから社員全員の承諾がなければ認められない。しかし，そうかといって会社からの離脱を望む社員を会社に不当に閉じ込めておくわけにいかない。ここに譲渡に代えて退社が保障されなければ

ならない理由がある[9]。対外的には，持分会社の信用は社員個人に置かれるので，会社財産の確保は株式会社ほど重要ではなく，むしろ退社を認めることに合理性があろう。ただし，無限責任社員のいない合同会社の場合には会社債権者を保護する措置を講じなければならない。

いずれにせよ，どのような会社形態であろうと出資者の出資回収の利益は，企業の円滑な経営や企業維持を望む①会社の利益，②出資を回収しない株主・社員の利益，又は③会社債権者の債権回収の利益とのバランスのうえに成り立っているといってよい。各種の会社ごとにこれらの利益のバランスを考えつつ出資回収手段を眺めてみると，出資者は会社以外の第三者を介して間接的に出資を回収するのか，それとも会社から直接，回収するのかという観点から整理できる。

本項目では，上記のような経済的実態に即した区分に視座を据え，会社法上考えられる出資者の投下資本回収手段を概観しながら若干の問題点について検討を試みたい[10]。その際，出資者の意思に基づく投下資本回収手段のみならず，必要な範囲で会社側の意思に基づく払戻しにも踏み込んで言及したい。このように会社制度全体を俯瞰する横断的分析は，多様な出資回収ルートを用意している会社法を理解し，会社法のあるべき姿を考えるうえで欠かせないものと思われる。

（1）会社法は，利用者のニーズに応じて共同企業形態のフォーマットを提供している（江頭憲治郎・株式会社法（2006）10頁，藤田友敬「企業形態と法」岩村正彦ほか編・企業と法〈岩波講座現代の法7〉（1998）36頁）。

（2）田中耕太郎・改訂会社法概論(上)（1955）39頁，江頭憲治郎「企業の法人格」竹内昭夫＝龍田節編・現代企業法講座(2)企業組織（1985）58頁参照。

（3）石井照久・鴻常夫・商法Ⅱ－1 会社法(1)（1977）53頁，江頭・前掲注（1）279頁。社員・株主が第三者に会社の運営を委ねる第三者機関制が株式会社の特徴であり，持分会社は，社員自らが業務執行を行う自己機関制をとる。なお，会社法における機関設計の自由と限界につき，神作裕之「会社の機関—選択の自由と強制（日本私法学会シンポジウム資料 新会社法の意義と問題点）」商事1775号（2006）43頁参照。

（4）会社における社員相互の関係を見ると，株式会社では社員間の契約的結合は存在せず，団体を軸とする会社対社員の関係によって結合するにすぎない（鈴木竹雄「会社の社団法人性」商法研究Ⅱ会社法(1)（1971）17頁）。

（5）鈴木竹雄＝竹内昭夫・会社法〔第3版〕（1994）31頁，大隅健一郎＝今井宏・会社法論(上)〔第3版〕（1991）146頁・173頁参照。

(6) 一口に閉鎖型の株式会社といってもその実態は千差万別である。株主の属性からみた類型の一つとして、①株式の譲渡等退出を毛頭考えない株主からなる同族的な会社、②業務提携により複数の企業の出資によって共同事業を遂行する合弁企業、③議決権の大部分を支配会社に保有されている従属会社、④短期で株式の公開・売却を目指すベンチャー・キャピタルが投資するベンチャー企業といった整理ができる。ベンチャー・キャピタルが投資を行うベンチャー企業では、小規模な非公開会社にもかかわらず、所有と経営が実質的に分離している場合が少なくない（宍戸善一ほか「特集ベンチャー企業をめぐる法的課題」ジュリ1218号（2002）6頁以下参照）。

(7) 鈴木・前掲注（4）3頁、田中・前掲注（2）111頁。持分会社の内部関係においては、社員相互の関係を認め、これに併存して社員と会社との関係を認めるのが通説であるが、組合契約の本質を徹底させ、社員と会社との関係を否定する見解もある（松田二郎・株式会社の基礎理論（1942）99頁。学説の整理については、上柳克郎「会社の社団性と法人性」商事法論集（1999）62頁参照）。

(8) 業務執行の意思決定については、定款で別段の定めがない限り社員の過半数で行われる（会社590条参照）。この点、業務執行の意思決定であっても原則として組合員の全員一致が要求される有限責任事業組合とは異なる（有限組合12条、13条参照）。

(9) 組合契約の場合には、存続期間を定めなかったとき、又はある組合員の終身の間組合が存続すべきことを定めたときは、各組合員は、いつでも脱退することができる（民678条1項）。存続期間を定めた場合でもやむを得ない事由があれば脱退することができる（同条2項）。それゆえ、やむを得ない事由があっても任意脱退を許さない旨の組合契約は、組合員の自由を著しく制限するものであり、公の秩序に反し許されないとされる（最判平11・2・23民集53巻2号193頁）。持分会社も同様に任意退社の規定を置く（会社606条）。

(10) 投下資本の回収という視点から整理した文献には、主として以下のものがある。八木弘「各種会社における投下資本の回収の保障」法教〈第1期〉4号（1962）142頁、森淳二朗「閉鎖会社における支配の維持と投下資本の回収」法時56巻11号（1984）23頁、岸田雅雄「株式投資の回収」竹内昭夫＝龍田節編・現代企業法講座(3)企業運営（1985）141頁。なお、広い意味で投下資本の回収といえば、会社債権者、社債権者又は新株予約権者の拠出資金等の回収も含まれるが、本項目では、原則として存続中の会社から株主・社員が出資を回収する行為を対象とする。

I　株式会社における投下資本の回収手段

1．株式の譲渡による投下資本の回収

(1) 株式の自由譲渡性

株式の譲渡（会社127条）とは、株式、すなわち株主として有する権利義務[11]

第 1 章 会社法制概論

を一括して移転させる法律行為である[12]。株式譲渡の自由は，会社に対する投下資本回収の自由を法的に表現したものであって，株式会社制度の根幹をなす本質的特色である[13]。

会社側から見た場合，資金調達のために株式を発行し，いったん会社内に取り込んだ出資金を社外に逃げ出さないようにする必要がある。他方，株主側から見た場合，会社ないし他の株主の意思にかかわらず自由に投下資本を回収できればそれだけ出資しやすい。特に上場会社の一般株主は経営に対する関心が希薄であることも事実である。経営に関わるより株式を譲渡して投下資本を回収し，他の経営効率のよい会社に再投資する方がはるかに合理的と考えるだろう。したがって，自由なタイミングで，自己の判断に基づく売買価格により，さらに自由に譲受人を選択して譲渡し得ることが株主にとって極めて重要となる。仮に敵対的買収者が現われ公開買付けを開始し，これを阻止するために経営陣が第三者割当増資を行えば，一般株主の出資持分が希薄化されるだけでなく，持株を高値で売却する機会も奪われることになる。また，企業価値を毀損するような敵対的買収に対抗する防衛策が許容されるとしても，経営陣が株式の譲渡性を損う過剰な防衛策をとれば，株主の投下資本回収の利益を侵害するおそれも生じよう[14]。

譲渡性を促進するために，株式は均一の割合的な単位に細分化され，大量に均質な投資商品として存在すれば，当然そこに流通市場が形成される[15]。もっとも，株式は有価証券のペーパレス化の流れに沿って，平成16年商法改正によって株券の不発行が原則となった[16]。しかし，株券があろうとなかろうと株式は均一の割合的単位であるからこそ譲渡性が強化される[17]。

証券市場において流動性の高い株式は，会社の与り知らぬところで頻繁に売買され，株主は保有する株式を容易に現金化できるが，新たな取得者が株主権を会社その他の第三者に対抗するには，株主名簿の名義書換えが必要となる[18]（会社130条・133条，会社規22条）。したがって，株主名簿の名義書換請求権は，株式の譲渡を完全なものにするために欠かせない権利であって，株主の投下資本回収手段を支えていると見ることもできる。同じように株券発行会社における株主の株券発行請求権も譲渡の前提として不可欠であることは説明するまでもない（会社130条2項，215条参照）。このように株式の自由譲渡性が徹底されなけ

4 各種会社における投下資本の回収手段

ればならないのも，譲渡は唯一株主が自己の意思のみで投下資本の回収を実現し得る手段であって，この点はいくら強調してもしすぎることはない。

ただし，いうまでもなく株式譲渡自由の原則は，不特定多数の株主が出入りする上場会社のような株式会社にあてはまるにすぎない。株式会社であっても数のうえで圧倒的に優る閉鎖的なタイプの会社では，株主同士の信頼関係を重視し，通常，株式の譲渡を制限している。そこで以下では，実務上重要性の高い(a)定款による譲渡制限，(b)株主間契約等による譲渡制限を中心に見ていくこととする。株式を金融商品取引所に上場していない株式会社の場合には，定款によって会社の閉鎖性を維持しようとする株主らの自治を排斥するまでもない。しかし，会社からの離脱を望む株主に不利にならないように何らかの形で投下資本回収の手段が確保されなければならない。

(11) 通説である社員権説と異なり，社員権否認論に従い，株式は自益権のみを内容とする株主の地位と解すれば，株式の譲渡は自益権のみからなる株主たる地位の承継であり，これに伴って共益権は法律上当然取得されると解される（田中耕太郎・会社法概論(下)〔改訂版〕(1955) 324頁）。また，株式は利益配当請求権という社団法上の債権と解する株式債権説をとれば，株式の譲渡は利益配当請求権の譲渡であり，これを取得することによって株主となり，議決権その他の共益権を原始取得するものと解される（松田二郎・会社法概論 (1968) 80頁）。社員権説とその問題点に関しては，服部榮三・株式の本質と会社の能力 (1964) 1頁・71頁以下参照。

(12) 田中・前掲注 (11) 324頁，大隅＝今井・前掲注 (5) 415頁，鈴木＝竹内・前掲注 (5) 142頁参照。

(13) 大隅健一郎＝大森忠夫・逐条改正会社法解説 (1951) 115頁，北沢正啓・会社法〈現代法律学全集〉〔第6版〕(2001) 204頁，落合誠一「新会社法講義 19 株式会社のガバナンス(14)」法教330号 (2008) 50頁参照。

(14) 譲渡を制限された新株予約権を現在の株主に付与し，将来の濫用的買収者の出現に備えて対抗措置を講ずることは，現在の株主の投下資本回収利益を害するとされる（平成17・5・27経産省・法務省「企業価値・株主共同の利益の確保又は向上のための買収防衛策に関する指針」Ⅴ2(1)，東京高決平17・6・15判タ1186号254頁〔ニレコ新株予約権発行差止請求権事件〕参照）。

(15) 不特定多数の投資者が参加する市場取引においては，株式譲渡の制限は制度としてなじまないことから，金融商品取引所は譲渡制限株式の上場を原則として認めていない。例えば，東京証券取引所では，審査基準として「新規上場申請に係る株式の譲渡につき制限を行っていないこと」を要件とする（有価証券上場規程205条10号）。

(16) 上場会社の場合，「株券等の保管振替及び振替に関する法律」（昭和59年法律30号）に基づく株券保管振替制度によって事実上ペーパレス化が実現していた。ただし，こ

の制度では，保管振替機関に寄託した株券について顧客である株主が共有持分をもつという株券の存在を前提とした仕組みをとり，株主が株券を預託せず所持する選択もできるため，株券のペーパレス化は不完全なものであった。その後，統一的な証券決済法制を作るために証券決済システムの改革が進められ，先行する振替社債制度に取り込まれる形で「社債等の振替に関する法律」が「社債，株式等の振替に関する法律」（平成16年法律88号）に改正された。この改正により，振替機関及び口座管理機関が作成する振替口座簿上の振替えによって株式の譲渡が行われる振替制度が導入されることとなった。振替制度で取り扱われる株式は「振替株式」と呼ばれ（社債株式振替128条1項），譲渡人の振替えの申請により譲受人が自己の口座の保有欄に増加の記載・記録を受けることによって譲渡の効力が生ずる（社債株式振替140条参照）。

(17) 江頭・前掲注（1）116頁。出資持分を割合的な単位で表すことによって，その価値も画一的に表示できる。また，有限責任制が株式の譲渡性を高めていることも重要である。株主が会社債権者に無限責任を負わなければならないとすると，各出資者の資力に応じて持分の価格が変化し，価格形成は著しく困難になる（神田秀樹・会社法〈法律学講座双書〉〔第9版〕（2007）25頁参照）。

(18) 旧商法では，株主であることを会社に対抗するためには，譲渡のみでなく相続・合併等の包括承継の場合も含めて株主名簿の名義書換えが必要であると解されていた（旧商206条ノ2第1項，鈴木＝竹内・前掲注（5）157頁，大阪高判昭41・8・8下民17巻7＝8号647頁）。しかし，立案担当者によれば，株式の「移転」を「譲渡」に改めることによって，包括承継による移転を除外した（会社130条1項参照）。その結果，株式の相続人は株主名簿の名義書換えを行わなくとも，相続人であることを証明すれば会社に対して株式の移転を対抗できるとする（相澤哲＝葉玉匡美＝郡谷大輔編著・論点解説新・会社法──千問の道標（2006）139頁）。

(2) 株式譲渡の制限

(a) 定款による譲渡制限（譲渡制限株式）

株式会社は，会社にとって好ましくない者が株主になることを防ぐため，株式の譲渡による取得について会社の承認を要する旨を定款で定めた「譲渡制限株式」を発行することができる（会社2条17号）。全部の株式の内容として譲渡を制限することもできれば（会社107条1項1号・2項1号），種類株式とすることもできる（会社108条1項4号・2項4号）。会社法制定前には，譲渡を制限する内容の株式は明示的には認められていなかったが，会社法のもとでは株式の譲渡制限の有無が，株式の特別な「内容」又は「種類」とされた[19]。

旧商法における譲渡承認手続の基本的な枠組みは，会社法のもとでも引き継がれている[20]。株主が譲渡制限株式の譲渡による取得につき会社に対して承

認請求を行い（会社136条），会社が承認しない場合にその株式の買取りも請求したときは（会社138条1号ハ），会社自身がこれを買い取らなければならないが（会社140条1項），従来どおり会社が先買権者を指定することもできる（同条4項）[21]。会社法では先買権者を指定買取人と呼び，株主総会の特別決議（取締役会設置会社では取締役会決議）によって指定しなければならないこととする（同条5項，309条2項1号）。ただし，譲渡による取得を拒絶した後の手続を簡素化するために，あらかじめ定款で指定買取人を定めておくこともできる（会社140条5項ただし書参照）。

　会社又は指定買取人が対象株式を買い取る旨を譲渡人に通知したときに売買契約が成立するものと解され，このとき会社又は指定買取人は，売買の履行を担保する趣旨で1株当たりの純資産額に相当する額を供託しなければならない（会社141条2項参照）。しかし，あくまで売買価格については当事者の協議に委ねられている。会社法は，価格交渉が折り合わない場合であっても，裁判所が後見的に売買価格を決定する手続を設けており，当事者双方に裁判所に対する売買価格決定の申立てが認められる。この申立てがされたときは，裁判所は，会社の資産状態その他一切の事情を考慮して売買価格を決定しなければならない（会社144条参照）[22]。

　譲渡制限株式を譲渡する際，承認手続が迅速に行われれば会社のコスト軽減に役立つだけでなく，株主の投下資本回収の負担を軽減し得ることから，会社法では承認機関をいずれにするかについて選択肢が広げられている。取締役会設置会社では取締役会であり，それ以外の会社では株主総会が原則であるが，定款で定めれば代表取締役等の業務執行者を承認機関とすることも認められた（会社139条1項ただし書参照）[23]。しかし，代表取締役の専断を許すような定めには疑問がないわけではない[24]。また，取締役又は従業員への譲渡，株主間の譲渡，あるいは一定数未満の株式の譲渡など，会社運営ないし閉鎖性への影響が小さい場合には譲渡承認をしたものとみなす定款の定めを設けることができる（会社107条2項1号ロ，108条2項4号）。一般株主の投下資本回収の負担を緩和する定め方であれば，特定の株主のみ著しく不利な取扱いをするものでない限り有効と解されよう[25]。

　会社の承認を得ずに譲渡制限株式が譲渡された場合の効力に関しては，会社

と譲受人の間のみならず，譲渡当事者間でも無効とする絶対説と，譲渡当事者間では有効とする相対説が対立していた。株主の投下資本回収という観点からも相対説が望ましく，判例も相対説をとる[26]（最判昭48・6・15民集27巻6号700頁）。もっとも，この点につき既に平成2年改正商法は，株式の譲受人も譲渡当事者間では有効に取得したことを前提に，先買権者の指定を請求できる旨の規定を設けており，立法的には決着を見たとされる。会社法も同じように譲渡による株式取得者の承認請求に関する規定を置いている（会社137条，138条2号）。

以上のように，株式の譲渡制限制度を認めたうえで精緻かつ複雑な譲渡承認及び換価手続を規定するのも，会社が閉鎖性維持の名目で譲渡による株主の投下資本回収の利益を害するおそれがあるからである。譲渡の相手方さえ見つければ出資者は会社から退出できる制度が株式会社であり，それを望まないのであれば持分会社を利用するのが本筋といえる。とはいえ，会社法が一般に閉鎖型の株式会社制度を認め，現実にも多数存在する以上，会社又は退出しない株主の利益に対して，株主の出資回収の利益をどのように調和させていくべきか常に検討されなければならない。

(b) **株主間契約等による譲渡制限**

(ア) **従業員持株制度と譲渡制限**　従業員の資産形成，愛社精神の高揚及び安定株主の形成等を目的として利用される従業員持株制度では，株主間，会社・株主間，又は会社以外の第三者・株主間で株式の譲渡を禁止する債権契約が締結される。これは株主の投下資本の回収を妨げることになるために，しばしばその有効性が問題とされる。会社が一方当事者となって従業員である株主と譲渡制限契約を締結する場合には，法律が許容する定款による譲渡制限手続を潜脱することから無効であると解されるのに対して，従業員持株会など会社以外の第三者が当事者となる場合や株主相互間による契約の場合には，契約内容が株主の投下資本の回収を不当に妨げない限り有効であると解されてきた[27]。

しかし現在，契約当事者が会社か否かで形式的に区別することなく契約内容を吟味したうえで，民法90条に違反する契約が無効になるにすぎないとする見解も有力に唱えられている[28]。近年，判例も契約当事者によって区別せず，投下資本回収の利益が侵害されていないか考慮するに際して，公序良俗という

要素を織り込んで判断していると考えられる（最判平・7・4・25 裁判集民 175 号 91 頁）[29]。契約当事者の一方が会社であるか否かは強行規定ないし公序違反を推定させる一徴表と解すれば足りるように思われる。事案の多くは退職により従業員の地位を失った場合に、その保有株式を持株会に取得価額ないし額面価額で売り渡さなければならないとする条項の有効性が争われており、やはり契約内容が株主の投下資本回収の利益を不当に奪うか否かが重要な判断要素になると考えられる[30]。譲渡価格の公正さは決定的であるが、従業員持株制度の目的や株式の取得経緯を勘案すると同制度の利用者である株主が投下資本の回収につき、ある程度の制約を受けることはやむを得ない。ただ、約定された譲渡価格がキャピタル・ゲインの取得一切を否定するほど甚しく公正な価格と乖離する場合には、株主の投下資本回収の利益を侵害するといわざるを得ない。

(イ) 合弁会社・ベンチャー企業と譲渡制限　合弁会社であれば通常、株主はビジネス・パートナーとして新規事業に共同投資することから、信頼関係を基礎に契約によって相互に譲渡を制限し合っている。また、ベンチャー企業にも様々なタイプがあるが、将来性のある進歩的技術やビジネス・モデルを有する起業家が株式を保有すると同時にベンチャー・キャピタルが出資することがある[31]。そのような場合にも一般に、起業家とベンチャー・キャピタルによって譲渡制限条項をはじめ、種々の株主間契約が締結される。

株主間契約の実務慣行は、あくまで契約自由の原則があてはまる債権契約にすぎないが、会社法の定款自治の領域における標準モデルに収斂する可能性もあり、実務の深化・発展が期待される。例えば、ベンチャー企業において、一方当事者が株式を譲渡する場合に、他の当事者に対して事前の通知義務を負い、通知を受けた当事者が一定の期間につき先買権を有する旨を定める先買権条項（first refusal right）がしばしば用いられる。このような条項に従って起業家が保有株式を売却しようとする際には、ベンチャー・キャピタルに通知しなければならず、そのベンチャー・キャピタルは自ら優先的に当該株式を買い取ることができるが、一定期間が過ぎてしまえばその起業家は当初の第三者に譲渡することが許される。さらに、価格の算定方法、価格を評価する者の選定方法、その算定価格を争う方法、売却代金支払方法等を定めておけば、いっそう紛争防止に役立つ[32]。いわば法が定めた譲渡制限制度をあらかじめ契約によって

第1章 会社法制概論

改良するに等しい。ただし，会社に株式の譲渡につき同意権が与えられている場合，みなし承認期間（会社145条参照）を著しく超える期間を定めた場合，裁判所に対する価格決定申立権を排除した場合には，株主の投下資本の回収を防げる契約内容となり，強行規定ないし公序違反として無効と解される可能性が高い。

(19) 江頭憲治郎ほか「『会社法』制定までの経緯と新会社法の読み方」商事1739号（2005）12頁，相澤哲＝岩崎友彦「新会社法の解説(3)株式（総則・株主名簿・株式の譲渡等）」商事1739号（2005）38頁，鈴木＝竹内・前掲注（5）150頁，山下友信「株式の譲渡制限・自己株式・種類株式等」ジュリ1267号（2004）44頁，加藤貴仁「種類株式（特集 新会社法を学ぶ）」法教304号（2006）18頁。

(20) 森本滋「株式の譲渡制限」論叢146巻3＝4号（2000）77頁以下参照。簡単に譲渡制限制度の変遷をたどると，明治32年商法では，定款の定めがない限り株式の譲渡は自由であるとされていたにすぎず，譲渡を完全に禁止することも認められた。その後，昭和13年商法改正では，株式譲渡の自由を原則として，但書によって例外的に定款で制限することも妨げないという書きぶりに改められたが，それでもなお譲渡を完全に禁止することも可能であると解された。しかし，株式譲渡の制限は財産権の侵害（憲29条1項）になるおそれがあることから，昭和25年商法改正では，株主の地位強化を理念とする他の規定とともに，強行規定として株式の自由譲渡性を徹底させた。やがてわが国が戦後の復興を果たし，高度経済成長を遂げると，資本自由化による外資の乗取りが脅威となったほか，平穏かつ安定した会社運営を望む小規模閉鎖会社の要望も無視するわけにいかなくなった。また，従業員持株制度のように譲渡制限規定を置くことに合理性を有する場合もあるとする主張も見られた。そこで，昭和41年商法改正では，新たに株式譲渡制限の定めを設けるには株主総会の特殊決議によらなければならないとされた（旧商348条，会社309条3項1号も同旨）。譲渡制限の内容については，会社の閉鎖性維持の利益と株主の投下資本回収の利益を調整し，譲渡につき取締役会の承認という条件を課した。ただし，昭和25年改正前商法のように，完全に譲渡の途を閉ざす譲渡禁止の定めは許されず，会社の承認が得られない場合であっても，株主は取締役会が指定した譲受人（先買権者）に売却することによって換金自体は保証される制度として確立した（旧商204条ノ2～204条ノ5参照）。

(21) 会社法では，会社が譲渡承認請求者から株式を買い取るに際して，当該会社が対象株式の数を決定できると解し得る（会社140条1項2号参照）。これは自己株式の取得財源に配慮し，一部買取りを認めたものと推測されるが，それでは残部につき，もとの譲受人が購入を拒否する可能性が高いので，単なる一部買取りは譲渡人の同意がない限り認めるべきでない（江頭憲治郎「新会社法の理論的問題(1)株式関係を中心に」商事1758号（2006）10頁，同・前掲注（1）227頁参照）。また，対象株式全部を買い取るために，会社が一部を買い取り，残部を指定買取人が買い取ることは許されるとしても（会社140条2項参照），売買の交渉に要する譲渡人の負担を考えると，譲渡人

4 各種会社における投下資本の回収手段

の同意がない限り，複数の指定買取人を指定し，分割して譲渡させることも認められないだろう。もっとも，譲渡人に指定買取人の選択を認める複数指定であれば許されるものと思われる（鈴木＝竹内・前掲注（5）151頁参照）。

(22) 非上場株式の評価方法は，相続税算定の実務で発展し，裁判所が価格を決めなければならない非訟事件にも大きな影響を与えてきた。代表的な評価方式を見ると，第1に，少数株主の売却機会はほとんどないことから，会社から将来受領する剰余金の配当とリスクを算定し，予測配当金額を一定の資本還元率で除して現在価値を割り出す①配当還元方式がある。これは最も理論的とされるが，専門家による多額の鑑定費用がかかるほか，資本還元率の決定は簡単ではなく，わずかな差が大きな評価額の差を生じさせる。第2に，将来の税引き後の予測純利益を一定の資本還元率で除して，株式の現在価値を算出する②収益還元方式があるが，会社の収益が株主に直接利益をもたらすわけではない点で理論的でないとされる。第3に，上場会社の中から類似業種を選定し，株価，1株当たりの配当，利益，純資産等を比較して株式の価額を算出する③類似業種比準方式がある。これは相続税算定で広く用いられてきたが，適切な業種や標本会社を見つけるのが容易ではない。第4に，評価対象会社の純資産を発行済株式総数で除して算出する④純資産方式があるが，将来の利益など収益力が反映されない欠点がある。そのほか，上記の方式のうち複数を用いる⑤併用方式などがある。会社が所有する土地によって膨れあがった時価純資産額を①②の評価方式の併用により妥当な価額に引き直す算定方法も一定の合理性はあろう（詳細は，江頭憲治郎「取引相場のない株式の評価」法学協会編・法学協会百周年記念論文集(3)民事法（1983）452頁，浜田道代「株式の評価―閉鎖会社の株主が一般的株式買取請求権を行使する場合について」平出慶道＝今井潔＝浜田道代編・現代株式会社法の課題：北沢正啓先生還暦記念（1986）458頁，関俊彦・株式評価論（1983）214頁以下参照。柴田和史「配当還元法に関する一考察」黒沼悦郎＝藤田友敬編・企業法の理論(上)：江頭憲治郎先生還暦記念（2007）199頁以下参照）。

(23) 問題はあるが，定款で定めれば委員会設置会社における執行役でも承認機関として認められる。しかし，取締役会決議のみにより執行役に承認の可否及び指定買取人の指定を委任することは許されない（会社416条4項1号参照）。

(24) 江頭・前掲注（1）223頁，相澤＝岩崎・前掲注（19）38頁。決定権限を代表取締役等の下位機関に委ねるには，一定の基準を作り，その基準のもとに承認の可否を決定する形式が制度趣旨に合致する（江頭・前掲注（1）225頁，鈴木＝竹内・前掲注（5）149頁）。株式会社の決定とはいえないような決め方，例えば，まったくの第三者を承認機関とすることは，必ずしも会社ないし株主に対して責任を負担し得る地位にないことから許されない（相澤＝葉玉＝郡谷編著・前掲注（18）63頁，前田雅弘「意思決定権限の分配と定款自治」浅木慎一＝小林量＝中東正文＝今井克典・検証会社法：浜田道代先生還暦記念（2007）103頁）。なお，宍戸善一＝増田健一＝武井一浩＝棚橋元「定款自治の範囲に関する一考察」商事1675号（2003）56頁も参照。

(25) 会社法制定前には，譲渡する株主の属性ないし資格に応じて区別する譲渡制限の定めは，株主平等の原則に反し無効であるが，譲受人の属性によって区別する定めは，

第 1 章　会社法制概論

閉鎖性の基準を明示したにすぎないので有効と解されていた（江頭・前掲注（21） 7 頁，同・前掲注（1）223頁，大隅＝今井・前掲注（5）418頁，北沢・前掲注（13）204頁参照）。会社法のもとでも，「一定の場合」に会社の承認があったとみなす定めをこれまでと同様に狭く解するのか否かは議論の余地がある。例えば，1000株未満の株主が株式を譲渡するときは会社の承認があったものとみなすという場合にまで平等原則違反と解することは硬直的すぎるだろう。

(26)　江頭・前掲注（1）228頁，鈴木＝竹内・前掲注（5）153頁，大隅＝今井・前掲注（5）426頁，上柳克郎＝鴻常夫＝竹内昭夫編集代表・新版注釈会社法(3)株式 1 （1986）67頁〔上柳克郎〕・89頁〔今井宏〕。

(27)　大隅＝今井・前掲注（5）434頁，石井＝鴻・前掲注（3）222頁，江頭・前掲注（1）230頁，神田・前掲注（17）85頁，弥永真生・リーガル・マインド会社法〔第11版〕（2007）77頁。

(28)　河本一郎＝神崎克郎＝河合伸一＝岡本昌夫＝前田雅弘＝森本滋＝上柳克郎・従業員持株制度〈企業金融と商法改正 1 〉（1990）166頁以下参照（初出，民商98巻 3 号（1988）315頁），森本滋・会社法〈現代法学〉〔第 2 版〕（1995）162頁参照。

(29)　同族的な会社である被告会社との間で，従業員である原告株主が，退職時に時価によらず額面株式の券面額（50円）で取締役会の指定する者に譲渡する旨を合意していた事案である（前田雅弘〔判批〕鴻常夫＝落合誠一＝江頭憲治郎＝岩原紳作編・会社判例百選〔第 6 版〕〈別冊ジュリ149号〉（1998）36頁）。下級審判決でもこのような売渡条項を有効とするものが多いが（例えば，東京高判平 5 ・ 6 ・29判時1465号146頁，東京地判平19・10・25判時1988号131頁），無効とした判決もある（東京地判平 4 ・ 4 ・17判時1451号157頁）。

(30)　上柳克郎「株式の譲渡制限」商事法論集（1999）81頁以下参照。神田秀樹「株式会社法の強行法規性」法教148号（1993）86頁（竹内昭夫編・特別講義商法Ⅰ（1995）所収）。

(31)　ベンチャー・キャピタルには，①銀行系・生保系，②証券系，③独立系，④外資系等があり，リスクのとり方に応じた投資手法の差異が見られる（髙原達広「種類株式設計の多様化(下)—ベンチャー企業における種類株式の利用」商事1703号（2004）38頁）。

(32)　国谷史朗＝平野惠稔「特集・企業再編の法律問題(5)株主間契約による企業（資本）提携・再編」商事1534号（1999）53頁，黒田伸太郎「株式譲渡制限等に関する合弁契約の効力」判タ1104号（2002）51頁，棚橋元「ベンチャー企業と投資契約—ベンチャー・キャピタルと起業家間の合意（特集 ベンチャー企業をめぐる法的課題）」ジュリ1218号（2002）19頁。譲渡制限条項には先買権条項以外にもいくつかパターンがある。例えば，起業家が保有株式を売却する場合に，その譲渡相手にベンチャー・キャピタル自身の株式も同一条件で売却できるプット・オプションを定めることもある。これを共同売却権（tag along right, co-sale right）と呼び，ベンチャー・キャピタルが会社から離脱する権利を確保する手段となる。ほかにもベンチャー・キャピタルが保有株式の売却を望む場合に，まとまった株式ブロックとしてよい売却条件とするために，起業家にも同一条件で自己の譲渡相手に売却させる権利（drag-along right）を定め

4　各種会社における投下資本の回収手段

る方式もある。

2．株式会社の財産の払戻しによる投下資本の回収

(1)　払戻方法の多様化

　法人格を有する組織であって，出資者及び出資者個人の債権者から出資財産を分離し，継続的に管理・運用する事業体を形成し得る点に会社制度のメリットがある[33]。持分会社のような人的組織の場合には，社員相互の信頼が失われれば社員の退社を認めざるを得ないし，社員個人の債権者が社員を退社させ，会社財産からその持分を引き剥がすこともできる。これに対し，事業遂行のために拠出資本を社員から分離させ，完全に独立した法人としてこれを確実に維持しなければならない株式会社にあっては，会社財産の払戻しは例外とされる[34]。株主が会社債権者に対して有限責任しか負わない代償として機能する資本維持の原則からも会社財産の維持が重要となる。もっとも，会社法のように閉鎖型の株式会社を基本に据えた体系において，自己株式の取得を中心にこれだけ多様な出資の返還方法が認められる現在，もはや払戻しによる投下資本の回収は例外ではないといえなくもない。しかし，株式会社である限り，会社債権者，会社又は出資を回収しない他の株主の利益を考慮し，出資の返還を制限するのが原則であって，会社財産を減少させる払戻しは，あくまで例外的な投下資本の回収手段と位置付けられなければならない。会社法上の手続に乗らない払戻しは，利益供与を構成しないまでも慎重にその適法性が検討されるべきであろう[35]。

　会社財産の払戻しは，当初拠出した出資の返還と，その出資金を用いて会社が稼得し蓄積した利益の返還という区別が考えられる。持分会社ではこのような区別でも差し支えないが，株式会社の場合には払い戻される原資を資本取引と損益取引に区分するのでなく[36]，会社財産の社外流出という経済的側面に着目し，自己株式の取得を伴う会社財産の払戻しと，自己株式の取得を伴わない払戻しに分けるにすぎない。これは株主から見れば投下資本の全部回収と一部回収に構成することもできる。そこで以下でも，この順に従って記述を進めたい。

　(2)では株主の地位と引換えに行われる投下資本の全部回収について，(a)経済

第1章 会社法制概論

的救済を必要とする特定の株主を対象に行われる出資持分の払戻し，(b)すべての株主を対象に投下資本回収の機会を与えて行われる出資持分の払戻し，(c)投下資本回収につき特別な内容を定められた株式又は種類株式を有する株主を対象に行われる出資持分の払戻しの順に検討を加える[37]。(a)の中でも，さらに(ア)会社の基礎的変更に反対した少数株主が，会社から退出して会社財産の払戻しを受ける場合，(イ)譲渡制限株式を有する株主が譲渡制限制度の壁に阻まれ，会社から退出できない結果，会社財産の払戻しを受ける場合，(ウ)会社の設定した最低出資単位に足りず，譲渡が困難になったために会社から払戻しを受ける場合に分けられる。(a)に属する類型はいずれも株主が出資回収のための経済的救済手段を必要とする点で共通する。

(b)は，財務戦略等の目的から会社のイニシアチブによって自己株式の取得を決定し，それに応じて売却機会を平等に与えられた株主が自発的に会社財産の払戻しを受ける場合である。(c)は，あらかじめ定款で定められた条件に基づく株式の内容に従って会社財産の払戻しを受ける場合である。(b)(c)はいずれも会社・株主間で合意がなされるか，又は擬制的ではあるが定款を通して双方の合意のもとに払戻しがなされる投下資本回収の局面といえる。

(3)では株主の地位に留まりながら投下資本の一部を回収することになる剰余金の配当について概観し，(4)では会社の解散という非常時の投下資本回収について言及する。

(33) Henry Hansmann & Reinier Kraakman, *The Essential Role of Organizational Law*, 110 YALE L. J. 387 (2000).
(34) 株主による投下資本の回収は，会社から見れば資金調達と反対の行為であって会社財産の返還又は一部清算と見ることも可能である。
(35) 郡谷大輔＝岩崎友彦「新会社法の特別解説 会社法における債権者保護(下)」商事1747号 (2005) 27頁。
(36) 会社に内部留保される際の資本と利益の区分は，会社計算規則においては，むしろ会社法制定前より厳格に区分されている（計算規48条〜52条参照）。
(37) ALFRED F. CONARD, ET AL., ENTERPRISE ORGANIZATION 982 (4th. 1987); ROBERT C. CLARK, CORPORATE LAW 625 (1986); STEPHEN M. BAINBRIDGE, CORPORATION LAW AND ECONOMICS 780 (2002).

(2) 会社財産の払戻しによる投下資本の全部回収
　　―会社が自己の株式を取得する場合
　(a) **経済的救済を必要とする特定の株主の投下資本の回収**
　　(ア) 会社の基礎的変更に反対した株主等の株式買取請求権　　一定の定款変更，事業譲渡等及び組織再編行為は，会社の基礎的変更と呼ばれ[38]，出資した際の株主の合理的期待に反することもあるため株主総会の特別決議ないし特殊決議を経なければならない。会社の事業目的に沿って経営されてこそ少数株主は株主総会における多数派の意思に拘束されるが，事業譲渡や合併のように事業の目的，組織のあり方，運営方針を根底から覆す会社の行為は，本来，株主全員の同意を原則とすべきであり，この種の議案に反対する株主には投下資本回収の途が保障されなければならない。このような趣旨から法は株主総会決議に納得できず反対する少数株主に株式買取請求権を与え，「公正な価格」[39]で払戻しを受けることができるようにした[40]。反対株主の株式買取請求権は，昭和25年商法改正によって組合的規律に基づくアメリカの州会社法を参考に導入されたものであり[41]，多数決原理を修正する機能を有する。同時に，支配株主が少数株主の反対に煩わされることなく会社の基礎的変更を行うことができ[42]，支配株主の利益を促進する効果もあるとされる[43]。

　これに対して，導入当初より，株式買取請求権は濫用される危険があること，会社が一時的に多額の買取資金を準備しなければならず経営を圧迫するおそれがあること，少数派が多数派の意思に服さざるを得ないのは株式会社である以上当然であること，資本維持の要請からも会社より離脱するのであれば株式の譲渡によるべきであることを理由に懐疑的な見方もあった[44]。しかし，閉鎖型の株式会社における少数株主にとっては，譲渡の相手方を見つけるのは困難であること，上場会社であっても株価が公正な価格を反映しているとは限らず，市場で売却できない場合もあること，株主総会決議の瑕疵の存否に関わりなく反対株主が経済的救済を得られること[45]，少数株主の出資引揚げによる会社財産の流出をおそれて支配株主も決議に慎重になるため，取締役・支配株主の行う意思決定に対するチェック機能を発揮させられることなどから，現在では肯定的に評価されている[46]。

　反対株主の株式買取請求権が認められるのは，当初，事業譲渡及び合併決議

第1章　会社法制概論

の場合にすぎなかったが，次第にその範囲を拡大し，会社法のもとでは①会社の事業譲渡等・組織再編行為（会社469条1項，785条1項，797条1項，806条1項），②会社が発行する全部の株式を譲渡制限株式とする定款変更（会社116条1項1号），③種類株式発行会社（会社2条13号）において，ある種類の株式を譲渡制限株式又は全部取得条項付種類株式とする定款変更（会社116条1項2号，111条2項1号～3号），④株式の併合・分割，無償割当て，単元株式数の変更，株主割当てによる株式引受人の募集等によって特定の種類株主の議決権割合や持分価値が希薄化されたり，剰余金の配当額が減額されるなど種類株主に損害を及ぼすおそれがあるにもかかわらず，定款で種類株主総会を排除している場合に株式買取請求権の行使が許容される（会社116条1項3号）。学説では，上記以外にも定款で定められた事業目的の変更や大規模な第三者有利発行に反対する株主にも株式買取請求権を認めるべきであるという見解も主張されており[47]，引き続き議論の深化が待たれる。

　株式買取請求権を行使するには，原則として，株主総会に先立ち，これらの議案に反対する旨を会社に通知し，実際に株主総会において反対の議決権を行使しなければならない[48]（会社116条2項1号イ）。株式買取請求権は形成権であって，買取請求がされれば会社に買い取る義務が生じ，株主と会社によって買取価格の協議が行われる。しかし，この協議が不調に終わった場合，株主と会社の双方に裁判所に対する価格決定の申立てが認められる（会社117条2項）。

　こうした一連の手続は迂遠であり，価格決定手続においても鑑定費用がかかることから，株主にとって魅力的な救済手段とはいえず，これまでそれほど利用されてこなかった。しかし，株式買取請求権は，MBOなど取締役・支配株主と会社との利益相反構造を内包する合併，会社分割，株式交換・株式移転などの組織再編行為において生じがちな不公正な決定を牽制ないし抑止し得る点で特に有益と考えられるほか，投下資本回収手段の鍵となる制度であることは疑いなく，真に保護に値する株主の救済制度として定着していくことが期待される。

　反対株主によって株式買取請求権が行使された際には，会社は自己株式を取得することになり（会社155条13号，会社規27条5号），会社財産の流出が懸念されるが，少数株主の保護を考慮するとやむを得ない取得であるため事前の財源規

制は課されていない。

　(イ)　譲渡不承認時における株主による投下資本回収　既に定款による株式譲渡制限で見たように，株主が譲渡制限株式を譲渡するにあたって，会社がその譲渡を承認しないときは買取りを請求し，会社自らがそれを買い取る場合には，自己株式を取得することになる（会社155条2号）。これに対して株主又は当該株式の譲受人は投下資本の回収を実現できる。譲渡制限株式の会社による買取りは，会社法上，株式譲渡の例外に位置付けられるが，経済的実質は会社財産の払戻しにほかならない。株式売却のための流通市場をもたない閉鎖的な会社の譲渡制限株式では，一般に換金が難しいだけでなく，少数株主の持分をあえて取得しようとする譲受人が現れることも期待できない。また，会社自身も先買権者を容易に探し出せない。そこで，平成6年商法改正において会社を譲渡の相手方とすることが許容された[49]。ただ，この場合には特定の株主が取締役と通謀して会社財産を払い戻させるといった濫用の危険もあることから[50]，株主総会の特別決議による承認を要求するとともに（会社140条2項，309条2項1号），譲渡承認請求者たる株主の議決権は排除される（会社140条3項）。

　反対株主による株式買取請求権と異なり，会社は株主の譲渡承認請求に対して指定買取人を指定する余地も残されている。このような規定の構造からも会社による買取りの通知がなされてはじめて売買契約が成立することがわかる（会社141条1項参照）。なお，買取りのための取得財源は他の自己株式の取得と同様に分配可能額の範囲内に制限される（会社461条1項1号，462条）。

　(ウ)　単元未満株主の株式買取請求権　零細な株主に対して株主総会の招集通知を発送するなど株主管理コストが大きくなった会社では，定款によって一定数の株式を保有してはじめて議決権1個が認められる単元株制度を採用することができる（会社188条）。少額出資者であれ株主数の増加は，健全な流通市場を形成するうえで望ましいが，会社が過大な費用を負担することは，会社自体の収益を圧迫し，株主に還元される利益の減少という形ではね返ってくる。そこで，株主管理コストの削減といった単元株制度採用の必要性を株主に説明し（会社190条），株主総会の特別決議によって合理的な単元株式数の設定を認めるものである（会社466条，309条2項11号）[51]。もっとも，出資単位の引上げが目的であれば会社は株式の併合を行うのが筋であろうが，これを実施すると1

株未満の端数が多数生じ，売却して単元未満株主に金銭を分配する費用がかかるだけでなく，株価の下落要因にもなるため，昭和56年商法改正附則により暫定的措置として単位株制度が導入された。その後，平成13年商法改正で単元株制度と名称を変更し恒久的な制度とされた後，若干の修正が加えられて会社法に引き継がれた。

単元株制度を採用した会社では，1単元未満の株式数しか保有しない単元未満株主には議決権が認められない。このように一人前の株主権が付与されない単元未満株式は流動性が損なわれ，出資回収が著しく困難になることから，単元未満株主に会社に対する買取請求権が認められる（会社192条）。反対株主の株式買取請求権のように議決権行使を前提とした場面で利用されるわけでなく，多数決原理の修正という機能は問題にならない。また，将来，株式併合を強制するまでの過渡的措置であった単位株制度のように出資単位の引上げを促進するという政策的要素も薄くなっており，単元未満株主にとって便利な換金手段という性格が強い。このため買取請求権の行使期間に制限はなく，単元未満株主は買取請求権を随時行使することができる[52]。定款により株券発行会社であっても単元未満株式にかかる株券を発行しない旨を定めることができるほか（会社189条3項），単元未満株式の譲受人による株主名簿の名義書換請求権を制限する定款の定めも許される（会社189条2項，会社規35条1項4号・2項2号参照）。これが許されるのも株式譲渡の代償として買取請求権が保障されているからである（会社189条2項4号）。

単元未満株主の保護を考えると，ここでも公正な価格を決定する基準と手続が重要になる。市場価格があればそれを基準とする（会社193条1項1号，会社規36条）。市場価格がない場合には，会社と単元未満株主との協議によって決定し，協議が調わない場合に備えて会社法は価格決定の申立てに関する規定を置く（会社193条1項2号・2項〜7項）。

会社財産の払戻しを伴う以上，会社債権者に不利益が及ぶおそれは否定できないが，取得額が多額にのぼるおそれはさほど予想されず，単元未満株式の売却・換価の機会を保障する必要性が高いので，自己株式の取得財源規制は課されない[53]。

4 各種会社における投下資本の回収手段

(b) **合意に基づく自己株式取得に係る投下資本の回収**

会社と株主双方の合意によって会社が自己株式を有償取得する場合には[54]，株主から見ればこれも会社の政策に応じて金銭の払戻しを受ける投下資本回収手段の一つに位置付けられる。

上場会社が自己株式を取得し保有する動機は種々考えられるが[55]，配当率を維持しながら株式数を減らし配当負担を軽減できること[56]，株式の需給関係を適正にし，財務指標の改善に役立つこと[57]，組織再編にあたって株式発行の代わりに利用できること，株式の相互保有を解消する受け皿として活用できること，敵対的企業買収の防衛策として利用できること，自社株が割安であるという市場へのシグナルになることなどが主たる動機として挙げられる[58]。株式の消却によってもほぼ同様の目的を達成できるので，上場会社において金庫株を解禁しなければならないほどの積極的理由であったのか疑問もなくはないが[59]，自己株式の取得が剰余金の配当と並ぶ株主への二大利益還元策として上場会社の間に定着している現状を見ると，上場企業の経営陣に余剰資金返還の有用性を認識させる啓発効果はあったものと思われる。他方，閉鎖型の会社にとっては，異分子の参入を阻止する見地から株主やその相続人から合意のうえで自己株式を買い取ることができれば望ましい。

当然ながら株主にとっても株式を会社に売却できれば投下資本回収手段の選択肢が増えて好ましいが，出資の回収を希望する株主が多いときや換金困難な株式である場合に，会社が一部の株主から買い付けると株主間に売却機会の不平等が生ずる。また，買取価格が高いと売却株主の利得に対し残りの株主の株式価値は下げられ，買取価格が低いと売却株主の損失のもとで残りの株主が思わぬ利得をするというように，退出株主と退出しない株主の間で利益の移転が生ずる[60]。このように投下資本回収の機会と買取価格をめぐる株主間の利害対立を調整するために，会社法は，原則として株主総会決議を経たうえで，株主全員に売却の勧誘を行い，売主となる株主を募る手続を置いている（会社156条~159条）[61]。

これに対して，会社が特定の株主から自己株式を取得する場合には，株主による不当な高値での買取要求を阻止する必要があることから，その株主の氏名も開示したうえ株主総会の特別決議を経なければならない（会社160条1項，309

条2項2号)[62]。この決議に先立ち，他の株主は自分も当該株主とともに売主に加えるよう議案の変更を請求できる（会社160条3項，会社規29条）。これはいわゆる売主追加請求権であって[63]，議案提案権（会社304条）の特則とされ，退出を望む株主の有効な投下資本回収手段となり得る。しかし，特定の株主に対する資金返却と表裏の関係にある第三者割当増資と比較すると，第三者割当てを行う場合には有利発行でない限り取締役会決議で足りるのに対して（会社199条3項，202条参照），自己株式の相対取得の場合には株主平等の原則を厳格に適用し株主総会の特別決議を要求したうえ，他の株主に売主追加請求権まで与えており，ややバランスを欠いた過剰な保護という見方もできないわけではない[64]。

　売主追加請求権は会社財産の社外流出を引き起こす権利であるから，株式の譲渡により出資回収が図られる場合など真にその必要がない場合には認められない（会社161条〜163条参照）。しかしその一方で，出資回収手段として尊重されなければならないことから，株主全員の同意がなければ定款で売主追加請求権を排除できない（会社164条）。このような配慮がされながら，種類株式の相対取得については，別の種類株主の売主追加請求権も付与されていなければ種類株主総会による保護も認められておらず，若干疑問が残る（会社160条2項参照）。

　市場取引等により自己株式を取得する場合には，取締役会設置会社は定款で定めれば取締役会決議のみで実施できる（会社165条2項）。会社が市場を通して買い取る場合や公開買付けにより買い取る場合（金融商品27条の22の2第1項1号）には，株主に一般投資家と同じ条件による売却の機会が与えられるので，株主総会決議によるまでもないと考えられたことによる。

　自己株式の合意取得は，会社財産の払戻しであるから，取得財源は会社債権者の債権回収に支障を来たさないように剰余金を基礎として算出される分配可能額の範囲内に制限される（会社461条1項2号・3号）。

(c) **特別な内容の株式及び種類株式による投下資本の回収**

　(ｱ)　取得請求権付株式・取得条項付株式　　定款を通じた株主・会社間の擬制的な合意であれ，事前に出資回収手段について定められた株式によって投下資本を回収する途が存在する。これも会社財産から金銭の払戻しを受けることができれば投下資本の回収手段として活用できる。

　株式の内容として，株主が対価と引換えに会社に対して当該株式の取得を請

求することができる旨の定めを設けている株式が取得請求権付株式である（会社2条18号，107条1項2号，108条1項5号）。定款で会社が株式1株を取得するのと引換えに株主に交付する金銭の額又は算定方法，請求期間等を定めれば，換価について特別な内容を有する株式又は種類株式を設計できる（会社107条2項2号ホ・ヘ，108条2項5号イ）[65]。これは会社法制定前に利用されていた「義務償還（買受）株式」にあたる（旧商222条1項3号・4号）。

一方，「一定の事由」が生じた場合に[66]，会社が対価と引換えに取得できる旨の定めを設けている株式が取得条項付株式である（会社2条19号，107条1項3号，108条1項6号）。取得請求権付株式と同じようにすべての株式につき特別な内容を有する株式又は種類株式とすることができるが，一定の事由が生ずれば強制的に手放さざるを得ないことから，既発行の株式を取得条項付株式にするには，定款変更の特別決議（会社466条，309条2項11号）に加え，その株式を有する株主全員の同意が必要とされる（会社110条，111条1項）。これは会社法制定前には「強制償還型の随意償還（買受）株式」と呼ばれていた株式である（旧商222条1項4号）。

取得請求権付株式にせよ取得条項付株式にせよ，これらは会社が一時的な資金調達の必要性から配当優先株式を発行した際，いつまでも残存すると配当負担が重いので償還条項を付して用いられた種類株式である[67]。今後も様々な利用方法が見込まれるが，特に取得請求権付株式は，ベンチャー・キャピタル等の投資家にとって有効な投下資本回収手段となり得る。

これらの株式の取得は自己株式の取得として財源規制が課せられている。一般に償還に備え，会社は償還積立金を積み立てておくことが多いが，株主は分配可能額を超えた取得請求権付株式の取得を請求することはできず，取得しても効力を生じない（会社166条1項ただし書参照）。また，たとえ取得事由が生じ会社が取得条項付株式を取得したとしても分配可能額を超えれば，取得の効力は生じない（会社170条5項参照）。

　(イ)　全部取得条項付種類株式　　全部取得条項付種類株式は，株主総会の特別決議により会社がその株式全部を取得することができる種類株式である（会社108条1項7号）。債務超過に陥った会社が，既存株主の代わりに新たなスポンサーをスムーズに迎え入れることができるように導入されたものである。これまでも，いわゆる100％減資と新株発行の組合せによる再建手法は会社更生

法のもとで頻繁に利用されてきたが，株式全部の消却は，株主権の全面的な切り捨てになることから法的倒産手続に従って裁判所による監督のもとで実施しなければならず，それ以外の場合には株主全員の同意がなければ許されないと解されていた。しかし，それでは迅速かつ柔軟な事業再建を押し進めることができないので，私的整理であっても株主総会の特別決議によって100％減資と同様の目的を達成できるようにした。

　株式と資本の関連が完全に切断されておらず，自己株式の継続保有も許されていなかった時代には，100％減資に対して，株式の存在しない株式会社又は資本金がゼロの会社は存在しないとする批判もないわけではなかった[68]。しかし，その当時であっても減資と同時に増資を行うことから否定するまでもないとして判例及び登記実務でも認められてきた[69]。こうした実務を支える見解の基礎には，少なくとも会社が債務超過に陥っているときに会社債権者の債権を切り捨てながら株主権を存続させることは許されないという見方があったものと推測し得る。

　既発行の種類株式を全部取得条項付種類株式にするためには定款変更決議（会社466条，309条2項11号）に加え，種類株主総会決議を要し（会社111条2項，324条2項1号），反対した種類株主は前述のように株式買取請求権により投下資本の回収を図ることができる（会社116条1項2号）。さらに，会社がこれを取得するためには株主にその理由を説明しなければならず（会社171条3項），株主総会の特別決議を成立させた場合であっても取得対価に不満のある株主は裁判所に価格決定を申し立てることができる（会社172条）。少数株主の株主権を放棄させる強制収用を行うわけであるから，せめて会社から締め出される株主に交付する対価だけは慎重な手続のもとで公正に評価される必要がある。債務超過会社を前提とすると価格がゼロになるケースが多くなろうが[70]，だからこそ株主の出資回収権をサポートする価格決定申立権が保障されなければならない。この規定からも株式の評価において裁判所の果たす役割がいっそう重要になっていることが窺える。

　会社が債務超過に陥った場合に限らず，正当な理由があれば株主を一掃するために利用できることから，全部取得条項付種類株式は，株式交換の代替策やライツ・プランなど実務の工夫により今後さまざまな広がりを見せる可能性が

4　各種会社における投下資本の回収手段

ある。しかし反面，取締役・支配株主によって不当な少数株主の締出しに利用されるおそれもないとはいえず，濫用的な取得決議がなされれば株主総会決議取消訴訟における取消事由となる可能性も否定しきれない[71]（会社831条1項3号参照）。

(38) 事業譲渡等とは，事業の重要な一部の譲渡，事業の全部の譲受け，業務委託等を指し（会社467条1項），組織再編行為は，組織変更（会社743条），合併（会社748条），会社分割（会社757条），株式交換（会社767条），株式移転（会社772条）を指す。なお，会社の基礎的変更とは，株主総会の特別決議を必要とする非日常的・非通常的行為であり，取締役会よりも株主総会での意思決定になじむものと考えられる（神田・前掲注（17）295頁参照）。

(39) 非譲渡制限株式を譲渡制限株式とする定款変更等の会社行為に反対する株主の株式買取請求における「公正な価格」は，「会社がその行為をしなければ当該株式が有したであろう価格」と解される。他方，組織再編行為における「公正な価格」は合併から生ずるシナジーも反映した価格と解される。これにより合併に反対する株主や対価に不満のある株主に対してもシナジーが公正に分配されるようになった。また，マイナスのシナジーが生ずるようなときには合併をしなければ有したであろう公正な価格が保証されると解される（江頭・前掲注（1）747頁・776頁，藤田友敬「企業再編対価の柔軟化・子会社の定義（特集　会社法制の現代化に向けた課題と展望　要綱試案の検討）」ジュリ1267号（2004）105頁，同「新会社法における株式買取請求権制度」黒沼＝藤田編・前掲注（22）270頁参照）。

(40) 西島彌太郎「株式買取請求権」田中耕太郎編・株式会社法講座(3)（1956）982頁。

(41) 西島・前掲注（40）983頁，大森忠夫＝矢沢惇編集代表・注釈会社法(4)株式会社の機関（1968）163頁以下〔長谷川雄一〕，鈴木忠一「株式買取請求手続の諸問題」鈴木忠一編集代表・会社と訴訟(上)：松田二郎判事在職40年記念（1968）145頁参照。

(42) 学説には，閉鎖会社における有効な紛争解決手段であるとして，猶予期間経過後に，無条件で会社に買取りを請求する権利を認めるべきだとする見解もある（浜田道代「株主の無条件買取請求権(1)(2)」商事982号（1983）59頁・983号（1983）13頁，浜田道代・アメリカ閉鎖会社法（1974）340頁）。

(43) 大森忠夫「株主の地位の強化とアメリカ法」京都大学商法研究会編・英米会社法研究（1950）180頁。龍田節「合併の公正維持」論叢82巻2・3・4号（1968）283頁。

(44) 大隅＝今井・前掲注（5）501頁，鈴木＝竹内・前掲注（5）253頁参照。

(45) 神田秀樹「資本多数決と株主間の利害調整(1)」法協98巻6号（1981）811頁，上柳克郎＝鴻常夫＝竹内昭夫編集代表・新版注釈会社法(5)株式会社の機関1（1986）283頁〔宍戸善一〕，木俣由美「株式買取請求権の現代的意義と少数派株主の保護(1)」論叢141巻4号（1997）30頁，野田耕志「株式買取請求権の利用局面の再検討―アメリカ法における最近の理論状況について」法学64巻4号（2000）490頁参照。

(46) 神田秀樹「合併と株主間の利害調整の基準―アメリカ法」江頭憲治郎編・八十年代商事法の諸相：鴻常夫先生還暦記念（1985）355頁，江頭・前掲注（1）743頁参照。

第1章　会社法制概論

　　　藤田友敬「新会社法における株式買取請求権制度の改正」証券取引法研究会研究編・証券・会社法制の潮流（2007）262頁・266頁，同「組織再編（日本私法学会シンポジウム資料 新会社法の意義と問題点）」商事1775号（2006）56頁参照。
(47)　石井照久・株主総会の研究（1958）71頁，木俣由美「株式買取請求権の現代的意義と少数株主の保護（2・完）」論叢143巻2号（1997）82頁，山本真知子「新会社法における株主の買取請求権」山本爲三郎編・新会社法の基本問題（2006）71頁。
(48)　会社法のもとでは，「反対株主」の対象範囲が拡大されている。議決権制限株式の株主のように当該株主総会において議決権を行使できない株主のほか（会社116条2項1号ロ），種類株主に損害を及ぼすおそれがある行為にもかかわらず定款で種類株主総会が不要とされている場合には，その種類株主全員に株式買取請求権が認められる（会社116条2項2号）。同様に，略式組織再編・簡易組織再編でも株主総会決議がなされず少数株主に株式買取請求権が認められる（会社785条2項2号，797条2項2号，806条2項2号）。
(49)　前田庸「平成6年商法改正及び有限会社法の一部を改正する法律案について(下)」商事1347号（1994）11頁。
(50)　江頭・前掲注（1）227頁。
(51)　単元株制度は，種類株式ごとに定めることができるため，複数議決権株の代替策として利用されることも想定されている。元来，株主管理コストの削減という目的を有する制度であるから，経営者支配を強化する目的のみでの利用は許されない。
(52)　ただし，買取請求権をいったん行使し，株価が上がれば撤回するといった濫用の危険があるため会社の承諾がなければ撤回できない（会社192条3項）。
(53)　相澤哲＝豊田祐子「新会社法の解説(4)株式（株式会社による自己の株式の取得）」商事1740号（2005）44頁，相澤哲＝岩崎友彦「新会社法の解説(10)株式会社の計算等」商事1746号（2005）40頁。
(54)　剰余金の配当と同様に，株主総会に自己株式取得の決定権限がある。ただし，①会計監査人設置会社（会社2条11号，328条）であること，②取締役の任期が選任後1年以内の最終の決算期に関する定時株主総会の終結の時までであること，③監査役会設置会社（会社2条10号）又は委員会設置会社（会社2条12号）であること，以上3つの要件を満たす場合には，定款によって自己株式の取得に関する事項の決定権限を取締役会に委ねることが認められている（会社459条1項1号）。
(55)　吉原和志「自己株式取得規制の緩和に関する論点(1)―取得目的の観点から(1)」民商107巻3号（1992）4頁，神田秀樹「自己株式と企業金融(上)―企業金融の論理，税制の論理，商法の論理(上)」商事1291号（1992）4頁，岩原紳作「自己株式の取得規制の見直し(下)」商事1335号（1993）12頁。
(56)　小林量「企業金融としての自己株式取得制度(1)」民商92巻1号（1985）2頁，同「公開会社の自己株式取得（特集 自己株式取得と商法改正）」ジュリ1052号（1994）9頁。
(57)　上場会社の場合，会社が取得した自己株式は，株主資本から差し引かれるため，一株利益（EPS）や株主資本利益率（ROE）の増加につながり，株価を押し上げることは一般によく知られている。

4　各種会社における投下資本の回収手段

(58)　会社と株主にとって会社が最善と考える剰余金の分配方法を選択する際には，配当課税かキャピタル・ゲイン課税か，自己株式買受けの相手方が法人か個人かなど税制の及ぼす影響が小さくない。
(59)　上場会社については，利益による株式の消却であっても余剰資金の効率的な返却等，企業金融上の目的を達成できることから，金庫株の解禁の根拠にはなっていないと指摘されている（江頭・前掲注（1）235頁，藤田友敬「自己株式取得と会社法(上)」商事1615号（2001）10頁。なお，自己株式の取得＋自己株式の処分の方が，自己株式の取得・消却＋株式の発行に比して，発行済株式総数の減少・増加がないので，登記手続や登録免許税につき負担軽減になるなど実務上の違いはあるが，それが解禁を認めるほどの本質的な違いにはならない。
(60)　龍田節「自己株式の取得と株主の平等」論叢134巻5＝6号（1994）24頁。
(61)　取締役会設置会社では，取得株式数，取得価額等を取締役会決議により決定し（会社157条），これを株主に通知しなければならない（会社158条1項）。ただし，この通知は公開会社の場合には公告でも差し支えない（同条2項）。
(62)　定款により自己株式取得の決定権限を取締役会に授権されている会社であっても株主総会の特別決議が必要である。その際，売主である株主は，特別利害関係を有するため議決権を行使できない。自己株式取得を使った支配権の強化や株価吊上げなど濫用を防止し，株主総会決議の公正を図るために議決権を排除している（会社160条4項）。
(63)　平成6年改正商法において導入された制度である（旧商210条7項参照）。いわゆる退出株主に加えることを要求できる権利（tag along right）と見ることもできる（神田秀樹＝武井一浩・新しい株式制度：実務・解釈上の論点を中心に（2002）83頁）。なお，議案提案権は事前に提案する場合のみならず株主総会の議場においても行使できるが，売主追加請求権は議場において提案できないという違いがある。
(64)　会社が不当に低い価格で自己株式を取得する場合は，株主が差止請求権を行使するか取締役の責任を追及することによって対処すれば十分であるとする見解もある（藤田・前掲注（59）12頁参照）。
(65)　会社法制定前は，1株と引換えに交付される対価が金銭でなく，別の種類の株式である場合には転換予約権付株式及び強制転換条項付株式とされていた。株主に交付される財産の種類が異なるにすぎないので，会社法では，それまで用いられてきた転換株式と償還株式を一括して規定している。
(66)　「一定の事由」はあらかじめ定めた期日の到来や「株式の上場の決定」などが考えられるが，「財務状況の好転」といった不確定概念として会社に判断を委ねることもできる。また，「会社が別に定める日」とすることもできる（会社107条2項3号ロ，168条1項）（江頭・前掲注（1）148頁）。
(67)　優先株式を償還株式として利用するのが一般的であるが，閉鎖的なタイプの会社でも少数株主の保護や相続規制の方法として普通株式を償還株式とする利用法も指摘されていた（江頭憲治郎・株式会社・有限会社法〔第4版〕（2005）138頁）。
(68)　西山俊彦「会社更生計画の条項についての若干の考察」鈴木忠一編集代表・会社と

第1章　会社法制概論

訴訟(下):松田二郎判事在職40年記念(1968)803頁。なお,現在では,自己株式の保有も認められることから,会社は取得した株式を必ずしも消却する必要はない。株式の消却と資本の減少もリンクしていないので,資本減少を行う必要もない。したがって,100％減資という呼称は会社法のもとでは正確な呼称ではない(藤田友敬「新会社法における株式買取請求権制度」黒沼=藤田編・前掲注(22)307頁参照)。
(69)　東京高決昭37・10・25下民13巻10号2132頁,東京高決昭54・8・24判時947号113頁,青山善充「更生計画における株主の権利の変更」NBL107号(1976)11頁,稲葉威雄=筧康生=宇佐見隆男=永井紀昭=柳田幸三=吉戒修一・実務相談株式会社法(5)〔新訂版〕(1992)125頁〔亀田哲〕,稲葉威雄「新株発行の決議と一体をなす100パーセント増資の可否」鴻常夫=清水湛=江頭憲治郎=寺田逸郎編・商業登記先例判例百選〔別冊ジュリ124号〕(1993)158頁。
(70)　田中亘「事業再生から見た会社法の現代化(2・完)」NBL823号(2005)24頁。
(71)　江頭憲治郎・結合企業法の立法と解釈(1995)265頁,中東正文・企業結合・企業統治・企業金融(1999)127頁,笠原武朗「全部取得条項付種類株式制度の利用の限界」黒沼=藤田編・前掲注(22)241頁参照。

(3)　会社財産の払戻しによる投下資本の一部回収
—会社が自己の株式を取得しない場合
(a)　剰余金の配当

　剰余金の配当は,会社の配当政策のもとに実施されるが,株主から見れば自己の出資持分を一部換金してもらうことと同じであり,投下資本の一部回収にあたる。他方,会社から見れば会社財産の減少を伴う払戻しという点で自己株式の有償取得と変わらない。ただ,払戻しにつき自己株式を取得するか否かの差があるにすぎない。そこで,会社債権者の保護の見地から会社法は剰余金の配当と自己株式の取得の双方を剰余金の配当等として横断的に規制する。例えば,自己株式が1事業年度において何度でも取得可能であることと平仄を合わせ,剰余金の配当も1事業年度内に複数回行うことを可能にしている。また,①会計監査人設置会社であること,②取締役の任期が1年を超えないこと,③監査役会設置会社又は委員会設置会社であることの3つの要件を満たす会社であれば,株主総会が有する剰余金配当の決定権限を定款の定めによって取締役会に委譲することもできる(会社459条1項参照)。
　会社財産の払戻しに利用できる財源の限度額についても整理が進んだ。平成13年改正商法(法律79号)では,資本金及び準備金減少差益は,資本準備金で

はなく「その他資本剰余金」とされ（旧商施規89条），配当可能な財源に充てることが認められたことにより(72)，既に資本金及び準備金の減少に伴う払戻しと利益配当を区別する意味は失われていた(73)。そこで，会社法のもとでこれが整理され，「剰余金」の配当という概念が用いられることになった(74)。剰余金といっても実際に株主に対して返還する際の限度額となる「分配可能額」は，基本的には最終事業年度末日における「その他資本剰余金」と「その他利益剰余金」の合計額を出発点として導き出される（会社446条1号，計算規177条)(75)。このように株式会社における剰余金の配当は，株主から見れば単なる蓄積された利益の回収でなく，当初の出資持分の返還も含めた投下資本の一部回収という意味合いを有している。

　会社法制定前は金銭以外の財産によって行われる現物配当ができるか否か明らかでなかったが，会社法ではこれを許容する（会社454条4項）。自社製品などを配当に充てることができれば会社にとって都合がよい。これまでも個別株主の同意があれば代物弁済契約（民482条）によって同様の目的を達成できた(76)。しかし，わずかな株主数の会社であればそれでも対応できるが，大会社では現実的でないため現物配当を認めたうえで，その採否を株主の判断に委ねた(77)。当然，配当財産の種類によって各株主の必要性や換金コストに差が生じ，投下資本を回収する利益を侵害するおそれもあるので，現物配当を行うには株主総会の特別決議を必要とする（会社454条4項1号，309条2項10号）。ただし，現物配当に代えて株主に金銭分配請求権を付与する場合には金銭による出資の回収が保障されるので，株主総会の普通決議（分配特則規定に基づき定款により授権された場合には取締役会決議〔会社459条1項4号〕）で足りる。もっとも，このような決議要件による差を設けず，一律，現物配当に反対する株主に金銭分配請求権を保障する改正も検討に値しよう。

　金銭分配請求権が株主に付与された場合に，配当財産の評価によっては株主間に不平等が生ずる。この点につき会社法は，配当財産に市場価格があればこれにより，市場価格がなければ会社の申立てにより裁判所が配当財産の価額を定めることとする（会社455条2項，計算規182条）。配当財産によっては鑑定費用等のコストがかかり，会社にとって必ずしも使い勝手のよい方法とはいえないが，実際には，会社法制定前に行われていた人的分割において，分割会社が株

主に対して新設会社又は承継会社から交付された株式を配当財産として分配し得る点に現物配当本来の利用価値があるといえそうである（会社758条8号ロ，763条12号ロ参照）。

　分配可能額がないにもかかわらず剰余金配当の株主総会決議がなされた場合には，争いはあるが無効と解される[78]。このとき株主は会社に対して配当の支払を請求できないことはいうまでもないが，支払がなされた場合には，会社は株主に対し交付を受けた金銭等の帳簿価額に相当する金銭の支払を請求できる（会社462条1項）。同じく業務執行者等も無過失を証明しない限りこの額を会社に対し連帯して支払う義務を負う（会社462条1項・2項参照）。

(b)　**資本金の額の減少に伴う剰余金の配当**

　会社法制定前には，会社財産の払戻しを伴う実質上の資本減少は，資本の額の減少と，持株比率に応じた株主への払戻し及び有償強制消却が一体化された規定に基づいて行われていたが（旧商375条），会社法では，抽象的な数額にすぎない資本金の額の減少（会社447条）と，剰余金の配当等（剰余金の配当又は自己株式の取得）の規制に分解されており，それぞれの規定に従って行われる。名目的な計数である資本金の額を減少させる行為は，会社財産の減少とは何ら関係ない[79]。したがって，資本金の額の減少と剰余金の配当を同時に行う必要もない。しかし，資本金の額は払戻しを制限するハードルとして機能しており，配当財源が十分にない会社では，資本金の額を減少させ，同時にその他資本剰余金に振り替え，分配可能額を増加させたうえで配当を行うことも少なくないであろう。そのほか，事業規模の縮小を目的として資本金の額の減少を行うとともに会社財産を株主に返却する利用方法も考えられる[80]。

　資本金の額の減少は，一部解散・一部清算という性質を完全に払拭したとはいいきれないことから，原則として株主総会の特別決議を必要とする（会社309条2項9号）。しかし，資本金の額とは単なる名目的な計数にすぎず，これを減少させれば会社財産を拘束するハードルが低くなって株主への分配可能額も増加し株主に有利になるので，株主総会の特別決議を要件とすべきことに合理性はないとする見解も有力である[81]。なお，資本金の額の減少に伴う剰余金配当の株主総会決議を行う場合には，その効力発生日を債権者異議手続終了後に設定すべきである（会社449条6項ただし書）。

4　各種会社における投下資本の回収手段

(72)　法制審議会会社法（現代化関係）部会「会社法制の現代化に関する要綱試案」第4部第5・1(1)参照。
(73)　元来，利益配当にいう利益は，会社の損益計算に基づき分配される性質のものである。株主が社員としての資格に基づいて利益に対する権利をもつという点で，利益配当請求権は，物の使用の対価として受ける法定果実（民88条2項）とは異なるものと考えられた（東京地判大15・10・11評論全集15巻民法985頁参照）。しかし，法定果実に近い性格のものといえる（上柳克郎＝鴻常夫＝竹内昭夫編集代表・新版注釈会社法(9)株式会社の計算2（1988）3頁〔龍田節〕，浜田道代「新会社法の下における基準日の運用問題(下)―従来の慣行は合理的か」商事1773号（2006）18頁参照）。
(74)　江頭・前掲注（67）543～544頁・676頁・弥永真生『「会社法制の現代化に関する要綱試案」の論点⑽会社の計算』商事1689号（2004）46頁。
(75)　剰余金の配当の財源は，必ずしも前の配当基準日から次の配当基準日までに生じた純利益金額を基準に決まるわけではないことから日割配当の実務も禁止されたが，これも剰余金の性格から整理されたにすぎない（相澤＝葉玉＝郡谷編著・前掲注（18）514頁）。ただし，禁止しなければならないほどの必然性があるのか疑わしい（龍田節・会社法大要（2007）405頁）。
(76)　実際，配当が少額である場合には，郵便切手を使用する例も見られた。このような場合にはあらかじめ代物弁済契約がなくとも株主の事後的な同意があると解された（稲葉ほか・前掲注（69）308頁〔伊藤三津男〕，上柳＝鴻＝竹内編集代表・前掲注（73）3頁〔龍田〕参照）。
(77)　現物配当を行う際に，基準株式数を定めて基準未満株式数しか保有しない株主には配当財産を割り当てないとすることもできるが，その場合には保有する基準未満株式数に応じた金銭を交付しなければならない（会社454条4項2号，456条）。
(78)　違法配当の効力につき有効説として，相澤哲＝岩崎友彦「新会社法の解説⑽株式会社の計算等」商事1746号（2005）39頁，葉玉匡美「財源規制違反行為の効力」商事1772号（2006）33頁参照。他方，無効説として，江頭・前掲注（1）243頁，神田・前掲注（18）260頁，前田庸・会社法入門〔第11版〕（2006）599頁，龍田・前掲注（75）406頁，弥永真生「会社法と分配可能額を超えた剰余金の配当等」企会57巻11号（2005）75頁，同・前掲注（27）481頁参照。
(79)　法制審議会会社法（現代化関係）部会「会社法制の現代化に関する要綱試案」第4部第5・1(1)，藤田友敬「会社法における債権者保護」商法会計制度研究懇談会編・商法会計に係る諸問題（1997）46頁参照。
(80)　鈴木＝竹内・前掲注（5）443頁，大隅＝今井・前掲注（5）547頁，龍田節・会社法〈有斐閣法学選書〉〔第10版〕（2005）361頁，上柳克郎＝鴻常夫＝竹内昭夫編集代表・新版注釈会社法⑿株式会社の定款変更・資本減少・整理（1990）77頁〔河本一郎〕。
(81)　法制審議会会社法（現代化関係）部会「会社法制の現代化に関する要綱試案」第4部第5・2(2)参照。資本金の額の減少は，単なる計数のみの減少であることから株主総会決議自体も不要とすべきであるとする見解に，神田・前掲注（17）251頁がある。資本金は，所詮，過去に株主により払い込まれた金額にすぎず，会社債権者のための

責任財産又は引当金であって株主又は会社自身のためにあるのではないと考えれば確かにそのとおりであるが，一定の資本金額によって形成された社会的信用や資本金の大きさによって経営者に健全な会社経営を促す事実上の機能も認められる。これらが完全に失われたわけではなく，そのような機能に期待を寄せる株主が少なくない現状を考慮すれば，要件緩和については慎重に検討する必要があるように思われる。

(4) 解散判決請求権による投下資本の回収

会社の解体という非常手段による内部紛争解決の手段が株主の解散判決請求権である（会社833条1項）[82]。少数株主の利益を保護するためには会社を解散するしかないような場合に，総株主の議決権の10％以上又は発行済株式総数の10％以上の株式を有する株主に会社を被告とする解散の訴えの提起が認められる。

少数株主にとって労力を要する方法であるが，解散請求が認容されれば裁判所が選任した清算人によって清算手続が進められ，残余財産の分配を受けることができるので有効な投下資本回収手段になり得る。しかし反面，継続企業にとっては致命的な打撃になることから，解散請求が認められるためには次のいずれかにあたる場合であって，なおかつ「やむを得ない事由」がなければならない。第1に，業務執行の行詰まりが深刻で，会社に回復できない損害が生じ，又は生じるおそれがある場合である（会社833条1項1号）。例えば，株主に多数派がおらず，役員の選任等の意思決定すらできないといったデッドロックに陥っており，会社の財政状態に深刻な影響を及ぼすようなケースである[83]。第2に，会社財産の管理・処分が著しく失当で，会社の存立を危うくする場合である。具体的には，多数派株主と経営者による会社財産の流用や不当支出が甚だしく会社が危機的状態にあるが，多数派が会社を牛耳っているため是正が期待できないようなケースである（会社833条1項2号）[84]。さらに，「やむを得ない事由」については，企業維持の要請と調和するように解散以外に公正かつ相当な打開手段がない場合に認められると解されている。

持分会社の解散判決制度に比べ，要件が厳格にされているのは，戦後，昭和25年商法改正で導入された際に，株式会社の資本団体としての性質が考慮されたことによる。すなわち，株主は株式の譲渡による退出が保障されており，解散判決請求権の必要はないこと，株式会社は，持分会社よりも社団性が強く，

4　各種会社における投下資本の回収手段

多数決原理が支配していること，株主の有限責任制を認める以上，会社財産を維持し経営を継続させる必要性があることなどから追加的な要件が課された[85]。もっとも，会社債権者の利益に及ぼす影響と社員間の利害対立の調整といった観点から閉鎖会社を見れば，人的会社であろうと物的会社であろうと実質的な差異はない。そうであるとすれば株式会社の解散判決については持分会社の場合よりもその適用要件が明確かつ詳細にされているにすぎないと解する余地もある[86]。

　どちらも少数株主保護のための規定とされる反対株主の株式買取請求権と解散判決請求権との関係はどのように理解されるべきだろうか。閉鎖的な株式会社の場合，解散判決のように大きな影響を及ぼす内部紛争の解決手段よりも株式買取請求権を活用した方が弾力的かつ効果的であるという主張がある[87]。また，解散判決請求権とその代替策としての株式買取請求権は調和するとの認識から，少数株主の解散請求に対してその株式を他の株主が売り渡すように請求できるとする改正試案が示されたこともある[88]。しかし，少数株主は買取価格を交渉するに際して取締役や支配株主よりも不利な立場に立たされる傾向があることから，このような改正は慎重に検討すべきかと思われる[89]。解散判決請求権は，少数株主が支配株主に解散の脅威を認識させ，弱い交渉力を補完する機能がある点にかんがみると，解散判決請求権が単独で存在することの意義は小さくないであろう。解散判決請求権の濫用的な行使には注意しなければならないが，むしろ閉鎖的な株式会社においては要件を緩和する見直しも検討に値する[90]。

(82)　大森忠夫＝矢沢惇編集代表・注釈会社法(8)Ⅱ株式会社の解散・清算，外国会社，罰則（1969）19頁〔富山康吉〕，青竹正一・小規模閉鎖会社の法規整（1979）119頁以下参照。
(83)　大阪地判昭35・1・22下民11巻1号85頁，東京地判平元・7・18判時1349号148頁，東京高判平3・10・31金判899号8頁〔有限会社〕，大阪地判平5・12・24判時1499号127頁〔有限会社〕，高松高判平8・1・29判タ922号281頁，東京高判平12・2・23金判1091号40頁参照。
(84)　大阪地判昭57・5・12判時1058号122頁，江頭・前掲注（1）875頁。
(85)　大森＝矢沢編集代表・前掲注（82）19頁，平出慶道「人的会社における出資の回収—合名会社解散請求認容判決（最一小判昭61・3・13）」ジュリ867号（1986）63頁参照。上柳克郎＝鴻常夫＝竹内昭夫編集代表・新版注釈会社法⒀株式会社の解散・清

算・外国会社・罰則（1990）24頁〔谷川久〕。株式会社における解散判決制度も，組織としての株式会社を契約理論で構成する傾向にあるアメリカ法の影響を強く受けている。
(86) 宍戸善一〔判批〕江頭憲治郎＝岩原紳作＝神作裕之＝藤田友敬編・会社法判例百選〔別冊ジュリ180号〕（2006）116頁参照。
(87) 吉原和志「小規模閉鎖会社における内部紛争の法的解決——解散判決に代わる救済」ジュリ794号（1983）60頁参照。
(88) 法務省参事官室「商法・有限会社法改正試案」（昭和61・5・15）六 解散2c（商事1076号（1986）751頁）。
(89) 江頭・前掲注（1）877頁。
(90) 株主数50人以下の株式会社では，単独株主権とすること，解散事由を例示列挙にしてその他の事由を付加すること等の改正試案も提示されている（法務省参事官室・前掲注（88）六解散）。なお，酒巻俊雄・閉鎖的会社の法理と立法（1973）204頁，青竹・前掲注（82）284頁参照。

II 持分会社における投下資本の回収手段

1．合名会社・合資会社における投下資本の回収手段

(1) 持分の譲渡による投下資本の回収

　持分会社は，社員の個性が会社に色濃く反映し[91]，会社の内部関係，外部関係を問わず社員は誰かという人的要素が重視される。会社の物的財産が収益を生み出す要素になるというよりは，社員の専門的知識，技能，経営能力，資産，信用等あらゆる能力や個性が収益を生み出す要素になっているという意味で，人的要素の強い会社といえる。確かに株主構成に変動がない小規模かつ閉鎖的な会社であれば，株式会社も持分会社も何ら実態は変わらないが，法的には第三者機関制，株式譲渡の自由及び多数決原理に基づく意思決定を前提として規整される会社形態が株式会社であるのに対して，自己機関制，退社の自由及び全員一致による重要事項の意思決定を前提に規整される会社形態が持分会社である。

　持分会社の社員は，定款で別段の定めをしない限り，持分の譲渡につき社員全員の承諾が必要となる（会社585条1項・3項）[92]。社員は出資者であると同時

4　各種会社における投下資本の回収手段

に，原則として業務執行者になることから，株式会社と異なり持分の譲渡を自由に行うことはできない。持分会社に似た内部構造を有する民法上の組合では，組合員の地位の譲渡が否定されるわけではないが，譲渡に関する規定は置かれておらず，脱退と契約締結によって組合員の交代に対応している[93]。持分会社もまた社員の退社及び加入によって対応できるが，持分の譲渡に関する規定も用意されており，組合より団体の維持に対する配慮が見られる。

　ここでいう持分とは，学説は分かれるが，株式と同様に会社に対する権利義務の総体である社員権を指すと同時に，会社財産に有する社員の分け前を示す計算上の数額を意味する[94]。持分会社における社員の持分又は地位の大きさはそれぞれ個別に決まり，数としては１個である。これを持分単一主義と呼び，株式のようにその大きさを均一な割合的単位とする持分複数主義とは異なり[95]，譲渡性を高める措置はとられていない。株式会社のように広く出資者から資金を募るために証券化したり，多様な持分の種類も想定されていない。

　持分の譲渡は，一般に社員権の譲渡と解されている。持分の譲渡には，売買であろうと贈与であろうと譲渡人たる社員と譲受人の合意が必要となるほか，他の社員全員の承諾も必要とされ，これは効力要件とされている[96]。承諾は譲渡の前でも後でもかまわないが，定款で別段の定めをしない限り，他の社員全員の承諾がなければその譲渡は無効である。また，持分の譲渡には定款変更が必要となるが，社員全員の承諾とともに行えばよい[97]（会社576条１項６号，637条）。会社債権者保護の要請から，持分全部を譲渡した社員も，その旨の登記前に生じた会社債務につき，従前の無限責任社員又は有限責任社員としての責任の範囲内で弁済責任を負うこととされている（会社586条）。

　持分会社においては，持分の譲渡による投下資本の回収が認められないわけではないが，株式とは対照的に譲渡性に対する配慮はほとんどされていない。結局，持分に譲渡性をどの程度付与するかは定款自治の問題といえる。なお，株式会社と異なり，持分会社が社員から自己の持分を譲り受けることはできず，この点は新たに明文上明らかにされている（会社587条１項）。会社は自己持分の譲受けを禁止されることから，社員は次に見る退社手続に従って投下資本を回収することになる。

　(91)　いうまでもなく組合は契約法に属し，団体を形成しているが，構成員の個性が強く

現れている。これに対し，社団法人は権利主体の法に属し，構成員の個性が団体の中に没し去り，団体の独自性が色濃く現れている（西原寛一・商法講義Ⅱ会社法〔第2版〕(1969) 3 頁）。
(92)　もちろん定款で他の社員の承諾をまったく必要としないものとしたり，承諾を必要とする社員の数を限定したり，要件を緩和することも許される（上柳克郎＝鴻常夫＝竹内昭夫編集代表・新版注釈会社法(1)会社総則・合名会社・合資会社(1985) 244頁〔鴻常夫〕）。
(93)　我妻榮・債権各論㈭二（民法講義Ⅴ₃）(1962) 841頁，國歳胤臣「組合員の交替」契約法大系刊行委員会編・契約法大系Ⅴ(1963) 179頁，鈴木禄彌編・新版注釈民法⒄債権(8) (1993) 153頁〔菅原菊志〕参照。
(94)　鈴木＝竹内・前掲注（5）557頁。持分会社の持分は，社員権であるから共有者の持分（民249条），組合員の持分（民676条），船舶共有者の持分（商693条）とは異なる。
(95)　社員権否認論ないし株式債権説からは，株式についても各株主の有する地位は1個で，持株数に応じ量的差異があるにすぎないと説明される（松田・前掲注（11）83～84頁）。
(96)　昭和13年商法改正前は，他の社員の承諾は会社に対する対抗要件とされていたが（昭和13年改正前商59条），法律関係の明確を期すため効力要件とされた（上柳＝鴻＝竹内編集代表・前掲注（92）240頁〔鴻〕）。
(97)　業務執行権を有しない有限責任社員の場合には，業務執行社員の全員の承諾によって持分を譲渡できる（会社585条2項）。有限責任社員の変動は，原則として無限責任社員が負うべき責任の範囲に影響を与えないことから会社法のもとでは業務執行社員の承諾で足りるとされた（相澤哲＝郡谷大輔「新会社法の解説⑿持分会社」商事1748号（2005）16頁参照）。なお，有限責任社員の持分譲渡によって定款変更をしなければならない場合であっても便宜的に業務執行社員の同意で定款変更を行うことができる（会社585条3項）。

(2) 退社に伴う持分払戻しによる投下資本の回収

(a) 任意退社

　退社とは会社の存続中に特定の社員がその地位を絶対的に消滅させる行為又は事実をいう(98)。信頼を失った社員同士がともに経営を行っていくことは期待できず，社員の一方的な意思表示により退社することが認められる。これはいわゆる任意退社又は告知による退社と呼ばれ，他の社員の意思や会社の財務状況に左右されない。任意退社は持分会社固有の社員の脱退方式であり(99)，組合契約の一部解除ともいうべき性質を有する(100)。この場合には退社を望む社員の意思が尊重され比較的自由に退社できるが，まったく無条件に認めるわけにはいかず，次の①②の要件が必要とされる。

①定款により会社の存続期間を定めなかった場合，又は特定の社員が死亡するまで会社が存続することを定款で定めた場合である。無期限ないし不当に長期にわたり社員の地位に拘束することは公序に反するおそれがあるからである。このとき，持分の払戻しにあたって計算関係を簡単にするため退社は事業年度の終了時に限定される（会社606条1項）。さらに，会社による持分の評価や資金の準備が必要であるから，退社を望む社員は6か月前までに会社に退社の予告をしなければならない。②「やむを得ない事由」があるときは，社員はいつでも退社することができる（同条3項）。この場合には退社時期は事業年度の終了時に限定されない。「やむを得ない事由」とは，社員が単に当初の意思を変更したというだけでは足りず，定款を定めた時や入社・設立時に前提としていた状況が著しく変化し，社員としての地位を継続できなくなった場合をいう[101]。従来，病気や公職に就くといった退社を望む社員の一身に関する事情でなければならないと解されていたが，他の社員の不誠実や事業の不振など会社自体の事情が関係する場合であっても必ずしも排除されないとする見解もあった[102]。こうした見解を踏まえると，当初の合意どおりに社員を続けることが困難になった場合が「やむを得ない事由」に該当するものと解されよう。不確定な概念であるため個別の事案における事実認定に委ねられるが，会社ないし退社しない社員の利益と，退社を望む社員の利益との調整点をどこに見出すかという視点からも考慮されるべきだろう。

(b) **法 定 退 社**

任意退社に対して，法律に定められた事由が生じた場合に社員の意思にかかわらず当然に退社の効果が生ずる法定退社がある。①定款で定めた事由の発生，②総社員の同意の場合は，いずれも社員全員の意思に基づくものであるから退社を認めることに問題はない。これらの退社事由は，総社員の同意があれば事業年度の中途であっても社員の退社が認められるので，任意退社の要件を緩和するものと解される[103]。ほかに，③社員の死亡，④合併による法人社員の消滅，⑤破産手続開始の決定，⑥法人社員の合併・破産以外の事由に基づく解散，⑦後見開始の審判を受けた場合が挙げられる（会社607条1項参照）。

特殊な退社事由として⑧除名がある。これは社員の意思に反してその社員資格を剥奪することである。ある社員の行為が出資義務を履行しない等の法定事

由に該当する場合には，その社員を除く過半数の決議に基づき会社は裁判所に訴えを提起し，除名判決によって排除することができる（会社859条）。他の社員全員の一致で除名すべきところ，一人でも反対者がいれば対象社員を除名できないので社員の過半数の同意で足りることとされた。すなわち，要件を緩和する代わりに，裁判所に関与させ公正な判断のもとに除名を認めようとする趣旨である[104]。

そのほか，社員の債権者が債権回収を図るために差し押さえた持分を持分払戻請求権に代える強制退社権が認められている（会社609条）。会社の財産的基盤を揺るがし安定した経営を脅かすおそれがあることも事実であるが，これは会社と社員の分離の程度が弱いことを示す持分会社の特徴といえる。

(c) 退社の効果

社員は退社によってその地位を喪失し，代わりに持分の払戻しを受ける[105]。過去に履行した出資と，自己に帰属している損益に相当する会社財産の返還を受ける行為が持分の払戻しである[106]。労務又は信用をもって出資した無限責任社員であっても金銭で払戻しを受けるのが原則である（会社611条1項・3項）。現物出資した財産も会社財産に組み込まれていると考えられ，退社員が当該財産に直接的な権利を有するわけではない。しかし，会社及び社員双方の利益を考え，定款で別段の定めをすることは妨げない[107]。

ここでも持分の評価が社員の投下資本回収にとって鍵となるが，定款の定めがない限り，会社の事業継続を前提とし，なるべく有利に譲渡した場合の価額を標準とすべきであると解される[108]。

(98) 田中・前掲注（2）151頁。服部栄三＝菅原菊志編・逐条判例会社法全書(1)総則・合名会社・合資会社（第52条〜164条）（1973）203頁。
(99) 大森忠夫＝矢沢惇編集代表・注釈会社法(1)会社総論，合名会社，合資会社（1971）314頁〔古瀬村邦夫〕。
(100) 田中耕太郎「株式会社法序説」田中耕太郎編・株式会社法講座(1)（1955）11頁。
(101) 前田・前掲注（78）743頁，相澤＝郡谷・前掲注（97）19頁。
(102) 「やむを得ない事由」が認められた裁判例として，社員が自分の事業に失敗し，転居によって会社の事業に関与できなくなった場合（大阪地判昭7・12・20新聞3509号9頁〔合名会社〕），他の社員と不和を生じ互いに信用を失った場合（東京地判昭16・8・29評論全集30巻商法222頁〔合資会社〕）がある。他方，会社の定款に競業禁止の条項があることや新年宴会を開くにあたり除外された等の事実では十分でな

いとするもの（大阪控判大5・9・14新聞1168号31頁），事業の不振によって成功の見込みがないことでは足りないとするもの（東京地判大14・6・30評論全集14巻諸法431頁〔合資会社〕）が見られる。
(103) 大隅＝今井・前掲注（5）95頁。
(104) 上柳＝鴻＝竹内編集代表・前掲注（92）321頁〔古瀬村邦夫〕。除名された社員であっても退社による持分払戻請求権は認められる（会社611条5項参照）。ただし，定款で別段の定めをすることは差し支えなく，制裁措置として減額又は持分払戻請求権を失う旨の定款の定めも有効と解される（東京高判昭40・9・28下民16巻9号1645頁）。
(105) 合名会社における無限責任社員が退社した際に確定した持分が，損失を分担した結果マイナスとなった場合には，会社に対して払込義務を負うことになる（大隅＝今井・前掲注（5）99頁）。
(106) 郡谷大輔＝細川充「持分会社の計算(上)」商事1771号（2006）19頁。
(107) 特定財産の使用収益権のみを出資した場合には，社員は退社とともにその物の所有権に基づく返還請求が可能である（大森＝矢沢編集代表・前掲注（99）338頁〔古瀬村〕）。
(108) 最判昭44・12・11民集23巻12号2447頁参照。

(3) 退社以外の払戻しによる投下資本の一部回収

(a) 出資の払戻しによる投下資本の一部回収

　持分会社における社員による出資の払戻しは，社員がその地位を維持したまま会社財産の払戻しを受ける行為であるから，退社による持分の払戻しとは区別しなければならない。投下資本の一部を回収する点で利益配当に類似するが，各社員が既に出資として払込み又は給付した財産から払戻しを受けることから利益配当とも異なる。会社法制定前には明文の規定は置かれていなかったが，いったん会社に出資した財産であっても，定款の定めがない限り社員の意思に基づき返還を請求できるのは当然であり，社員に出資の払戻請求権があることを明確にしたものである（会社624条1項）[109]。合名会社・合資会社では，払戻しについて特に制限はなく，任意に定めた額を払い戻すことができる。ただし，特定の社員に不当に多額の出資の払戻しがなされた場合には，業務執行社員の損害賠償責任（会社596条）が生ずることはもちろん，社員間の平等が害されることもあろう。また，出資の払戻しによって会社が債務を弁済できなくなったときには無限責任社員は会社債権者に対して連帯して責任を負うことになる（会社580条2項）。

第1章 会社法制概論

出資の払戻額ないし時期によっては会社が資金難に陥るおそれもあるので定款で払戻しの決定方法や支払時期などを定めることもできる（会社624条2項）。

なお，有限責任社員のみから構成される合同会社の場合には，会社債権者の保護に配慮し，後述するように出資の払戻しに歯止めが必要になる（会社632条）。

(b) 利益の配当による投下資本の一部回収

持分会社の社員は，会社に対して利益の配当を請求することができる（会社621条）。利益配当に関する規制では，利益配当を行う前提として損益分配という概念が用意されている。損益分配は民法上の組合において規定され（民674条），旧商法がこれを準用していた[110]。しかし，会社法では損益分配（会社622条）と利益配当（会社621条）を明確に分けて規定し[111]，持分会社が稼得した利益又は損失を社員間で計算上分配することを損益分配という[112]。各事業年度の損失と利益を通算して利益の方が多ければ，あらかじめ社員間で定められた分配割合に従って分配され，特に定めなければ出資割合に従って分配される（会社622条1項）。これに対して，損益分配によって自己に帰属している利益を現実に交付する会社の行為が利益の配当である（会社621条1項）。配当方法，支払時期，又は配当財産の種類など配当に関する事項は定款で自由に定めることができる（同条2項）。

合名会社・合資会社において利益がないにもかかわらず配当が行われた場合には，社員間の関係と，社員及び会社債権者の関係に分けて考える必要がある。配当を受領した無限責任社員は，その社員の損失として分配されるにすぎず，他の社員の利益は減少しないので，業務執行社員の損害賠償責任は別として，社員間において特に問題はない。一方，会社債権者との関係では，無限責任社員は損害賠償責任も含め包括的に無限の連帯責任を負うと考えればよい。これに対して合資会社の有限責任社員の場合には，利益額を超えて配当を受領した社員は，会社に対して連帯して配当額に相当する金銭を支払う義務を負う（会社623条1項）。このとき会社債権者との関係で，当該有限責任社員の責任限度額（会社580条2項）は，既に会社に弁済した額を除き，違法配当がなされた額だけ加算されることになる（会社623条2項）。ただし，合同会社の有限責任社員については別に違法配当の責任に関する規定が設けられている（会社629条，630条）。

(109) 相澤＝郡谷・前掲注（97）22頁。
(110) 鈴木編・前掲注（93）125頁〔品川孝次〕125頁。
(111) 相澤＝郡谷・前掲注（97）21頁。
(112) 持分会社は組合的規律に基づく組織であることから損益分配が観念され，会社全体としての資本金，資本剰余金及び利益剰余金のほかに各社員ごとの資本金，資本剰余金及び利益剰余金の区分が設けられている。

(4) 解散判決請求権による投下資本の回収

　持分会社においても，株式会社と同様に最終的な内部紛争の解決手段として社員に解散判決請求権が認められる（会社833条2項）。会社が自治能力を喪失し，「やむを得ない事由」があるときに社員の利益保護の見地から認められた制度であり[113]，株式会社の場合と同じように社員の投下資本回収手段という機能も兼ね備えている。株式会社の解散判決制度と異なり要件が加重されていないことは前述のとおりであるが，ほかにも解散判決請求権は少数株主権でなく各社員に認められた社員権とされている（会社833条1項1号・2号参照）。

　解散判決の要件である「やむを得ない事由」をいかなる意味に解釈するかについては変遷を重ねてきた。戦前，裁判例は「やむを得ない事由」を比較的広く解する傾向にあったが，戦後は企業維持の要請を優先させ，解散以外に打開策がある場合にはこれにあたらないとして厳格に解するようになった[114]。しかし，近年，解散判決を請求する社員に帰責事由がなく，他の打開策が不公正かつ不相当である場合には，解散判決を認容する最高裁判決が出され（最判昭61・3・13民集40巻2号229頁），単に退社や除名など解散以外の打開策があるか否かを判断するのでなく，打開策の公正性・相当性にまで踏み込んで判断するようになっている。このような裁判例の態度は学説からもおおむね支持されている[115]。結局，「やむを得ない事由」とは投下資本の回収を含む社員の正当な利益を保護するために差し当たり解散以外に公正妥当な選択肢が見当たらない場合という程度に解釈すればよいだろう。

(113) 上柳＝鴻＝竹内編集代表・前掲注（92）448頁〔島十四郎〕。
(114) 「やむを得ない事由」には当たらないとして請求を棄却した戦後の裁判例には，最判昭33・5・20民集12巻7号1077頁〔合資会社〕，岐阜地判昭43・2・24下民19巻1＝2号97頁，山形地判昭60・1・31判時1158号235頁〔合名会社〕がある。
(115) 宍戸・前掲注（86）196頁，平出・前掲注（85）63頁，吉本健一「合名会社の解散

請求における『已ムコトヲ得ザル』事由の意義」岩崎稜＝加藤徹＝中西正明編集代表・企業法判例の展開：本間輝雄先生・山口幸五郎先生還暦記念（1988）317頁，菊池雄介〔判批〕金判851号（1990）52頁，瀬谷ゆり子「閉鎖的株式会社における株主の期待—解散判決請求権の再考」石山卓磨＝上村達男編・公開会社と閉鎖会社の法理：酒巻俊雄先生還暦記念（1992）378頁・388頁，福田正「閉鎖会社における解散請求」家近正直編・現代裁判法大系(17)会社法（1999）419頁参照。

2．合同会社における投下資本の回収

　産業構造や雇用形態の変化に伴い[116]，人的資産重視型の企業が注目を浴びているが，そのような組織を生かす会社形態として創設されたのが合同会社である。小規模閉鎖会社の末端から誕生し，進化・発展した会社形態と位置付けられ，わが国でも生まれるべくして生まれたと考えられる。持分会社である以上，社員相互の信頼が重視され，組合的規律に従った会社であり，譲渡による投下資本の回収は制度として保障されない[117]。しかし，社員は退社につき「やむを得ない事由」さえあれば会社から離脱し，持分の払戻しを受けることができる。会社の内部関係はそれでよいとしても，対外的には有限責任社員しか存在しないことから別途，会社債権者を保護する仕組みが必要となる。こうした特徴を踏まえ，ここでも投下資本全部の回収と一部の回収に分け，退社による持分の払戻し，出資の払戻し及び利益の配当の順に概観しておきたい。

　第1に，退社員への持分の払戻しについては，出資の払戻しに課されるような財源規制は課されず，持分払戻額に応じて異議のある会社債権者には先に弁済等が受けられるようにしている（会社635条）。すなわち，社員の退社権が尊重され，持分の払戻しを一部清算とみなして会社債権者にもその手続に関与させたうえで払戻しを行う。持分払戻額の基準は，会社の純資産額から資本の額を控除して算出した「剰余金額」（会社626条4項，計算規192条）であり，この範囲に収まる会社財産の払戻しであれば，会社債権者が異議を述べる筋合いではないが，これを超える場合には資本金の額の減少と同様の異議手続によらなければならない。さらに純資産額を超えて払い戻す場合には，清算手続と同様の異議手続を履践しなければならない。仮に違法な持分の払戻しが行われた場合には，業務執行社員と払戻しを受けた社員は，会社に対して連帯して持分払戻額に相当する金銭を支払う義務を負う（会社636条1項）。

4　各種会社における投下資本の回収手段

　合同会社の社員であっても，合名会社・合資会社の社員と同様に，退社事由は特に制限されていない。したがって，定款で退社に制限を加えても「やむを得ない事由」があるときにはいつでも退社できる（会社606条3項）。この点，無限責任社員はその責任の重さから仕方ないとしても，有限責任社員の退社を無制限に認めると会社財産の流出によって事業継続が危うくなるとして，有限責任社員の「やむを得ない事由」は狭く解釈されるべきであるという考え方もあり得る[118]。しかし，内部関係の実質は組合契約であることに照らして契約を解除する自由を不当に狭く解すべきではないように思われる[119]。

　第2に，出資の払戻しについては（会社632条1項），会社債権者保護の要請に基づき定款変更によって当該社員の出資の価額を減少しなければ行うことができない[120]。このとき出資払戻額は，剰余金額又は出資の価額の減少額のいずれか少ない額の範囲内に制限される（同条2項）。すなわち，会社の資本剰余金及び利益剰余金の合計額，又は，当該社員の出資について計上された資本剰余金のいずれか少ない額を基準とする（計算規192条3号ロ）。それで足りなければ債権者異議手続を経て，資本金の額を減少し資本剰余金を増加させて払い戻すこともできる（会社626条，627条）[121]。ただし，違法な出資の払戻しがされた場合には，業務執行社員は，会社に対して払戻しを受けた社員と連帯して出資払戻額に相当する金銭を支払う義務を負う（会社633条）。

　第3に，利益配当については，会社債権者に対して間接有限責任を負う社員しかいないので，会社は利益額の範囲内で配当できるにすぎない[122]。違法配当が行われた場合には，業務執行社員は無過失を証明できない限り，利益配当を受領した社員と連帯して，会社に対して配当額に相当する金銭を支払う義務を負う（会社629条）。会社債権者に対して，社員は直接責任を負わないが，会社債権者は会社が当該社員に対して有する債権を代位行使し，配当額に相当する金銭を支払わせることができる（会社630条2項）。

　合同会社は，間接有限責任制を享受し得る社員から構成される会社であることを理由に，会社財産の払戻しにつき会社債権者とのバランスを図りながら，退社する社員と会社の間でも巧みに利害調整を図った構造として組み立てられている。ただ，論理整合的な法体系を目指すあまり，会社債権者に過大なリスクを負担させていないかどうか，今後さらに検討を重ねていく必要があろ

第 1 章　会社法制概論

う(123)。

(116)　宍戸善一「合名会社・合資会社・日本版LLC（特集 会社法制の現代化に向けた課題と展望 要綱試案の検討）」ジュリ1267号（2004）28頁，日下部聡＝石井芳明監修／経済産業省産業組織課編・日本版LLC：新しい会社のかたち（2004）3頁・17頁，高市邦仁「時事解説 日本版LLC制度の創設に向けて—経済産業省報告書『人的資産を活用する新しい組織形態に関する提案』の公表」企会56巻2号（2004）69頁，渡邊佳奈子「日本版LLC制度の創設に向けて—経済産業省報告書『人的資産を活用する新しい組織形態に関する提案』から」NBL775号（2003）29頁，宍戸善一「持分会社（特集 新会社法の制定）」ジュリ1295号（2005）110頁，大杉謙一「合同会社（特集 新会社法を学ぶ）」法教304号（2006）84頁，宍戸善一＝岩瀬ひとみ「ベンチャー企業と合同会社制度（特集 新会社法施行を前に）」ひろば59巻3号（2006）12頁，和仁亮裕＝遠藤聖志「合同会社」川村正幸＝布井千博編・新しい会社法制の理論と実務（2006）206頁。
(117)　法制審議会（現代化関係）部会「会社法制の現代化に関する要綱試案」第6部・1（注）1(2)（注）。
(118)　中村芳夫＝武井一浩監修／編著・速報新・会社法：「会社法制の現代化」要綱の解説と実務対応（2005）7頁参照。
(119)　江頭憲治郎「『会社法制の現代化に関する要綱案』の解説（Ⅷ・完）」商事1729号（2005）9頁，大杉謙一「LLC制度の導入（特集 会社法制現代化を検証する）」企会56巻2号（2004）65頁，川島いづみ「人的会社に関する改正と新たな会社類型の創設—合名会社・合資会社・合同会社」酒巻俊雄編・特集 会社法制の現代化構想の再検討〔判タ（臨増）1158号〕（2004）7頁参照。
(120)　合同会社では，間接有限責任制を確保する趣旨から，出資の価額と履行済みの出資との関係を一致させておく必要がある。なお，労務・信用出資が禁止され（会社576条1項6号参照），全額払込主義が採用されている（会社578条）。
(121)　相澤＝葉玉＝郡谷編著・前掲注（18）601頁。
(122)　利益額とは，配当時点における会社の利益剰余金の額と，社員に分配されている利益の額を比べ，小さい額がこれにあたる。前者は，会社債権者との関係で，後者は社員間の関係で制限される額である（計算規191条1号・2号）。
(123)　合同会社は，合名会社・合資会社に比べ，会社債権者に計算書類の閲覧請求権を認めるなど（会社625条），払戻規制以外にも債権者保護に対する配慮が見られる。しかし，資本金5億円以上又は負債総額200億円以上の大会社であっても，会計監査人の設置を強制されず，内部統制システム構築義務も課されない。非任意債権者等の一定の属性を有する会社債権者の保護を考慮するならば立法的な手当てを施す必要があろう。

おわりに

　株式会社と持分会社における出資者の投下資本回収手段を比較すると，株式の譲渡と退社という2本の柱を中心に組み立てられた種々の権利ないし制度が浮き彫りになって見える。

　典型的な株式会社では，株主の意思に基づく投下資本回収手段は株式の譲渡であって，自由に譲渡の相手方を選んで換価する途が保障されなければならない。株式の自由譲渡性が保障されるからこそ会社は資金を集中させ，維持することができる。もっとも，自己株式取得規制の緩和と種類株式の多様化によって，会社は機動的な資金調達と同様に，株主に対して柔軟に余剰資金の返却も行うことができるようになった。会社による払戻しの幅が広がっていることは，不当な少数株主の排除や締出しにも結び付きやすく，これに見合った株主の投下資本回収手段が用意されているかという視点からの議論が欠かせないように思われる。

　他方，株式の譲渡性を欠く小規模かつ閉鎖型の株式会社においては，株主間の不和対立が生ずると少数株主は深刻な不利益を被る。剰余金の配当はおろか，取締役や従業員の地位を有する場合にはその報酬・給与までも剥奪されかねない。会社法は株主に株式買取請求権や解散判決請求権を認めているが，限られた条件のもとで利用し得るにすぎない。仮に会社から退出できたとしても公正な価格による補償が得られないおそれもある[124]。ただし，同じ閉鎖会社であっても独立した当事者として出資する合弁会社やベンチャー企業では，同族的な会社の少数株主が置かれる状況とは異なり，株主自らの責任において出資回収に関する定款の定めや契約条項を取り決めなければならないといえる。

　所有と経営が分離していない持分会社では，社員が持分を第三者に譲渡する利益は特に保障されず，その代わりとして，やむを得ない場合には社員の退社が認められる。このような持分会社の投下資本回収の仕組みは退社員にとっては望ましいものの，円滑な経営や財政基盤の維持につき脆弱である感は否めない。しかし，同じ閉鎖型の会社であっても株式会社よりも退出を望む社員に有利に働くこともある。もちろん退社権の濫用は許されないが，いざというとき

第1章　会社法制概論

社員にとって有効な交渉の武器になる可能性もあろう[125]。

　いずれの会社形態であっても，会社，出資を回収しない株主・社員，会社債権者の利益に配慮しつつ，株主・社員の持分譲渡と払戻しのうち，どちらかの出資回収ルートが保障される必要がある。会社法は法文上，株主・社員の出資回収につき見事に秩序だった体系を構築したという評価もできるが，現実の会社は複雑かつ繊細な生きものであって，そこには様々な投資スタンスによって行動する株主・社員が出資していることを忘れてはならない。彼らの投資回収行為によって会社関係者のうち，誰のいかなる利益に影響を及ぼすのか，出資者間の平等や持分評価の公正は図られているのかといった点を考慮する一方で，会社法に埋め込まれた個々の投下資本回収手段が機能不全に陥らないようきめ細かな検証を続けていく必要があろう。

(124)　岩原紳作「総論（日本私法学会シンポジウム資料　新会社法の意義と問題点）」商事1775号（2006）15頁参照。
(125)　株式会社の場合，少数株主は不当にスクィーズ・アウトされる危険が高まる。他方，合同会社の場合には，社員は相互に退出の威嚇が大きくなる（宍戸善一「定款自治の範囲の拡大と明確化—株主の選択（日本私法学会シンポジウム資料　新会社法の意義と問題点）」商事1775号（2006）17頁，同・動機付けの仕組としての企業：インセンティブ・システムの法制度論（2006）46頁以下参照）。

〔小　林　俊　明〕

第2章

会社法総則

1 会社の目的

1．会社の目的

I　総　　論

　法人は，一定の目的を実現するために法人格を付与された存在である。会社も，法人の一種である以上，その種類を問わず，定款で「目的」を定め（会社27条1号，576条1号），これを登記しなければならないこととされている（会社911条3項1号，912条1号，913条1号，914条1号）。

　会社の「目的」については，平成17年改正前商法（以下「旧商法」という。）においては，適法性・明確性・具体性・営利性の要件を満たす必要があるとするのが通説・登記実務であった。

　しかし，会社法の制定によって，会社の定義が変更され（旧商52条，会社2条1号），類似商号規制（旧商19条）が廃止されるなど，「目的」に関連する重要な条文が改正されたことにより，従来の解釈は，変更を余儀なくされている。

　また，会社法の成立後，平成18年6月2日に公布された公益法人制度改革三法（「一般社団法人及び一般財団法人に関する法律〔以下「一般法人法」という。〕」，「公益社団法人及び公益財団法人の認定等に関する法律〔以下「公益法人法」という。〕」，「一般社団法人及び一般財団法人に関する法律及び公益社団法人及び公益財団法人の認定等に関する法律の施行に伴う関係法律の整備等に関する法律」）においては，法人格の取得と公益性の判断を分離するという基本方針のもと，剰余金の分配を目的としない社団又は財団について，準則主義により簡便に法人格を取得することができる一般的な法人制度を創設するとともに，一般社団法人又は一般財団法人のうち，公益認定の申請をしたものの中から委員会の意見に基づき，行政庁が公益法人を認定する制度が定められた。そのため，民法の法人法制に対する特別法である

第2章　会社法総則

会社法の解釈も，公益法人制度改革三法による影響を受けざるを得ない。

会社の「目的」は登記事項であるため，「目的」の要件を明確にすることは，特に会社の設立手続の円滑化を図るうえで実務的にも重要である。そこで，ここでは，会社法及び公益法人制度改革三法の成立が，「目的」の適法性・明確性・営利性・具体性の解釈に，どのような影響を与えたのかを検討したうえで，会社法における「目的」の要件を明らかにする。

II　「目的」を定めることの法的効果

1．目的の意義

会社の目的とは，一般には「会社の目的である事業」のことをいう。「目的」は定款の必要的記載事項とされていることから，会社法において「会社の目的」という文言は，「当該会社の定款に記載された目的」のことを意味する[1]。

(1)　会社法824条1項1号は，会社の設立が不法な目的に基づいてされた場合において，裁判所が，公益を確保するため会社の存立を許すことができないと認めるときに，法務大臣又は株主，社員，債権者その他の利害関係人の申立てにより，会社の解散を命ずることができる旨規定するが，同号は，適法な会社であることを装って，違法行為を行っている会社等を公益の確保のために解散させるための規定であるから，同号の「目的」は，「定款に記載された目的」ではなく，設立の真の目的を意味し，ここで論ずる「会社の目的」とは異なる。

2．目的を要件とする規定

まず，目的の要件の検討をする前提として，目的を定めることが，どのような法的効果を導くことになるかを確認しておこう。

会社法において，明文で，「会社の目的」が要件の一つとされているのは，定款の必要的記載事項及び登記事項に関する規定のほか，360条（株主の取締役に対する違法行為差止請求権），367条1項（株主による取締役会の招集請求），385条1項（監査役の取締役に対する違法行為差止請求権），407条1項（監査委員の執行役に対する違法行為差止請求権），422条1項（株主の執行役に対する違法行為差止請求権）及び

963条5項3号（会社財産を危うくする罪）である。

このように会社法において「会社の目的」に関する規定は，登記事項に関する規定を除き，業務執行者等が，定款で定めた目的の範囲外の行為を行うことを禁圧するために設けられた会社の利益を保護するためのものである。

3．権利能力の制限

会社の目的は，対外的には，会社の権利能力を制限する機能を有する。

従来，現行民法43条は公益法人についての規定であると解されており，しかも，会社法は，現行民法43条を準用していないことから，同条を会社に類推適用することができるかどうかが議論され，これを肯定するのが判例（最大判昭45・6・24民集24巻6号625頁・判時596号3頁）・通説であった。

しかし，公益法人制度改革三法の制定により，現行民法の公益法人に関する規定は，一般法人法及び公益法人法に移行され，公益法人に限らず，すべての法人に適用されるべき規定のみ，新民法（平成18年法律50号による改正後の民法）の法人の章に規定するという整理がされた。

その結果，「法人は，法令の規定に従い，定款その他の基本約款で定められた目的の範囲内において，権利を有し，義務を負う。」と規定する新民法34条（現行民43条）は，会社にも直接適用されることとなった。

新民法34条の直接適用によって生ずる効果は，従来の判例・通説と実質的には異ならず，新民法34条は，従来の解釈を明文化したものと考えてよいが，この目的による権利能力の制限も，業務執行者等が目的の範囲外の行為を行った場合における法人の保護を目的とした規定ということができる。

Ⅲ　適　法　性

このように「目的」に関する規定が会社の利益保護のためのものであることからすれば，どのような目的を設定するかは，基本的には会社の自治に委ねられるべきである。

もっとも，定款の作成は法律行為であるから，定款において，公序良俗に反

する会社の目的を定めた場合には、当該定款は、民法90条により無効となる。定款に記載された目的が複数ある場合において、その一部の目的のみが公序良俗に反する場合であっても、それが重要なものと認められるときは、定款の全部が無効となるものと解される。

　また、会社の目的は、違法行為を内容とすることもできない。不法な目的を実現するために会社を設立することは公益の確保の観点から許されず（会社824条1項1号参照）、定款で、違法行為を会社の目的として定めた場合には、その効力を認めるべきではないからである。

　もっとも、営業開始につき行政庁の許認可を要する場合（銀行4条1項等）において、許認可を受ける前に当該事業を会社の目的とすることは許される。当該許認可は、会社の設立後に行われることになるため、それを目的に記載することを認めなければ、設立及び許認可の申請手続がいたずらに複雑になるからである。

　他方、会社が行うことが法律上許されていない事業（例えば、諸官庁に提出する書類作成代行業務〔行政書士1条の2参照〕等）は、目的とすることができない（昭39・1・24民甲167号回答）[2]。

　要するに、会社が、目的である事業を適法に行うことができる可能性があれば目的の適法性は認められ、その可能性がない場合には、その目的は違法性を有するものと認められるのである。

（2）　登研197号54頁。

IV　明　確　性

1．意　　義

　明確性とは、定款に記載された会社の目的の意義が明瞭であって、一般人に理解できることをいう。

　定款は、会社の発起人・社員・株主の意思表示によって作成されるものであるから、意思表示の一般原則どおり、その内容は、一般人の理解を基準に確定

される。

したがって，一般人に理解できないような文言が目的に記載されている場合には，定款の意味内容を確定することができないから，その目的は明確性を欠くものとして，不適法となる。

2．明確性と具体性の関係

ところで，旧商法においては，明確性と具体性は，抽象的な定義のうえでは別の概念とされていたが，登記実務における具体的なあてはめの場面では，何をもって明確性が欠けることになり，何をもって具体性が欠けることになるかが，必ずしも明らかとはいえなかった。

このような明確性と具体性の区別の曖昧さは，そのいずれをも要件とする従来の登記実務においては，特に不都合を生じさせることはなかったが，後述（V）するとおり，会社の目的について，具体性が要求されない会社法のもとでは，「明確性」の意義を明らかにし，その有無を判断する基準を確立することが重要となる。

3．明確性の判断基準

一般に，明確性は，目的に用いられる語句の意義が一般人に明らかであるかどうか，さらに目的全体の意味が明らかであるかどうかを社会通念に従って判断すると解するのが通説である[3]。

例えば，言葉として認識することができない文字の羅列は，明確性を欠き，不適法となる。

外国語の普通名詞・動詞等をカタカナ表記するような場合であっても，それが外来語として一般人に認識されていなければ，明確性を欠くことになるし，専門用語（例えば，一般的な辞書には載っていないが，専門書等には使用されている言葉）やある者が考案した造語が極めて限定された範囲の者だけにしか，その意味を理解し得ないようなものであるならば，やはり明確性を欠くものというほかない。

他方，外来語や造語が，広辞苑，大辞林，現代用語の基礎知識等の一般的辞書・辞典類に記載されている言葉である場合には，それが難解な言葉であっても，日本語として一般的に定着していると認めることができるうえ，一般人が

容易にその意味を調べることができるから，文法の誤りにより意味が理解できないような場合を除き，明確性を欠くことはない。

（3） 大森忠夫＝矢沢惇編集代表・注釈会社法(2)株式会社の設立（1967）76頁〔中西正明〕。

4．固有名詞の取扱い

　明確性について，最も問題となるのは，会社の目的に，特定の製品名等の固有名詞を用いる場合である。

　地名のように一般人が容易に意味を認識できる固有名詞を用いることは問題ないが，特定の製品名等は，造語と同様，一般人に意味を理解し得ないものも存在する。

　定款に記載された会社の目的は，会社の権利能力の範囲を限定する機能を有し，一般人は，登記された目的を基準に当該会社の権利能力の範囲を判断するから，会社の目的に，社員等会社の内部者にしか理解し得ないような固有名詞を用いることは，登記の公示機能を害し，登記を閲覧した一般人に不測の損害をもたらすおそれがある。

　そのため，一般人がその意味を認知することができないような固有名詞は，明確性を欠くものとして不適法とせざるを得ない。

　他方，例えば，自動車製造会社が，自動車販売会社を設立するに当たり，特定の車種以外の販売を制限するために，定款に会社の目的として「〇〇（特定の製品名）の販売」と記載する場合のように，会社の目的に特定の製品名等の固有名詞を用いることに合理性が認められる場合もあり，広告等により一般人がその製品名の意味を認識し得るならば，こうした固有名詞の利用を禁止する必要はない。

　その場合，特定の製品名等が一般的な辞書に掲載されることは稀であるから，固有名詞の取扱いについては，普通名詞のように辞書を基準に明確性を判断するのは妥当ではなく，①テレビ・新聞等の広告により一般人が固有名詞の意味を認識していると認められる場合，②インターネット検索等を通じて，その固有名詞の意味を容易に調査することができる場合，③固有名詞に普通名詞を付加してその意味を明らかにしている場合（例えば，「〇〇（特定の製品名）という名称の自動車」）などには，明確性が認められるものと解すべきである。

1　会社の目的

V　具　体　性

　旧商法のもとでは，目的の記載として「事業」「商取引」などという抽象的な記載では足りず，一般取引の見解により会社の目的とする事業が何であるかを知り得る程度に正確かつ特定的に記載することを要すると解するのが通説・登記実務であった。

　これは，同一市区町村内において他人が登記した商号と類似する商号を同一の営業のために登記することができないという類似商号規制（旧商19条，旧商登27条）が存在していたため，抽象的包括的な目的を許容すると，先に登記された商号の登記独占力を過度に認めることとなること及び会社の債権者その他の利害関係人に対し適切な情報を公開することが相当であること等を踏まえたものであった。

　しかし，類似商号規制については，実務上，定款の事業目的を必要以上に細分化しなければならなくなることや目的の同一性・商号の類似性の判断基準が必ずしも明確でないことから，商号や目的の選定に時間を要し，設立手続の遅延の原因となっている等の弊害が指摘されたため，会社法では，類似商号規制が廃止された。

　このように従来の登記実務において，目的の具体性を要求する最大の根拠となっていた類似商号規制が改正された以上，会社法のもとでは，目的に具体性を要求することが許容されるかどうかを問い直さざるを得ない。

　会社の権利能力を決する目的の範囲内の行為という基準は，定款に明示された目的自体に限られるものではなく，その目的を遂行するうえで直接又は間接に必要な行為であれば，すべてこれに包含されると解されており，会社の目的を細分化する必要は存しない。

　従来の通説が，会社の目的の具体性を要求しつつ，具体的な目的を記載したうえで，「その他これに付帯する事業」という抽象的な目的を記載することは許すという理論的に不徹底な取扱いを許容していたのは，会社の行為が目的の範囲外とされることを可及的に回避し，会社の円滑な運営と取引の相手方の保護を図るためである。

そして，会社法では類似商号規制が廃止され，会社の目的の具体性を必要とする根拠の一つがなくなるとともに，仮に具体性がない目的が定款に定められ，登記簿により公示されることに伴う不利益（会社の具体的な事業内容が明らかでないことや取締役の目的外行為の差止請求が困難となること）があったとしても，これは，当該会社の構成員や当該会社を取引相手とした債権者その他の利害関係人が自ら負担すべきものである。

したがって，会社法のもとでは，目的の具体性は不要であり，「商業」「商取引」等の抽象的・包括的な目的の記載の登記も許されるものと解すべきである（平18・3・31民商782号通達）[4]。

(4) 松井信憲・商業登記ハンドブック（2007）9頁。

Ⅵ 営 利 性

1．営利性の意義

旧商法52条は，「本法ニ於テ会社トハ商行為ヲ為スヲ業トスル目的ヲ以テ設立シタル社団ヲ謂フ」（1項），「営利ヲ目的トスル社団ニシテ本編ノ規定ニ依リ設立シタルモノハ商行為ヲ為スヲ業トセザルモ之ヲ会社ト看做ス」（2項）と規定していた。

旧商法52条1項の会社は商事会社，同条2項の会社は民事会社と呼ばれていたが，いずれの会社も，「商行為をすることを業とすること」（商事会社）又は「営利」（民事会社）を目的とすることが要件とされているため，会社の定款の記載事項である「目的」（旧商63条1項1号，148条，166条1項1号）も，営利性を有するものでなければならないものと解釈するのが通説・登記実務であった（昭40・7・22民四第242号回答）。

2．旧商法52条廃止の趣旨

これに対し，会社法は，旧商法52条に相当する規定を置いていない。この旧商法52条の廃止の趣旨は，会社とそれ以外の社団法人を「目的」によって区別

1 会社の目的

することを放棄することにある。

　すなわち，従来の社団法人法制は，社団法人の目的によって法人の種類を区別したうえ，それぞれの社団法人の設立根拠法において設立手続を規定するという法制を採用していた。現行民法34条（「学術，技芸，慈善，祭祀，宗教その他の公益に関する社団又は財団であって，営利を目的としないものは，主務官庁の許可を得て，法人とすることができる。」）のほか，中間法人法2条1号，宗教法人法2条・4条，私立学校法3条等はその例であり，旧商法52条もこうした社団法人法制の典型的な規定であったということができる。

　ところが，この従来の社団法人法制は，構造改革特別区域法（平成14年法律189号）との整合性を試されることになる。同法は，地方公共団体の自発性を最大限に尊重した構造改革特別区域を設定し，当該地域の特性に応じた規制の特例措置の適用を受けて地方公共団体が特定の事業を実施し又はその実施を促進することにより，教育，物流，研究開発，農業，社会福祉その他の分野における経済社会の構造改革を推進するとともに地域の活性化を図り，もって国民生活の向上及び国民経済の発展に寄与することを目的としているが（構造改革特別区1条），同法に基づいて，会社による農業参入や学校の設置事業を行う構造改革特別区域推進計画が認定される等会社の活動範囲が大幅に拡大されることとなったのである。

　このような背景において，従来の法人法制のように，事業を「営利事業」と「公益事業その他非営利事業」に二分化し，会社は，前者のみを目的とすることができる旨の解釈をとると，構造改革特別区域法で会社の活動を広げても，会社法自体がその障壁になってしまうことになる。

　一般的には利益を得られないように思われる事業であっても，事業の運営の方法によっては利益を得られる場合もあり，事業が利益につながるかどうかを外部的に判断することは困難である。そうした事実を無視した会社法制は，現代の社会実態にはそぐわないものといわざるを得ない。

　そこで，会社法は，旧商法52条の規定を廃止し，会社の目的に営利性を要求しないこととし，公益事業，例えば，環境保全・病院や学校法人の経営等も株式会社の目的とすることができることとしたのである。

3．法人種別の区別基準

　さらに，会社法の成立後に成立した一般法人法も，「目的」による社団法人の区別という手法をとらず，目的について，法律上明文の制限を設けていない。すなわち，一般法人は，公益事業のほか，収益事業をも目的とすることが許されているのである。

　このように会社法及び一般法人法は，会社法成立以前に存在した「目的」による法人種別の区分を放棄したが，その代わりに，会社と一般社団法人との区別を，「社員に剰余金又は残余財産の分配を受ける権利を与えなければならないか（会社105条2項），その権利を与えることができないか（一般法人法11条2項）の違いに求めることにしているのである」[5]。

（5）　新公益法人制度研究会編著・一問一答公益法人関連三法（2006）31頁。

4．寄付行為

　旧商法52条の廃止による目的による法人種別の区分の放棄は，会社が寄付行為を目的とすることができるか否かという解釈についても影響を及ぼす。

　3で述べたとおり，会社が，一般法人と区別されるのは，会社が事業によって得た利益を出資者に配当又は残余財産として分配することにある。寄付行為のみを目的とする会社は，そのような利益の分配をすることが不可能又は著しく困難であるから，そのような目的は，社員への利益分配という意味における営利性を欠くことになる。

　したがって，会社が，寄付行為のみを定款所定の目的とすることは，営利性の欠如を理由として許されないと解すべきである。

　他方，会社が，複数の目的を定める場合において，その一つとして寄付行為を定めたとしても，会社は，寄付行為以外の事業によって利益を得て，それを社員へ分配することもできる。したがって，定款の目的のうちに一つでも収益性のある事業が含まれていれば，当該会社は，営利法人であるという性質に反することはない。

　会社の社会的責任が強調される現代社会において，例えば，環境団体に対する寄付行為を目的として掲げることが，その会社の社会的信用力を高め，寄付

行為以外の事業の遂行を円滑にする効果があり、また、その目的に共感した投資家の出資を促すのに有効な場合もある。

旧商法のもとにおいても、寄付行為は、会社の目的の範囲内の行為として行うことができる場合があると解するのが判例（前掲最大判45・6・24民集24巻6号625頁・判時596号3頁）・通説であり、現実の社会においても、会社による寄付行為は、政治、文化、教育等の様々な分野において行われている。このような社会実態を踏まえれば、寄付行為自体を目的としたとしても、会社の性質に反するような事態を生ずることがないことは明らかであり、会社の目的として公益事業等への寄付行為を掲げることを禁止する理由はない。

ところが、従来の登記実務は、複数ある目的の一つとして寄付行為を記載することすら許さないこととされていた。最高裁判例によって会社の目的の範囲内として行うことができる旨示された寄付行為を、目的として登記することができないという登記実務の合理性についてはやや疑義があったものの、旧商法52条が目的の営利性を要求していたことからすれば、一応の法的根拠はあったと認めることができる。

しかし、会社法による旧商法52条の廃止は、その登記実務を支える唯一の根拠が失われたことを意味し、もはや複数ある目的の一つとして寄付行為を掲げることを禁止する実質的な理由も法的根拠も存在しないというほかない。

したがって、寄付行為のみを会社の目的とすることは営利法人としての性質に反し許されないが、複数ある目的の中の一つとして寄付行為を目的とすることは許されると解すべきである。

Ⅶ　親会社の目的

会社が、他の会社の株主（発起人を含む。）になることは、定款上の目的の範囲内であれば、許される（新民34条）。定款に「他の会社の株主となること」等の明確な記載がなくても、株式の保有が、当該会社の定款上の目的の範囲内（付帯行為を含む。）か、その目的を達成するのに必要な行為であれば、新民法34条に反することはない。

ところが，旧商法下においては，会社が，他の会社の親会社になる場合は，親会社の定款上の目的は，子会社の定款上の目的を含むものでなければならないと解する見解があった[6]。

その見解は，「もし子会社をして親会社の定款目的以外の事業を営ませることができるとすれば，例えば，A事業のみを目的とする子会社が，自らB事業を営むことは許されないからといって，自己の100％出資する乙会社を作ってこれにB事業を営ませることにすれば，乙会社は，甲会社と完全に同一体であるから，実質上，甲会社がB事業を営むのと同一の効果をあげながら，しかも，定款違反の責めを負わないことになり，会社の目的の範囲が定款上の目的の範囲に限られるとする通説・判例の立場が親子会社の利用によって，まったく骨抜きになり，親会社の株主，債権者等の利益を害するおそれがある」ということを理由としていた。

しかし，親会社と子会社は，法人格が別であり，しかも，親会社は，子会社の株主としての権利しか有しないのだから，「甲会社がB事業を営むのと同一の効果をあげる」ことはできない。

子会社の行為の法的効果は子会社に帰属し，子会社が財産を取得したからといって，親会社がこれを処分することはできない。また，子会社が利益を得たからといって，その利益をすべて親会社に移転することはできず，分配可能額の範囲内で剰余金の配当等ができるだけである。

また，子会社の業務執行者は，株主総会の決議に従う忠実義務を負っているが，株主総会決議以外の指示に従う義務はなく，また，もっぱら親会社の利益のために子会社に損害を与える行為をした場合には，任務懈怠責任が生じ，特別背任罪が成立する場合もある。

もちろん，親会社が，子会社の取引について具体的な指示を行い，その効果を実質的に親会社に帰属させているような事実があれば，親会社自体が当該事業を行っていると認められ，そうした指示等が親会社の定款上の目的違反行為になることはあり得ないわけではない。

しかし，その場合には，親会社の具体的な指示等が目的違反行為に該当するだけであって，親会社になることそのものが，目的違反行為になるわけではない。

1 会社の目的

　親子関係があっても，親会社が，純粋に株主としての権利しか行使しない場合も多く，そうした実態を無視して，親子関係にあれば，親会社自体が子会社の事業を行っているのと同視するのは，短絡的というほかない。

　したがって，親会社の定款上の目的に，子会社の定款上の目的が含まれていなくても，「子会社の株式を保有すること」が，親会社の定款の目的の範囲内か，その目的を達成するのに必要な行為であるならば，親会社の目的違反行為にはならないと解すべきである。

　旧商法下における登記実務においても，平成9年の独占禁止法の一部改正による持株会社の解禁を契機として「○○業の会社の株式を所有することにより，当該会社の事業活動を支配・管理すること」等の例も許容されるようになったが，会社は，定款所定の目的を遂行するうえで直接又は間接に必要な行為であれば，目的の範囲内の行為として権利能力を有するのであるから，形式的に当該目的が定款に記載されていなくてもよいと解すべきである[7]。

（6）　稲葉威雄ほか編・実務相談株式会社法(1)〔新訂版〕（1992）372頁。
（7）　松井・前掲注（4）17頁。

Ⅷ　結　語

　以上述べてきたとおり，会社法の施行後も，目的の適法性・明確性については，基本的に従来の通説・登記実務が踏襲されるが，目的の具体性は不要となり，個々の目的の営利性についても，すべての目的が寄付行為であるような極端な場合を除き，これを要しないものとされたものと解される。

　こうした会社法における解釈の変更は，会社法の制定目的の一つである起業の促進に資するだけではなく，会社の活動範囲を広げるという意味でも重要な変更であり，定款の作成・認証・設立の登記の手続においても，会社法の制定目的を没却することのないような運用がされることを期待する次第である。

〔葉玉　匡美〕

2．商号の選定と商業登記の効力

I　商号の選定

1．商号の意義

　商号とは，商人（会社・外国会社を除く。）が営業上の活動において自己を表章する名称又は会社・外国会社の名称をいう[1]。商号は，社会的には当該営業や会社の同一性を表示し，その信用の標的となる機能を営む。

　商号は，名称であるので，自然人の氏名と同様に文字で表記でき，呼称できるものでなければならず，模様や図形を用いることはできない。従来は，外国文字による登記が認められていなかったため，商号自体も日本文字によるべきであるというのが通説的見解であったが，平成14年の商業登記規則改正により，ローマ字その他の符号を用いた商号も登記できることとされ，アラビア数字のほか，商号の一部に字句を区切る符号として，「＆」，「－（ハイフン）」，「'（アポストロフィ）」，「．（ピリオド）」，「，（コンマ）」，「・（中点）」を用いることも可能となった（商登規50条，平成14年法務省告示315号）。

　旧商法における商号に関する規定（旧商法第1編第4章）は，個人商人と会社とを区別することなく総則に置かれていたが，会社法においては，商法総則の規定のうち会社に適用されるものは会社法総則（会社1条～24条）に規定されることとなったため，会社の商号については会社法第1編第2章（会社6条～9条）に，それ以外の商人の商号については商法第1編第4章（商11条～18条）にそれぞれ規定されている。

（1）弥永真生・リーガルマインド商法総則・商行為法〔第2版〕（2006）33頁．

2．商号の選定

(1) 会社の商号

　会社の商号は，伝統的かつ一般的に，会社の名称が商号と呼称されてきたことに配慮して，法人としての名称を商号とすることとされているが（会社6条1項），商人が用いる商法における商号とは，法律的にはまったく別のものである[2]。そのため，会社の商号の選定に関しても，種々の点において，商人の商号とは異なる取扱いがされている。

　商人については，日本では従来から商人が自己の営業を表すために屋号を用いていたという歴史的経緯があり，これを商号として保護する必要から，原則として商号選定の自由が認められている。商人は，その氏・氏名その他の名称をもって商号とし得るものとされ（商11条1項），自己の氏・氏名に限らず，他人の氏名や営業の実際と一致しない名称を商号とすることも許される。また，複数の営業を営む場合は，営業ごとに異なる商号を用いることも可能である。

　これに対し，会社については，会社と取引する一般公衆を保護する必要性をより重視し，商号選定の自由に一定の制限が設けられている。

　すなわち，会社は必ずその名称を商号としなければならず（会社6条1項），個人商人のように，商号を使用しないことを選択することは許されない。また，数種の事業を営んでいても，複数の商号を用いることはできない（ただし，複数の支店を有する場合に，会社の商号に支店であることを示す文字を付加して使用することは許される。）。会社はその種類によって組織及び社員の責任などが異なることから，会社の種類（株式会社，合名会社，合資会社又は合同会社）に従って，それぞれの商号中に株式会社等の文字を用いなければならないとされており（会社6条2項），他の種類の会社であると誤認されるおそれのある文字を用いることは禁止されている（同条3項）。

　同様に，実際と異なる外観をとることを防止するという観点から，会社でない者が，その名称又は商号中に会社であると誤認されるおそれのある文字を用いることも禁止されている（会社7条）。

　これらの規定に違反した場合は，100万円以下の過料の制裁に処せられる（会社978条1号・2号）。

そのほか，会社の商号は定款記載事項であり（会社27条2号），設立登記において必ずその商号を登記しなければならない（会社911条3項2号，912条2号，913条2号，914条2号）とされている点も，個人商人が商号を登記するか否かにつき任意であるのと異なっている（商11条2項参照）。

なお，外国会社は，会社の名称を商号とし（会社6条1項，5条），商号が登記事項とされる（会社933条2項）等，概ね会社と同様の規律に服するが，会社の種類に従って商号中に株式会社等の文字を用いなければならず，他の種類の会社であると誤認されるおそれのある文字を用いてはならないとする会社法6条2項・3項の適用はない。

(2) 相澤哲＝郡谷大輔「定款の変更，事業の譲渡等，解散・清算」相澤哲編著・立案担当者による新・会社法の解説〔別冊商事295号〕（2006）140頁。

(2) 特例有限会社たる株式会社の特則

旧有限会社は，会社法上の株式会社として存続するが（整備法2条1項），その商号中に「有限会社」という文字を用いなければならないこととされている（整備法3条1項・2項）。このような会社（特例有限会社）については，旧有限会社法における有限会社の規律を実質的に維持するための規定が種々設けられていることから，取引の相手方等が当該会社について，通常の株式会社等とは異なる規律に服する会社であることを明確に知ることができるようにするため設けられた規定である。

ただし，特例有限会社は，株主総会の特別決議により定款を変更して株式会社という文字を用いる商号変更をすることによって，通常の株式会社に移行することができる（整備法45条1項）。この定款変更による商号の変更は，定款変更の決議から本店所在地においては2週間以内，支店所在地においては3週間以内に登記することを要し，本店所在地における登記をすることによって効力を生ずる。この場合の登記は，商号の変更の登記ではなく，特例有限会社の解散の登記と株式会社の設立の登記を同時に申請する方法によることとされている（整備法45条2項，46条）。

Ⅱ　商号選定の自由の例外―商号権の保護

1．商号権の意義

　商号を使用する会社は，商号権を有する。商号権とは，他人によってその商号使用を妨げられない権利（商号使用権）及び他人が自己の商号と同一又は類似の商号を不正に使用することを排斥する権利（商号専用権）を指す。商号権は，商号の継続的使用によって商号権者の信用力を高め財産的価値を帯びていくという性質を有することから，財産権としての性質と人格権としての性質を併せもつものであると解されており（多数説）[3]，この商号専用権を保護するという観点から，商号選定の自由に一定の制限が加えられている。

（3）　蓮井良憲＝森淳二朗編・商法総則・商行為法〈新商法講義1〉〔第4版〕（2006）63頁〔佐藤誠〕，関俊彦・商法総論総則〔第2版〕（2006）137頁注参照。この議論は，登記の前後によって商号権の性質が変わるかどうかという観点を含めて論じられることが多かったが，最近では，登記の前後に分けて論ずる意味はないとの考え方が有力である。また，商号権を端的に財産権であるとする見解も有力に主張されている（鴻常夫・商法総則〈法律学講座双書〉〔新訂第5版〕（1999）216頁。

2．不正目的による商号等使用の制限

(1)　旧商法における制限

　旧商法は，商号選定の自由の例外として，不正目的で他人の営業であると誤認させるような商号を使用することを禁じており（旧商21条1項），旧商法21条1項違反の行為により利益を害されるおそれのある者は，差止請求権が認められるとともに，損害を受けた場合には損害賠償請求することも可能とされていた（同条2項）。

　商号権保護のための規定としては，ほかに，登記商号と同一の商号を同一市町村において登記することを禁止する旧商法19条，不正競争の目的をもって登記商号と同一又は類似の商号を使用する者に対する差止請求や損害賠償請求を認めた旧商法20条があった。また，不正競争防止法は，登記の有無にかかわらず周知・著名な商号を保護する規定（不正競争2条1項1号・2号，3条，4条等）

第2章　会社法総則

を置いている。

上記旧商法21条は，旧商法19条及び20条と異なり，登記の有無に関わらない規定であるため，未登記の商号に専用権を認める趣旨の規定であると説明されることが多かったが，他方，営業主体を誤認させる他人の標識（商号に限られない。）を不正の目的で商号として使用することを禁ずる趣旨の規定であるとの見解も有力に主張されていた[4]。後者の見解は，旧商法21条1項には不正競争防止法のような周知性，著名性の要件がないことや，被侵害利益を「営業上の」利益に限定していないこと等から，同規定は競争関係を前提としたものではなく，その保護客体は，商人を超えて広く一般公衆であって，そこに旧商法21条の独自の存在意義があると解していた。この考え方に基づけば，例えば商人でない著名人の氏名などを自己の商号として使用することも旧商法21条1項の規定により禁止されることになると説明されていた。

（4）　鴻・前掲注（3）202頁，中山信弘「商号をめぐる商法と不正競争防止法の交錯」竹内昭夫編・現代商法学の課題：鈴木竹雄先生古稀記念㈼（1975）632頁以下。

(2)　**会社法における制限**

旧商法21条と同趣旨の規定は，会社及び外国会社については会社法8条に，それ以外の商人については商法12条に置かれている。

(a)　**禁止の要件**

会社法8条1項は，「何人も，不正の目的をもって，他の会社であると誤認されるおそれのある名称又は商号を使用してはならない。」と定めている。「不正の目的」とは，ある名称又は商号（名称等）を自分の名称等として使用することにより，一般人に対して，自己の営業をその名称等によって象徴される他の会社であるかのように誤認させようとする意図をいうと解される[5]。また，「使用」とは，契約締結等の法律行為に関する場合に限られず，看板や広告等に記載するといった事実行為による使用も含まれる。

不正使用が制限される対象については，前述のとおり，旧商法21条1項が「商号」とのみ定めていたことから，これを商号のみと解するのか商号以外の標識も含むと解すべきかにつき論じられてきたが，会社法は，「名称又は商号」として，商号以外の名称も対象とすることを明確にした。

(b) 効　果

　会社法8条1項に違反する行為によって営業上の利益を侵害され，又は侵害されるおそれがある会社は，その営業上の利益を侵害する者又は侵害するおそれがある者に対し，その侵害の停止又は予防を請求することができる（会社8条2項）。また，会社法8条1項違反の行為に対しては，100万円以下の過料の制裁規定も置かれている（会社978条3号）。

　旧商法21条の解釈においては，前述のとおり，保護客体が商人に限られないと解する立場が有力に主張されていたが，会社法は，保護客体が「営業上の利益」を侵害され又は侵害されるおそれのある「会社」に限られることを明確にした。これは，会社法は会社の設立，組織，運営及び管理について定める法律であり（会社1条），会社以外の者を保護の客体とすることは不自然だからである。

　なお，これまで旧商法21条の適用対象となると解されてきた商人・会社以外の者の氏名・名称を無断で商号として使用する行為は，保護の対象とはならないことになるが，近年その概念が確立してきた人格権・パブリシティ権の問題として処理することが可能であると考えられる(6)。

（5）　不正の目的については，他人の本店登記移転を妨害する意図があったことをもって旧商法21条の適用を認めた判例（最判昭36・9・29民集15巻8号2256頁）がある。この判例は，旧商法21条の趣旨につき，いかなる目的であろうと，すなわち，他人の営業と誤認させる目的であろうとなかろうと，他人と競争する目的であろうとなかろうと，いやしくもそれが不正のものである限り，他人の営業と誤認させる商号を使用することを禁じた趣旨であると解しているようである（枡田文郎〔判解〕最判解説民昭和36年度334頁）が，当該事案は他人の営業と誤認させようとする意味での不正の目的が認められる事案ではないとして，旧商法21条の適用を疑問視する見解が多い（蓮井＝森編・前掲注（3）58頁注〔蓮井良憲〕参照）。

（6）　郡谷大輔＝細川充「会社法の施行に伴う商法および民法等の一部改正」相澤編著・前掲注（2）259頁。

3．不正競争防止法による商号使用制限

(1)　禁止の要件

　上記の会社法・商法の規定以外にも，商号選定の自由の例外として，不正競争防止法の規定がある。同法は，他人の営業の表示として需要者の間に広く認

識されている氏名，商号等と同一又は類似のものを使用して，他人の営業と混同を生じさせる行為（不正競争2条1項1号）を，「不正競争」として禁止している。

「混同」とは，営業主体が同一であるとの誤信（狭義の混同）のみでなく，親会社・子会社の関係や系列関係などの営業上の関係又は同一の表示の商品化事業を営むグループに属する関係が存するとの誤信（広義の混同）も含むと解されており（最判昭58・10・7民集37巻8号1082頁，最判平10・9・10判時1655号160頁），実際に混同が生じなくとも，混同が生ずるおそれのある行為であれば規制の対象となると解されている。

また，自己の営業の表示として，他人の著名な営業の表示と同一又は類似のものを使用する行為（不正競争2条1項2号）は，混同を要件とすることなく不正競争として規制される。したがって，広義の混同を認めることが困難な事案であっても，著名表示の顧客吸引力へのただ乗り（フリーライド）や，著名表示の信用等の希釈化（ダイリュージョン）等がある場合には，規制されることとなる。

(2) 効　果

不正競争により営業上の利益を侵害されるおそれのある者は，差止請求（不正競争3条）ができ，実際に利益を侵害された者は損害賠償請求（不正競争4条）も可能である。このほか，損害賠償に代え，又は損害賠償とともに，営業上の信用を回復するのに必要な措置（信用回復措置）を請求することができるとされている（不正競争14条）。

また，懲役5年以下又は罰金500万円以下もしくは併科という罰則が設けられている（不正競争21条1項1号・2号）。

4．不正競争防止法による救済と会社法による救済の異同

(1) 主観的要件

会社法8条においては，主観的要件として「不正の目的」が必要とされている。他方，不正競争防止法においては，不正の目的は要件とされていない。不正競争防止法においても，損害賠償を請求する場合は故意又は過失が必要であるが，周知性・著名性のある他人の商号と同一又は類似の商号を使用すれば，通常，故意又は過失が認められると考えられるため，不正の目的の立証を必要

とする会社法に比べ，立証が容易であるといえる。

(2) 周　知　性

会社法は，周知性を要件としていない。ただし，少なくとも不正競争の目的が認められるような事案においては，当然に一定の周知性が認められると考えてよく[7]。また，会社法により保護されるためには営業上の利益を侵害されるおそれがあると認定される必要があることからすると，周知性のない商号が保護されるケースは，事実上少ないと思われる。

（7）　中山・前掲注（4）625頁。

(3) 損害額の推定

不正競争防止法は，営業上の利益を侵害された場合に，被侵害者が受けた損害の額を推定する規定を置いており（不正競争5条），被侵害者の立証責任は，相当緩和されている。他方，会社法には，同様の趣旨の規定は設けられておらず，通常の不法行為に基づく損害賠償請求として，損害の発生及び額を立証する必要がある。

(4) 効果及び制裁

不正競争防止法においては，営業上の信用を害された者は，損害賠償に代え，又は損害賠償とともに，営業上の信用を回復するのに必要な措置を請求することができることとされている（不正競争14条）が，会社法には，同趣旨の規定は設けられていない。

また，制裁の規定については，会社法が100万円以下の過料と定めている（会社978条3号）のに対し，不正競争防止法は5年以下の懲役又は500万円以下の罰金もしくは併科と定めている（不正競争21条1項1号・2号）。

以上を概観すると，典型的な不正競争の事例においては，不正目的の立証が必要なく，信用回復措置請求も認められるうえ，違反行為に対して厳しい罰則が科される不正競争防止法による方が，立証の容易性や効果の大きさ等の観点から実効性が高いと考えられる。また，不正競争防止法は，上述のとおり，他人の著名な商号等を自己の商号として使用した場合には，混同を要件とせずに

保護の対象としており（不正競争2条1項2号），主体が誤認されるおそれを必要とする会社法に比して保護範囲が広い。

他方，理論的には，周知性が認められず，不正競争防止法の保護の対象とはならない商号が，不正競争目的以外の不正な目的によって使用されたというようなケースにおいては，会社法による救済の余地があるが，上記のとおり，そのようなケースは少ないと考えられる。

III　商号の登記

旧商法においては，特に登記商号に関して保護する規定が置かれていたが，会社法においては，以下のとおり，これらの規定は廃止された。これによって，商号の保護は，上記IIで述べたように，登記の有無に関係なく，会社法8条及び不正競争防止法の規定による保護の枠組みに集約されることとなったのである。

1．商号登記の手続

会社の商号は，必ず登記しなければならない（会社911条3項2号等）ところ，その登記は，会社登記簿にすることとされている（商登34条1項）。実務上は従来も同様の取扱いがなされていたが，平成17年改正後の新商業登記法において，条文上明確にされたものである[8]。

(8) 旧商業登記法においては，この点に関する明確な規定はなかったが，商号の登記事項等に関する規定が会社については適用除外とされ（旧商登34条），会社の商号の登記は商号登記簿に記載する必要がないと定められていた（旧商登規50条）ことから，上記のとおりの取扱いがなされていた。

2．同一商号の登記の排除規定（旧商19条，旧商登27条）の廃止

(1) 類似商号規制の内容

旧商法においては，他人が登記した商号と同一の商号[9]を，同一市町村内において同一の営業のために登記することはできないとされていた（旧商19条）。

そして，旧商業登記法は，同一市町村内において同一の営業のために他人が登記した商号と判然区別することができない商号の登記を禁じていた（旧商登27条）。これが，いわゆる「類似商号規制」である。

この規制は，既登記商号と同一又は判然区別することができない商号が同一市町村内で登記されることを防ぐという限りにおいて，登記された商号を保護するという一定の意味があったものの，次に述べるように，効果が限定的であるうえ弊害が大きいと指摘されていた。

(9) 旧商法19条にいう「他人ガ登記シタル商号」の意味については，既に登記された商号とまったく同一の商号だけでなく，「判然区別することができない商号」（旧商登27条）の登記も禁止する趣旨であると解されていた（判例・通説。大判大5・11・29民録22輯2329頁参照）。

(2) 類似商号規制に対する批判

類似商号規制に対する批判は，概ね以下のとおりであった[10]。

(a) 効果が極めて限定的であるとの批判

① 類似商号規制の範囲は，同一市町村内に限られていることから，企業の活動が広域化している現在においては，その保護効果は薄れている。また，市町村合併が行われたり政令指定都市となることにより，規制の範囲が拡張又は縮小してしまう問題点がある。規制の範囲が拡張した場合には，既に登記されている商号同士が類似商号であるという状態が生じることがあり，その場合には，新たに事業目的を変更することが制限される可能性がある。

② 類似商号規制は，実務上，会社の登記簿の「目的」の記載によって判断される事前規制であることから，実際の活動の有無やその営業内容にかかわらず，「目的」の記載さえ異なっていれば，規制の対象とされない。そのため，実際の営業の内容が同一であっても，「目的」の記載が異なっている場合には，同一又は類似の商号の登記を防ぐことができない。

③ 個人商人については，商号未登記の営業も適法であるため，個人商人によって類似商号が使用されることを排除することができない。

(b) 弊害が大きいとの批判

① 会社を設立しようとする者は，選択しようとする商号が類似商号規制に

該当しないかどうかを調査しなければならないため，手間と時間がかかりすぎ，迅速な設立手続を阻害している。

② 類似商号規制の判断は，実務上，「同一の営業」に該当するか否か，ひいては会社の登記事項である「目的」の記載が重複するかどうかにかかっているため，規制の対象とされないようにするために，必要以上に事業目的を細分化するという傾向が強い。その結果，登記時の定款の目的事項の審査を厳格にせざるを得ず，新規事業に用いられる用語が事業目的として認められにくくなり，起業や事業目的の変更・追加の妨げになっている。

③ 既に設立された会社が「目的」に沿った営業活動を行っておらず，誤認・混同のおそれが生じない場合であっても，一律に類似商号規制が事前規制として働いてしまう結果，これを利用して，商号権の譲渡により利益を上げようとする，いわゆる商号屋の活動する余地を与えてしまっている。

(10) 批判の内容については，相澤哲＝岩崎友彦「会社法総則・株式会社の設立」相澤編著・前掲注（2）11頁以下，及び法務省民事局参事官室が作成した「会社法制の現代化に関する要綱試案の補足説明」（第2部1(1)）参照。

(3) 廃　　止

上記の批判等を踏まえ，類似商号規制制度は，その効用に比して弊害が大きいと判断されたことから，会社法においては，類似商号規制の規定（旧商19条，旧商登27条）を廃止するに至った[11]。

(11) 平成18年3月31日付法務省民商782号法務局長・地方法務局長宛民事局長通達「会社法の施行に伴う商業登記事務の取扱いについて」における類似商号規制の廃止に関する部分の内容は以下のとおりである。
　「第7部　商業登記に関するその他の改正
　　第1　類似商号規制の廃止等
　　　1　類似商号規制の廃止
　　他人が登記した商号は同一市町村内において同一の営業のために登記することができないとする類似商号規制（旧商法第19条，旧商登法第27条参照）は，廃止された。
　　既に登記されている会社と類似商号の関係に立つ会社の支店の所在地における登記の申請は，既に登記されている会社の商号と明らかに区別することができるものとして「(本店　東京都千代田区)」等の文字を商号に付加しない限り受理することができないとする取扱い（大正10年10月8日付け司法省民事第375号当職回答参照）は，廃

止する。当該文字を付加した商号の登記につき，当該会社の代表者等の書面による申出があるときは，登記年月日欄に「平成何年何月何日本店の表示抹消」と記録した上，職権で当該文字を抹消して差し支えないものとする（昭和56年12月10日付け法務省民四第7430号法務省民事局第四課長回答参照）。」

3．同一又は類似の商号の使用禁止規定（旧商20条）の廃止

(1) 旧商法20条の内容

　旧商法は，商号を登記した者は，不正の競争の目的をもって同一又は類似の商号を使用する者に対して，差止請求や損害賠償請求をすることができる旨を定めていた（旧商20条1項）。そして，同一市町村内で同一営業のため他人の登記商号を使用する者には，不正競争の目的があると推定する旨の規定が置かれていた（同条2項）。

(2) 旧商法20条に対する批判

　旧商法20条1項の規定に関しては，不正競争防止法における商号保護規定との統一的解釈が様々に試みられていたが，その交錯関係について，なお解釈上不明確な点が少なくないという指摘がなされていた[12]。そして，不正競争防止法が，周知・著名な商号につき，登記の有無に関係なく保護規定を置いていることから，保護の必要な商号は同法によって保護することができ，もはや旧商法20条1項の独自の存在意義はほとんどなくなったとの指摘がされていた[13]。

　また，旧商法20条2項の推定規定に関しても，企業の活動領域が広がっている実態に対し，同一市町村内のみについて不正競争の目的を推定する規定を設けることは効果が乏しいうえ，同一市町村の範囲が変動する現在では，同一市町村という基準に基づき不正競争の目的を推認することは合理的とはいえず，推定規定の基礎が失われているとの批判がされていた。

(12) 鴻・前掲注（3）215頁。また，商業登記法との関係でも，例えば，旧商法20条の「類似ノ」商号と，旧商業登記法27条の「判然区別することができない」商号とは同意義であるのか，類似の商号の方がより広い概念であるのかについて，見解が分かれていた（鴻・前掲注（3）218頁注参照）。

(13) 中山・前掲注（4）623頁以下は，旧商法20条と不正競争防止法の要件・効果を比

較したうえ，旧商法20条1項の要件は，すべて不正競争防止法の要件に包摂されており，効果の点においても不正競争防止法の方が大きいため，旧商法20条1項の存在意義はないとの結論を導いている。

(3) 廃　　　止

　旧商法19条が廃止され，同一市町村内において同一又は類似の商号を登記することに制限がなくなったことから，そのような行為について不正競争目的を推定する根拠が失われ，旧商法20条2項は廃止された。
　また，上記のとおり，不正競争防止法が整備されている以上，旧商法20条1項の存在意義は乏しく，当該規定を廃止しても，その保護に欠けることはないと考えられたこと等から，旧商法20条1項も廃止された。

4．同一所在場所における同一商号の扱い

　以上のとおり，会社法においては，類似商号規制を撤廃するに至ったが，不動産登記上，法人はその住所と商号によって特定されるため，同一所在場所・同一商号の会社が複数存在しては，法人の特定に問題が生ずる。そこで，商業登記法27条は，同一所在場所における同一の商号の登記は認められない旨を定めた。この規定は，従来から，実務上同様の取扱いがなされていたところ[14]，これを明文化したものである。

(14)　昭63・2・16法務省民四712号法務省民事局第四課長回答は「既存の会社と目的を異にするが，商号が同一であり，かつ，本店が同一である会社の設立等の登記申請は，商業登記法24条14号の事由に該当することを理由に却下すべきである。」と定めていた。

5．国会における審議経過

　類似商号規制が廃止されたことにより，商号については，同一所在場所における同一商号という極めて限られた場合を除き，事前に規制されることなく自由に登記することができることとなった。これは，企業の活動の自由を広く認め，事前規制を緩和して円滑な事業の実施を図ることを重視するという会社法の基本的姿勢に沿ったものであるが，他方，事前に類似商号の登記が規制され

ることがないため，商号権者は，自己と誤認されるおそれのある商号を不正目的で使用された場合には，自ら使用者を訴えて是正を図ることが必要となる。

そこで，国会においては，類似商号規制の廃止の妥当性や，これにより既登記の商号権が害されるおそれ等の観点から審議が行われた。そして，衆議院，参議院の両院において，「類似商号規制の廃止については，その運用状況を注視し，必要があれば，既存の商号に対する簡易な救済制度の創設を含め，対応措置を検討すること。」（衆議院付帯決議第10項，参議院付帯決議第9項）との付帯決議がされた。

6．類似商号規制撤廃に伴う制度変更等

(1) 商号仮登記制度の廃止

従来，会社が本店を移転しようとする場合に，その計画を知った第三者が不正な利益を得る目的で，いち早く移転予定地で同一商号を登記し，会社の本店移転登記を妨害することを防止するため，商号の仮登記制度が認められていた（旧商登35条の2，35条の3）。この制度は，あらかじめ移転すべき地を管轄する登記所に一定の金銭を供託して商号の仮登記をしておくことにより，当該仮登記を，類似商号登記の規制（旧商登27条）との関係では商号の登記とみなすというものであり（旧商登39条），その結果，同一市町村内での類似商号の登記が排斥されることから，類似商号規制が悪用されることを防ぐために一定の効果があった。

しかし，会社法において類似商号規制が撤廃されたことに伴い，新商業登記法においては，仮登記制度が廃止された（整備政令1条1号）。会社法のもとでは，同一所在場所の同一商号に対してしか規制がされないため，同制度を維持したとしても，その効果は極めて限定された事例でしか得られないこと，商号使用差止め等（会社8条）の措置を講ずることにより会社を設立しようとする者を保護することも可能であることなどから，制度を維持する必然性がないと判断されたためである[15]。

(15) 松井信憲＝吉田一作「会社法制定に伴う商業登記事務の改正(下)」商事1744号（2005）106頁。ただし，施行日前にされた商号の仮登記（施行日前にされた申請に係るものを含む。）についての予定期間の伸張，商号の仮登記の抹消，信託金の取戻し及び国

庫への帰属等については，なお従前の例によるとされた（整備法136条6項，整備政令2条）。

(2) 会社の目的の具体性に関する審査の廃止

　会社法施行前においては，登記事項である会社の目的に関し，抽象的・包括的な記載は許容しないというのが実務の取扱いであった。類似商号規制下において，類似商号に該当するか否かの判断は，登記された会社の目的が同一といえるかどうかの判断に基づいており，目的が抽象的・包括的では的確な判断をし得ないとの要請があったためである。しかし，類似商号規制廃止に伴いこのような取扱いは必要性を失い，目的の具体性について審査を要しないこととされた[16]。

(16) 平18・3・31法務省民商782号法務局長・地方法務局長宛民事局長通達「会社法の施行に伴う商業登記事務の取扱いについて」第7部第2。

Ⅳ 商号の譲渡・変更・廃止

1．商号の譲渡

　商号は，会社又は商人の信用を化体しているため，通常財産的価値を有し，譲渡性を有するものとされる。特に相続や営業譲渡の場合には，譲渡を認める必要性があるが，他方，商号が社会経済的には名称として機能していることから，営業を継続しながら商号のみを切り離して譲渡することを認めると，一般公衆を誤認させる危険性が高い。そのため，営業譲渡とともにする場合又は営業を廃止するときに限って商号を譲渡することができるものと定められていた（旧商24条1項）。

　平成17年商法改正において，商法には同趣旨の規定が置かれたが（商15条1項），会社法には，商号譲渡についての規定は置かれていない。これは，会社の商号は当該会社の名称であって1つしかないことから，商号を譲渡するということはすなわち当該会社の商号変更又は商号廃止を意味することとなり，商

号譲渡という概念を認める必要性がないと判断されたためであると解される。ただし，商号譲渡を禁止するという趣旨はなく，事業譲渡の際に譲受会社が商号を続用する場合があることを前提とする規定（会社22条1項）があることからみても，事業譲渡や商号の使用許諾（会社9条）の場面において，事業譲渡会社や商号使用を許諾した会社が商号の変更又は廃止をすることによって，事実上，商号譲渡と同様の効果を得ることも可能と考えられる[17]。

(17) 蓮井＝森編・前掲注（3）63頁〔佐藤〕は，会社の商号譲渡も認められると解している。

2．商号の変更・廃止

旧商法においては，商号の変更又は廃止があったにもかかわらず，商号の登記をした者が変更又は廃止の登記をしないときは，利害関係人がその登記の抹消を請求できると定められ（旧商31条），かつ，商号を登記した者が正当な理由なく当該商号を使用しないときは，商号を廃止したものとみなすこととされていた（旧商30条）。

会社法及び新商業登記法においては，商号の登記をした者は，商号を廃止又は変更したときは2週間以内に廃止又は変更の登記申請をしなければならず（会社915条，商登29条2項），商号の廃止又は変更があったにもかかわらずその旨の登記をしないときや，商号の登記をした者が2年間正当な理由なく当該商号を使用しないにもかかわらず当該商号の廃止の登記をしないときは，当該商号と同一所在場所において同一商号を使用しようとする者は，当該商号の登記の抹消を申請できることとされ（商登33条1項1号〜3号），上記旧商法30条及び31条は廃止された。

V 商号使用の許諾

会社法9条は，「自己の商号を使用して事業又は営業を行うことを他人に許諾した会社〔外国会社を含む。〕は，当該許諾をした会社が当該事業を行うものと誤認して当該他人と取引をした者に対し，当該他人と連帯して，当該取引によっ

て生じた債務を弁済する責任を負う」としている。商号の使用を許諾した会社に取引当事者と同様の責任を負わせることによって、その商号の使用により生み出される外観を信用して取引をした相手方を保護し、取引の安全を守るための外観法理ないし禁反言の法理に基づく規定である。

旧商法においては、このような使用許諾（いわゆる「名板貸し」）の対象を、商号に限っておらず、氏名や名称についても対象としていた（旧商23条）。また、責任を負う主体についても、「許諾シタル者」と規定し、必ずしも会社に限定されないと解されていた。

しかし、会社法が会社の設立、組織、運営及び管理について定める法律である（会社1条）ことにかんがみ、責任の主体を、商号の使用を許諾した会社の責任に限定するとともに、対象も商号に限定した（会社9条）[18]。

(18) 弥永・前掲注（1）41頁以下。商法14条においても、同様の観点から、責任の主体は商人に限定されている。

Ⅵ 商業登記の効力

1．商業登記制度の意義

商業登記とは、会社法等の法律の規定により商業登記簿になす登記をいう（商登1条の2）。会社の商号が記載される会社登記簿もその1つである（商登6条）。取引の効力に影響を及ぼすような一定の重要な事項を登記によって公示することは、商人や会社と取引をしようとする相手方にとって、それらの事項を調査する手間が軽減され、不測の損害を被るおそれも減少することを意味する。他方、会社にとっても、これらの事項をいちいち相手方に知らせる必要性がなくなるうえ、取引の迅速性・安全性が確保されることによるメリットは大きいといえる。

旧商法は、登記した事項は遅滞なく登記所において公告することを要するとの建前をとっており（旧商11条）、登記すべき事項は登記及び公告の後でなければ善意の第三者に対抗することができないと定めていた（旧商12条）。しかし、

実際には，登記事項の公告は当分の間しないこととされており[19]，旧商法11条の規定は実質的に機能していなかった。そのため，会社法において，同条文は削除されている。

なお，旧商法においては，登記に関する事項は登記事項に応じて各所に定められていたが，会社法は，第7編第4章に登記義務及び登記事項に関する規定をまとめて整理している。また，登記手続や添付書類については，商業登記法に規定した。

(19) 法務局及び地方法務局設置に伴う関係法律の整理等に関する法律（整備法1条6号により廃止）附則9項ただし書。また，同附則10項は，旧商法12条の規定の適用については，登記の時に登記及び公告があったものとみなすこととしていた。

2．商業登記の一般的効力（宣言的効力，確保的効力）

登記事項は，取引安全の要請から法定されたものであることから，その対抗力は，原則として，登記の有無によって決することとされている。この取引安全の要請から認められる登記の効力を一般的効力（宣言的効力，確保的効力）という。

(1) 登記前の効力（消極的公示力）

登記すべき事項は，登記の後でなければ，その事項を善意の第三者に対抗することができない（会社908条1項前段）。登記すべき事項とは，絶対的登記事項のほか，相対的登記事項も含む。相対的登記事項もいったん登記されれば，その変更や消滅があったときにはその旨の登記が義務付けられ（会社909条），その登記なしでは善意の第三者に対抗することができないので，その限度で絶対的登記事項となるためである。

会社法908条1項は，登記された事実と真実との間に食い違いがある場合に，登記義務者が登記と異なる事実を主張することを封ずることによって取引の安全を図る趣旨の規定であるが，民法177条とは異なり，登記によって画一的に優劣を決するのではなく，第三者が悪意であったかどうかという個別的基準を加味することによって，妥当な範囲の保護を図っている。判例も，商法が商人に対する取引上重要な一定の事項を登記事項と定め，かつ，旧商法12条（現行

商9条1項,会社908条1項）においてこのような対抗力を付与した理由について，「商人の取引活動が，一般私人の場合に比し，大量的・反復的に行われ，一方これに利害関係をもつ第三者も不特定多数の広い範囲の者に及ぶことから，商人と第三者の利害調整を図るために，登記事項を定め，一般私法である民法とは別に特に登記に右のような効力を賦与することを必要とし，また相当とするからに外ならない」と判示した（最判昭49・3・22民集28巻2号368頁）。

会社法908条1項の適用範囲については，取引関係及びこれに基づく訴訟関係について適用されると解するのが多数説である[20]。

不当利得や不法行為等について適用があるかどうかについては争いがあるが，取引と不可分な関連において生じた不法行為等については適用があるとの見解が有力である[21]。

第三者が保護されるための主観的要件は，取引行為時における善意であり，過失（重過失を含む。）の有無は問わないとされているので，登記簿を実際に確認していなくても保護の対象となる。

(20) ただし，最判昭43・11・1民集22巻12号2402頁は，取引行為でない民事訴訟において何人が当事者である会社を代表する権限を有するかを定めるについては，旧商法12条の適用がないとした。
(21) 弥永・前掲注（1）26頁，鴻・前掲注（3）242頁。

(2) 登記後の効力（積極的公示力）

一定の事項が成立又は存在しているとき，これを登記した後は，第三者が正当な事由によってその登記があることを知らなかったときを除き，善意の第三者に対しても対抗することができる（会社908条1項後段）。登記によって，第三者の善意・悪意を問わず，登記の内容を第三者に対抗できることを意味しており，第三者の悪意が擬制されるなどと説明されている[22]。

ここにいう「正当の事由」は，例えば風水害で交通が途絶して登記を知ろうとしても知ることができなかったとか登記簿の滅失というような客観的障害に限定され，病気や長期の旅行等の主観的な事情は含まれないと解されている[23]。

この積極的公示力に関しては，民法の表見代理規定や商法の表見代表取締役等の外観保護規定と競合する場合における適用関係について議論されている。

2 商号の選定と商業登記の効力

判例は，登記事項の登記後は，もっぱら旧商法12条（現行会社908条及び商9条に相当）のみが適用され，第三者がその登記があることを知らなかったことにつき「正当の事由」がない限り，善意の第三者にも対抗することができるのであって，民法112条を適用ないし類推適用する余地はないものとした（最判昭49・3・22民集28巻2号368頁。同趣旨の規定である社会福祉事業法27条2項に関する最判平6・4・19民集48巻3号922頁参照）。しかし他方，共同代表取締役の一人が単独で代表行為を行った事案においては，旧商法262条（表見代表取締役）の類推適用を認めている（最判昭42・4・28民集21巻3号796頁）。

商業登記の効力と表見法理の適用関係については，その理論的解釈につき，登記に優越する事情や外観を「正当の事由」にあたると解したり，会社法908条1項の積極的公示力が認められる場合であっても，一般規定たる民法の規定とは異なり，商法・会社法の外観法理規定を適用することは可能であると整理するなど，様々な見解がある[24]が，結論としては，民法112条適用の余地はないとしても，商法及び会社法上の外観保護規定の適用を妨げるものではないとの結論を導いているものが多くみられる[25]。

(22) 鴻・前掲注（3）241頁。
(23) 鴻・前掲注（3）242頁，関・前掲注（3）275頁。
(24) 関・前掲注（3）278頁以下は，商業登記と表見法理の適用関係についての理論的解釈に関し，多岐にわたる見解を詳細に紹介している。
(25) 弥永・前掲注（1）28頁，鴻・前掲注（3）241頁以下，関・前掲注（3）280頁以下。

3．特殊的効力

商業登記の効力の中心的機能は，上記のとおり登記事項を公示し対抗力を付与するところにあるが，特定の場合においては，登記に特殊の効力が認められている。この場合，会社法908条1項の適用はない。

(1) 創設的効力

会社の設立登記や新設合併登記には，当該登記のみによって設立の効果が発生するという効力が付与されている（会社49条，579条，754条1項，756条1項）。会社は本店所在地における設立登記によってすべてのものに対して画一的に成立

し，第三者の善意・悪意によって，その効力が対抗問題として異なる結論を導くことはない。このように，登記そのものによって新たな法律関係が創設されるという場合の効力を創設的効力と呼んでいる。

(2) 補完的効力

登記の時を基準として，一定の法律関係に内在する瑕疵を主張できなくなり，その結果その瑕疵が補完されたと同一の効果が認められる場合の効力を，補完的効力と呼ぶ。具体的には，会社設立の登記により，株式引受人が錯誤による引受けの無効等を主張することができなくなる旨の規定（会社51条2項，102条4項）がある。

(3) 付随的効力

登記が行われたときを基準として，ある行為の免責や許容という一定の法律効果が規定されている例があり，このような場合の効力を，付随的効力と呼ぶ。例えば，持分会社の社員は，持分の全部譲渡や退社の登記時から2年，解散の登記時から5年を経過することによって，社員としての責任を免れるとされている（会社586条2項，612条2項，673条1項）。

(4) その他

商号の譲渡（商15条2項）は，登記がなければ悪意の第三者にも対抗することができず，商業登記の一般的効力の規定（商9条1項）の例外にあたる。

また，外国会社は外国会社の登記をするまでは日本において継続して取引をしてはならない旨の規定（会社818条1項）もある。

4．不実の登記の効力

商業登記の効力は，基本的には，登記された事実が存在することを前提として，その登記の有無による効力を問題とするものであり，基礎となる事実が存在しない場合には，登記がされても効力を生じるものではない。しかし，そのような場合に，登記がされていてもまったく効力を生じないと解すると，商業登記に対する信頼が揺らぎ，取引の安全を害することとなる。

そこで、会社法は、故意又は過失により不実の事項を登記した者は、その事項が真実に反することを善意の第三者に対抗できないものとしている（会社908条2項）。不実と知りながら登記した者や、不実と知り得べきであるのに漫然とこれを放置した者を、第三者の犠牲において保護する必要性は認められないことから、外観法理ないし禁反言法理に基づいて、登記に一種の公信力を認めたものである。

5．支店における登記

旧商法においては、会社の支店所在地における登記も、本店所在地における登記とほぼ同内容の登記が要求されていた（旧商10条）。そのため、登記すべき事項に変更が生じた場合には、本店所在地における登記だけでなく、すべての支店所在地における登記も変更しなければならず、特に支店の多い会社にとっては大きな負担となっていた。近時は、商業登記のコンピュータ化に伴い、支店所在地から会社の本店所在地における登記情報にアクセスすることが容易になったことを考慮し、会社法においては、支店所在地における登記は、①会社の商号、②本店の所在場所、③登記を行う支店の所在場所の3つの事項のみを登記すれば足りることとされた（会社930条2項）[26]。

こうした支店所在地における登記の簡素化に伴い、支店の所在地において登記すべき事項を登記していなかった場合に、支店においてした取引については善意の第三者に対抗できない旨を定めた旧商法13条の規定は、削除された。

(26) 相澤哲＝葉玉匡美＝湯川毅「外国会社・雑則」相澤編著・前掲注（2）224頁。

〔岩渕　正紀＝野下　えみ〕

第 2 章　会社法総則

3．会社の使用人等

はじめに

　会社の規模が大きくなると，会社の経営者のみですべての事業活動を行うことは困難となり，他人の労力を補助的に利用せざるを得なくなる。会社法は，会社の内部で業務を補助する者として支配人その他の使用人を規定し（会社10条～15条），また，会社の外部で業務を補助する者として代理商を規定する（会社16条～20条）[1]。

　これらの規定は，ほとんどが旧商法総則の規定（旧商37条～51条）を引き継いでいる。会社法における主な改正点は，①共同支配人を廃止したこと，②支配人や代理商の競業避止義務を担保するための介入権を廃止し，それに代えて支配人や代理商の競業避止義務違反取引における会社の損害額の推定規定を設けたことである。

（1）　会社の外部の独立した業務補助者としては，代理商の他にも，商法第 2 編の「商行為」で規定されている仲立人，問屋，運送取扱人などがある。代理商は，特定の会社のために業務の補助をする点で，不特定の会社のために業務の補助をする仲立人等とは異なり，会社の内部の業務補助者である使用人と共通している。そのため，会社法は，使用人とともに代理商を会社法総則で規定している。

3　会社の使用人等

Ⅰ　支　配　人

1．支配人の意義

　会社の支配人とは，会社に代わって，会社の本店又は支店の事業に関する一切の裁判上及び裁判外の行為をする権限（包括的代理権）を有する会社の使用人をいう。

　ある使用人が「支配人」に該当するか否かは，同人に包括的代理権（支配権）が与えられているか否かによって決定される。会社が，ある使用人に対して，「支配人」や「支店長」といった名称を与えていたとしても，包括的代理権を与えていない場合には，同人は会社法上の「支配人」には該当しない[2]。

　　(2)　ただし，会社から「支配人」「支店長」など営業所の事業の主任者であることを示す名称を与えられた使用人が，包括的代理権を与えられていない場合であっても，同人に包括的代理権があると信じた取引の相手方は保護される（表見支配人：会社13条〔後記 5 参照〕）。

2．支配人の選任・終任

(1)　支配人の選任・解任

　支配人の選任及び解任は会社の業務執行に該当する。

　そのため，非取締役会設置会社においては取締役がその選任及び解任を行う（会社348条1項）。取締役が2人以上ある場合には取締役の過半数で決定する（同条2項）。支配人の選任及び解任は会社の組織に関する重要な事項であることから，各取締役はこの決定に関して他の取締役に委任することはできない（同条3項1号）。

　取締役会設置会社においては，支配人の選任及び解任は取締役会の決議に基づき行い（会社362条2項1号），取締役会はこの決定に関して取締役に委任することはできない（同条4項3号）。

(2) 支配人の終任

会社と支配人との間の法律関係は代理権の授与を伴う雇用関係である。したがって，支配人は雇用関係の終了（下記①）又は代理権の消滅（下記②～④）によりその地位を失う。

① 雇用期間の終了（民626条～628条）
② 支配人の死亡，破産手続開始決定，後見開始の審判（民111条1項）
③ 法人からの解任，支配人からの辞任（民111条2項，651条1項）
④ 法人の破産手続開始決定（民111条2項，653条2号）

(3) 登　　記

支配人は会社から包括的代理権を与えられていることから，その選任や終任（代理権の消滅）は取引の相手方に重大な影響がある。そこで，会社が支配人を選任し，又はその代理権が消滅したときは，会社の本店の所在地において，その登記をしなければならない（会社918条）。

登記を経ない支配人の選任又はその代理権の消滅は無効ではないが，善意の第三者に対しては対抗できない（会社908条1項1文）。他方，登記を経れば原則として善意の第三者にも対抗できる（同項2文参照）[3]。

旧商法下では，支配人に関する登記は，支配人の置かれた本店又は支店の所在地でしなければならないとされていたが（旧商40条），支店の所在地における登記事項（会社930条）の簡素化に伴い，支配人に関する登記は本店の所在地においてすることに変更された。

(3) 善意であることについて正当事由がある場合に限り善意の第三者に対抗できないが，「正当事由」は，交通が遮断し登記簿の閲覧が物理的に不可能というような例外的な場合に限られる。近年はほとんどの地域でインターネットでの閲覧が可能となったため，正当事由が認められる場合は極めて限定されると考えられる。

3．支配人の権限

支配人は，会社に代わって会社の本店又は支店（営業所）の事業に関する一切の裁判上及び裁判外の行為をする権限（包括的代理権）を有する（会社11条1項）。

3　会社の使用人等

(1) 代理権の及ぶ範囲

　支配人の代理権は会社の事業に関するものであるが，ここでの事業とは，会社のすべての事業を意味するのではなく，各営業所における事業である。したがって，支配人の代理権が及ぶ範囲は営業所単位で限定される[4]。つまり，A支店の支配人はA支店での事業についてのみ代理権を有するだけであり，本店やB支店の事業についての代理権を有するわけではない。

　もっとも，事業に関する行為には，当該営業所における商品の仕入れなど特定の営業所に属する取引であることが客観的に明らかな行為もあるが，例えば，仕入れた商品を別の営業所に運送するにあたっての損害保険契約の締結などのように必ずしも特定の営業所に属しない取引などもある。このように性質上特定の営業所単位に限定できない取引については，支配人の代理権は営業所による限定はなく，当該取引に関係のあるいずれの営業所の支配人も代理権を有する。

　　（4）　会社は複数の営業所について代理権を有する支配人（総支配人）を選任することもできる。

(2) 代理権の内容

　支配人は，その営業所における事業の範囲内において，一切の裁判上及び裁判外の行為について会社を代理する権限を有する。

　裁判上の行為とは訴訟行為のことであり，支配人は裁判所において会社の訴訟代理人として訴訟行為をすることができ，また，訴訟代理人を選任することもできる（大判明35・6・12民録8輯6巻63頁）。

　裁判外の行為とは私法上の適法行為（法律行為及び準法律行為を含む。）をいい，事業の目的である行為（例えば不動産賃貸業であれば不動産賃貸借契約の締結）のみならず，事業のためにする行為（例えば不動産賃貸業であれば不動産購入資金の借入れ）なども含まれる。ただし，支配人の代理権は事業の存続を前提としていることから，事業そのものの廃止や譲渡などは支配人の代理権限外である。

　ところで，支配人の権限の範囲内に属する行為であるか否かは，もっぱら行為の客観的性質からみて，その事業に関する行為と認められるか否かによって決定すべきである（最判昭32・3・5民集11巻3号395頁）。例えば，信用金庫の支

店長が，小切手資金の預入れがないにもかかわらず，個人的な債務の返済資金を捻出するために，当該信用金庫の顧客用の当座小切手用紙を使用して先日付の持参人払式自己宛小切手を2通振り出した行為について，判例は小切手資金の預入れの有無や支店長の内心的意思等は考慮せずに，当該行為の客観的性質のみから支店長（支配人）の権限の範囲内と判断している（最判昭54・5・1判時931号112頁）。

(3) 代理権の権限

支配人の代理権の範囲は包括的・定型的に法定されているが，会社は，例えば取引の内容・種類・時期などについて支配人の代理権に制限を加えることはできる。支配人がこの制限に違反したときは，支配人の解任事由となり，また支配人の会社に対する損害賠償責任の問題になり得る。

もっとも，このような支配人の代理権の制限については善意の第三者には対抗できない（会社11条3項）。つまり，支配人の行為が客観的性質からみて，その事業に関する行為である場合には，これが内部的な代理権の制限により支配人の代理権限外の行為であったとしても，代理権限外であることについて善意の第三者に対しては，会社は当該行為の無効（無権代理）を主張することはできないのである。

なお，支配人の代理権の内容については，原則として法定の範囲内に限られるが，会社が法定の範囲を超えた事項について個別に特別の代理権限を与えることは自由である。

(4) 共同支配人の制度の廃止

旧商法39条1項は，数人の支配人が共同して代理権を行使すべき旨を定めることができるとして，共同支配人の制度を設けていた。同制度は，支配人同士の相互の牽制によって支配人による代理権の濫用を防止することを目的としていた。

もっとも，旧商法において共同支配人と類似する制度として共同代表取締役の制度があったところ（旧商261条2項），判例上，共同代表取締役の一人が単独で行った行為について，取引の安全の確保のため表見代表取締役（旧商262条）

の類推適用により会社が責任を負うとされた（最判昭43・12・24民集22巻13号3349頁）。したがって，共同支配人の一人が単独で代理行為を行った場合も表見支配人（旧商42条，会社13条）の（類推）適用の余地があり，共同支配人の制度は支配人による代理権の濫用を防止するには十分とはいえなかった。また，上記のような判例もあることから，共同支配人・共同代表取締役は，実務上ほとんど利用されていなかった。このような状況を踏まえ，会社法においては共同支配人・共同代表取締役の制度はいずれも廃止された。

4．支配人の義務

(1) 義務の内容

支配人は，会社の許可を受けた場合を除いて，以下の行為をすることができない（会社12条1項）。

① 自ら営業を行うこと
② 自己又は第三者のために会社の事業の部類に属する取引をすること
③ 他の会社又は商人（会社を除く。）の使用人となること
④ 他の会社の取締役，執行役又は業務執行社員となること

支配人は，会社との間の高度な信頼関係に基づき，広範な代理権限を有しており，かつ，会社の営業上の機密にも通じる地位にある。そのため，支配人はその地位を利用して競業取引を行うことを禁止されるとともに（上記②），会社の営業に専心させるための職務専念義務（精力拡散防止義務）が課されている（上記①③④）。

支配人が競業を禁止されている「会社の事業の部類に属する取引」は，会社の事業の目的である取引の意味であり，その取引行為が「事業の部類に属する」か否かは，例えば取扱商品の種別など具体的な事情から決定される。

支配人の職務専念義務は会社と支配人との雇用契約上の忠実義務に基づく義務である。そのため支配人が自ら行うことが禁止されている営業は会社の営業と同種であるか否かは関係ない。また，支配人が使用人や取締役等になることが禁止されている会社等についても，同一の部類の事業をしている会社等に限定されるものではない[5]。

これらの義務は，支配人の終任と同時に消滅する。ただし，会社と支配人と

第2章　会社法総則

の契約により，支配人の終任後も一定の競業避止義務を課すことはできる[6]。もっとも，契約により課される競業避止義務の内容が支配人の生活利益を不当に侵害するような広範な営業の制限を課すものであってはならない（大判昭7・10・29民集11巻1953頁）。

　（5）　大隅健一郎・商法総則〈法律学全集〉〔新版〕（1978）155頁。
　（6）　大隅・前掲注（5）155頁。

(2)　**義務違反の効果（介入権制度の廃止）**

　支配人が上記の義務に違反して，会社の許可を得ずに自己又は第三者のために会社の事業の部類に属する取引を行ったとしても，当該取引自体は有効である。この場合，会社は支配人に対して当該義務違反によって生じた損害の賠償を請求できるし，また支配人を解任する理由とすることもできる。

　もっとも，支配人の上記義務違反によって生じる損害は積極的損害というよりも，むしろ会社が得られるはずの利益を得ることができなかったという消極的損害の場合が多く，その立証は極めて困難である。

　この点，旧商法下では，支配人が上記の義務に違反して自己（支配人）のために取引をした場合には，営業主（会社）は当該取引を自己（営業主）のためにしたものとみなすことができると規定されていた（介入権：旧商41条2項）。しかしながら，旧商法下の判例・通説[7]においては，介入権の行使の効果は債権的なものであり，会社と取締役との内部関係においてのみ効力を生じ，第三者に対して物権的な効力（取引相手との関係でも会社が取引の当事者となるという効力）を生ずるものではないとされてきた（最判昭24・6・4民集3巻7号235頁[8]）。そのため，会社が介入権を行使しても，それにより支配人が当該取引の経済的な効果を会社に帰属させる義務を負うにとどまることから，その効果は取締役の競業避止義務違反に基づく損害賠償義務に関する賠償額の推定規定（旧商266条4項）と実質的に変わるものではなかった。そのため，会社法においては，介入権の制度が廃止され，取締役の競業避止義務違反の場合と同様に当該行為によって支配人又は第三者が得た利益の額が会社に生じた損害の額と推定されるとの規定が新設されたのである（会社12条2項）[9]。

　（7）　上柳克郎＝鴻常夫＝竹内昭夫編集代表・新版注釈会社法(1)会社総則・合名会社・合

資会社（1985）253頁〔本間輝雄〕。
(8) 取締役の競業避止義務違反に基づく介入権の行使に関する事案である。
(9) 取締役の競業避止義務違反に関する介入権の制度も廃止された。

5．表見支配人

(1) 表見支配人の意義

　ある者が会社の支配人であるか否かは，その者が会社から営業所（本店又は支店）における事業の包括的代理権を与えられているか否かによって決定される。例えば，「支配人」や「支店長」という肩書きを使用している者であっても，会社から支配人としての包括的代理権を与えられていなければ，その者は法律上支配人ではない。しかしながら，一般的には，そのような名称を用いている者については，その本店又は支店における一切の取引について会社を代理する権限を有するものと信じるのが当然である。

　会社法は，そのような善意の取引の相手方を保護するため，いわゆる外観法理に基づき，会社の本店又は支店の事業の主任者であることを示す名称を付した使用人は，当該本店又は支店の事業に関し，一切の裁判外の行為をする権限を有するものとみなされる（会社13条）。このように支配人としての包括的代理権を有していないにもかかわらず，会社の本店又は支店の事業の主任者であることを示す名称を付した使用人を一般に「表見支配人」と呼んでいる。

(2) 適 用 要 件

　表見支配人の規定が適用される要件は，以下のとおりである。
① 支配人ではない使用人が，営業所（本店又は支店）の事業の主任者であることを示す名称を使用していること
② 当該使用人が当該本店又は支店の事業に関して裁判外の行為をしたこと
③ 当該行為の相手方が，当該使用人が支配人ではないことについて善意・無重過失であること

(a) **営業所（本店又は支店）の事業の主任者であることを示す名称（①）**
　表見支配人は，本店又は支店の事業の主任者であることを示すべき名称を付した使用人である。その名称は会社が付与したものでなければならない。表見

支配人の制度が外観法理に基づくものであるため，会社に帰責事由が必要だからである。

使用している名称がこれに該当するかは，一般取引通念に従って判断される[10]。代表例としては「支店長」「支配人」「支社長」「営業所長」などがある。

　(b)　**当該本店又は支店の事業に関する裁判外の行為**（②）

会社が相手方に対して責任を負う表見支配人の行為は，支配人の権限内の行為であるから，「事業に関する行為」でなければならない。前述のとおり，「事業に関する行為」には，事業の目的である行為のみならず，事業のために必要な行為も含まれるが，これに該当するか否かは，当該行為の性質のほか取引の規模・数量等の事情も勘案して客観的に判断されなければならない（前掲最判昭32・3・5民集11巻3号395頁）。

なお，裁判上の行為については表見支配人の規定が適用されない。訴訟行為にあっては，その名称により，支配人でない者を支配人と誤信するということは通常あり得ないからである。

　(c)　**相手方の善意・無重過失**（③）

表見支配人の制度は外観法理に基づくものであるため，第三者が悪意（当該使用人が「支配人」ではない〔包括的代理権を有しない〕ことを知っていること）の場合には，会社は責任を負わないと規定されている（会社13条ただし書）。

「悪意」に重過失による善意が含まれるかについては，通説は，取引の相手方が重大な過失により当該使用人が「支配人」であることを知らなかった場合には，会社は当該使用人の行為について責任を負わないとしており[11]，裁判例も同様の立場に立っていると考えられる（東京高判昭30・12・19判タ56号65頁[12]，東京高判平元・6・7金法1249号30頁[13]）。

したがって，表見支配人の制度により会社が責任を負うのは，取引の相手方が善意・無重過失である場合である。なお，裁判上は，責任を負わないと主張する会社が，取引の相手方の悪意又は重過失につき立証責任を負うことになる。

(10)　大隅・前掲注（5）160頁。
(11)　大隅・前掲注（5）161頁。
(12)　同裁判例は「同条〔注：旧商42条〕の悪意には過失による善意を含ま」ないとした。
(13)　同裁判例は，「A及びXが，本件手形取得に際し，BがYの支配人でないことにつき悪意であり，仮にそうでないとしても，そのことを知らないことにつき重大な過失

があったと認めるのが相当」として，Yの旧商法42条に基づく責任を否定した。

Ⅱ　その他の商業使用人

1．ある種類又は特定の事項の委任を受けた使用人

　事業に関するある種類又は特定の事項の委任を受けた使用人は，当該事項に関する一切の裁判外の行為をする権限を有する（会社14条1項）。例えば，部長，課長といった役職についている使用人であり，物の販売や仕入，金員の貸付などに関して一定の包括的な代理権を与えられている者をいう。

(1)　選　　任
　当該使用人は会社が選任するほか，支配人が選任することもできる（会社11条2項）。当該使用人の代理権の範囲は支配人に比べると狭いため，その選任は登記事項とはなっていない。

(2)　代理権の範囲
　当該使用人の代理権は，事業に関するある種類又は特定の事項に関する行為に限定されており，支配人の代理権よりは範囲が狭く，また，代理権が認められるのは裁判外の行為のみであり，裁判上の行為については認められていない。この点は支配人の包括的代理権とは異なる。
　他方，ある種類又は特定の事項に関する行為に関しては包括的な代理権が付与されているため，個々の法律行為について代理権を付与される民法上の代理人とも異なる。
　当該使用人の代理権については内部的には制限を加えることができる。もっとも，会社は，その制限があることを「善意」の第三者には対抗できない（会社14条2項）。この点は支配人と同様である。会社法14条2項の「善意」は，代理権に制限が加えられていることを知らず，その知らなかったことにつき重大な過失がない場合を意味する（最判平2・2・22裁判集民159号169頁）。

147

(3) 名称の使用許諾に関する会社の責任

　当該使用人については，表見支配人のような規定はない。したがって，ある種類又は特定の事項の委任に関して代理権を有しないにもかかわらず，あたかも有しているような名称を使用することを許諾された使用人が，会社名義で行った当該事項に関して取引をしたとしても，原則として会社は責任を負わない。もっとも，民法109条が適用される場合には取引の相手方は保護され，会社が責任を負う。民法109条は，表見支配人の制度と異なり，正当事由があること等につき，会社に責任を追及する側（取引の相手方）に立証責任が課される点で，表見支配人の制度よりも取引の相手方に対する保護の程度が弱い。

　なお，不動産会社の従業員が土地売買の契約勧誘，条件交渉の権限しか有していなかったにもかかわらず，会社名で土地売買契約を締結して手付金及び内入金を受領した事案において，当該従業員が会社から「営業部長」の名称を使用することが許されており，当該契約の相手方にもその名称を示していたことから民法109条の適用が認められ，会社が責任を負うことになった事例もある（東京高判昭42・6・30判時491号67頁）。また，ゼネコンにおいて「建築営業部長」の名称を用いて下請業者に発注し工事保証金を受領したという事例において，「部長」の地位を与えることで発注や金銭受領権限を与えることを示すことには該当せず，「代理権の表示」がないとして，民法109条の適用を否定した事例もある（東京地判平14・5・31判タ1124号249頁）。

(4) 競業避止義務の存否

　当該使用人について，支配人の競業避止義務の規定を類推適用できるかどうかについては学説が分かれる。

　当該使用人の代理権限は支配人と比較すると狭いこと等から競業避止義務は課されないとも考えられるが，当該使用人も，支配人ほどではないとはいえ，会社との間の高度な信頼関係に基づき，事業に関する特定の事項等について包括的な代理権を与えられており，また，当該事項に関しては会社の営業上の機密にも通じる地位にあることからすれば，代理権を付与されている事項に関しては支配人の競業避止義務の規定が類推適用されると考えるべきであろう[14]。

　(14)　大隅・前掲注（5）163頁。

3　会社の使用人等

(5)　任務の終了

　当該使用人の代理権は委任に基づくものである。したがって，支配人の場合と同様の事由（上記Ⅰ2(2)参照）により代理権は消滅し，当該使用人の任務は終了する。

2．物品販売店等の使用人

　支配人，又は，ある種類又は特定の事項の委任を受けた使用人に該当しない使用人が，会社を代理して取引を行うためには，その都度会社から必要な代理権を与えられなければならない。

　もっとも，物品の販売，賃貸その他これに類する行為を目的とする店舗の使用人は，その店舗にある物品について当然に販売，賃貸する権限を有するものと考えるのが取引上常識である（例えば，デパートで洋服などを購入するときのことを考えればよい。）。また，このような権限がなければ迅速な商取引は極めて困難となる。

　そこで，物品の販売，賃貸等を目的とする店舗の使用人については，仮に販売，賃貸等をする権限が与えられていなくても，その権限があるものとみなされ，取引の安全が図られている（会社15条）。ただし，取引の相手方が当該使用人の無権限につき「悪意」である場合には，会社は当該使用人の販売等の行為につき責任を負わない（同条ただし書）。この「悪意」には表見支配人の場合と同様，当該使用人の無権限につき知らなかったことに重大な過失がある場合も含まれると考える。

　ところで，使用人が有するとみなされる権限は「その店舗に在る物品の販売等をする」権限である。したがって，販売契約もその店舗内で行わなければならない（福岡高判昭25・3・20下民1巻3号371頁）。

　なお，旧商法44条においては，条文上は「物品の販売」を目的とする店舗の使用人に限られていたが，解釈上，レンタル・ショップ等の公衆と物品の取引をすることを目的とする店舗にも準用すべきというのが通説であった[15]。そこで，会社法においては，条文上も販売のほか「賃貸その他これに類する行為」を目的とする店舗の使用人も対象とされた。

　(15)　田中誠二・商法総則詳論〔全訂版〕（1976）405頁。

Ⅲ　代　理　商

1．意　　義

　代理商とは，会社のためにその平常の事業の部類に属する取引の代理又は媒介をする者で，その会社の使用人ではないものをいう（会社16条）。
　「事業の部類に属する取引」とは，会社の事業の目的である取引をいうが，当事者間の合意によって，それに付随する取引を代理や媒介の対象に含めることは可能である。
　「代理」とは，会社の代理人として相手方と取引（法律行為）を行うことをいい，「媒介」とは，会社と相手方との間で取引が成立するように様々な仲介，斡旋，勧誘等の事実行為を行うことをいう。なお，「代理」をする代理商を締約代理商，「媒介」をする代理商を媒介代理商という。
　代理商は，取引の代理・媒介を引き受けることを業とする独立の商人であり，会社の営業の補助者である。営業の補助者である点は使用人と共通するが，独立性を有する点で会社に従属的な使用人とは違いがある。
　会社が事業活動を地域的に拡大する場合には，新たな地域に支店等の営業所を設立し，そこに使用人を配置するという方法もある。しかしながら，それには営業所の開設，人材の確保等多額の費用が必要となる。また，当該地域での事業活動の結果についても自ら危険を負担しなければならない。そこで，その地域の事情に精通している信用のある者を代理商とし，取引ごとに一定の手数料（コミッション）を支払う方が効率的なうえ，事業活動の結果について危険を負担する必要もなくなる。そこで，代理商は，19世紀後半以降，損害保険業，海上運送業，物品販売業などの分野で活用されるようになり，特に損害保険代理店はその典型例とされている。

2．代理商の権利義務

(1)　会社との関係
　締約代理商は会社から取引の代理という法律行為の委託を受けることから，

3 会社の使用人等

会社と締約代理商との代理商契約は委任契約（民643条）である。媒介代理商は会社から取引の仲介，斡旋，勧誘等の事実行為の委託を受けることから，会社と媒介代理商との代理商契約は準委任契約（民656条）である。したがって，代理商は，委任の規定に基づき，費用前払請求権（民649条），費用償還請求権（民650条），報告義務（民645条）などの権利義務を有しており，また，商人として報酬請求権（商512条）も有する。

これに加え，会社法は，代理商の業務の特性から以下のような規定を設けている。

(a) 通知義務

代理商が取引の代理・媒介をしたときは，会社からの請求がなくても，遅滞なく会社に対してその旨を通知しなければならない（会社16条）。民法上の委任契約の場合には，会社の請求をまって委任事務処理の状況等を報告すれば足りるが，それでは商取引の迅速性を担保できないため，代理商には通知義務が課された。もっとも，代理商は上記の通知を発信すれば足り，それが会社に到達しなくても責任は負わない。

なお，代理商契約において，例えば，毎月月末に一括して報告すれば足りるなどとして，代理商の通知義務を軽減することもできる。

(b) 競業避止義務

(ア) 義務の内容　代理商は，会社の許可を受けた場合を除いて，以下の行為をすることができない（会社17条1項）。

① 自己又は第三者のために会社の事業の部類に属する取引を行うこと
② 会社の事業と同種の事業を行う他の会社の取締役，執行役又は業務執行社員になること

代理商は，会社の事業を継続的に補助するため，会社における当該事業に関する知識・ノウハウ等を習得できる立場にある。そのため，代理商が，その習得した知識・ノウハウ等を自己又は第三者のために利用し，会社の利益を害することを防止する必要があるため，代理商には競業避止義務が課されている。

もっとも，代理商は使用人である支配人とは異なり独立した商人である。そのため，代理商独自の営業活動に不当な制限を加えないよう，代理商が禁止されるのは会社との競業行為に限定されている。

なお，代理商契約終了後は，代理商の競業避止義務は消滅する。代理商契約終了後も代理商に一定の競業避止義務を課す場合には，あらかじめ代理商契約等において合意をしておく必要がある。ただし，代理商は独立した商人であるから，この場合も代理商の経済活動を著しく害するような規定にすると代理商の営業の自由を害するとして公序良俗違反となる可能性もある点は留意が必要である。

　(イ)　義務違反の効果　　代理商が競業避止義務に違反し，会社の許可を得ずに自己又は第三者のために会社の事業の部類に属する取引を行ったとしても，当該取引自体は有効である。

この場合，会社は代理商に対して当該義務違反によって生じた損害の賠償を請求できるし，また「やむを得ない事由がある」として代理商契約を解除することもできる（会社19条2項）。

代理商の競業避止義務違反の効果に関しては，支配人の場合と同様，旧商法下では会社に介入権が規定されていたが，前述のとおり，介入権は債権的な効力しかなく，実質的に損害賠償の推定規定と変わらない効果であったため，会社法においては介入権の制度は廃止され損害賠償の推定規定が設けられた。すなわち，代理商の競業避止義務違反行為によって代理商又は第三者が得た利益の額が会社に生じた損害の額と推定される（会社17条2項）。

　(c)　留　置　権

代理商は，民事留置権（民295条），商事留置権（商521条）のほか，代理商独自の留置権が認められている（会社20条）。すなわち，代理商は，取引の代理・媒介によって生じた債権（報酬請求権や費用償還請求権など）の弁済期が到来しているときは，その弁済を受けるまでは，会社のために代理商が占有する物・有価証券を留置することができる。

　(ア)　民事留置権との違い　　民法上の留置権は，被担保債権が留置する目的物に関して生じたこと（牽連性）が必要とされている。

これに対して，代理商の留置権は，商事留置権と同様，牽連性は不要である。代理商と会社とは継続的な取引関係にあることにかんがみ，牽連性を要求せずに代理商の保護を図ったものである。

また，代理商の留置権は，民事留置権と異なり，破産手続，民事再生手続に

おいては別除権として扱われ，手続に拘束されずに行使することができる（破65条・66条，民再53条）。また，会社更生手続においては，代理商の留置権の被担保債権は更生担保権として，更生計画おいて他の種類の債権よりも優位に扱われる（会更2条10項，168条1項・3項）。このように代理商の留置権は，倒産手続において民事留置権よりも強力な権利となっている。

　(イ)　商事留置権との違い　商事留置権は，①目的物（物・有価証券）が債務者との商行為によって債権者の占有に帰属したこと，②目的物（物・有価証券）が債務者の所有に属することが必要とされている。

　これに対して，代理商の留置権は，これらをいずれも必要としない。代理商は会社のために取引の代理・媒介を行うことから，その業務の性質上，代理商の占有する物・有価証券は会社からではなく，取引の相手方から取得することがあり，また，会社のために占有する物・有価証券であってもいまだ会社の所有となっていない，あるいは，既に他人の所有になっている場合もある。そのため，上記①②のような要件を必要とすると代理商の債権を十分に保護できないので，このような要件が必要とされていない。

(2)　第三者との関係

　代理商が第三者に対していかなる範囲で会社を代理する権限を有するかは，会社と代理商との代理商契約によって定められる。

　締約代理商は委託された取引に関して代理権を有するのに対し，媒介代理商は事実行為の委託を受けたにすぎないため当然には代理権を有しない。もっとも，いずれの場合であっても，物品の販売又はその媒介の委託を受けた代理商については，商法526条2項その他の売買に関する通知を受領する権限が認められる（会社18条）。

　すなわち，商法は，商取引の迅速かつ円滑な決済を図るため，売買において買主に目的物の検査義務と瑕疵・数量不足ある場合の売主に対する通知義務を課している（商526条1項・2項）。そこで，売買が代理商を通じて行われた場合，その代理商に目的物の瑕疵・数量不足の通知をはじめ売買に関する通知を受領する権限を認めることで買主の保護が図られているのである。

　もっとも，ここで認められているのはあくまで売買に関する履行を受領する

権限であるから，代理商契約における特段の授権がない限り，代理商が売買の履行に関する通知をする権限や，売買の履行に関しない通知を発信・受領する権限は認められない。

3．代理商関係の終了

　代理商契約の法的性質は委任又は準委任であるから，委任の一般終了原因（民653条）によって終了する。また，代理商契約は会社の事業を前提とすることから，会社の解散・営業の廃止等で会社が事業を終了した場合には代理商契約も終了する。

　ところで，民法上の委任契約は原則としていつでも解除することができるが（民651条1項），代理商契約は継続性にその特質があるため，この原則は適用できない。

　そこで，まず，契約期間の定めがない場合には，会社又は代理商が2か月前までに予告をすることで，代理商契約を解除することができる（会社19条1項）。この2か月間の予告期間は代理商契約によって短縮することも可能である（横浜地判昭50・5・28判タ327号313頁）。契約期間の定めがある場合については，明文はないが，会社法19条1項の反対解釈により原則として期間満了までは解除できないと解される。なお，契約期間の定めがある場合でも，代理商契約において中途解約の条項を定めれば，契約期間満了前に代理商契約を解除・解約することは当然認められる。

　これに対し，やむを得ない事由がある場合には，契約期間の定めの有無にかかわらず，会社及び代理商はいつでも代理商契約を解除することができる（会社19条2項）。やむを得ない事由とは，例えば，代理商の競業避止義務違反や会社の報酬支払債務の不履行など，代理商契約を継続することが著しく困難と考えられる事由である。

〔藤原　総一郎〕

4．競業避止義務等

はじめに

　事業を譲渡した会社は，事業を譲渡した日から20年間は同一の事業を行ってはならないと規定されている（会社21条）。旧商法25条においても，同趣旨の定めがされていた。改正点は，①旧商法では，「営業」譲渡の効果として規定したが，会社法では「事業」譲渡の効果として競業避止義務効が生じるとしていること，②競業避止義務についての特約をなし得る範囲について，時間的範囲につき，30年を超える競業避止義務特約ができないことは旧商法と会社法とで同じであるが，地域的範囲につき，旧商法では，「同一都道府県及び隣接都道府県」を超える競業避止義務の特約ができないこととされていたところを，会社法21条2項ではその限定がなくなったという点で異なっている。なお，旧商法25条以下の規定は，会社以外の商人が営業を譲渡した場合をも規律していた。会社以外の商人が営業譲渡をした場合については，商法16条から18条に規定として残された。規律の内容としては，会社法21条以下と同様であるが，「事業」ではなく，「営業」の語が使用されている。

　以下，会社法における事業譲渡にかかる規律について概観する。

I 事業譲渡の意義

1.「事業」の一般的な意義

　旧商法上の「営業」と同趣旨である。立法担当者によると，単に，従来「営業」と呼ばれていたものを「事業」と呼称するように整理したにすぎず，この概念の変更によって実質的な意味を変更したものではないとする[1]。企業活動が様々な形態及び範囲のものに広がってきており，例えば，環境対策などを目的として活動する企業なども出現していることから，利益追求のみを目的とするような語感がある「営業」という言葉よりも，語感としてもっと幅のある「事業」という言葉がよりふさわしいと考えられたからではないかと思われる。いずれにしても法解釈をするうえにおいて，「営業」から「事業」に代わったことによる影響はほとんどないと解される。

　したがって，これまで，「営業」について，どのように解せられていたかを確認しておくことが有益である。従来，商法上の「営業」には，2つの意義があるとされていた。「主観的意義の営業」と「客観的意義の営業」である。学者によっては，「活動としての営業」と「組織としての営業」ともいわれていたが，内容としては同じである。鴻常夫教授は，次のように述べている。「主観的意味（意義）における営業とは，商人の営利的活動をいい，客観的意味（意義）における営業とは，商人が一定の営利の目的のために有する総括的な財産の組織体をいう」[2]。そして，後者の「営業」には，物や権利などの個別の財産のほかに，得意先や信用のような財産的価値を有する事実関係等を含む積極財産と，営業上の取引から生じた負債などの消極的財産とからなる組織化された有機的一体のものと理解されてきた。

　会社法上の「事業」についても上記の説明はそのままあてはまると解され，したがって，「事業」には，「主観的意義の事業」と「客観的意義の事業」とがあることになる。

（1）　相澤哲編著・一問一答新・会社法（2005）165頁。
（2）　鴻常夫・商法総則〈法律学講座双書〉〔全訂第5版〕（1999）121頁。

2．会社法21条の「事業譲渡」の意義

(1) 会社法21条と同法467条の「事業譲渡」の意義

　会社法467条1項1号においては，株式会社が「事業の全部の譲渡」をするときは，株主総会の決議によって，契約の承認を受けなければならないと定められている。これは，旧商法245条に相当する規定である。旧商法下でも議論があったが，会社法21条の定める「事業譲渡」と会社法467条に規定する「事業譲渡」が同一の意義のものかが問題となる。

　その前提として，まず，旧商法下での「営業譲渡」の議論を概観しておく。

　すなわち，営業譲渡においては，客観的な意義の「営業」を譲渡する合意であるのか，それとともに主観的な意義の「営業」すなわち，営業活動の承継をも伴うものとみるのかについて議論があった。一般的には，営業譲渡の合意をする当事者としては，譲受人は，組織的有機的一体の財産を譲り受けて，営業活動をも承継することが多いと思われるが，「営業譲渡契約」の法的な意義については，おおよそ，次のような3つの考え方があった。

　第1説は，組織的一体の営業財産を譲り受けることを目的とする債権契約であると理解する立場である[3]。この見解では，地位の引継ぎ・交替は営業譲渡に伴う付随的効果にすぎないとみる。第2説は，契約の対象を営業の存続を前提とする営業者たる地位と捉え，営業者の地位の移転を目的とする債権契約と理解する立場である[4]。この見解は，社会的存在として営業をみると，その本質は営業活動であり，営業活動を離れた営業の存在は活力を失ってしまうという考え方を背景とする。第3説は，地位の移転と組織的有機的一体の営業財産の譲渡の双方を含むものとして理解する立場である。この見解は，組織的有機的な一体の営業財産が価値を維持できるのは，主観的営業が伴うことが必要であるから，双方が必要であるとする[5][6]。

　判例の立場は，第3説の立場であると一般には理解されている。最大判昭40・9・22民集19巻6号1600頁の判旨を検討しておく。「商法245条1項1号によって特別決議を経ることを必要とする営業の譲渡とは，商法24条以下にいう営業の譲渡と同一意義であつて，営業そのものの全部又は重要な一部を譲渡すること，詳言すれば，一定の営業目的のために組織化され，有機的一体として

第 2 章　会社法総則

機能する財産（得意先関係等の経済的価値のある事実関係を含む。）の全部又は重要な一部を譲渡し，これによって，譲渡会社がその財産によって営んでいた営業的活動の全部又は重要な一部を譲受人に受け継がせ，譲渡会社がその譲渡の限度に応じ法律上当然に同法25条に定める競業避止義務を負う結果を伴うものをいうものと解するのが相当である」と判示している。この最大判において，競業避止義務を負う結果を伴うものとしている点については批判がある。会社法21条1項において，事業譲渡した場合においても，競業避止義務を負わないとの別段の合意は有効とされていることからすれば，本質的な要素ということはできず，株主総会の決議を必要とした趣旨から理解すべきであると批判される。しかし，「法律上当然に同法25条に定める競業避止義務を負う結果を伴うもの」という判示の仕方からすれば，特段の合意がなければ旧商法25条に定める競業避止義務を負うものとしているのであって，この点の批判は必ずしも正鵠を射ていないといえよう。

　そして，事業主としての地位の移転と客観的意義の事業の移転の双方を意味するという判断は判例上定着しているといえ，実務上，前記第3説を中心に議論を進めるのが有用と思われる。会社法21条の「事業譲渡」と同法467条の「事業譲渡」とが同一の意義であると理解してもよいと考えられる。もっとも，同法467条においては，「事業の重要な一部の譲渡」についても株主総会の承認が必要とされているが，この点は別に考えられるべきである[7][8]。

（3）　大隅健一郎・商法総則〔新版〕〈法律学全集〉（1978）301頁，服部栄三・商法総則〔第3版〕〈現代法律学全集〉（1983）401頁，鴻・前掲注（2）140頁，宇田一明「営業譲渡と競業避止義務」営業譲渡法の研究（1993）65頁。

（4）　西原寛一・商法総則〈新法律学全集　商法1〉（1938）395頁，升本重夫「企業譲渡に就いて」新報46巻2号（1939）197頁。

（5）　田中誠二＝喜多了祐・コンメンタール商法総則〔全訂版〕（1975）290頁。田中耕太郎・改正商法総則概論（1938）338頁。田中耕太郎は，「営業の譲渡は，譲渡人が譲渡の譲受人をして自己に代わって営業の経営者たる地位に就かしむる約束を以て，営業財産が一括して譲受人に譲渡せらるることを云う」とされる。長谷川雄一・基本商法講義　総則（1987）150頁。

（6）　豊水道祐〔判解〕最判解説民昭和40年度341頁以下は，営業の意義には，(1)営業財産説（営業用財産である物及び権利だけではなく，これに得意先関係，仕入先関係，販売の機会，営業上の秘訣，経営の組織等の経済的価値のある事実関係を加えて，これらの物が一定の営業目的のために組織化され，有機的一体として機能する財産を形

成する場合において，この財産をもって営業の主体と考える説），(2)営業組織説（(1)のうちの事実関係，すなわちいわゆる老舗又は暖簾をもって営業の主体と考える説），(3)営業活動説（営業活動をもって営業の主体と考える説）とがあり，これに伴って，商法総則で説明される営業の譲渡についても，(1)営業財産譲渡説，(2)営業組織譲渡説，(3)営業財産譲渡及び経営者地位引継説，(4)経営者地位引継説の4説が対立していると説明されている。大隅・前掲注（3）300頁によれば，このうち，営業組織説と称されるものは，「営業の譲渡は営業に固有な事実関係ないし営業の組織の譲渡であり，各個の財産はこの営業の組織の従物としてその譲渡にともなって移転するものと解する」として，長場正利・商法体系 総則編（1932）等の見解を紹介されている。
（7） 営業譲渡に関する裁判例を詳細に分析したものとして，升田純「現代取引をめぐる裁判例(3)～(7)」判時1644号（1998）3頁以下，同1647号（1998）10頁以下，同1650号（1998）15頁以下，同1653号（1998）3頁以下，同1656号（1999）24頁以下参照。
（8） 企業買収・企業再編の一方法として事業譲渡を行うこともある。その目的は経費の節減であったり，生産販売の一体化等経営資源の強化などの積極的な目的のものもあれば，不採算部門を切り離して身軽になるための消極的な目的の場合もある。裁判実務上問題となる事例は後者の場合が多い。典型的な事業譲渡契約の流れは，譲渡会社と譲受会社が事業譲渡について下打合せをし，守秘義務等を盛り込んだ基本契約を締結して，譲渡対象の事業の価値についてデュー・ディリジェンスと呼ばれる精査を行い，事業の価値すなわち代金額を算出して，最終的な合意に至るという経過をたどることが多いと聞いている。最終的な合意には，デュー・ディリジェンスの結果と異なった場合に備えての価格調整条項や競業避止義務，守秘義務等が盛り込まれることとなるが，そのような手続を履践した事例については，民事裁判で問題となることは比較的少ないであろう。

(2) 事業譲渡契約の効果

　事業譲渡の効果について，前記第3説を前提として考えると，①事業主の地位の引継ぎ及び②組織化された有機的一体の事業財産の一括譲渡義務が発生する。そして，前者から事業譲渡会社の競業避止義務の債務が発生する。また，後者から，譲渡会社の譲受会社に対する，個々の権利についての個別的な給付行為や対抗要件手続を執ることの債務が発生する。この関係で，従業員等の雇用契約も当然に移転するわけではないので，譲渡会社は，従業員との間で雇用契約の切替え等の手続を執る義務を負うことになるが，何人かの従業員が任意退職することが当然予想され得る。しかし，何人かの従業員が退職するに至っても，客観的な意義での事業が同一性をとどめ，事業活動の承継ができるのであれば履行不能とはならない。ただ，重要なノウハウを有するスタッフ全員が

雇用契約を解消するなどして事業活動の承継が後発的に不能になる場合には、債務不履行ないし危険負担の問題となり得る。危険負担の問題としては、民法536条が適用されることになろうが、事業譲渡契約の際に、細かく合意をしておくことが必要であろう。

(3) **全事業の譲渡と一部の譲渡**

　事業とは、一定の事業目的のために組織化された有機的一体のものであり、会社で営む事業全部を譲渡する場合もあれば、そのうちの一部を譲渡する場合もあり得る。会社にとって重要でない事業を譲渡する場合においても、会社法21条の競業避止義務が働くというべきである。一部の譲渡という場合にも、それのみで一つの事業といい得ることが前提となっている。その意味で、「一つの事業の一部」の譲渡というものがあり得るのかについては疑義がある。事業が本来、一定の事業目的のために組織化された有機的一体のものであるとして「事業」概念を理解すると、「一つの事業の一部」といわれるものは、「事業」ではないと解される余地があるからである。事業目的をどのように捉えるかによって「事業」の譲渡といえるのか否かに影響を与えることになると思われる。なお、会社法467条1項2号においても、「事業の重要な一部の譲渡」について、株主総会の承認が必要である旨を規定しているが、「事業の一部」の意義は、会社法467条の趣旨から解釈すると、必ずしも「事業」の譲渡でなくとも会社の存続に重要な影響を及ぼす場合には、株主総会における承認の決議を要するものと理解し得る。

II　事業譲渡にかかる譲渡人と譲受人との間の規律

1．競業避止義務の効果の性質

　事業譲渡に伴う競業避止義務の効果は、会社法21条1項の法律によって発生したものとみるか、当事者の合意の効果として発生したものと考えるか議論がある[9]。会社法21条1項において「別段の意思表示」[10]によって、効力を左

右することができるのであるから，さして議論する実益があるとも思われないが，議事録から見る限り法制審議会における議論では，競業避止義務は，当事者の合意の効果として発生するものであるが，明示の合意がない場合のデフォルトルールとして規定されたものとして議論され，異論はなかったようである。

(9) 競業避止義務の発生根拠の議論は，営業譲渡の合意をどのように考えるかと連動している。営業財産説を前提とすると，法定効果と解する傾向にあり（大隅・前掲注（3）314頁，服部・前掲注（3）413頁），営業の地位の承継を要素と考える見解では当事者の合理的意思の内容となるであろう（田中・前掲注（5）339頁，田中＝喜多・前掲注（5）281頁。）。
(10) 法文上「当事者の別段の意思表示がない限り」と表現されている。会社法21条1項がデフォルトルールであると考える立場からは，当事者が別段の「合意」をしない限りと解釈することになる。他方，法定効果説では，文理上，当事者の一方が異なる「意思表示」をすると会社法21条1項の効果が発生しないと解釈する余地がないわけではない。しかしながら，そのような解釈が正当な帰結を招かないことは明らかであるから，法定効果説でも，当事者の別段の合意と解釈することになろう。事業の譲受会社が，譲渡会社に対して，競業避止義務を免除することができることはもちろんである。この免除は，会社法21条1項の「当事者の別段の意思表示」とは無関係に有効とされるものである。

2．デフォルトルールの内容と限界

(1) 総　　説

　事業譲渡の合意がある場合には，事業譲渡会社は，同一の市町村（東京都の特別区に存する区域及び地方自治法252条の19第1項の指定都市にあっては，区）の区域内及びこれに隣接する市町村の区域内においては，その事業譲渡の日から20年間は，同一の事業を行ってはならないとされる（会社21条1項）。いわゆる競業避止義務である。同一の市町村内という限定は現在の会社の活動状況を考えると狭いのではないかとも考えられる。しかし，これはあくまでもデフォルトルールであるから，競業避止義務の範囲を同一県内とか，日本国内あるいはアジア圏内というように自由に合意することを妨げるものではないので，支障があるというわけではない。また，逆に，社会経済等の変動が激しい現在では，20年間という期間が長いのではないかという指摘に対しても同じである。

(2) 競業避止義務の発生する地域

　同一市町村を決定する基準は，事業を営んでいた場所を基準に決定される。ただ，インターネット等が発達している現在において，一つの事業目的のために組織的かつ有機的一体化された事業活動が広範囲の地域にわたっていることも考えられる。このような場合には，それらの市町村においては，すべて競業避止義務が発生すると考えるのが相当であろう。かような結果が差し障りがあるのであれば，明確な合意によって排除しておく必要がある。

(3) 別段の合意の限界

　旧商法においては，競業避止義務の範囲について，同府県及び隣接府県内以上の合意をすることを禁じていた。これは，基本的人権である「職業選択の自由」ないし「営業の自由」を不当に制約しないための配慮であった。しかしながら，現代においては，そのような制約は合理性がないことが明らかであるから，かかる限定が会社法では削除された。ただ，競業避止義務につき特段の合意をする場合においても，30年を超える期間を超えて競業できないという合意はできない（会社21条2項）。30年を超える合意をした場合にその合意自体が無効となるわけではなく，30年の期間内に限って当該合意が効力を有することになる。このことは，会社法21条2項において，「特約は，その事業を譲渡した日から30年の期間内に限り，その効力を有する」と規定していることからも明らかである。同条項は強行規定である。

(4) 競業避止義務の特性

　この競業避止義務の債務は一身専属的債務であって相続されないと解される[11]。被相続人が事業譲渡の譲渡人であったとしても，事業主でなかった相続人は，同一事業を営むことを禁止されるわけではない。なぜなら，競業避止義務は，事業譲渡の当事者間における当然の合理的な意思と捉えられるが，事業を営んだこともない相続人に同一事業を営まないことまで合意の内容に含むものとは思われないし，そのように限定して解釈することが営業の自由の制限である会社法21条の解釈に合致すると考えられるからである。

　(11)　田中＝喜多・前掲注（5）295頁。

3．不正競争目的の事業の禁止

　会社法21条3項は、事業譲渡合意の内容からは競業できる場合であっても、不正の競争の目的をもって同一の事業を行ってはならないと規定する。これも強行規定であり、旧商法25条3項と同趣旨の規定である。どのような場合に「不正競争目的」が認定されるであろうか。服部栄三教授は、「不正競争の目的とは、譲受人の営業に重大な営業を及ぼすことを知りながら、同一の営業をなす事をいい、必ずしも商法20条のそれと同一意義を有するとはいえない」として、「譲渡人が譲受人の営業上の得意先を奪わんとする目的をもって同一の営業をなす」ことは不正競争の目的をもっているという[12]。会社法21条1項の競業避止義務の地域的範囲が狭いことを考えると、同条項の競業避止義務が及ばない場所において、譲渡した事業と同一の事業を始め、譲渡前の仕入先や顧客を奪うような場合には、その主観的目的や競業活動の態様いかんによっては不正競争目的といえることもあり得よう。

(12)　服部・前掲注（3）414頁。

Ⅲ　事業譲渡の第三者に及ぼす効果

1．事業譲受会社が商号を続用する場合

(1)　商号続用の意義

　会社法22条1項において、事業譲受会社が譲渡会社の商号を引き続き使用する場合には、事業譲受会社も、譲渡会社の事業によって生じた債務を弁済する責任を負うと定められている。これは、旧商法26条1項を引き継いだものであり、事業譲受人が商号を続用する場合には、譲渡人の債権者は、事業主の交代を知らず、事業譲受人が事業主であると考えたり、仮に知っていても譲受人による債務引受けがあったものと考えるのも無理からぬこととして、事業譲受人の弁済義務を規定したものであって、外観法理ないし禁反言法理に立脚する債権者保護のための規定である[13]。ここで、「事業によって生じた債務」には、

第2章　会社法総則

字義のとおり事業に関連して生じた債務であって，取引上の債務に限らず，不法行為に基づく損害賠償債務や過払金等の不当利得返還債務も，事業と相当因果関係を有する以上，含まれると解される。

「譲渡会社の商号」を続用したか否かの判断において，裁判例では，同一商号か否かという観点ではなく，使用している商号が類似している場合や営業主体を表示するものと評価し得る名称（屋号）の続用の場合であっても[14]，事業内容の同一性，経営者の同一性，事業場所の同一性，従業員の同一性等の事情をも加味して，債権者の信頼の保護を考える傾向にあるといえよう。この点，最判昭38・3・1民集17巻2号280頁は，「有限会社米安商店」の事業譲受会社が「合資会社新米安商店」との商号を使用した場合に，「新」の字句から取引通念上，継承的字句ではなく，かえって別会社を示すものであるとして，事業譲渡における商号の続用にあたらないと判断し，宮田信夫調査官は，同判例の最判解説において，「商号の続用」とは，事業譲受人が事業譲渡人の商号とまったく同一の商号を使用した場合に限らず，従前の商号に継承的文字を付加した場合は商号の続用にあたるが，類似の商号を使用する場合を含まないと解すべきであるとしていた[15]。しかしながら，その後の裁判例では，前記のとおり類似商号も含め，また，商号以外の事情をも考慮している[16]。最判平16・2・20民集58巻2号367頁[17]では，預託金会員制のゴルフクラブの名称がゴルフ場の営業を表示するものとして用いられている場合に，事業譲受人がゴルフクラブの名称を継続して使用していた場合には，そのゴルフクラブの名称は商号でなくとも，〔旧〕商法26条1項（改正後の会社法22条1項に相当）を類推適用すべきであるとした。会社法22条1項が外観法理ないし禁反言法理に基礎を置くと理解するときに，厳密な意味で商号である必要はないことになる。同じく外観法理ないし禁反言法理の規定であると理解されている会社法9条（旧商23条）のいわゆる名板貸しの責任について，最判平7・11・30民集49巻9号2972頁は，注目すべき判断を示している。すなわち，忠実屋相模原店の屋上でペットショップを営業していたテナントが「ペットショップ八島」ないし「八島ペット」の店名又は名称でペットショップを営んでいたが，同店からインコを購入した原告らが，同インコの保有していたオウム病の病原体からオウム病性肺炎に罹患して死亡した等として，忠実屋に対して名板貸責任による損害賠償を請求した

4　競業避止義務等

事案について，忠実屋相模原店の外部には忠実屋の大きな看板のみが掲げられ，屋上案内板等にはペットショップとだけ表示され，その営業主体は必ずしも明らかにされていなかったということから，ペットショップと忠実屋の売り場での販売方式，従業員の制服，レシート，包装紙等の違いがあり，店舗内にテナント名の記載された案内板や看板があるとしても，一般の買物客がペットショップの営業主体を忠実屋と誤認してもやむを得ない外観が存在するとして，最高裁は名板貸しの責任を肯定する旨の判断を示した。名板貸しについても「自己の商号を使用して事業又は営業を行うことを許諾したこと」が要件となっており，上記事案では，忠実屋はむしろテナントに忠実屋の名前を使用することを禁止していた事情もあったが，総合的に判断して顧客の信頼があったものと認定したものと思われる。事業譲渡がされるときは，様々な目的でされるが，近時，企業倒産に際して，債務を抱える企業が新会社を設立して有用な事業のみを新会社に事業譲渡するという手法も使われるようになっている。このような場合には，事業譲渡の目的，形態等の事情を踏まえて，実質的に事業譲渡があったか，商号の続用があるかを認定すべきであると思われる[18][19]。

　事業譲受会社が商号を引き続き使用した場合に，譲受会社が譲渡会社の債権者に対して責任を認めるのは，商号を続用したことによる外観から，それを信頼した債権者を保護しようとするものであるから，一般的には債権者が譲受会社が責任を負わないことについて悪意である場合まで保護する必要はないといえよう（同旨，東京地判昭49・12・9判時778号96頁）。これに対して，保護の対象となる債権者の善意悪意は問題ではないとする考え方もある（東京地判昭54・7・19下民30巻5～8号353頁[20]）が，名板貸しに関する判例と同様に相手方に悪意又は重大な過失があるときは責任が阻却されると解するべきではなかろうか（最判昭41・1・27民集20巻1号111頁）。ただ，事案によっては，相手方の悪意又は重大な過失を主張することが信義則違反となることも考えられる。自らの債務を免れる目的で事業譲渡を利用するような場合には信義則違反となる余地があり得るであろう。

　(13)　最判昭29・10・7民集8巻10号1795頁は，「譲受人が譲渡人の商号を続用する結果営業の譲渡があるにも拘わらず債権者の側より営業主体の交替を認識することが一般に困難であるから，譲受人のかかる外観を信頼した債権者を保護する為に，譲受人も

第 2 章　会社法総則

また右債務弁済の責めに任ずることとした」と判示し，最判昭47・3・2民集26巻2号183頁でも，現物出資に類推適用する旨の解釈を示すにあたって債権者の信頼の観点で同様である旨を判示しており，判例上は，会社法22条1項の趣旨がかかる外観法理ないし禁反言法理に根拠があることは確立されているといえる。
　これに対し，営業上の債務は，企業財産が担保となっていると認められるから，債務引受けをしない旨を積極的に表示しない限り，企業財産の譲受人が原則として重畳的債務引受けをしたものとみなして，企業財産の現在の所有者である譲受人にも責任を負わせた規定であると理解する見解（服部・前掲注（3）418頁注1，仮屋広郷「営業譲受人の責任」塩崎勤＝川勝隆之編・現代裁判法大系(16)商法総則・商行為（1999）85頁）や外観保護と企業財産の担保力の双方が根拠であると理解する見解（大隅・前掲注（3）318頁，上柳克郎「演習」法教52号（1985）86頁），商号を続用する譲受人は，債務引受けの意思を有し，商号を続用しない譲受人はその意思を有しないのが原則であり，そのような意思に根拠を求める見解（田邊光政・商法総則・商行為法〈新法学ライブラリ〉〔第3版〕（2006）155頁）などがある（これらの学説についての紹介は，前掲仮屋論文及び落合誠一「商号続用営業譲受人の責任」法教285号（2004）27頁以下に詳しい。）。

(14)　裁判例においては，第一化成株式会社と第一化成工業株式会社（東京地判昭42・7・12下民18巻7＝8号814頁），株式会社内外タイムスと内外タイムス株式会社（東京地判昭55・4・14判時977号107頁），万善株式会社と株式会社マンゼン（大阪地判昭57・9・24金判665号49頁），株式会社日本電気産業社と株式会社日本電気産業（大阪地判昭40・1・25下民16巻1号84頁），マルショウ食品興業株式会社とマルト食品興業株式会社（札幌地判昭45・12・25判時631号92頁），有限会社笠間電化センターと株式会社笠間家庭電化センター（水戸地判昭54・1・16判時930号96頁）などが商号の類似性を認めている。
　また，商号ではなく，屋号の続用について判断した裁判例として，東京地判昭54・7・19判時946号110頁，東京高判昭60・5・30判時1156号146頁，東京高判平元・11・29東高民時報40巻9～12号124頁，東京地判平12・9・29金判1131号57頁が，屋号を続用した場合に旧商法26条1項の適用ないし類推適用を認めたが，商号の類似性も検討が加えられている。商号の続用の範疇には，譲渡人の商号とまったく同一のものだけではなく，類似した商号も含めるのが学説・判例の立場であり，名称（屋号）も入れるのが最近の動向であると指摘するのは，増田政章〔判批〕リマークス29号平成15年度（2002）79頁以下である。

(15)　宮田信夫〔判解〕最判解説民昭和38年度59頁。
(16)　前掲東京地判昭42・7・12下民18巻7＝8号816頁では，「商法26条〔会社法22条〕1項の『商号の続用』とは営業譲受人が営業譲渡人の商号を全く同一の商号を使用する場合は勿論従前の商号の前後になんらかの字句を付加しても，取引通念上従前の商号を継続した場合に当ると判断される場合（単に類似の商号を使用した場合は除く。）を含むものと解するのが相当である。そしてこの判断は主に使用された商号の字句から判断されるであろうが，譲渡人と譲受人の営業主体の人的構成上の関連性や，営業

4　競業避止義務等

目的，得意先に対する通知，その引継の有無，営業譲渡の動機等諸般の状況をも斟酌されてよいであろう。なんとなれば，同条の趣旨は，従前の営業上の債権者の外観に対する信頼を保護するにあるとされているが，このことは，所詮，譲受人による債務の引受があったものと考えるのは無理からぬとする事情がある場合に債権者を保護するものであるから，右の事情の判断に前記のような事実を勘案することは，何ら差し支えないと解されるからである。」とする。類似商号を除外している点は除いて，基本的な考え方は今日も生きているように思う。従来，商号以外の屋号の名称続用の場合に営業譲受人が責任を負うかについて議論があったが，前掲最判平16・2・20民集58巻2号367頁により少なくとも屋号が商取引上等において会社を特定するうえで重要な機能を営んでる場合には積極に解することで結着がついたものと解することができよう。また，旧商法26条1項の適用対象は拡大してきた。営業の現物出資（最判昭47・3・2民集26巻2号183頁），営業の賃貸借及び経営委任（東京地判平13・8・28判時1785号81頁，東京高判平13・10・1判時1772号139頁，大阪高判平14・6・13判タ1143号283頁，東京高判平14・8・30金判1158号31頁，東京高判平14・9・26判時1807号149頁）等の場合にも，債権者の信頼の観点から考えることになろう。なお，旧商法26条1項の責任を肯定した事例として，東京地判平14・3・26判時1805号140頁〔バイアグラ事件〕もある。被告が個人輸入代行業を行い，バイアグラ（勃起不全治療薬）の真正商品を，被告の代表者の弟が米国において入手して，これを代理店を経由せずに被告又は被告の顧客に直接送付し，売却していたことについて，被告の弟が負う損害賠償請求権について責任を免れないとした。

(17)　同判例の評釈としては，志田原信三〔判解〕法時58巻4号（2006）290頁，小林量〔判批〕民商131巻6号（2006）142頁，早川徹〔判批〕リマークス30号平成16年度（2005）74頁，宇田一明〔判批〕重判解平成16年度〔ジュリ臨増1291号〕（2005）100頁，野村直之〔判批〕主判解平成16年度〔判タ臨増1184号〕（2005）132頁等がある。

(18)　升田・前掲注（7）「現代型取引をめぐる裁判例(4)」判時1647号17頁にも，裁判例の分析を通じて，営業譲渡をめぐって譲渡契約の当事者と第三者との間で紛争が生じた場合には，営業譲渡の存在等に関する証拠を利用できないことが通常であるから，営業内容の同一性，人的物的な関係，契約の経緯，契約の動機・目的等の客観的な事情を積み上げて，営業譲渡の存在を推認する方法を採用するものが少なくないことを指摘する。一例だけ取り上げると，東京地判平15・6・25金法1692号55頁は，株式会社藤和が不動産売買・仲介業のほかにリフォーム業を行っていたが，リフォーム業以外は大幅な赤字を出していたところ，リフォーム業について「株式会社藤和リフォーム」という新会社を設立したという事案について，事業譲渡の有無自体が争点となったが，営業内容の同一性や人的・物的関係，契約の経緯，契約の動機等を認定のうえ事業譲渡の存在を推認した事例である。債権者としては，事業譲渡の事実自体が明らかでないことから周辺的な事情を立証していくことにならざるを得ない。ただ，この場合でも，法人格否認の法理を正面から認めるよりも認定しやすいのではないかと思われる。なお，事業譲渡につき株主総会の決議がなく，無効と解される場合においても会社法22条1項の弁済責任が発生する（大阪地判昭40・1・25下民8巻1号84頁）。

(19) 落合誠一教授の前掲論文（注(13)）が，具体的な利益衡量により結論を決すべきであるとしている点は注目に値する。ただ，外観法理ないし禁反言法理の見解に立っても，背景事情を勘案し，しかも，信義則等を利用することによっても柔軟で適切な結果を導くことができるのではないかと思われる。
(20) 仮屋・前掲注(13) 89頁，野村・前掲注(17) 133頁。

(2) 商号続用の事業譲受会社が責任を負わない場合

　事業譲受会社が商号を続用する場合でも，譲渡会社が遅滞なく譲受会社の本店所在地において譲渡会社の債務を弁済する責任を負わない旨を登記した場合[21]及び事業譲渡後，遅滞なく，譲渡会社及び譲受会社から第三者に対し譲渡会社の債務を弁済する責任を負わない旨の通知をした場合には，譲渡会社は第三者に対して責任を負わない。ただし，後者の場合には通知をした当該第三者に対してのみ責任を負わないことになる（会社22条2項）。これらの場合も事案によっては，譲受会社が登記による免責等を主張することが信義則違反となることも考えられる[22]。

(21) 営業譲受人が譲渡人の債務につき責に任じない旨の登記申請について，井上弘樹「会社がする営業の譲受人が譲渡人の債務につき責に任じない旨の登記について」登記インターネット7巻11号（2005）144頁以下参照。登記されても実体法上責任を負うか否かは別問題であることを，登記官の審査権限の視点から記している。
(22) 登記による免責を主張することが信義則に反するとした事例として，東京地判平12・12・21金法1621号54頁以下がある。

(3) 効　　果

　事業譲渡契約があっても，当然に債権債務が移転するわけではなく，個々の財産について譲渡人は譲受人に移転する義務を負うにとどまる。したがって，本来，譲渡会社の事業により債務を負った者は，債権譲渡通知等を受けていなければ，譲渡会社に対して弁済する責任を負ったままである。しかしながら，譲受会社が譲渡会社の商号を引き続き使用した場合には債務者保護の見地から，事業譲渡会社に対して弁済しても，それが善意でかつ重大な過失がないときには弁済としての効力を認めている（会社22条4項）。旧商法27条を踏襲した規定である。

2．事業譲受会社が商号を続用しない場合

　事業譲受会社が譲渡会社の商号を引き続き使用しない場合には，譲受会社は，譲渡会社の事業に関する債務について責任を負わない。しかし，譲渡会社の事業によって生じた債務を引き受ける旨の広告をしたときは，譲渡会社の債権者は，事業譲受会社に対して弁済を請求することができる（会社23条）。どのような「広告」がこれに該当するのかは個別具体的に検討されるべきであるが，債務引受けの文字がなくとも，社会通念上営業によって生じた債務を引き受けたと一般に信じ得べき記載がある広告であれば，本条の広告に該当すると解されている（最判昭29・10・7民集8巻10号1795頁）。これは，禁反言法理の一種と理解されている[23]。

　東京地判平9・7・30判時1638号150頁は，大幅な債務超過に陥っていたAの建て直しを図る目的で被告が設立されたが，営業目的もAと同一であるほか，本店所在地も同一場所にあり，従業員及び取締役の人的構成もほぼ同一であり，取引先も同一で，さらに，Aの資産がすべて被告に承継されていたという事実関係のもとで，被告が取引関係者に対して送付した挨拶状には，債務引受けの文言はないものの，被告はAの設備配管部門を独立させたものであること，人的物的設備を承継し，Aの事業を承継するものであることが記載されていたという事案について，上記挨拶状が会社法23条の債務引受広告に該当するとの判断を示した[24]。

　他方，東京高判平10・11・26判時1671号144頁は，倒産の危機に瀕したAが銀行からの追加融資も受けられなくなったことからC会社グループの支援を得て救済方法として被告が設立されたが，被告の役員構成もC会社からの人物以外は，ほとんどAと同じあり，本社社屋，敷地及び車両をAから包括賃借し，Aの従業員を全員再雇用したが，Aの唯一の不動産である土地・建物及び売掛金の譲渡は受けていない等の事実関係のもとで，被告が「Aの設備配管部門を独立させて新会社を設立する運びとなりました，新会社の社屋・設備・スタッフはA会社より引き継いで運営します」との内容の挨拶状につき，債務引受広告ではないと認定した。後者の事例では，そのままではA社が倒産せざるを得ない状況であり，スポンサーが付くことによって事業譲受人が再建することが

第2章　会社法総則

できた事案であり，また，売掛金不動産等については譲渡されておらず，Aの資産によって偏頗な弁済となる余地も少ないと思われる状況であることが注目される[25]。

(23)　最判昭36・10・13民集15巻9号2320頁は，A，B，Cの3会社が営業を廃止し，新たに被告会社が設立されて旧3会社と同一の中央卸売市場における水産物等の卸売業務を開始するという趣旨の書面を取引先に送付しても，債務引受広告をしたことにはならないと判示する。この趣旨について，個別の通知は「広告」ではないと理解する向きもあるが，一定数の者に送付すれば，広告と認められるべきであり，「広告」といえるかどうかは，むしろ，禁反言の原則に立脚する会社法23条の趣旨に沿って考えられるべきであろう。東京地判平13・5・25金法1635号48頁も，挨拶状をもって「広告」と認めている。

(24)　類似する事案として，東京高判平12・12・27金判1122号27頁は，倒産した旧会社の事業譲渡を受け，本店所在地及び役員も同一で，営業目的もほぼ同一で，従業員もほとんどが同一である新会社が，旧会社の取引先銀行や取引先に対し，①新会社の財産目録として，旧会社の借入金等が掲記され，②今後の見通し及び計画として，「きたる平成5年3月21日以降をもって，名実ともに新会社での営業を行い，事故発生以降の旧債を新会社が引継ぎ，金融機関により減免して頂きました利息に関しましては，新会社が責任を以て履行致します。現金返済につきましても新会社の利益の範囲内で返済を続けます。現時点におきましては，元金返済の金額を明確に確定できませんが，現在よりは必ず改善しうると確信しております」と記載された文書及び③弁済計画案を配布したという事案について，一部の債務引受けが除外されるものか否かが問題となった事案につき，すべての債務について債務引受広告があったものと認定した。

(25)　その他の裁判例については，升田・前掲注（7）（「現代型取引をめぐる裁判例(7)」判時1656号24頁以下）に詳しい。広告の概念との関係で問題となる裁判例として，那覇地判昭54・2・20判時934号105頁では，会社代表者が新聞記者にした談話内容が「債務引受広告」に該当すると判断している。禁反言法理を前提とすると債務引受けの趣旨の発言が債権者らに向けられたものであることを要するのではないか疑問が残るところである。升田・前掲注（7）（同論文）では，先例としての価値には疑問が多いとしている。

3．除斥期間

　会社法22条1項又は23条1項により，事業譲受会社が譲渡会社の事業に関する債務について責任を負う場合には，譲渡会社の責任は，事業譲渡をした日から2年内に請求又は請求の予告をしない限り消滅するものとされている（会社22条3項，23条2項）。この期間は除斥期間であるので，時効の中断に関する規定が適用されることがないが，時効の停止に関する規定は類推適用されると解す

るべきである⁽²⁶⁾。

(26) 我妻榮・新訂民法総則〈民法講義Ⅰ〉(1965) 437頁。

〔近 藤 昌 昭〕

第3章
株式会社① 設　立

1．発起設立と募集設立

I　設立の意義及び種類

1．はじめに

　株式会社の設立とは，株式会社という法人を設立させる手続である。
　わが国では，会社の設立については，準則主義が採用され，会社法の定めに従って，①社団の根本規範である定款を作成し，②社団の構成員であり，かつ社団に対する出資者である社員（株主）を確定し，③社団の活動を行う機関（取締役など）を決定するなどのプロセスを経て，設立の登記をすることにより，法人格が付与され，設立される。
　株式会社設立手続の特色は，合名会社の設立手続と対比することによって，浮かび上がらせることができる。合名会社では，社員が少数であり，かつ，変動が見込まれないので，定款は社員となるべき者全員によって作成され，定款中で社員とその出資が確定される。社員は無限責任を負うので，会社財産確保のための措置をとる必要がないし，原則として会社の機関となるので，機関の選任手続も不要である。このように，定款の作成のみで合名会社の実体は完成するのであり，合名会社の設立手続は簡便である。これに対して，株式会社では，理念的には株主が不特定多数であるから，株主となるべき者全員が定款を作成する必要もなく，定款で株主を確定することもできない。そこで，設立企画者である発起人が定款を作成し，定款作成後に株主とその出資が確定される。そして，株主は間接有限責任しか負わないために会社財産を確保する必要性が高く，会社の成立前に出資の履行を完了させなければならない。さらに，株主

第3章　株式会社①設立

が会社の機関とならないので，会社の機関に就任する者が選任されなければならない。これらの手続に加えて，出資の履行が確保されているかなどが確認されて，登記の手続に進むことができる。このように，株式会社の設立手続については，厳格な規整が設けられているのである[1]。

(1)　上柳克郎＝鴻常夫＝竹内昭夫編集代表・新版注釈会社法(2)株式会社の設立（1985）24頁〔平出慶道〕。

2．2つの設立手続が設けられた理由

株式会社の設立には，発起設立と募集設立がある。

発起設立とは，発起人が設立に際し発行する株式の全部を引き受け，会社設立後の当初株主となる形態の設立方法をいう（会社25条1項1号）。募集設立とは，発起人が，設立に際し発行される株式の一部のみを引き受け，発起人全員の同意に基づき，残りについては発起人以外の引受人を募集し，発起人とそれ以外の引受人とが，会社設立後の当初株主となる形態の設立方法をいう（同項2号，57条2項）。

平成2年商法改正前までの両設立手続の概要と実務の対応は次のようなものであった。すなわち，発起設立では，設立手続の当事者が発起人のみであるので募集設立ほど手続を厳格にする必要がないが，その一方でなれ合いのおそれがあるため常に検査役の検査が必要とされていた。これに対して，募集設立では，多数の者が参加し得るため厳格な手続規定が設けられていたが，その一方で設立過程の検査は創立総会の自治に任されていた。このような規定に対して，実務は，時間と費用がかかる検査役の検査を避けるために，名目的な株式引受人を1人設けて募集設立の手続により会社を設立するという形で対応していたのである[2]。平成2年改正により発起設立においても変態設立事項を含まなければ検査役の検査は不要となったので，発起設立の手続によって会社が設立されることが多くなった。

そこで，会社法の立法過程において，募集設立の廃止が検討されたが，設立当初から発起人としての責任を負わない形で出資者となることについてのニーズが否定できないことなどから，募集設立の方法も存続させることとされた。

会社法のもとにおいては，発起設立では払込金保管証明が不要とされ，手続

がより簡便となり，最低資本金制度が廃止されたことから設立時に資金を集める必要がなくなったので，発起設立がより一層利用されることになると考えられる[3][4]。

（2） 上柳＝鴻＝竹内編集代表・前掲注（1）28頁。
（3） 長島・大野・常松法律事務所編・アドバンス新会社法〔第2版〕(2006) 53頁。
（4） 募集設立の利点としては，定款変更に柔軟に対応できることなどがあげられる。相澤哲＝葉玉匡美＝郡谷大輔編著・論点解説新・会社法—千問の道標 (2006) 7頁。

II 発起設立と募集設立に共通する手続

1．発 起 人

発起設立・募集設立のいずれの場合にも，基本的には，①発起人が，定款を作成すること（会社26条1項），②その定款につき公証人の認証を受けること（会社30条），③設立時発行株式に関する事項を決定すること（会社32条），④設立時発行株式を1株以上引き受けること（会社25条2項），⑤出資を履行すること（会社34条）を要する。

発起人とは，定款に発起人として署名又は記名押印（電子署名を含む。）をした者をいう（会社26条1項・2項）。発起人の認定は，原則として，定款の署名者又は電磁的記録に電子署名を行った本人という形式的基準で捉えられる[5]。

発起人は，少なくとも1株以上株式を引き受けなければならないが（会社25条2項），員数や資格に決まりがないので1人でも差し支えなく，法人や行為無能力者もなることができる[6]。

発起人が複数いる場合には，発起人間に会社の設立を共同して行うとの組合契約が締結されるところ，この合意により成立する組合を発起人組合という。発起人組合において，業務執行組合員が定められている場合は，その組合員が内部的な業務執行権だけでなく，対外的な代理権も有する。業務執行組合員が定められていない場合，組合意思の内部決定に関しては組合員の過半数によって決せられ，組合員の過半数の者が共同して組合を代理する権限を有するとするのが判例（最判昭35・12・9民集14巻13号2994頁）である[7]。この判例の考え方

第3章　株式会社①設立

には，過半数とはいえ一部の者の独断専行により，事情をまったく関知しない組合員が責任を負わなければならないことになるという難点があり（同判決反対意見），実務的には，業務執行組合員を選任しておくことが望ましい。
  (5)　ただ，各事例ごとの合理的解釈が排除されるわけではない。ある有限会社について，Aが第三者に名義を借りる前提で出資金全額を拠出し，原始定款にBとCが社員として記名押印したが名義を貸したにすぎないという事例において，Aを原始社員と認定した裁判例がある（東京高判平16・9・29判タ1176号268頁）。
  (6)　会社が他の会社の発起人になることは，その定款上の目的の範囲内であればできる。この場合，定款に「他の会社設立の発起人になる」旨の目的の記載がある必要はなく，発起行為が定款の目的の範囲内に包含されているかその目的達成のために必要であれば足りる。発起人になることが投資目的ならば目的の範囲外とはならないが，定款の目的と異なる事業目的を掲げる子会社を設立する目的であれば，定款の変更が必要となる。このため，法人が子会社設立の目的で発起人になる場合，子会社の定款の認証の際に親会社の定款が審査され，子会社の目的が親会社の目的の範囲外とされれば認証されない（稲葉威雄＝筧康生＝宇佐見隆男＝永井紀昭＝柳田幸三＝吉戒修一・実務相談株式会社法1〔新訂版〕(1992) 372頁）。
  (7)　学説は，組合契約の解釈として，組合員各自が単独で組合を代理できるとする（鈴木禄弥編・新版注釈民法(17)債権(8)組合・終身定期金・和解・約款論・他 (1993) 103頁〔森泉章〕）。

2．設立手続前の交渉

　株主になろうとする者が複数いる場合には，設立手続を始める前に，各人の出資比率，成立後の会社における役職の配分，業務の運営方針等に関し種々の交渉が必要となる。役職の配分に関する合意については，取締役・監査役の選任に関する種類株式の発行によって，その合意を担保することができる。例えば，株主Xが60％，株主Yが40％の持分で，Xが取締役3人，Yが取締役2人の選任権を確保することが合意された場合，XにA種類株式を発行し，YにB種類株式を発行して（会社108条2項9号），A種類株主総会に取締役3人の選任権を与え，B種類株主総会に取締役2人の選任権を与えると定款に定めれば，合意が担保されるのである[8]。また，業務の運営方針に関する合意については，定款で定める重要事項について株主総会の決議要件を加重することや（会社309条1項），拒否権付の種類株式を発行すること（会社108条2項8号）によって，その合意を担保することができる[9]。

（8） ジョイント・ベンチャー研究会編著・ジョイント・ベンチャー契約の実務と理論：会社法施行を踏まえて（2006）70頁。
（9） ジョイント・ベンチャー研究会編著・前掲注（8）83頁。

3．定款の作成と認証

定款は，会社の根本規範であって，書面等に記載されなければならない（会社26条1項・2項）。定款の記載事項については，本大系第1巻第3章「2定款」の項目で述べられる。

定款は，公証人の認証を受けてはじめて効力を生ずる（会社30条1項）。

4．設立時株式発行事項の決定

設立に際して発行する株式に関する事項のうち，次の①から⑥までの事項の決定については，発起人の多数決（民670条1項）ではなく，発起人全員の同意が必要とされる。これらの事項は重要事項であるので発起人全員の同意を必要とする一方で，失権株が生じたなどの事態に機動的に対応できるよう，定款の絶対的記載事項から除外されたのである[10]。

① 各発起人が割当てを受ける設立時発行株式の数・種類（会社32条1項1号）
② 設立時発行株式と引換えに払い込む金銭の額（会社32条1項2号）

この2つの事項により設立時発行株式数が決まる。旧商法下において，設立時発行株式数は定款の絶対的記載事項であったところ，失権等により設立時発行株式数が減少する可能性があるのに，設立時発行株式数を定款で定めなければらならないというのは硬直にすぎたため，定款の記載事項から除外された。

③ 設立後の会社の資本金・資本準備金の額に関する事項（会社32条1項3号）

設立時発行株式数が決まらなければ，資本金と資本準備金の割り振りも決まらないために，この割り振りも定款外の決定事項とされた。

募集設立については，上記事項のほか④発起人以外の引受人に割り当てる株式の数・種類（会社58条1項1号），⑤設立時募集株式の払込期日又は期間（同項3号），⑥設立時募集株式の引受けの取消しに関する事項（同項4号）をも，定める必要がある。

（10） 江頭憲治郎・株式会社法（2006）73頁。

第3章　株式会社①設立

5．定款の備置き

　発起人は，定款を発起人が定めた場所（一般には設立事務所等）に備え置かなければならない（会社31条1項）。

　また各発起人は，定款の閲覧，謄本又は抄本の交付請求をすることができる（会社31条2項）。募集設立における設立時募集株式引受人にも同様の請求権が認められている（会社102条1項）。

　会社成立後は，本店及び支店に備え置き，株主及び債権者からの閲覧請求等に応じなければならない（会社31条2項）。当該会社の親会社株主等は，その権利を行使するためとして裁判所の許可を受けた場合，閲覧等をすることができる（同条3項）。

6．設立の登記

(1)　登記の申請

　会社はその本店所在地において，設立の登記をすることにより，法人格を取得する（会社49条）。設立登記は，会社を代表すべき者（代表取締役，委員会設置会社にあっては，代表執行役）が，①発起設立の場合には，会社法46条1項の規定による調査が終了した日（委員会設置会社にあっては，設立時代表執行役が会社法46条3項の規定による通知を受けた日）又は発起人が定めた日のいずれか遅い日から2週間以内に（会社911条1項，976条1号），②募集設立の場合には，創立総会終結の日，会社法84条，101条1項の種類創立総会の決議をしたときは当該決議の日，会社法97条，100条1項の種類創立総会の決議をしたときは当該決議の日から2週間を経過した日のいずれか遅い日から2週間以内に申請しなければならない（会社911条2項，976条1号）。

　設立登記の申請には，登記申請書及び添付書類（商登47条2項）が必要である。登記官は，添付書類により会社設立のための準則が履行されたか否かを審査する。

(2)　登記の効果

　会社は，設立の登記により，法人格を取得し（創設的効力，会社49条），それま

での設立中に生じた法律関係は，そのまま設立した会社の法律関係となる。設立時に株式を引き受けた者は株主となり（会社50条1項），設立時取締役・設立時執行役は，それぞれ取締役・執行役となる。そして，発起人は任務を終了する。

発起人は，会社の設立後は，錯誤を理由とする株式引受けに関する無効の主張及び詐欺・強迫を理由とする取消しはできなくなる（会社51条2項）。

また，設立時発行株式の株主となる地位（いわゆる権利株）の譲渡は，手続が複雑となり，迅速な設立を害するおそれがあることから，当事者間では有効であるものの，会社には対抗できないとされているが（会社35条），会社の成立後は，この制限もなくなる。

Ⅲ　発起設立

1．株式の引受けと出資の履行

(1)　株式の引受け

発起設立の場合，設立時発行株式は，発起人がその全部を引き受けるとともに，各発起人は，1株以上を引き受けなければならない（会社25条1項1号・2項）。引受けの方式は法定されていないが，発起人組合発足時に作成される発起人会議事録に各発起人の引受株式数が記載されるが多く，この記載をもって引き受けたとみてよいとされている[11]。発起人は，引受けにより，出資の履行をすれば設立時の株主となる権利を取得するが，その権利を譲渡しても，成立後の会社に対抗できない（会社35条）。

(11)　江頭・前掲注（10）77頁。

(2)　出資の履行

発起人は，引受け後遅滞なく，引き受けた株式につき，払い込むべき金額の全額を，発起人の定めた払込取扱金融機関に対し，払い込まなければならない（会社32条1項2号，34条2項）。現物出資の場合は，その全部の給付をしなければ

ならないが（会社34条1項），登記・登録等が必要な財産については，それらの手続は，会社設立後にすることができる（同項ただし書）。

会社法では，発起設立について，会社設立を機動的に行えるようにするため払込取扱金融機関の払込金保管証明書（会社64条1項）の発行は不要とされ，設立に際して払い込まれた金銭の額は，銀行口座の残額証明，預金通帳の写し等の任意の方法により証明すれば足りることとなった（商登47条2項5号）。

発起人は，出資の履行をすることにより，会社設立時の株主となる権利を取得する（会社50条1項）。その権利を譲渡しても，成立後の会社に対抗できない（同条2項）。

(3) 失　　権

発起人のうち出資の履行をしないものがあるときは，発起人（発起人総代）は，期日を定め，その発起人に対し，その期日の2週間前までに当該出資を履行しなければならない旨を通知しなければならない（会社36条1項・2項）。その通知を受けた発起人が，その期日までに出資を履行しないときは，そのものは，出資をすることにより株主となる権利を喪失する（同条3項）。

会社法では，「設立に際して出資される財産の価額又はその最低額」は定款記載事項とされているが（会社27条4号），設立に際して発行する株式の総数は定款記載事項とされていないことから，失権した株式が生じた場合であっても，他の出資者が出資した財産が，定款で定めた「設立に際して出資される財産の価額又はその最低額」を満たしている限り，設立手続を続行することができるようになった。

なお，発起人については，設立時発行株式を1株以上引き受けなければならないとされていることから（会社25条2項），失権により，その発起人が1株も権利を取得しなくなる場合は，「設立に際して出資される財産の価額又はその最低額」を満たしていたとしても，定款の発起人の記載を変更し，再度公証人の認証を受けるなど，手続を更新しない限り，設立無効事由となる[12]。

(12) 江頭・前掲注（10）80頁。

1　発起設立と募集設立

(4)　預合い・見せ金

　預合い・見せ金は，いずれも払込みの仮装行為である。

　預合い（会社965条）とは，発起人が払込取扱金融機関の役職員と通謀して出資に係る金銭の払込みを仮装する行為である（最決昭36・3・28刑集15巻3号590頁）。金融機関の帳簿が操作されたにすぎず，現実の払込みがあったといえないから，このような払込みの効力は無効とするのが旧商法下での通説であった[13]。会社法下でも無効説が多数説である[14]。これに対して，会社法下では預合いに係る払込みも有効であるとする説が現れた[15]。この説は，その理由を次のように述べる。すなわち，当該払込みを無効とすると，発起設立においては，会社債権者が払込取扱金融機関に対する払込金の返還請求権を代位行使する余地がなくなってしまい，会社債権者を害するおそれがあり，募集設立においては，発起人の引受・払込担保責任が廃止されたために，払込取扱金融機関が払込金保管証明責任により支払った金銭が株主資本に組み入れられず，剰余金として配当されることになり，やはり会社債権者を害するおそれがあるというのである。この説に対しては，①会社が払込取扱金融機関に対して払込金の返還を請求できる根拠は何か，その請求権は預合いについて有効説をとらなければ発生しないのか，②有効説をとらなければ，払込金保管証明責任により支払った金銭が株主資本に組み入れられないことになるのか，という疑問があり，この疑問が解消されない限り多数の支持を得ることは難しいといえよう。

　見せ金とは，発起人が，払込取扱金融機関以外から払込みのための金員を借り入れ，払い込み，会社の設立後にそれを引き出して借入金の弁済に充てる行為をいう。預合いについて有効説をとれば，見せ金に係る払込みも当然有効である。預合いについて無効説をとるとしても，見せ金については，現実の払込みがあり有効とする説があるが[16]，判例（最判昭38・12・6民集17巻12号1633頁）・多数説[17]は，外見上払込みの形式を整えただけで，有効な払込みがあったとはできないとして，無効説に立つ。見せ金による無効な払込みかどうかは，設立後借入金を返済するまでの期間の長短，払戻金が会社資金として運用された事実の有無，借入金の返済が会社の資金関係に及ぼす影響の有無等を総合して判断される。

(13)　上柳＝鴻＝竹内編集代表・前掲注（1）217頁〔平田伊和男〕は，異論がないという。

(14) 神田秀樹・会社法〈法律学講座双書〉〔第9版〕(2007) 49頁。
(15) 相澤＝葉玉＝郡谷編著・前掲注 (4) 29頁。
(16) 鴻常夫・商法研究(1)会社法の諸問題Ⅰ (1988) 132頁。
(17) 江頭・前掲注 (10) 79頁。

2．設立時取締役・設立時監査役等の選任

(1) 設立時取締役

　発起人は，出資履行完了後，遅滞なく，設立時取締役（会社の設立に際して取締役となる者をいう。）の選任をしなければならない（会社38条1項）。選任にあたり，発起人は，設立時株式1株につき1議決権を有し，その議決権の過半数で決定する（会社40条1項・2項）。ただし，種類株式発行会社において，取締役の選任に関する議決権制限株式が発行されている場合には，その種類株式を有する発起人は議決権を行使することができない（同条3項）。

　また，設立時取締役は，原始定款に定めることによっても選任することができる（会社38条3項）。

(2) 設立時取締役の資格・員数

　設立時取締役は，会社が成立すれば取締役となる者であるから，取締役としての欠格事由がある者がなることはできない（会社39条3項）。設立時取締役の員数は，設立しようとする会社が取締役会設置会社でない場合には1人又は2人で足りるが，取締役会設置会社である場合には，3人以上でなければならな（同条1項）。

(3) 設立時取締役の権限

　設立時取締役の権限は，設立手続の調査（会社46条，93条），設立時代表取締役（委員会設置会社にあっては，設立時委員，設立時執行役又は設立時代表執行役）の選定・解職又は解任（会社47条，48条）等の法律又は定款で定められた事項に限られる。それら以外の設立に関する事項一般については，設立中の会社又は発起人組合を代表して具体的職務を執行する者は，発起人であり，職務執行の決定自体を行う者も発起人であると解される。このことは，会社法における設立に関する規定の主体として「発起人」が規定されていること（会社33条1項等）のほか，

発起人は設立に関する事項一般を創立総会に報告しなければならないとされていること（会社87条1項）から導かれる[18]。その結果，従来の実務慣行では取締役の権限とされていた会社の本店の最小行政区画内における具体的住所の決定，株式名簿管理人の決定等も発起人が行うこととなり，設立時取締役の権限は基本的に発起人を監督することとなった[19]。

(18) 相澤哲＝岩崎友彦「新会社法の解説(2)会社法総則・株式会社の設立」商事1738号（2005）13頁。
(19) 江頭・前掲注（10）82頁。

(4) 設立時監査役等

発起人は，出資の履行が完了した後，設立しようとする会社が，会計参与設置会社である場合は設立時会計参与を，監査役設置会社である場合は設立時監査役を，会計監査人設置会社である場合は設立時会計監査人を選任しなければならない（会社38条2項）。選任方法は，設立時監査役については，設立時取締役と同じである（会社38条3項，40条1項・2項・4項，41条3項，45条1項3号）。設立時会計参与及び設立時会計監査人については，種類の設立時発行株式ごとの選任の制度がない点を除き，設立時取締役と同じである（会社38条3項，40条1項・2項・4項，45条1項2号・4号）。

設立時監査役には設立過程の調査権限があるが，設立時会計参与及び設立時会計監査人には，会社成立前の権限はない。

3．設立経過の調査

設立時取締役は，その選任後遅滞なく，検査役不要の場合の現物出資等の定款記載金額の相当性，弁護士等の証明の相当性，出資の履行完了，設立手続の法令・定款違反の有無等の設立事項を調査しなければならない（会社46条1項各号）。

そして調査の結果，法令・定款違反又は不当な事項があれば，発起人にその旨を通知しなければならない（会社46条2項）。委員会設置会社にあっては，設立時取締役は，この通知の内容等又は調査を終了した旨を，設立時代表執行役に通知しなければならない（同条3項）。

変態設立事項及びその調査については，本大系第1巻第3章「4 現物出資・財産引受け・事後設立」を参照されたい。

4．定款の変更

　発起設立において，定款の変更は，裁判所が変態設立事項を不当と認めて変更決定をした場合（会社33条7項），決定により変更された事項についての定めを発起人全員の同意で廃止する場合（同条9項），発行可能株式総数を定める場合（会社37条1項・2項）を除いて，することができない（会社30条2項）。最後の場合について補足すると，発行可能株式総数が設立時発行株式総数の4倍以内とされている関係で，設立時発行株式総数が変動すると発行可能株式総数も変動するため，発行可能株式総数は認証時の定款で定められる必要はなく，会社成立時までに定めればよいこととされており，設立時発行株式総数が確定した時点で発行可能株式総数を定款の変更手続によって定めるのである。

Ⅳ　募集設立

1．株式引受人の募集

(1)　発起人が通知すべき事項

　募集設立をする決定は，発起人全員の同意による（会社57条1項・2項）。

　発起人は，募集に応じて設立時募集株式の引受けの申込みをしようとする者に対し，会社組織の大綱及び申込条件を通知しなければならない（会社59条1項）[20]。通知すべき事項は，会社法59条1項，会社法施行規則8条が定める。発起人のうち出資の履行をしていないものがある場合，発起人は，催告による失権手続の期日（会社36条1項）の後でなければ，この通知をすることができない（会社59条2項）。

(20)　多数の者に対する募集については，会社法以外に，金融商品取引法による規制があることに注意すべきである。すなわち，50名以上の者を相手方として勧誘を行う場合で，株式の発行価格の総額が1億円以上の場合には，発起人は内閣総理大臣に，法定

事項を記載した有価証券届出書を提出しなければならない等の規制がある（金融商品4条）。

(2) 株式の引受けの申込み

設立時募集株式の引受けの申込みをしようとする者は，①申込者の氏名（名称）・住所，②引き受けようとする設立時募集株式の数を記載した書面により，発起人に対し申込みをしなければならない（会社59条3項）。発起人の承諾を得た場合には，書面に記載すべき事項を電磁的方法により提供することができる（同条4項）。発起人が通知すべき事項について変更があったときは，発起人は，ただちに申込者に通知しなければならない（同条5項）。

募集の通知，引受けの申込みのいずれについても，設立時募集株式の総数の引受けを行う契約が締結される場合，それらの事項は，その契約書において定められることになるので，上記会社法59条の定めの適用はない（会社61条）。

なお，株式引受けの申込みについては，民法93条ただし書（心裡留保），民法94条1項（虚偽表示）の規定は適用されない（会社102条3項）。これは，株式申込者の個々の意思表示の瑕疵が会社の設立に影響を及ぼすことを防止する趣旨である。

2．株式の引受け

発起人は，申込者の中から，設立時募集株式を割り当てる者及びその者に割り当てられる株式数を決定し，払込期日の前日までに，当該申込者に対し，割り当てる株式の数を通知する（会社60条1項・2項）。発起人は，どの申込者に，何株を割り当てるかを，自由に決定することができる。設立時募集株式の総数の引受けを行う契約が締結される場合，割当てに関する決定及び通知は不要である（会社61条）。

申込者は，この割当てにより設立時募集株式の引受人となる（会社62条1号）。契約により設立時募集株式の総数を引き受けた者は，その数の設立時募集株式の引受人となる（同条2号）。

なお，株式引受けについては，創立総会において議決権を行使した後又は会社成立後は，民法95条（錯誤）を理由とする無効や民法96条（詐欺，強迫），消費者契約法4条に基づいて，引受けの取消しはできない（会社102条4項）[21]。

仮設人・他人名義により株式を引き受けた場合でも，実質上の引受人が株式引受人である（最判昭42・11・17民集21巻9号2448頁）。ただし，この立場による場合でも，実質上の株主がその地位を会社に主張するためには，名義書換えをしなければならない。

(21) これに対し，行為能力の制限や詐害行為・否認を理由とする取消しは制限されていない（詐害行為取消しの対象とすることを認めた裁判例として，東京地判平15・10・10金判1178号2頁）。

3．出資の履行

設立時募集株式の引受人は，払込期日又は払込期間内に，発起人が定めた払込取扱金融機関において，払込金額の全額を払い込まなければならない（会社63条1項）。この期日又は期間内に，払込みをしないときは，引受人は，発起人の場合のように催告等の失権手続を経ることなく，設立時募集株主となる権利を失う（同条3項）。実務においては，そのような事態の発生を避けるため，申込みの際に，払込金額の全額に相当する「申込証拠金」を徴収するのが通例で，株式割当て後は，それが払込金に充当されている。

募集設立の払込取扱金融機関は，発起人の請求により，株式払込金保管証明書（会社64条1項）を交付しなければならない。払込取扱金融機関は，証明した金額について，実際に払込みがなかったとか，預合いにより返還について制限があるといったことを理由に，成立後の会社に対し，その返還を拒むことはできない（同条2項）。払込取扱金融機関は，その証明した払込金額を会社成立の時まで保管しなければならず，それ以前に返還しても，その後成立後の会社に対しては対抗できない（最判昭37・3・2民集16巻3号423頁）。見せ金による払込みを無効とした場合について，払込取扱金融機関が見せ金であることにつき悪意のときは返還義務を負う（東京高判昭48・1・17高民26巻1号1頁）。

4．創 立 総 会

(1) 招集・決議

発起人は，払込期日又は払込期間が経過すると，遅滞なく，成立時株主（設立時に株主となる発起人・株式引受人）の総会を招集しなければならない（会社65条

1項, 67条)。この総会を創立総会と呼ぶ。発起人は，必要があると認めるときは，臨時の創立総会（場合によっては種類創立総会）を招集することができる（会社65条2項）。

招集通知（会社68条〜71条），議事（会社78条, 79条），議決権・決議（会社72条〜77条），延期・続行（会社80条），議事録（会社81条）等については，成立後の会社の株主総会とほぼ同様の規定が設けられている。もっとも，創立総会の決議は，その創立総会において議決権を行使することができる設立時株主の議決権の過半数であって，出席した当該設立時株主の議決権の3分の2以上に当たる多数をもって行わなければならない（会社73条1項）。

(2) 権　　限

創立総会の権限としては，①発起人による設立に関する事項の報告を受けること（会社87条1項），②設立時取締役・設立時監査役等の選任（会社88条），③定款の変更・設立の廃止の決議（会社73条4項）がある。創立総会においては，原則として発起人が招集時に総会の目的として定めた事項（会社67条1項2号）以外の事項を決議することはできないが，定款の変更・設立の廃止については，あらかじめ目的とされていなくても決議することができる（会社73条4項）。創立総会の決議による定款変更には，公証人の認証は不要である（会社96条）。また，募集設立において，発行可能株式数を定款で定めていないときは，創立総会において，定款変更をして，発行可能株式数を定める必要がある（会社98条, 95条）。設立の廃止については，すべての設立時株主が決議に加わることができる（会社72条3項）。

(3) 設立過程の調査

設立時取締役・設立時監査役は，設立事項の相当性等につき，調査し（会社93条1項各号），その結果を創立総会に報告・説明をしなければならず（同条2項），変態設立事項がある場合には，発起人は，検査役調査報告書又は弁護士等の証明書を，創立総会に提出しなければならない（会社87条2項）。創立総会において，これらの報告等により，変態設立事項が不当であると決議されたときは，定款の変更ができ（会社96条），その変更に反対した設立株主は，当該決議後2週間

第3章　株式会社①設立

以内であれば，当該株式の引受けの意思表示を取り消すことができる（会社97条）。なお，設立廃止が決議されたときは，会社は不成立となる。

Ⅴ　会社の不成立・設立の無効・取消し

1．会社の不成立と不存在

　会社の不成立とは，定款の作成後，何らかの原因により，設立の登記まで至らず，その設立が途中で挫折する場合をいう。
　なお，設立登記をしないで会社として活動したり，設立登記はあるが設立手続をまったく踏んでいないような，設立手続の外形すら存在しない場合には，会社は「不成立」ではなく「不存在」というべきであり，何人も，いつでもその不存在を主張できる。
　会社が不成立となった場合は，上述のとおり，発起人は，連帯して，「株式会社の設立に関してした行為」について責任を負う。また，設立に関して支出した費用を負担しなければならない（会社56条）。

2．設 立 無 効

(1)　設立無効の意義と原因

　会社が設立登記により成立しても，設立の手続に法の要件を満たさず，違法な点があれば，本来はその会社の設立は無効となるはずである。しかし，会社が外観上有効に成立している場合に，無効の一般原則により，何人も，いつでも，いかなる方法によっても無効を主張できるものとすると，会社をめぐる法律関係が混乱し，法的安全性が害されることとなる。そこで会社法は，設立無効の訴え（会社828条1項1号）という制度を設け，この形成訴訟によらなければ無効の主張はできず，かつ，その効力は遡及せず（会社839条），解散の場合と同じく清算手続を行うこととした（会社475条2号）。
　無効原因は，次のような設立手続における重大な瑕疵に限られる。すなわち，①定款の絶対的記載事項の定めに重大な瑕疵がある場合，②設立時発行株式を

一株も引き受けない発起人がいる場合，③公証人による定款認証がない場合，④発起人全員の同意による設立時発行株式に関する事項の決定がない場合，⑤設立に際して出資される財産の価額の最低額に相当する出資がない場合，⑥募集設立において創立総会が開かれない場合，⑦設立登記が無資格者の申請に基づく等により無効である場合等がこれに該当する。

(2) 設立無効訴訟の手続

　上述のとおり会社の設立無効は，形成訴訟をもってのみ主張できる。提訴権者は，会社法828条2項1号に定められた株主，取締役又は清算人（監査役設置会社にあっては，監査役を含む。委員会設置会社にあっては執行役を含む。）等であり，設立する会社が被告となる（会社834条1号）。この訴訟は，設立登記の日から2年以内に提訴しなければならない（会社828条1項1号）。株主が原告である場合は，被告の申立てにより，裁判所は，相当の担保を命ずることができる（会社836条1項）。これは，会社法846条において，設立無効の訴えを提起した原告が敗訴した場合に，原告に悪意又は重大な過失があったときは，損害賠償責任を課しながら（会社846条），担保提供命令の対象としないこととすることに合理的理由のないこと，濫訴防止や他の会社の組織に関する訴えとのバランスからも，それを認めるのが妥当であると考えられたことによる。この訴訟については，本店所在地の地方裁判所の専属管轄に属し（会社835条1項），複数の訴えが同時に係属するときは，画一的確定のため，裁判所は弁論・裁判を併合しなければならない（会社837条）。明文はないが，裁量棄却をすることはできると解されている[22]。

　設立を無効とする判決が確定すると，その判決は対世効を持ち，第三者に対しても効力が及ぶ（会社838条）。そして，判決が確定すると，本店所在地において登記される（会社937条1項1号イ）。

　設立を無効とする判決は，遡及効を有さないので（会社839条），判決が確定すると会社につき清算が開始される（会社475条2号）。

　(22) 江頭・前掲注(10) 111頁。

〔小原　正敏〕

第3章　株式会社①設立

2. 定　　款

はじめに

　定款は，会社の内部的な根本規範（基本約款）であり，会社が成立し，存続していくために法律上不可欠なものである。このような定款の性質は，旧商法においても会社法においても異ならない。しかしながら，会社法においては，定款の内容や定款変更等の手続に関し，旧商法の規律が見直されている点や旧商法には存在しなかった新たな規律が導入されている点が少なくない。会社法のもとで会社の設立，運営等を適正かつ効率的に行っていくためには，それらの規律の内容について正確な理解を要するところである。
　この項目においては，株式会社の定款の内容及び定款変更等の手続に関する会社法の規律について概観することとする。もっとも，定款の内容に関する個々の関係条文の検討については他の該当箇所の解説に譲ることとし，この項目においては，その規律を横断的に概観するとともに，会社法において大幅な整理がされたといわれる，いわゆる「相対的記載事項」について，若干踏み込んだ考察を試みることとしたい。
　なお，持分会社の定款については，持分会社に関する該当箇所（本大系第1巻第4章「1持分会社の設立」ほか）を参照されたい。

Ⅰ　定款の意義

　会社法において「定款」という文言は，2つの意味で用いられている（この

2 定款

点は,旧商法においても同様であった。)。1つは会社の設立,組織,運営及び管理に関する内部的な根本規範（実質的意義における定款）の意味であり,もう1つはその根本規範の内容を記載した書面又はそれを記録した電磁的記録（形式的意義における定款。以下文脈に応じて「書面定款」ということがある。）の意味である。実質的意義における定款は,その時々において各会社に唯一のものであるが,形式的意義における定款は,各会社が必要に応じて適宜の通数を作成することができるものである。

　定款は,原始定款（後述）を作成した発起人のほか,当該会社の株主及び機関を当然に拘束する効力を有する[1]。ただし,会社法その他の法令の強行規定に違反する定款の定めは,その効力を有しない。

(1) 取締役及び執行役については,定款を遵守すべき義務が会社法で明示的に定められているが（会社355条,419条2項），その他の機関も,定款に当然に拘束される。

II　定款の作成

　株式会社を設立するためには,発起人が定款を作成し,その全員がこれに署名し[2],又は記名押印しなければならない（会社26条1項）。ただし,定款は,電磁的記録（会社規224条）をもって作成することもでき,その場合には電子署名を要する（会社26条2項,会社規225条1項1号）。このように定款の作成は,書面又は電磁的記録をもって行う必要があり,会社法26条の「定款」は,実質的意義における定款と形式的意義における定款の双方を意味するものということができる。

　作成された定款は,公証人の認証を受けなければ,その効力を生じない（会社30条1項）。

　なお,このようにして会社の設立時に作成された定款は,その後に変更された定款と区別する意味で,一般に「原始定款」と呼ばれる[3]。

(2) 発起人は,代理人によって定款を作成することもできる（大判昭7・6・29民集11巻1257頁）。
(3) 「原始定款」という文言は,通常,株主になるべき者の全員がその内容に同意をし

第3章　株式会社①設立

ていた定款という趣旨で使われるため，発起人が定めた定款（会社26条）を指し，会社設立時の定款であっても募集設立の場合において創立総会で変更された定款（創立総会における定款の変更には，設立時株主の全員の同意は要求されない〔会社73条1項〕。）は含まれない趣旨であるのが一般的である。

Ⅲ　定款の内容

1．定款の記載事項

株式会社の定款には，会社法27条各号及び28条各号に掲げる事項のほか，会社法の規定により定款の定めがなければその効力を生じない事項及びその他の事項で会社法の規定に違反しないものを記載し，又は記録することができることとされている（会社29条）。

これらの定款の記載事項（記録事項を含む。以下同じ。）は，一般に絶対的記載事項，相対的記載事項及び任意的記載事項の3種類に大別することができる。

2．定款の絶対的記載事項

株式会社の定款には，次の①から⑥の事項を記載し，又は記録しなければならない（会社27条各号，37条1項，98条）。

① 　目的（会社27条1号）

② 　商号（会社27条2号）

　　　株式会社は，その商号中に「株式会社」という文字を用いなければならない（会社6条2項）。また，その商号中に他の種類の会社であると誤認されるおそれのある文字を用いてはならない（同条3項）。

　　　株式会社は，その本店の所在場所において他人が既に登記した商号と同一の商号を用いることはできない（商登27条，会社911条3項2号）[4]。

③ 　本店の所在地（会社27条3号）

　　　本店の所在地は，本店が所在する独立の最小行政区画をいうものと考えられる。また，登記事項である本店の所在場所（会社911条3項3号）は，本店の所在地内の具体的な場所（地番）を指す[5]。

2　定　　款

　　会社の住所は，その本店の所在地にあるものとされる（会社4条）。また，本店の所在地は，登記をすべき地（会社911条1項，915条1項），訴訟の専属管轄地（会社835条1項，848条，856条等），非訟事件の専属管轄地（会社868条1項）等になる。

④　設立に際して出資される財産の価額又はその最低額（会社27条4号）

　　会社法においては，会社の設立に際して発行する株式の総数（旧商166条1項6号）を絶対的記載事項とする硬直的な規律が廃止されており[6]，その代わりに設立に際して出資される財産の価額又はその最低額が絶対的記載事項とされている[7]。

⑤　発起人の氏名又は名称及び住所（会社27条5号）

⑥　発行可能株式総数

　　株式会社が発行することができる株式の総数（発行可能株式総数）も，旧商法におけるのと同様，定款の絶対的記載事項である。ただし，旧商法においてはこれを定款作成時に定める必要があったのに対し（旧商166条1項3号），会社法においては定款作成時に定める必要はなく，設立過程における株式の引受けや失権の状況等をみながら，会社の成立の時までに定款で定めればよいこととされている（会社37条1項，98条）。

　　設立しようとする株式会社が公開会社である場合，発行可能株式総数は，当該株式会社が設立に際して発行する株式（設立時発行株式）の総数の4倍を超えてはならない[8]（会社37条3項本文）。

　これら①から⑥の事項は，定款の絶対的記載事項であり，それらの事項のうち全部又は一部の記載を欠く場合（その内容が違法であるために当該記載が無効である場合を含む。），当該定款は，その全体が無効となる[9]。ただし，⑥の事項については，会社の成立の時までに定款で定めてあれば足りることは，前述のとおりである。

　なお，会社法においては，会社の公告方法が絶対的記載事項ではなく（旧商166条1項9号参照），相対的記載事項とされており（会社939条1項），時事に関する事項を掲載する日刊新聞紙に掲載する方法又は電子公告を公告方法とする旨の定款の定めをしない限り，官報に掲載する方法が公告方法になることとされている（同条4項）。

第3章　株式会社①設立

（4）　旧商法・旧商業登記法のもとでは，他人が登記した商号と同一の商号又はそれと判然区別することができない商号を同一市町村内において同一の営業のために登記することはできなかった（旧商19条，旧商登27条）。このような類似商号規制は，その効果が限定的であり，合理性に乏しいことから，会社法においては廃止されている。
（5）　定款に当該会社の本店の所在場所（地番）までを任意的に記載することもできる。
（6）　会社の設立に際して発行する株式の数は，任意的に定款で定めておくこともできるが，定款でそれを定めていない場合には，発起人がその全員の同意を得て定める（会社32条1項1号，58条1項1号・2項）。
（7）　金銭以外の財産の出資（現物出資）の場合，「財産の価額」は，出資の目的である当該財産の時価ではなく，変態設立事項として定款に記載された額（会社28条1号）により算定すべきものと考えられる。
（8）　株式会社は，定款を変更して発行可能株式総数についての定めを廃止することができない（会社113条1項）。定款を変更して発行可能株式総数を減少するときは，変更後の発行可能株式総数は，当該定款の変更が効力を生じた時における発行済株式の総数を下ることができない（同条2項）。公開会社である株式会社がその定款を変更して発行可能株式総数を増加する場合，変更後の発行可能株式総数は，当該定款の変更が効力を生じた時における発行済株式の総数の4倍を超えることができない（同条3項）。
（9）　ただし，発起人の住所については，当該発起人の同一性を認識し得る限り，その住所の記載を欠いても定款は無効にはならないとした判例がある（大判昭8・5・9新聞3561号7頁）。

3．定款の相対的記載事項

　定款の相対的記載事項とは，それが定款の内容になっていなくても定款自体の効力には影響しないが，定款の内容になっていなければ会社の法律関係としてその効力が認められない事項をいう（会社法29条においては「前〔28〕条各号に掲げる事項のほか，……この法律の規定により定款の定めがなければその効力を生じない事項」と規定されている。）。このような事項として代表的なものは，設立時に定款に記載し，又は記録すべき次のような変態設立事項（会社28条各号）である。

①　金銭以外の財産を出資する者の氏名又は名称，当該財産及びその価額並びにその者に対して割り当てる設立時発行株式の数（設立しようとする株式会社が種類株式発行会社である場合にあっては，設立時発行株式の種類及び種類ごとの数）[10]　〔いわゆる現物出資に係る事項〕（会社28条1号）

②　株式会社の成立後に譲り受けることを約した財産及びその価額並びにその譲渡人の氏名又は名称　　〔いわゆる財産引受けに係る事項〕（会社28条

2　定　　　款

2号)

③　株式会社の成立により発起人が受ける報酬その他の特別の利益及びその発起人の氏名又は名称（会社28条3号）

④　株式会社の負担する設立に関する費用（定款の認証の手数料，定款に係る印紙税，設立時発行株式と引換えにする金銭の払込みの取扱いをした銀行等に支払うべき手数料及び報酬，裁判所が決定した検査役の報酬並びに株式会社の設立の登記の登録免許税〔会社規5条〕を除く。）（会社28条4号）

　会社法においては，定款の相対的記載事項として，変態設立事項以外にも多くの事項が定められている。例えば，株式の内容についての特別の定め（会社107条2項）や種類株式の内容に関する定め（会社108条2項）がこれに該当する。また，定款で別段の定めができることとされている事項も，相対的記載事項に該当するといえる（ただし，後記4のなお書参照）。

　なお，相対的記載事項のうち変態設立事項については，定款にその記載を要するほか，原則として裁判所が選任した検査役の調査を受ける必要がある（会社33条）。

(10)　このような金銭以外の財産の出資（現物出資）をすることができる者は，募集設立の場合（会社25条1項2号）においても発起人に限られる（会社58条1項3号参照）。

4．定款の任意的記載事項

　定款の任意的記載事項とは，それが定款の内容になっていなくても定款自体の効力には影響せず，会社の法律関係としてその効力が認められないわけでもない（当該事項の内容に応じて，取締役会，株主総会等の権限ある機関がそれを定めることもできる。）が，任意的に定款に記載される事項をいう。会社法29条においては「その他の事項でこの法律の規定に違反しないもの」と規定されており，会社法の規定に違反しない限度で任意の事項を定款に記載することが会社法の規定により明示的に認められている。

　定款の任意的記載事項は，当該事項を株主に明示するほか（定款において会社法の規定と同趣旨の内容をそのまま規定することがあるが，このような規定も任意的記載事項に含めて整理することができる。），その内容を変更するための手続が厳格である定款に記載することによって当該事項の拘束力を高めることなどを目的とし

て，定款の内容とされる。具体的な例としては，定時株主総会の招集の時期，取締役・監査役等の員数，取締役の役職（社長，専務取締役，常務取締役等），事業年度などがあげられる。

　なお，会社法においては，定款で定める方法がある事項を決定するための複数の方法のうちの一つとして規定されている場合がある。例えば，設立時発行株式に関する事項の決定（会社32条1項），株式会社の代表取締役の選定（会社349条3項），取締役の報酬等の決定（会社361条1項）などである。これらの事項については，定款で定める方法以外にもそれを定める方法が存在するため，異論はあり得るものの[11]，任意的記載事項であると整理することができる。

(11)　従前の学説の中には，絶対的記載事項，相対的記載事項及び任意的記載事項のほかに，「選択的記載事項」という類型を認めるものもあったようであるが，本文で述べたような相対的記載事項及び任意的記載事項の定義による限り，設立時発行株式に関する事項の決定（会社32条1項）等も任意的記載事項に分類されるべきものであると考えられる（上柳克郎＝鴻常夫＝竹内昭夫編集代表・新版注釈会社法(2)株式会社の設立（1985）71頁〔中西正明〕）。

5．株式取扱規則等への委任

　会社は，その内部的な根本規範である定款のほかにも様々な内部規則（以下「下位規則」という。）を任意に定めることができる。現に，株式取扱規則（規程）や取締役会規則（規程）などを定めている会社が少なくない。特に株式取扱規則には，名義書換請求，単元未満株式の買取請求，株券喪失の場合の株券再発行請求等に関する具体的な手続等，株主の権利の行使に関係する事項が定められているのが一般的である。

　しかし，それらの下位規則の作成・変更については，取締役会等の権限ある機関で決定されるにとどまり，定款変更のために要する株主総会の特別決議のような厳格な手続はとられない。そのため，定款の絶対的記載事項に該当する事項はもとより，相対的記載事項に該当する事項も，下位規則で定めることはできない。これに対し，定款の任意的記載事項に該当する事項は，定款及び下位規則のいずれで定めることもできる（ただし，それらの事項であっても，いったん定款で定めた以上，その変更のためには定款変更の手続を要することになる。）。

　もっとも，定款の相対的記載事項に該当する事項であっても，その性質によっ

2 定　　款

ては，その要綱のみを定款で定めれば足り，その細目的事項については会社の権限ある機関（取締役会等）ないし下位規則に委任することができるものもあると考えられる(12)。定款で定めた要綱についての細目的事項を取締役会等で定めることが会社法の明文の規定により認められている事項もあるが（会社108条3項），そのほかにも，解釈上，これが認められる事項もあると解される。例えば，株式取扱規則に通常定められている名義書換請求，単元未満株式の買取請求等に関する具体的な手続についても，それが株主の権利に影響を及ぼすものである以上，その根拠となる授権規定が定款に存在すべきであるとする見解もある(13)。このような考え方によれば，当該手続の内容も定款の相対的記載事項に該当するが，定款の授権規定によって，その細目的事項が株式取扱規則に委ねられていることになる。また，株式取扱規則に通常定められている事項の全部について定款の授権規定を要するわけではないが，株主にとっての不利益の程度によっては，定款の授権規定を根拠としてはじめて株式取扱規則に定めることができる事項もあるとする見解も有力であり，このような考え方によっても，定款の授権規定を要する事項について，同様の分析が可能といえる。

　なお，一般論としては上記のとおりであるとしても，具体的にどこまでが定款の相対的記載事項に該当する事項で，どこからが定款の任意的記載事項に該当する事項であるのか，どこまでが要綱として定款に記載する必要のある事項で，どこからが細目的事項として下位規則（取締役会等）に委任できる事項であるのかについては，それぞれの事項の性質等に応じて実質的に判断するほかないであろう。

(12) 上柳克郎＝鴻常夫＝竹内昭夫編集代表・新版注釈会社法(12)株式会社の定款変更・資本減少・整理（1990）17頁〔実方謙二〕。定款の授権規定がない限り「細目的事項」を下位規則（取締役会等）で定めることはできないという意味において，ここでいう「細目的事項」は単なる任意的記載事項とは異なる位置付けのものといえる。

(13) これに対し，取締役会規則は，取締役会自身で決定できる事項を定めているものにすぎないため，それを定める場合においても定款にその授権規定を置く必要はないとする考え方が一般的である。

第3章　株式会社①設立

Ⅳ　定款の備置等

1．定款の備置

　株式会社（当該株式会社の成立前にあっては，発起人）は，定款をその本店及び支店（当該株式会社の成立前にあっては，発起人が定めた場所）に備え置かなければならない（会社31条1項）[(14)]。ただし，定款が電磁的記録をもって作成されている場合であって，定款の内容をインターネットその他の電気通信回線を通じてその支店においても閲覧及び交付の請求（後記2の③及び④）に応じることを可能とするための措置をとっている株式会社においては，支店において定款を備え置く必要はない（会社31条4項，会社規227条1号）。

　ここでいう「定款」とは，書面又は電磁的記録をもって作成された形式的意義における定款（書面定款）のことである。本店及び各支店に備え置く定款の作成媒体を書面又は電磁的記録のいずれかに統一することも可能であるが，本店においては書面をもって作成されたものを備え置き，支店においては電磁的記録をもって作成されたものを備え置くなど，営業所ごとに異なる媒体で作成された定款を備え置くことも可能であると考えられる。また，当初書面で作成されていたものを後に電磁的記録で作成されたものに差し替えることも可能であると考えられる。原始定款を備え置く場合においても同様であり，公証人の認証を受けた書面定款の現物をそのまま備え置く必要はなく，その内容（実質的意義における定款）を記載した書面やそれを記録した電磁的記録を別途作成してそれを備え置くことも可能であると考えられる（このように解しないと，設立当初から支店が存在する場合，各支店に書面定款を備え置くことができない事態が生じ得ることになる。）。

　なお，実務においては，備え置く書面定款の内容の真正を担保するために，作成者がこれに署名，記名押印等をすることが少なくないが，そのような署名，記名押印等は，会社法上要求されているものではない。

　　(14)　旧商法の規定による株式会社であって整備法の施行（その施行日は会社法の施行日と同日）の際に現に存するもの及び同法の経過措置（整備法75条，36条又は105条

2　定　　款

本文）により同法の施行日以後に設立された株式会社においては，同法の規定（整備法第1章第4節及び第2章第1節第2款）により定款に定めがあるものとみなされる事項を併せて示さなければならない（整備法77条）。その示す方法について特に制限は設けられていない。

2．定款の閲覧請求権

　株式会社の株主及び債権者（当該株式会社の成立前にあっては，発起人）は，当該株式会社の営業時間（当該株式会社の成立前にあっては，発起人が定めた時間）内は，いつでも，次の①から④の請求をすることができる（会社31条2項本文）。ただし，②又は④の請求をするには，当該株式会社（当該株式会社の成立前にあっては，発起人）の定めた費用を支払わなければならない（同項ただし書）。この費用の額については，実費相当の合理的な金額であると考えられる。
　①　定款が書面をもって作成されているときは，当該書面の閲覧の請求（会社31条2項1号）
　②　上記①の書面の謄本又は抄本の交付の請求（会社31条2項2号）
　③　定款が電磁的記録をもって作成されているときは，当該電磁的記録に記録された事項を紙面又は映像面に表示する方法（会社規226条1号）により表示したものの閲覧の請求（会社31条2項3号）
　④　上記③の電磁的記録に記録された事項を電磁的方法であって当該株式会社（当該株式会社の成立前にあっては，発起人）の定めたものにより提供することの請求又はその事項を記載した書面の交付の請求（会社31条2項4号）
　また，株式会社の成立後において，当該株式会社の親会社社員（親会社の株主その他の社員をいう。以下同じ。）がその権利を行使するため必要があるときは，当該親会社社員は，裁判所の許可を得て，当該株式会社の定款について上記①から④までの請求をすることができる（会社31条3項本文）。ただし，②又は④の請求をするには，当該株式会社の定めた費用を支払わなければならない（同項ただし書）。
　なお，上記の閲覧等の請求が可能である当該株式会社の「営業時間」とは，特段の事情がない限り，当該請求がされた本店又は支店において書面定款を保存・管理している部門（総務部等）の正規の勤務時間を意味するものと考えら

第3章　株式会社①設立

れる。

V　定款の変更

1．会社の成立前の定款変更手続

　発起設立の方法（発起人が設立時発行株式の全部を引き受ける方法。会社25条1項1号）により株式会社を設立する場合，公証人の認証（会社30条1項）を受けた定款は，株式会社の成立前においては，原則として，これを変更することができない。ただし，①裁判所が変態設立事項を不当と認めてそれを変更する決定をしたとき（会社33条7項）[15]，②発起人が裁判所の当該決定により変更された事項についての定款の定めを廃止するとき（同条9項）又は③発行可能株式総数の定めを設けもしくはその変更をするとき（会社37条1項・2項）は，これを変更することができる（会社30条2項）。上記②及び③の変更は，発起人の全員の同意によって行う。

　他方，募集設立の方法（発起人が設立時発行株式を引き受けるほか，設立時発行株式を引き受ける者の募集をする方法。会社25条1項2号）により株式会社を設立する場合，上記①から③に加え（ただし，設立時募集株式に係る払込期日又は払込期間の初日のうち最も早い日以後は，上記②及び③による定款の変更をすることはできない〔会社95条〕。），創立総会の決議によって定款の変更をすることができる（会社96条）。創立総会の決議は，原則として，当該創立総会において議決権を行使することができる設立時株主の議決権の過半数であって，出席した当該設立時株主の議決権の3分の2以上に当たる多数をもって行う（会社73条1項。ただし，例外として会社73条2項・3項及び99条〜101条）。

　なお，以上のように法定の範囲内で定款を変更する限り，当該変更後の定款について公証人の認証を受け直す必要はない[16]。

(15)　当該決定により，当該決定に係る事項は当然に変更されるものと解される（会社33条9項参照）。
(16)　当該定款の変更が本文で述べた法定の範囲を超えるものである場合には，改めて発

2 定　　　款

起人による署名・記名押印，公証人による認証等の手続が必要となる。発起設立の場合，実務上は，変更に係る事項を明らかにし，発起人が署名又は記名押印した書面に公証人の認証を受けたときは，変更後の定款による設立登記の申請が受理されることとされている（平18・3・31法務省民商782号通達）。

2．会社の成立後の定款変更手続

株式会社がその成立後に定款の変更をする場合には，原則として，株主総会の決議を要する（会社466条）。この株主総会の決議は，原則として，特別決議による（会社309条2項11号）。

ただし，会社法においては，より厳格な手続を要する場合や株主総会の決議によらずに定款の変更ができる場合などについて特則が設けられている。それらの特則の内容は，次の表のとおりである。なお，それぞれの手続の詳細については，該当箇所の解説を参照されたい。

■定款変更手続の特則

必要な手続	定款変更の内容
総株主の同意	種類株式発行会社以外の株式会社において，その発行する全部の株式に取得条項を付する定款の定めを設け，又は当該定めの変更（廃止を除く。）をしようとする場合（会社110条）
	種類株式発行会社以外の株式会社において，自己株式の取得に伴う売渡追加請求権の排除に係る定款の定めを設け，又は当該定めの変更（廃止を除く。）をしようとする場合（会社164条2項）
株主総会の特別決議 ＋ 総種類株主の同意	種類株式発行会社において，ある種類の株式の発行後に当該種類の株式に取得条項を付する定款の定めを設け，又は当該定めの変更（廃止を除く。）をしようとする場合（会社111条1項）
	種類株式発行会社において，ある種類の株式の発行後に当該種類の株式について自己株式の取得に伴う売渡追加請求権の排除に係る定款の定めを設け，又は当該定めの変更（廃止を除く。）をしようとする場合（会社164条2項）
	種類株式発行会社において，ある種類の株式の発行後に当該種類の株式について会社法322条1項の規定による種類株主総会の決議を要しない旨の定款の定めを設けようとする場合（会社322条4項）
株主総会の特別決議 ＋ 種類株主総会の決議	種類株式発行会社において，ある種類の株式の内容として，次のいずれかについての定款の定めを設ける場合（会社111条2項） ① 譲渡による当該種類の株式の取得について当該株式会社の承認を要すること（種類株主総会の決議については特殊決議〔会社324条3項1号〕） ② 当該種類の株式について，当該株式会社が株主総会の決議によってその全部を取得すること（種類株主総会の決議については特別決議〔会社324条2項1号〕）

第3章　株式会社①設立

	種類株式発行会社が次のいずれかについての定款の変更（会社法111条1項又は2項に規定するものを除く。）をする場合において，ある種類の株式の種類株主に損害を及ぼすおそれがあるとき（会社322条1項1号） ① 株式の種類の追加 ② 株式の内容の変更 ③ 発行可能株式総数又は発行可能種類株式総数の増加
株主総会の特殊決議1（注1）	種類株式発行会社以外の株式会社において，その発行する全部の株式に譲渡による当該株式の取得について当該株式会社の承認を要する旨の定款の定めを設ける場合（会社309条3項1号）
株主総会の特殊決議2（注2）	株主ごとに異なる取扱いを行う旨の定款の定め（会社109条2項）についての定款の変更（廃止を除く。）（会社309条4項）
株主総会の決議不要	現に2以上の種類の株式を発行している株式会社以外の株式会社において，株式の分割に際して分割割合以下の割合で発行可能株式総数を増加させる場合（会社184条2項）
	株式の分割に際して会社法191条各号の要件に該当する範囲で単元株式数を増加させ，又は単元株式数についての定款の定めを設ける場合（会社191条）
	単元株式数を減少し，又は単元株式数についての定款の定めを廃止する場合（取締役会設置会社にあっては取締役会の決議，それ以外の株式会社にあっては取締役の決定による。）（会社195条1項）
みなし変更	取締役又は監査役の選解任に関する種類株式についての定款の定め（会社108条2項9号）のみなし廃止（会社112条）

注1：当該株主総会において議決権を行使することができる株主の半数以上（これを上回る割合を定款で定めた場合にあっては，その割合以上）であって，当該株主の議決権の3分の2（これを上回る割合を定款で定めた場合にあっては，その割合）以上に当たる多数をもって行う決議。
注2：総株主の半数以上（これを上回る割合を定款で定めた場合にあっては，その割合以上）であって，総株主の議決権の4分の3（これを上回る割合を定款で定めた場合にあっては，その割合）以上に当たる多数をもって行う決議。

3．特別決議の要件の加重

　前記のとおり，株式会社の成立後に定款の変更をする場合には，原則として，株主総会の特別決議による（会社466条，309条2項11号）。
　特別決議とは，①当該株主総会において議決権を行使することができる株主の議決権の過半数（3分の1以上の割合を定款で定めた場合にあっては，その割合以上）を有する株主が出席し，②出席した当該株主の議決権の3分の2（これを上回る割合を定款で定めた場合にあっては，その割合）以上に当たる多数をもって行う決議をいう（会社309条2項前段）。また，③そのような要件に加えて，一定の数以上の株主の賛成を要する旨その他の要件を定款で定めることもできる（同項後段）。
　上記①の定足数要件については，原則として株主の議決権の過半数とされて

2　定　款

いるが，定款の定めにより3分の1以上の割合まで軽減することができることが明文で認められている。この点は，旧商法における規律と異ならない（旧商343条1項・2項）。ただし，旧商法においては，定足数要件を定款の定めによっても過半数から総議決権数の3分の1未満に軽減することはできないとの規定が設けられていたにとどまり，当該要件を過半数よりも加重することができるか否かについて解釈上争いがあった。会社法においては，この点につき，明文の規定により決着が図られたといえる。

　また，上記②の賛成議決権数要件については，原則として出席した株主の議決権の3分の2以上の賛成とされている点は，旧商法における規律（旧商343条1項）と異ならないが，会社法においては，この割合を定款の定めにより加重することができることが明文で認められている。旧商法においては，賛成議決権数要件の加重について明文の規定がなく，解釈上争いがあったところであるが，会社法においては，明文の規定によりその問題にも決着が図られたといえる。

　もっとも，株主総会の特別決議の要件（定足数要件・賛成議決権数要件）の加重に限界があるか否かについては見解が分かれる余地がある。例えば，定款の変更に関する特別決議について，出席した株主の議決権の全部の賛成を要するとの定款の定めを設けた場合，株主が広く分散している上場会社等においては，その後に定款を変更することが事実上不可能になる事態が生じ得る。旧商法のもとでは，定款の定めによっても株主総会の特別決議の要件を加重することができないとする見解が有力に主張されていたが，そのような見解の根拠の一つも，この点にあったようである。しかし，定款の変更が事実上不可能になる事態が生じ得るということをもって，上記のような定款の定めが会社法上およそ無効であると解する必要はないであろう。株主が少数しか存在しない会社においては，例えば，定款を変更するために株主全員の同意を要するとすることも十分に現実的である。他方，株主が多数存在する会社においては，どの程度に株主が分散していれば定款の変更が事実上不可能になるのか，その場合に定款の変更が現実に可能な範囲で決議要件を加重することができる上限はどこかといった点について客観的に判断することは，ほぼ不可能といえる。会社法においては，特に上限を定めることなく特別決議の要件の加重が明文で認められているが，これは総株主の出席や総議決権の賛成を要するとすることも含め，決

議要件を加重するか否か，どの程度まで加重するかについて，当該会社（株主総会）がその責任において任意に定めることを許容する趣旨であると解される[17]。

なお，会社法においては，特別決議の要件として，「一定の数以上の株主の賛成を要する旨その他の要件」を定款で追加的に定めることができることとされている（上記③の要件）。そのような要件としては，旧有限会社の特別決議の要件として定められていたのと同様に株主の頭数要件を定めるほか（旧有48条1項参照），一定の出席株主数の賛成を要するとすることや，総議決権数に対する賛成割合を定めることなどが考えられる。これに対し，例えば特定の株主の賛成や特定の種類の株式の総議決権の過半数の賛成を要するとすることなどは，通常，株主ごとの格別の定めに関する規律（会社109条2項）や拒否権付株式（会社108条1項8号）の規律を潜脱することになるため，無効であると考えられる。

  (17)　会社法においては，定款変更に係る株主総会の決議要件のほか，様々な点について規律の柔軟化が図られており，定款の定めによって各会社がその実態に応じた効率的・機動的な会社運営等を行うことができるように配慮されている点が少なくない。しかしながら，当該会社の実態にそぐわない定款の定めを設けることも，会社法上は可能であり，その場合，現実の会社運営等に支障が生じたり，会社運営等が完全に立ち行かなくなるような事態が生じ得ることに十分留意し，各会社においてその定款の内容について慎重な検討がされるべきである。

4．他の事項に関する決議要件の加重との関係

会社法においては，株主総会の特別決議を要する事項（会社309条2項各号）の全部について決議要件を加重することができるが，その一部だけについて加重することもできるものと考えられる。後者の場合には，定款の変更に関する決議要件についても配慮をしておくべきである。

例えば，合併契約の承認に係る特別決議の賛成議決権数要件を定款の定めで加重した場合であっても，当該定款の定め自体の変更については法定どおりの特別決議の要件で可能であるとすると，まず当該定款の定めを廃止することによって，結局，合併契約の承認についても法定どおりの特別決議で行うことができることになる。このような場合，当該定款の定め自体を変更する定款変更

に関しても賛成議決権数要件を加重する趣旨であると解すべきことが多いものと思われるが，疑義を避けるため，定款で明示的にその趣旨を定めておくのが無難であろう。

5．定款の記載・記録の更正

　前述のとおり，会社法の定める「定款」には，実質的意義における定款と形式的意義における定款がある。一般に会社法で定められた厳格な手続を要する「定款の変更」とは，実質的意義における定款（すなわち根本規範としての内容）を変更する場合をいい，形式的意義における定款（根本規範の内容を記載し，又は記録した書面定款）の更正はこれにあたらないとされている。例えば，定款の記載を縦書きから横書きに改める場合や，旧式の文体から常用漢字や新仮名づかいに改める場合などは書面定款の更正にあたり，株主総会の特別決議等の厳格な手続を要することなく，取締役が適宜にこれを行うことができるというのが一般的な考え方である[18]。

　しかしながら，どこまでが形式的意義における書面定款の更正であり，どこからが実質的意義における定款の変更であるかについては，会社法の規定から一義的に明らかであるわけではなく，当該規律の実質が変更されるものであるかどうかを基準として個別具体的に判断せざるを得ない。

　一般に定款変更手続を要するか否かについては硬直的に解釈される傾向にある。例えば，定款規定の順序の変更，句読点の変更，字句の訂正なども定款の変更に該当し，定款変更手続を要するという考え方も示されているところである[19]。これは，それらの変更が一見形式的な変更にすぎないようにみえても，定款の規律の解釈に影響を及ぼし得るからであると考えられる。しかし，定款規定の順序の変更，句読点の変更，字句の訂正などが定款の規律の解釈におよそ影響を及ぼし得ない場合には，定款変更手続を要しない単なる（形式的意義における）書面定款の更正にすぎないと認めることも可能であるはずである。そのため，例えば，「いかなる字句の訂正であっても常に株主総会の特別決議を要する」という考え方は，少なくとも実体法上の考え方としては，硬直的にすぎる嫌いがあるように思われる。

　もっとも，現実問題としては，当該変更が定款の規律の解釈におよそ影響を

及ぼし得ないと言い切れるかどうかについて疑義が残る場合が多く，定款変更手続を要するか否かについて，一般的に通用する明確な限界線を設けることは困難であると考えられる。そのため，微細な字句の変更であっても，念のために株主総会の特別決議等の定款変更手続を経ておくのが実務上無難であるというのもそのとおりであろう。

なお，定款変更手続を要するか否かが問題となる場面として，法律に定められたいわゆる「みなし規定」により法律上当然に定款の内容に変更が生じる場合がある。この場合，仮に当該変更が株主総会において否決されたとしても，当該変更自体は法律上当然に生ずることになるため，定款変更手続（会社466条）は要しないものと考えられる。定款の規定として具体的にどのような文言で記載がされるべきかについては，法律のみなし規定でも定められていないのが通常であるから，みなし規定に基づいてされた定款の具体的な記載ぶりを株主総会の決議の対象にすべきであるという考え方もあるかもしれないが，定款の内容は，みなし規定に基づいて客観的に定まるはずのものであって，その定款の内容と定款の具体的な記載ぶりに齟齬がある場合，その定款の記載は適宜更正されるべきものであるから，やはり株主総会の特別決議に係らしめるべきものではないと考えられる。もっとも，当該定款の具体的な記載ぶりを株主総会において報告し，それを株主に知らしめることはもとより妨げられるものではなく，実務上，一定の意義が認められるであろう。

(18) 上柳＝鴻＝竹内編集代表・前掲注（12） 9頁〔実方〕。
(19) 上柳＝鴻＝竹内編集代表・前掲注（12） 9頁〔実方〕。

VI 相対的記載事項に関する若干の考察

1．相対的記載事項の範囲

定款の相対的記載事項の意義については前述したとおりであるが（Ⅲ3参照），当該会社の定款に相対的記載事項が規定されていない限り，当該会社においては，会社法で定められた原則的な規律が適用されることになる[20]。すなわち，

2 定　　　款

相対的記載事項は，そのような原則的な規律の存在を前提とする概念であるということができる（そのような原則的な規律が存在しないのであれば，そもそも当該事項は任意的記載事項にすぎず，当該事項について，定款によることなく，取締役会等の権限ある機関が任意に規律を設定することができることになる。）。

　この点につき留意すべきことは，そのような原則的な規律として，(a)会社法の明文の規定によって定められているもののほかに，(b)解釈上導き出されるものがあるということである。例えば，(a)株主総会の特別決議の賛成議決権数要件である「出席した当該株主の議決権の3分の2」は，会社法の明文の規定によって定められた原則的な規律（この要件を加重することができることを定める「（これを上回る割合を定款で定めた場合にあっては，その割合）」の部分が相対的記載事項に関する規律）である（会社309条2項）。これに対し，(b)判例（最判昭43・11・1民集22巻12号2402頁）を前提とすると，会社法に明文の規定はないが，原則として株主総会に出席することができる株主の代理人の資格を制限することはできないものと解され，かかる規律は解釈上導き出される会社法の原則的な規律（代理人の資格を株主に限る旨の定款の定めは相対的記載事項）であると整理することができる。

　会社法の規定については，その立案過程において，定款の相対的記載事項に関する大幅な整理がされており，「法律に規定されている事項について定款で別段の定めを置くことができる場合については，逐一，法律でこれを規定することとしている」などと説明されることがある[21]。現に会社法の規定を眺めてみると，明文で定められている規律（すなわち，上記(a)の類型の規律）については，定款で別段の定めができるものを逐一明文で明らかにしようとしていることが読み取れる。その意味において上記の説明は基本的に正しいものであり，相対的記載事項に関する重要な示唆を含むものといえよう。すなわち，明文の規定で定められた会社法の規律については，同様に明文で定められていない限り，定款で別段の定めはできないと解するのが会社法における解釈の基本ということになる[22]。

　もっとも，前述のとおり，会社法における原則的な規律自体が解釈上導き出される場合があり（上記(b)の類型の規律），その場合には，定款で別段の定めができるかどうかについてももとより解釈に委ねられることになる。そのため，少

第3章　株式会社①設立

なくともこの限りにおいては，相対的記載事項の範囲についてなお解釈に委ねられている部分が相当程度残されているといえる。そして，会社法の明文の規定がない部分についてそもそも何らかの原則的な規律が存在するのか（前述のとおり，それが存在しなければ，その部分は各会社の任意の取扱いに委ねられており，定款で何らかの規律を設けたとしても，それは任意的記載事項にすぎないことになる。），それが存在する場合，定款で別段の定めができるのか（さらにそれが可能な場合には，具体的にどのような内容の定めができるのか）については，会社法の関係規定に照らし，個別具体的に判断するほかないものと考えられる。

(20)　変態設立事項である現物出資等に関する事項（会社28条），株式の内容についての特別の定め（会社107条2項），種類株式の内容に関する定め（会社108条2項）などについても，それらを定款に定めない限り，現物出資等をすることができず，特別の内容の株式を発行することができない等の原則的な規律が存在する。
(21)　相澤哲＝岩崎友彦「新会社法の解説(2)会社法総則・株式会社の設立」商事1738号（2005）12頁。
(22)　会社法の数ある規定のすべてに対し，立案段階において想定されていない点も含め，例外なく，このような基本原則を適用することができるかどうかについては，今後さらに研究が進められていくものと思われる。
　なお，このような基本原則は，各株主の同意の有無にかかわらず，すべての株主に対して拘束力を及ぼす性質を有する定款に関し，どの範囲で会社法の規定とは異なる内容の規定を設けることができるのかという文脈で問題となるものであって，会社法がどの範囲で強行法規性を有するのか（すなわち，特定の者が会社との間で会社法の規定とは異なる内容の合意をすることができるのはどの範囲か）という問題とは別の問題である。

2．明文の規定で認められた相対的記載事項

　前述のとおり，会社法においては，明文で定められている原則的な規律について，定款で別段の定めができるものを逐一明文で明らかにしようとしている。例えば，譲渡制限株式に関するみなし譲渡承認（会社107条2項1号ロ，108条2項4号），譲渡等の承認の決定権者（会社139条1項ただし書）及び指定買取人の指定（会社140条5項ただし書），株主による株主総会の招集請求権の要件（会社297条1項），株主提案権の要件（会社303条2項，304条，305条1項），株主総会の特別決議及び特殊決議の決議要件（会社309条2項・3項・4項），株主による取締役の行為の差止請求権の要件（会社360条1項）など，その数は極めて多数にのぼる。

2 定　　款

　旧商法のもとでは，定款で別段の定めが可能か否かにつき解釈上の疑義があった点が少なくないが，会社法における明文化により，疑義が解消された点が少なくない。

　もっとも，定款で別段の定めができることが会社法の明文の規定で定められている場合であっても，具体的にどのような定めができるかについては，なお解釈の余地がある（このように法令の規定の内容に常に解釈の余地が残されていることは，定款に関する会社法の規定のみならず，法令の規定一般についていえることである。）。株主総会の特別決議の定足数要件・賛成議決権数要件（会社309条2項前段）の加重に限界があるか否かにつき議論の余地があることや株主総会の特別決議の追加的要件（同項後段の「一定の数以上の株主の賛成を要する旨その他の要件」）の内容に制限があると解されることについては，前述のとおりである（Ⅴ3参照）。その他にも，例えば，譲渡制限株式に係る譲渡等の承認の決定権者（会社139条1項ただし書）に関し，定款で会社の役員等ではない第三者をその決定権者と定めることができるか否かについては，議論があり得るものと思われる。

　会社法の明文の規定で認められた相対的記載事項として見落としがちなのが，会社法の規定では他の機関が決定することとされている事項を株主総会で決定することができることとする旨の定款の定めである。会社法のもとでは，取締役会設置会社における株主総会は，会社法に規定する事項のほか，定款で定めた事項に限り，決議することができることとされている（会社295条2項）。そして，この「定款で定めた事項」の範囲については何らの制限もないものと考えられる[23]。したがって，例えば，取締役会設置会社においては，取締役会が代表取締役を選定することとされており（会社362条2項3号），会社法362条2項自体には定款で別段の定めを許す旨の規定はないが，会社法295条2項の規定に基づいて，定款で代表取締役の選定を株主総会の決議事項と定めることができるものと考えられる。

　なお，このように会社に関する一切の事項を定款の定めにより株主総会の（普通決議による）決議事項にすることができる以上，当該事項を定款で直接定めること（例えば，定款で「代表取締役を〇〇〇氏とする」旨の規定を置くことなど）も可能であると考えられる[24]。

(23)　相澤哲＝細川充「新会社法の解説(7)株主総会等」商事1743号（2005）19頁。

第 3 章　株式会社①設立

(24)　会社法においては，例えば，取締役会が決定することとされている事項について，定款によりこれを株主総会で決定することとする場合，会社法の定める取締役会の決定権限に加えて株主総会が重畳的に当該決定権限を有する旨の定款の定めを置くことが可能である。さらに進んで，そのような取締役会の決定権限を株主総会に移譲すること（すなわち，取締役会の決定権限を失わせること）までもが可能であるか否かについては，会社法295条 2 項の文言からは必ずしも明らかではないものの，これを否定する見解が有力である。もっとも，会社法295条 2 項に相当する旧商法230条ノ10に関し，株主総会の権限を定款でどこまで拡大することができるかという議論においては，当該定款の定めによって取締役会の当該権限を株主総会に移譲することも視野に入れられていたものと思われる（上柳克郎＝鴻常夫＝竹内昭夫編集代表・新版注釈会社法(5)株式会社の機関 1 （1986）25頁〔江頭憲治郎〕）。とすれば，会社法295条 2 項が取締役会の決定権限を定款によって失わせることまでをも許容するものであると解することも，必ずしも不可能とはいえないかもしれない。会社が定款で各機関に対する行為規範を定めることとの関係も含め，今後，さらに研究の余地がある点はないかと思われる。

3．解釈上認められる相対的記載事項

　前述のとおり，少なくとも，会社法における原則的な規律自体が解釈上導き出される場合には，それに対する相対的記載事項も解釈によって導き出される余地がある。

　代理人の資格を株主に限る旨の定款の定めが判例において認められていることについては前述のとおりであるが，そのほかにも，利益配当請求権（会社法のもとでは剰余金配当請求権）の除斥期間（権利行使期間の限定）を定款で定めることが判例上認められている（大判昭 2・8・3 民集 6 巻484頁。この判例においては権利行使期間を 5 年に限定することが認められた。）[25]。剰余金配当請求権に除斥期間を設けることは，会社法の明文の規定によって禁止されているわけではないが，剰余金配当請求権は株主の基本的な権利の一つであることから，会社が任意に除斥期間を設けて株主に対する剰余金の配当の支払を拒むことは，原則としてできないものと考えられる。しかしながら，集団的事務処理の必要性等にかんがみ，その期間が合理的なもの（例えば 5 年間）である限り，会社の根本規範である定款で定めることによって，剰余金配当請求権に除斥期間を設けることも可能であると解するのが一般的であり，現実にもそのような定款の定めを設けている会社は少なくない。このような定款の定めは，解釈上認められる相対的

2 定　　款

記載事項と考えられる。

　また，旧商法との規定ぶりの違いから会社法に関して議論のある論点として，定款の定めにより，株主が有する議題提案権（会社303条）や議案通知請求権（会社305条）の行使方法を書面又は電磁的方法に限ることが可能か否かという点がある。すなわち，旧商法においては，株主による議題提案権や議案通知請求権の行使は書面又は電磁的方法によらなければならないこととされていた（旧商232条ノ2）。これに対し，会社法においては，それらの権利の行使方法について特に明文上の制限は設けられていない（会社303条，305条）。会社法の当該規定は，従前の有限会社に相当する株式会社を含め，様々な類型の株式会社に適用されるため，株主から会社に対して行われる当該権利の行使方法に制限を設けるか否かについても，その実情に応じた各会社の判断に委ねれば足り，会社法で一律に制限を設ける必要はないと考えられたためである[26]。しかしながら，当該権利の行使方法を定款で制限することができる旨の明文の規定が会社法に存在しないため，定款によってもそのような制限を設けることができないのではないかという疑問が多く呈されたところである。

　会社法における議題提案権（会社303条）や議案通知請求権（会社305条）については，その権利を行使するために必要な議決権数・議決権保有期間や行使期限に関する原則的な規律が明文で定められているのに対し，権利の行使方法に関しては何らの規律も明文で定められてはいない。もっとも，当該権利が株主にとって重要なものである一方，その行使方法の制限が当該権利に対する重大な制限になり得ること，旧商法において定められていた当該権利の行使方法が会社法においてあえて定められていないこと等からすれば，株主はいかなる方法によってもその権利を行使することができる（すなわち，権利の行使方法を取締役等が任意に制限することは許されない。）という原則的な規律が解釈上導き出されるものと考えられる。しかし，そもそも会社法において権利の行使方法が明文の規定によって制限されなかったのは，上記のとおり，「株主から会社に対して行われる当該権利の行使方法に制限を設けるか否かについても，その実情に応じた各会社の判断に委ねれば足りる」という理由からであり，定款で権利の行使方法を制限することも当然に想定されているものと考えられる。もとよりその行使方法を不当に制限する定款の定め（例えば，請求書を本店に持参する方法に限

第3章　株式会社①設立

る旨の定めや，不合理に手間を要する様式に従った請求書に限る旨の定め等）は，議題提案権や議案通知請求権自体を実質的に無にすることになるため，会社法303条や305条に反し，無効であると考えられる。これに対し，定款で当該権利の行使方法を書面又は電磁的方法に限ることは，旧商法の規律及び会社法による改正の趣旨に照らし，許容される範囲内の制限であり，解釈上認められる相対的記載事項として，適法であると考えられる[27]。また，少なくともその限度であれば，当該制限を定款の授権規定に基づいて株式取扱規則等で定めること（前記Ⅲ5参照）も可能と解してよいであろう[28]。

(25) 会社法においては，剰余金の配当の回数に制限が設けられていないことなど，旧商法における利益配当に関する規律について見直しがされた点もあるが，利益配当請求権の除斥期間に関する当該判例の考え方は，会社法における剰余金配当請求権についても当てはまるものと考えられる。

(26) 相澤哲＝郡谷大輔「新会社法関係法務省令の解説(1)会社法施行規則の総論等」商事1759号（2006）12頁。

(27) 会社法のもとでは，議題提案権や議案通知請求権の行使方法をさらに制限すること，例えば，定款でその行使方法を電磁的方法に限る（書面による請求を認めない）ことが可能か否かについても，当該時代における社会状況や各会社の実情に応じ，検討の余地があるものと思われる。

(28) この場合の定款の授権規定には，株主提案権の具体的な行使方法を株式取扱規則等に委任する趣旨が含まれている必要がある。定款の授権規定にその旨が明示的に定められていない場合であっても，その旨が黙示的に含まれていると解することができる場合もあるものと思われるが，解釈上の疑義を避けるため，その旨を明示的に定めておくのが望ましいであろう。

　なお，旧商法のもとで作成された定款における授権規定は，それが定款に定められた当時においては，株主提案権の具体的な行使方法を株式取扱規則等に委任する趣旨を含むものではなかったはずであるが，それは旧商法において株主提案権の行使方法が法律上，書面又は電磁的方法に限られており，他方でその行使方法をそれ以上に制限することは許されないものと一般に解されていたからである。そのため，株主提案権の行使方法に制限がなくなった会社法のもとでも，従前どおり旧商法における取扱いの維持を許容することが株主全体の合理的な意思であると解し，書面又は電磁的方法に制限する限度であれば，従前の定款の授権規定を変更せずに，株式取扱規則のみを変更することによって，株主提案権の行使方法を制限することも不可能とはいえないように思われる。もっとも，解釈上の疑義を避けるため，その旨を定款の授権規定で明示的に定めておくのがもとより望ましいことは，先に述べたのと同様である。

〔清　水　　毅〕

3．発起人と設立時取締役の権限と責任

はじめに

　発起人は，株式会社（以下，特に断らない限り「会社」という。）の設立の企画者であり，会社の設立事務を行う。会社の設立事務は，社団の形成（定款の作成，社員の確定，会社財産の形成，機関の具備），法人格の取得（設立登記）に大きく分けられるが，発起人は，これらの設立事務を行うことになる。社団の形成過程において，設立中の会社が形成されると，発起人は，設立中の会社の機関として，会社の設立事務を行うことになる。

　他方，会社が成立する前に選任される取締役は，旧商法下でも，発起人を監督する設立中の会社の機関としての役割を担っていた。会社法は，旧商法下での成立前の取締役に相当する設立時取締役の概念を新たに導入し（会社38条1項），発起人の権限と設立時の取締役の権限の区別を，旧商法に比して徹底している。

　本項目においては，発起人と設立時取締役の権限を明確に区別した会社法の趣旨を勘案しつつ，発起人の権限と責任，設立時取締役の権限と責任について論述することとしたい。

第3章　株式会社①設立

I　発起人の権限

1．発起人の定義

　発起人とは，法律的には，定款が書面で作られたときはそれに発起人として署名又は記名押印した者をいう。定款は電磁的記録（会社規224条）で作成することもでき，その場合は，署名記名押印に代わる措置として法務省令に定めるもの（会社26条2項，会社規225条〔電子署名〕）をした者をいう。発起人は，もともと会社の設立事務の執行者を意味するが，発起人か否かを，形式的基準で定めるのか，実質的基準で定めるのかについては，旧商法には明文の規定がなく，争いがあった。判例・通説は，発起人が誰かについて争いが生ずるのを避けるため，これを形式的概念と解し，定款に発起人として署名した者が発起人であり，会社の設立事務を主体的・実質的に行っても，定款に署名又は記名しなければ，発起人とはならないと解していた（大判昭7・6・29民集11巻1257頁）[1]。会社法も明文の規定は設けていないが，旧商法下と同様に，形式的基準によって定義付けるのが一般である[2]。

　なお，募集設立において，定款に発起人としての記載がないにもかかわらず，設立時発行株式の引受人の募集の広告その他募集に関する書面又は電磁的記録に自己の氏名等及び株式会社の設立を賛助する旨を記載した者又は記載を承諾した者（擬似発起人）は，発起人とみなされて，発起人と同じ責任（会社52条～56条，103条1項）を負うこととなる（会社103条2項）。擬似発起人は，政財界等の有力者に会社設立の後盾になってもらうような場合に生じると考えられるが，擬似発起人を信頼して募集に応じた引受人を保護するため，擬似発起人に発起人と同様の責任を認めたものである[3]。

（1）　鈴木竹雄＝竹内昭夫・会社法〈法律学全集〉〔第3版〕（1994）57頁，北沢正啓・会社法〈現代法律学全集〉〔第6版〕（2001）72頁，森本滋・会社法〈現代法学〉〔第2版〕（1995）87頁，宮島司・会社法概説〔第3版補正2版〕（2004）58頁。
（2）　江頭憲治郎・株式会社法（2006）61頁，前田庸・会社法入門〔第11版〕（2006）26頁，神田秀樹・会社法〈法律学講座双書〉〔第9版〕（2006）40頁，丸山秀平・やさしい会社法〔第8版〕（2005）42頁。

(3) 尾崎哲夫・条文ガイド六法会社法（2006）86頁，相澤哲＝葉玉匡美＝郡谷大輔編著・論点解説新・会社法―千問の道標（2006）4頁，前田・前掲注（2）82頁。

2．設 立 事 務

　会社の設立事務は，会社（団体）の実体の形成と法人格の付与（設立登記）という事務に大きく分けられる。

　会社（団体）の実体の形成は，①定款（団体の根本規則）の作成（会社26条），公証人による定款の認証（会社30条1項），定款の備置き・閲覧（会社31条），②株式発行事項の決定と発起人の株式引受け（会社25条2項，32条1項），発起人による出資の履行（会社34条），募集設立では，さらに，株式引受けの募集（会社57条，58条），引き受けようとする者への通知（会社59条1項），設立時募集株式の割当て（会社60条，61条），株式引受人による払込み（会社63条）を経て，設立時の株主を確定し，③設立時取締役の選任（発起設立では発起人による設立時取締役の選任〔会社38条～41条〕，募集設立では，創立総会での設立時取締役の選任〔会社88条〕），④設立時取締役による設立経過の調査（会社46条，93条），⑤募集設立では創立総会の招集・開催を経て，遂行される。

　そして，設立登記をすることによって会社は成立し（会社49条），法人格が付与される（会社911条・49条，商登47条）。

　設立事務は，発起人が行うのが原則であるが，①設立時取締役と設立時監査役による設立手続の法令・定款違反等の有無の調査（会社46条，93条），②設立時代表取締役・設立時代表執行役による設立登記の申請（商登47条）は，その例外である。

3．設立中の会社

　発起人は，設立中の会社が形成された後は，設立中の会社の執行機関として，設立事務を行うことになる。設立中の会社の機関としての発起人の権限を検討するうえでは，設立中の会社の概念をどのように考えるかは重要であるので，説明の便宜上，設立中の会社について，以下においてまず検討したい。

　会社は，設立登記によって突如として出現するものではなく，社団形成の諸々の手続を経て漸次成長発展し，設立登記により法人格が付与される前に，実体

第3章　株式会社①設立

として設立中の会社が形成されると解するのが一般である[4]。判例も，設立中の会社の概念を肯定している（最判昭42・9・26民集21巻7号1870頁）。

設立中の会社は，設立中の会社と成立後の会社は同一の存在であるとの見解（いわゆる同一性説）を前提として，設立中の会社のすべての関係が成立後の会社に帰属することを説明する概念であり，設立中の会社の法的性質は，会社設立を目的とする権利能力なき社団であるとするのが一般である。

社団の形成過程は，発起設立と募集設立とでは，やや異なるが，通説は，定款が定められ，発起人が1株以上の設立時発行株式を引き受けた時に社団が形成されると解している[5]。

(4) 上柳克郎＝鴻常夫＝竹内昭夫編集代表・新版注釈会社法(2)株式会社の設立（1985）42頁〔北沢正啓〕，鈴木＝竹内・前掲注（1）55頁，江頭・前掲注（2）102頁，前田・前掲注（2）28頁等。
(5) 北沢・前掲注（1）103〜104頁，河本一郎＝森田章＝岸田雅雄＝川口恭弘・日本の会社法〔新訂第8版〕（2006）77頁，森本・前掲注（1）89頁，弥永真生・リーガルマインド会社法〔第11版〕（2007）284頁等。

4．設立中の会社と発起人組合

発起人が複数いる場合には，発起人相互間で，会社の成立という共同の事業を営むことを約する民法上の組合契約（発起人組合，民667条）を締結しているとみるのが一般である。発起人組合の業務執行者（民670条2項）は，設立中の会社を代表する権限を有するとともに，発起人組合を代理する権限を有する。設立中の会社の機関として発起人の行為は，同時に発起人組合の事業の遂行としての行為の面も有している[6]。

(6) 北沢・前掲注（1）114頁，江頭・前掲注（2）62頁，前田・前掲注（2）27頁。

5．発起人の権限が及ぶ行為

発起人は，会社設立に向けて様々な行為を行うが，発起人が設立段階でしたすべての行為の効果が設立中の会社にすべて帰属するのではなく，発起人がした行為が設立中の会社の機関として有する権限の範囲内に限り，行為の効果が設立中の会社に帰属することになる。発起人は，設立中の会社の機関として，どのような行為をする権限を有するかについては，議論がある。発起人の権限

3　発起人と設立時取締役の権限と責任

との関係で問題となる行為は設立を目的とする行為，設立のために必要な行為，開業準備行為，営業行為の4つに分類される。

(1)　設立を目的とする行為

　会社の設立それ自体を目的とする行為である。設立手続を遂行する際の法定の要件とされるものであり，設立要件的行為とも呼ばれる。定款の作成及び株式発行事項の決定と株式の引受け，株式引受人による出資の履行・会社財産の形成，設立時の株主の確定，設立時取締役等の選任，創立総会の招集・開催等の行為がこれに該当する。これらの行為をする権限を発起人が有していることには異論がない[7]。

　なお，設立を目的とする行為のうち，定款の作成等，設立中の会社が形成される前に行われるものも含まれている。設立中の会社の形成前に行われる行為は，発起人の固有の立場で行うものであり，設立中の会社の機関として行うものではないが，設立中の会社の形成後は，その行為の効果も設立中の会社に帰属し，最終的には会社に帰属することになる（設立中の会社の形成前に支出される定款の認証手数料・印紙税等は，設立費用ではあるが，成立後の会社の負担となることと同様である。会社28条4号かっこ書参照）。結局，発起人が行った設立を目的とする行為は，設立中の会社の形成の前後を問わず，いずれの行為も設立中の会社に帰属することになる。

　　(7)　北沢・前掲注（1）107頁，江頭・前掲注（2）103頁，前田・前掲注（2）27頁，丸山・前掲注（2）44頁。

(2)　設立のためにする行為

　設立それ自体を目的とする行為ではないが，会社の設立のために必要な行為をいい，経済的必要行為とも呼ばれる。設立のためにする行為とは，具体的には，設立事務所の賃借，設立事務員の雇用，備品の購入，定款の印刷の委託，株主募集のための通知・目論見書の作成，創立総会の会場の賃借等の行為をいう。これらの行為をするために支出する費用は，設立費用として，所定の手続（定款への記載又は記録，創立総会での承認又は裁判所の検査）を経た場合は，定款に記載された総額（以下「限度額」という。）の範囲内で成立後の会社に帰属するこ

第3章　株式会社①設立

とになる（会社28条4号）。

　発起人が，会社の成立前に設立費用を支払うときは，発起人が設立のためにする行為をする権限を有するかどうかは，現実的な問題にはならない。問題となるのは，会社の成立後も設立費用が支払われていないときである。この場合も，限度額の範囲内の設立費用は最終的に会社に帰属することになり，限度額を超える部分（以下「超過額」という。）は発起人の負担となること自体は，自明である。議論があるのは，設立費用の債権者が成立後の会社に対して支払を求めることができるかである。この点については，設立中の会社をどう捉えるかとも関連して，議論は複雑な様相を呈している。設立費用に関する裁判例は少ないが，設立費用は，定款に記載され，創立総会で承認された限度で，会社の債務となり，発起人は免責されるが，それ以外は発起人の債務となるとする判例（大判昭2・7・4民集6巻9号428頁）がある。これは，発起人は設立中の会社の機関として，設立のために必要な行為をする権限を本来有しないという見解を前提とするものと思われる。この判例に対しては，会社の第三者に対する債務負担の範囲が，定款の記載などの会社の内部的事項によって左右され，第三者が不安定な地位に置かれるばかりではなく，発起人が第三者と多数の取引をしてその債務の総額が定款の記載額を超える場合には，どの債務がどの範囲で会社に請求できる額を，債権額による按分比例で決めるのか，時間的先後によって決めるのかという困難な問題が生じる[8]との批判がなされている。

　学説は，多岐に分かれているが，概ね，設立費用の債権者は，(A) 発起人に全額を請求するという見解（発起人は，限度額の範囲内で会社に対して求償をすることになる。），(B) 会社に全額を請求するという見解（会社は，支払った超過額を発起人に求償することになる。），(C) 発起人，会社のいずれに対しても，全額請求できるという見解（会社が限度額を超えて支払った場合は，会社が発起人に求償し，発起人が限度額の範囲内の費用を支払った場合は，発起人が会社に求償することになる。）に分かれるようである。(B) が学説の多数説といわれている[9]。(B) 説は，設立中の会社の存在目的からして，その執行機関たる発起人は，会社設立のための法律上・経済上必要とされる一切の行為をする権限を有し，発起人がこのような行為をしたことから生ずる債務は，会社の債務となると説明する[10]。(C) 説は，(B) 説を前提としつつ，設立中の会社と発起人の関係を，法人格のな

220

3　発起人と設立時取締役の権限と責任

い社団とその代表者の関係として捉え，法人格のない社団の場合に，対外的債務につき社団の財産で責任を負うとともにその代表者も責任を負う，会社成立後は設立中の会社の債務が成立後の会社に引き継がれるが，そのことは発起人の責任を免ずるものではないとする[11]。

　(B) 説に対しては，発起人の権限の範囲内か否かは，設立中の会社の実在性だけでなく，設立のために必要な行為の相手方の保護と成立後の会社の財産的基礎の確保という利益の衡量も加味して判断すべきである[12]，説明の便宜のための法技術的概念にすぎない「設立中の会社」の概念を実体視しすぎ，成立時の会社の財産的基礎を危うくする可能性を含んでいる[13]との指摘や批判がある。設立中の会社が設立費用を全額負担して発起人に請求するという (B) 説によれば，発起人の無資力の危険を成立後の会社が負担することになり，成立後の会社の財産的基礎を危うくするので，学説の多数説ではあるが，採用しがたい見解である。同様の理由から，(C) 説も限度額を超える部分について，会社に請求できるとする点で採用できない。他方，設立前の取引の相手方はもっぱら発起人の信用を基礎として取引をしているのであるから，発起人に請求できれば特に不都合はないので，基本的には (A) 説が妥当すると思われる。もっとも，設立費用の総額が限度額の範囲内にあるときは，全額を会社が負担するのであるから，会社に対して直接請求を許さない理由はない。会社と発起人は限度額の範囲内で連帯債務を負担し，認められた額を超えた部分については，発起人が単独で債務を負担するとするのが相当である。学説から厳しく批判を受けている前記大審院判例（大判昭2・7・4民集6巻9号428頁）とは，発起人が免責されない点で異なるが，設立費用の債権総額が限度額を超えた場合，会社に請求できる額を，債権額による按分比例で決めるのか，時間的先後によって決めるのかという困難な問題が生じるとの批判はあてはまることになろう。しかし，これが解決しがたい問題とも考えにくい。設立費用の債権者は，自己の請求が限度額を超えているかどうかはわからないのであるから，発起人及び会社に対し，全額の支払をまず求めることになろう。会社は，設立費用の債権者から請求を受けるつど，限度額を超えるまで弁済し，限度額を超えた段階で，限度額を超えていることを理由に支払を拒否すれば足りる。債権者は，会社が限度額を超える支払をする前に請求をしなければ，会社からは支払を受けられ

ないので，いわゆる早い者勝ちになる。しかし，このことは，自由競争の範囲内である。支払をしないまま，複数の債権者から請求を受け，その総額が限度額を超えている場合は，債権に優先関係がなければ，会社としては，任意の債権を選択して支払うことも可能である。また，債権額を基準として限度額の範囲内で按分弁済することも可能であろう。会社の選択によって，債権者間に不平等が生じ得るが，会社倒産の際のような債権者平等の理念が働く場面ではなく（破152条参照），これも許容範囲である。発起人は，会社が限度額の範囲内で弁済したときは，当該弁済額については，支払責任を免れることになる。

- （8） 北沢・前掲注（1）108頁，鈴木＝竹内・前掲注（1）66頁，前田・前掲注（2）41頁，神田・前掲注（2）45頁，丸山・前掲注（2）45頁。
- （9） 北沢・前掲注（1）106〜107頁，龍田節・会社法大要（2007）417頁。
- （10） 丸山・前掲注（2）45頁。
- （11） 鈴木＝竹内・前掲注（1）64〜65頁。
- （12） 前田・前掲注（2）41頁。
- （13） 江頭・前掲注（2）103頁

(3) 開業準備行為

　会社成立後の営業の準備のため営業所となる事務所を借り受けるなど，会社の事業を開始する準備行為である。財産引受け（会社28条2号，33条）は，発起人が会社のため会社の成立を条件として特定の財産を譲り受ける契約をいうが，その財産の譲受けは，開業準備行為に該当する。

　開業準備行為をする権限は発起人には本来はないが，実際の必要性を考慮して厳重な法定条件のもと，発起人に例外的に認めたものか，発起人が本来ならば自由に行い得る行為を，実際上の濫用をおそれて，制限して厳重な条件のもとに許したのか議論がある。

　裁判例は，「商法168条1項6号〔現行会社28条2号〕の立法趣旨からすれば，会社設立自体に必要な行為のほかは，発起人において開業準備行為といえどもこれをなしえず，ただ原始定款に記載されその他厳重な法定要件を充たした財産引受のみが例外的に許されるものと解される。」（最判昭38・12・24民集17巻12号1744頁）として，前者の見解をとることを明らかにした。

　設立中の会社が会社の設立を目的とするものである以上，その機関である発

起人が行い得る行為は設立のために必要なものに限られるとの学説が多数説であり，設立中の会社の執行機関として発起人の権限は，会社の設立に必要な行為に限られ，財産引受けのような会社の設立自体に関せず，会社成立後の営業の準備のための行為をする権限は有さないと考えている[14]。他方，設立中の会社の目的をそのように狭く解する必要はないとして，開業準備を行為も，本来は発起人の権限であるとする見解も有力である[15]。

判例・多数説のように，開業準備行為は，法定の要件を満たした財産引受けを除き，設立中の会社の機関としての発起人の権限に属さないと解すると，その行為の効果は，設立中の会社に帰属しないことになる。成立後の会社が，開業準備行為を追認することができるかについては，争いがあり，判例・従来の多数説は，定款に記載又は記録のない財産引受けは当然に無効であり，成立後の会社がこれを追認する余地もないものとする（最判昭28・12・3民集7巻12号1299頁，最判昭42・9・26民集21巻7号1870頁，東京高判平元・5・23金法1252号24頁等）。

これに対して，発起人は設立中の会社の機関として，開業準備行為をする権限を本来有しているとの見解からは，定款に記載又は記録のない財産引受けは，いわゆる無権代理行為であると解され，株主総会の特別決議を経ることによって，設立後の会社による追認も可能ということになる。また，会社財産の確保という会社法28条の立法趣旨に遡れば，発起人の権限が開業準備行為に及ばないという立場からも，追認を認めるべきとする見解が有力である[16]。

(14) 田中誠二・会社法評論(上)〔3全訂版〕(1993) 180頁，北沢・前掲注（1）107頁，丸山・前掲注（2）46頁。
(15) 大隅健一郎＝今井宏・会社法論(上)〔第3版〕(1991) 203頁，鈴木＝竹内・前掲注（1）63頁。
(16) 北沢・前掲注（1）109頁，前田・前掲注（2）39頁。

(4) 営業行為

あらゆる種類の行為が発起人の権限に属するとする説[17]があり，かかる見解を前提すれば，財産引受けとしてされる営業行為を肯定する余地がある[18]。しかし，これを否定するのが一般である。

(17) 服部栄三「事実上の会社について」民商36巻6号 (1958) 777頁。
(18) 丸山・前掲注（2）46頁。

第3章　株式会社①設立

Ⅱ　設立時取締役の権限

1．設立時取締役の定義

　会社法では，設立に際して取締役になるべき者を，設立時取締役と定義し（会社38条1項），会社設立後の取締役と区別している。取締役は会社の必要的設置機関（必置機関）であり（会社326条1項），設立時取締役はすべての会社で選任する必要がある。なお，設立しようとする会社が取締役会設置会社である場合の設立時取締役は，設立時代表取締役を選定しなければならない（会社47条1項）。

　旧商法下でも，会社の成立前に成立後の取締役を選任することとされており，設立時取締役に相当する会社成立前の取締役が存在した。この成立前の取締役は，会社の業務執行や他の業務執行者の監督を行う成立後の取締役とは権限や性格が大きく異なっていたが[19]，旧商法下では，会社の成立の前後を通じて「取締役」と呼んでいた。

　そのためか，成立前の取締役には設立中の会社を代表する権限がないにもかかわらず，設立中の会社を代表して検査役の選任申立てを行う権限が付与されていた（旧商173条。なお，会社33条1項参照）。また，定款で定める本店の所在地（最小行政区画）内で会社の住所の具体的地番を決定すること，名義書換代理人（会社法上の「株主名義管理人」）を決定すること等も，実務慣行上，発起人ではなく（成立前の）「取締役」（取締役会）により行われていた[20]。

　以上のように，成立前の取締役の権限と発起人の権限との区別が曖昧な部分があったため，これを改めたうえ（会社33条），「設立が効力が生じるまでの設立中のプロセスで誰が行為をすべきかを明確にするため」[21]，設立時取締役の概念を導入した。発起人の権限と設立時取締役の権限の区別を徹底させた会社法の趣旨に照らせば，設立時取締役の権限は，明文の規定がある場合を除き発起人に対する監督に限定されたと解すべきであり，実務慣行上，発起人ではなく，「取締役」（取締役会）が行っていた点についても，会社法のもとでは，発起人の権限であると解されている[22]。

　(19)　相澤＝葉玉＝郡谷編著・前掲注（3）40頁。

(20) 江頭・前掲注（2）82頁。
(21) 神田・前掲注（2）47頁。
(22) 江頭・前掲注（2）82頁。

2．調査義務

　会社法における設立時取締役の発起人に対する監督権限は，設立時取締役の調査・報告義務と表裏をなすものであり，以下においては，義務を中心に検討したい。

　設立時取締役は，選任後遅滞なく，次の事項を調査しなければならない（会社46条，93条）。

　① 検査役の調査を経ていない現物出資・財産引受けにつき，定款に記載・記録された価額が相当であること（会社46条1項1号，93条1項1号）

　変態設立事項は検査役の調査が必要とされるが（会社33条1項），例外的に，現物出資と財産引受けについては，対象となる財産の価額が500万円を超えない場合（同条10項1号），又は対象となる財産が市場価格のある有価証券であり，定款記載の金額がその市場価格を超えない場合（同項2号）には，検査役の調査は不要である（同項）。平成12年の商法改正で，検査役の調査が不要とされたこと（旧商173条2項）に対応して，成立前の取締役に対し，調査する義務が付与され，会社法は，これを承継した。

　② 弁護士等の証明を受けることによる免除の場合には弁護士等の証明が相当であること（会社46条1項2号，93条1項2号）

　①と同様に，現物出資・財産引受けが相当であることについて，弁護士・弁護士法人・公認会計士・監査法人・税理士又は税理士法人の証明（目的財産が不動産の場合には，不動産鑑定士の評価）を受けた場合（会社33条10項3号）には，検査役の調査は不要とされている（同項）。これも平成12年の商法改正で，成立前の取締役に対し，調査義務が付与され，会社法は，これを承継した。調査対象事項は，弁護士等の証明が相当であるかどうかであり，現物出資・財産引受けが相当であることは直接の調査事項ではない。

　③ 発起人による出資の履行が完了していること（及び，募集設立の場合は，設立時募集株式の払込金額の全額の払込みが完了していること）（会社46条1項3号，93

条1項3号)

④　その他会社の設立手続が法令・定款に違反していないこと（会社46条1項4号・93条1項4号，商登47条2項3号イ「設立登記申請書の添付書類としての設立時取締役等の調査報告書」参照）

3．報告義務・説明義務

　発起設立においては，調査の結果，法令・定款の違反，又は不当な事項が判明した場合には，設立時取締役は，発起人にその旨を通知しなければならない（会社46条2項）。設立しようとする会社が委員会設置会社である場合には，この通知を設立時代表執行役にしなければならない（同条3項）。

　募集設立においては，設立時取締役は，調査の結果を創立総会に報告しなければならず（会社93条2項），創立総会において，設立時株主から調査に関する事項について説明を求められた場合には，必要な説明をしなければならない（同条3項）。

　創立総会は，設立時取締役の報告を踏まえて，変態設立事項に関する定款の定めを変更することができる（会社96条）。

4．選任直後の報告・調査

　募集設立では，創立総会が1期日で行われる場合，設立時取締役は，選任され，その直後に調査を終えることが求められている（会社88条，93条2項）。このような短時間で十分な調査ができるのか疑問があろう。旧商法下でも，募集設立では，成立前の取締役は，創立総会で選任され（旧商183条1項），当該創立総会において，変態設立事項を調査し，報告することとされており（旧商184条），同様の疑問があった。

　この点について，立法担当者は，「この調査は，出資の履行等が完了していること（93条1項3号），その他設立手続に法令・定款違反がないこと（同項4号）についての調査であり，これらの事項は，事前に調査に必要な資料が用意されていれば，それほどの時間を要せずに行うことが可能であり，また設立時取締役の候補者が事前に事実上の調査を行うことも妨げられるものではない。したがって，創立総会において設立時取締役として選任された取締役が，

同一の創立総会において調査結果の報告を行っても，事前の準備が周到に行われたうえでの結果であれば，適法である。」[23]と説明している。説明のとおり，出資の履行や設立手続が法令・定款に違反しないかどうかは，必要な資料があれば，短時間で調査することは可能である。また，500万円以下の財産の調査や市場価格のある有価証券についても，資料があれば調査は必ずしも難しくはない。また，専門家の報告書がある場合には，報告書及びその添付資料を読むことで判断することができよう。もっとも，検査役調査の免除は，現物出資・財産引受制度の合理化として平成2年に導入され，平成17年の会社法制定時に要件が一部緩和されたものであり[24]，検査役の検査に時間がかかることも合理化の理由の一つであったことを考えると，調査が必ずしも短時間でできるとは限らない。調査を実質的にするためにも，立法担当者が指摘するとおり，設立時取締役の候補者による事前の準備が十分に行われることが望まれる。

(23) 相澤＝葉玉＝郡谷編著・前掲注（3）43頁。
(24) 江頭・前掲注（2）85頁，青竹正一「平成2年改正法の成果と問題点—小規模閉鎖会社に適合する法規整」酒巻俊雄＝坂埜光男編・特集・会社法全面改正の動向と課題〔判タ（臨増）839号〕（1994）60頁。

5．設立時監査役の権限

設立しようとする会社が監査役設置会社である場合は，設立時取締役のほかに設立時監査役が選任される（会社38条2項2号，88条）。設立手続の調査（会社46条，93条）において，設立時取締役と設立時監査役とでは果たすべき法的役割・注意義務には差異はなく，成立時に取締役に就任するか，監査役に就任するかの点で相違しているだけである[25]。

(25) 相澤＝葉玉＝郡谷編著・前掲注（3）40頁。

Ⅲ　発起人及び設立時取締役の責任

1．財産価額塡補責任

(1)　過 失 責 任

　現物出資又は財産引受けの対象となった財産（現物出資財産等）の価額が定款に記載・記録された価額に著しく不足するときは，対象財産を現物出資又は譲渡した発起人は，定款に記載された価額に見合う対価（株式，譲渡代金）を得ているので，不足分について，塡補義務があるのは当然である（会社52条2項本文かっこ書参照）。さらに，会社法は，発起人及び設立時取締役は，会社に対し，連帯して，当該不足額を支払う義務を負わせている（同条1項）。会社財産を確保するとともに，現物出資等がきちんと履行されることを担保する趣旨である[26]。

　この塡補責任は，平成2年商法改正により，現物出資・財産引受けにつき検査役の調査の免除制度が導入されたことに伴い規定されたものであり，検査役の調査を受けた場合は，この責任は発生しない（会社52条2項1号）。この責任については，旧商法下では，無過失責任であり（旧商192条ノ2第1項），株主の同意があっても免除できないと解されていた。一種の資本充実責任として考えていたことによる。この点については，過酷すぎるとの批判があった[27]。

　会社法の制定にあたり，「近代法の原則である過失責任の例外である無過失責任を負わせる合理的理由はないので，会社法では，発起設立の場合においては過失責任とした（会社法52条1項・2項）。」[28]。したがって，発起設立の発起人，設立時取締役は，無過失（その職務を行うについて注意を怠らなかったこと）を証明すれば，塡補責任を免れることができる。

　この責任については，株主代表訴訟（会社847条1項）との関係で，総株主の同意がなければ，免除することができないとされる（会社55条）。

(26)　尾崎・前掲注（3）52頁。
(27)　江頭・前掲注（2）105頁。
(28)　相澤哲編著・一問一答新・会社法（2005）41頁。

3　発起人と設立時取締役の権限と責任

(2)　無過失責任

　他方，募集設立では塡補責任は従来どおり無過失責任とされた（会社103条1項）。募集設立においては，発起人・設立時取締役の利益と設立時募集株式の引受人の利益を衡量したうえ，設立時募集株式の引受人の利益を優先した。これは，現物出資，財産引受けについては，発起人・設立時取締役は調査の機会が与えられているのに対し，募集時株式の引受人は，現物出資，財産引受けに関する発起人間の合意を前提として募集に応ずることとなっていることから，そのような募集に応じた引受人の保護を図る必要があるからである[29]。したがって，募集設立の発起人，設立時取締役は，無過失を証明しても責任を免れることはできない。

(29)　相澤＝葉玉＝郡谷編著・前掲注（3）25頁。

2．引受担保責任，払込担保責任の廃止

　旧商法下では，上記の塡補責任に加え，発起人及び成立当時の取締役に対しては，引受担保責任及び払込担保責任が課せられていた（旧商192条1項・2項）。すなわち，会社成立後も，①会社の設立に際して発行する株式について，引受けがないとき及び株式の申込みが取り消されたときは，発起人及び成立時の取締役が共同して株式を引き受けたものとみなされ，②払込み又は現物出資の給付が未済である株式がある場合は，発起人及び成立当時の取締役は連帯してその払込みをなし，給付未済財産の価額を支払う義務を負うとされていた。これらの責任は，資本充実責任として，無過失責任と解されていた。

　①の引受担保責任，②の払込担保責任は，会社の設立に際して発行する株式の総数を定めるという制度（旧商166条1項6号）及び設立時に発行する株式の引受人は，払込みや現物出資の給付を履行しなくても，株式を失わないこと（旧商192条3項参照）を前提とするものであった。ところが，会社法では，会社の資本の額を，会社法に別段の定めがある場合を除き，設立又は株式の発行に際して株主となる者が当該会社に対して払込み又は給付をした財産の額とする（会社445条1項）と定め，設立時発行株式の数をあらかじめ定めるという制度を廃止したうえ，出資の履行のない株式，払込みのない株式は，会社の成立前に失権する（会社36条3項，63条3項）こととした。これに伴い，引受担保責任，払

込担保責任の制度は廃止された。会社法では，資本の額は，現実の出資額で決まるので，登記された資本金の額が現実の出資額よりも高額の場合は，登記された資本金の額は虚偽の内容となるにすぎず，登記された資本金の額に不足する分について，資本充実の原則を理由に発起人等に引受担保責任を負わせる必要はないからである[30]。

なお，会社債権者の保護は，「設立に際して出資される財産の価額又はその最低額」(会社27条4号) を確保することで図られている。株式が失権した場合 (会社36条3項，63条3項) でも，定款で定めた出資額以上の額の出資が履行されているときは，設立手続を続行することができる。逆に，出資された財産の額が，定款所定の出資額に満たない場合は，追加募集を行わない限り設立を行うことはできず，仮に設立されたとしても，設立無効原因となる。

(30) 相澤＝葉玉＝郡谷編著・前掲注 (3) 32頁。

3．発起人，設立時取締役の任務懈怠責任

発起人，設立時取締役は，会社の設立についてその任務を怠ったときは，会社に対し，これによって生じた損害を賠償する責任を負う (会社53条1項)。発起人，設立時取締役と設立中の会社の関係は，成立後の会社と役員との関係と同様に解することができるので，委任に関する規定に従うことになり (会社330条)，発起人，設立時取締役は，設立中の会社に対し，善管注意義務を負っている (民644条)。設立中の会社と成立後の会社は同一性があるので，設立中の会社の機関として，発起人，設立時取締役が任務懈怠により，設立中の会社に損害を被らせたときは，成立後の会社に対して，その損害賠償責任を負うことになる。損害賠償責任を負う者が複数いる場合には，連帯債務となる (会社54条)。この責任は，総株主の同意がなければ免除されない (会社55条)。

発起人が引き受けた株式について，預合い・見せ金による仮装払込みがされ，会社の成立後に払込未済の設立時発行株式が生ずる場合があり得る。この場合でも，資本の額は実際に払い込んだ額で決まるので (会社445条1項)，資本充実原則が害されたとまではいえない。ただ，当該株式については，失権手続 (会社36条) を経ていないので，依然として引受人は出資履行義務を負っている (設立時募集株式については，会社法63条3項により当然に失権するので，この種の問題は生じ

ない。)。出資が遅れたことによる損害，あるいは最終的に出資がなされないことによる損害が会社に発生することになるが，仮装払込みについて，任務懈怠がある発起人，設立時取締役は，会社に生じた損害について賠償する責任がある。

　この点を捉えて，引受担保責任・払込担保責任が会社法によって廃止されたが，「この改正の前後で責任の有無につき著しい差異が生じたとはいえないと考えられる。」とする評価もある[31]。

(31)　前田・前掲注（2）81頁。

Ⅳ　第三者に対する責任

　発起人，設立時取締役がその職務を行うについて悪意又は重大な過失があったときは，当該発起人，設立時取締役は，これによって第三者に生じた損害を賠償する責任を負う（会社53条2項）。損害賠償責任を負う者が複数いる場合には，連帯債務となる（会社54条）。この責任は，設立中の会社の業務執行機関である発起人及びその監督機関である設立時取締役に対し，会社成立後の役員等の第三者に対する責任（会社429条1項）と同じ性質の責任が課されたものと解される[32]。

(32)　江頭・前掲注（2）107頁。

Ⅴ　会社不成立の場合の発起人の責任

　会社が成立しなかったときは，発起人は，設立に関してした行為や設立費用について，連帯責任を負うことになる（会社56条）。会社不成立の場合は，設立中の会社は目的達成不能によって解散し，本来ならば清算して残余財産を株式引受人に分配することになるが，株式引受人を保護するために株式引受人を第三者的に取り扱い，発起人全員に責任を負わせ，これにより，設立放棄を防止する趣旨もある[33]。

第 3 章　株式会社①設立

　発起人は連帯して，株式払込金の払戻しや現物出資の目的とされた財産の返還を負担する。また，定款に一定額の設立費用を会社が負担すると記載・記録されていたとしても，すべて発起人が負担することになる。

(33)　宮島・前掲注（1）100頁，尾崎・前掲注（3）54頁。

〔本間　健裕〕

4．現物出資・財産引受け・事後設立

はじめに

　株式会社の設立において，金銭以外の財産を出資するいわゆる現物出資の場合，出資の目的財産が過大に評価されると[1]，他の株主や会社債権者を害するおそれがある[2]。そこで，会社法は，現物出資について，定款への記載又は記録を求めるとともに（会社28条1号），原則として裁判所が選任する検査役の調査を必要としているなど（会社33条），金銭による出資とは異なる一定の規制を設けている。

　会社の設立中に会社のために特定の財産を譲り受けるいわゆる財産引受けの場合も，その目的財産が過大に評価されれば，設立に際しての株式会社の財産的基礎を損なうおそれがあり，また，現物出資に関する法の規制を潜脱する手段として用いられる可能性がある[3]。そこで，会社法は，財産引受けについても，現物出資と同様に，定款への記載又は記録を求め（会社28条2号），併せて，裁判所が選任する検査役の調査を求めている（会社33条）。

　現物出資や財産引受けのように，定款に定めがなければ効力を生じないいわゆる相対的記載事項のうち，濫用防止のため，原則として裁判所が選任する検査役の調査を受け，その結果不当とされれば定款の変更が強制される等の特別の手続が必要とされているものを，講学上，変態設立事項（危険な約束）という[4]。

　株式会社が会社の成立後間もない時点において高額の事業用財産を取得する場合も（事後設立），現物出資に関する法の規制を潜脱するために用いられるおそれがある。そこで，会社法は，会社成立後2年以内に一定の要件を充足する事業用財産の取得をする場合には，株主総会の特別決議が必要であるとしてい

第 3 章　株式会社①設立

る（会社467条1項5号，309条2項11号）。

　旧商法においても，現物出資，財産引受け及び事後設立については，会社法と同旨の規制が設けられていたが，会社法においては，利用者の視点に立って，設立手続の簡略化，合理化等の観点から，現物出資及び財産引受けにつき例外的に裁判所が選任する検査役による調査が省略できる場合が拡大され，また，事後設立について裁判所が選任する検査役による調査の制度が廃止された[5]。

（1）　なお，竹内昭夫〔弥永真生補訂〕・株式会社法講義（2001）126頁は，税法の見地からは，目的物の過大評価だけではなく，過小評価もチェックする必要がある点を指摘する。
（2）　もっとも，現物出資に関する会社法の規制が会社債権者の保護を趣旨とするものであるか否かについては，資本充実の原則の理解との関係で，後記注（30）のとおり，議論があるところである。
（3）　財産引受けに関する会社法の規制については，現物出資の場合と異なり，目的財産の価額に相当する設立時発行株式の割当てがされるわけではないが，現物出資の規制の潜脱の防止という趣旨から考えると，上記注（2）のとおり，この規制が会社財産の確保ひいては会社債権者の保護を趣旨とするものであるか否かについて議論があり得よう。
（4）　江頭憲治郎・株式会社法（2006）68頁,前田庸・会社法入門〔第11版〕（2006）35頁,神田秀樹・会社法〈法律学講座双書〉〔第9版〕（2006）43頁，弥永真生・リーガルマインド会社法〔第11版〕（2007）290頁。
（5）　現物出資，財産引受け及び事後設立についての会社法による規制の旧商法からの規律の変更（実質改正）の概観については，相澤哲編著・一問一答新・会社法（2005）34頁・37～41頁・166頁,相澤哲編著・立案担当者による新・会社法の解説〔別冊商事295号〕（2006）6頁・14頁・141頁,近藤光男＝志谷匡史・改正株式会社法(4)〔新版〕（2006）570頁を参照。

I　現 物 出 資

1．定　　義

　現物出資とは，金銭以外の財産の出資（会社28条1号）をいう。

4 現物出資・財産引受け・事後設立

(1) 現物出資の目的財産について

(a) 現物出資の目的財産は，金銭以外の財産である。具体的には，動産，不動産，債権，有価証券，知的財産権，事業の全部又は一部などであり(6)(7)，貸借対照表に資産として掲げることができるものである限り，その種類を問わない。

(b) 現物出資は，出資者以外の者の権利が付着している財産や，出資者以外の者が所有する財産を目的財産とすることも可能であると解されるが，出資の履行としての目的財産の給付（会社34条1項本文）の時点で，現に存在し，かつ，出資者が処分権を有する財産でなければならない(8)(9)(10)。

(6) 江頭・前掲注（4）68頁，前田・前掲注（4）35頁。ただし，事業については，積極財産の総額が債務の総額を超過している場合にのみ現物出資の目的財産となり得る（上柳克郎＝鴻常夫＝竹内昭夫編集代表・新版注釈会社法(2)株式会社の設立（1985）102頁〔上柳克郎〕）。なお，竹内〔弥永補訂〕・前掲注（1）126頁は，労務や信用は出資の目的財産とはならないとする。

(7) 事業の現物出資を受けて設立された株式会社が，出資者の商号を引き続き使用する場合には，会社法22条の類推適用により，当該株式会社は，出資者の事業によって生じた債務につき，出資者と並んで弁済する責任を負うと解される。旧商法下での営業の現物出資と旧商法26条の類推適用について，最一判昭44・3・2民集26巻2号183頁参照。

(8) 上柳＝鴻＝竹内編集代表・前掲注（6）103頁〔上柳〕。

(9) 旧商法下での裁判例であるが，福岡高判昭30・10・12高民8巻7号535頁は，現物出資の目的たる物が他人の所有に属するからといって，その一事によって当然無効となるべきものではなく，他人の物でも払込期日までに所有権を取得して出資として給付をすれば足りるとする（ただし，家屋について登記名義人とはなっていない現物出資者が所有者であったと認定された事案である。）。

(10) なお，農地を現物出資の目的財産とする場合には，所有権移転の効力要件とされている農地法上の許可との関係が問題となる。この点について，旧商法下での裁判例として，名古屋地岡崎支判昭43・3・25判時541号59頁は，株式会社である原告が，その設立当時現況が農地でありその後宅地化された土地につき，これを現物出資した発起人である被告に対し，現物出資の給付義務の履行等として所有権移転登記手続を求めた事案で，現物出資の目的財産の一部が農地であり，引渡し当時所有権移転の効力発生要件であった農地調整法5条による地方長官等の認可を得ていなかったからといって，ただちに現物出資が無効となるものではなく，その給付の欠缺は，場合によっては設立無効原因になり得るが，設立無効が訴えにより確定されない以上，会社は出資者に対しなお目的財産の給付の履行を請求できるとし，また，上記の認可はないが，現物出資において，出資者が目的財産の処分権限を有することまでは必要でなく，給

235

付の時までに認可を得ておけばよいとし，その後宅地化した時点で認可を得ることなく土地の所有権は会社である原告に移転したものとして，原告の請求を認容した。また，札幌地判昭44・1・30判時569号80頁は，株式会社である原告が，農地等を現物出資した発起人である被告に対し，知事に対する農地法5条の許可申請及び許可を条件とする所有権移転登記手続等を求めた事案において，農地法5条の許可がされれば原告が土地の所有権を取得できるから，当該土地の現物出資は不能条件を付した法律行為で無効であるということはできず，許可申請が却下される公算が強くとも現物出資の効力に消長を及ぼすものではないとして，原告の請求を認容した。

(2) **現物出資者について**

　発起設立の場合に発起人が現物出資をすることができるのは当然であるとして，募集設立の場合に，発起人以外の者（設立時募集株式の引受人）が現物出資をすることができるか，それとも発起人のみが現物出資をすることができるのかという解釈問題がある[11]。

　この点については，会社法58条1項3号が，設立時募集株式の募集をしようとする場合に，「設立時募集株式と引換えにする金銭の払込みの期日又はその期間」を定めなければならないと規定し，その文言上，設立時募集株式につき出資される財産が金銭に限定されていると読めること[12]，また，会社法63条1項は，34条1項とは異なり，設立時募集株式の引受人は「発起人が定めた銀行等の払込みの取扱いの場所において，それぞれの設立時募集株式の払込金額の全額の払込みを行わなければならない。」と規定し，金銭の払込みをすることしか規定していない（これに対し，会社成立後の募集株式の発行〔新株発行〕については，会社法212条1項2号・2項は，募集株式の引受人が現物出資財産の給付をすることを前提としている。）ことから考えて[13]，会社法は，募集設立の場合においても，現物出資者を発起人に限定し，設立時募集株式の引受人が現物出資をすることを認めていないと解される[14][15]。

(11) 旧商法168条2項は，「現物出資ハ発起人ニ限リ之ヲ為スコトヲ得」と規定し，現物出資者が発起人に限られることを明文で規定していたが，会社法には旧商法168条2項に相当する規定がない。なお，旧商法168条2項は，昭和13年の商法改正（昭和13年法律72号による改正）により設けられた規定であったが，この規定が設けられる前においても，現物出資者は発起人に限られるという解釈が通説的見解であった（上柳＝鴻＝竹内編集代表・前掲注（6）106頁〔上柳〕）。

(12) 相澤哲＝葉玉匡美＝郡谷大輔編著・論点解説新・会社法―千問の道標（2006）24頁。

(13) 江頭・前掲注（4）69頁，弥永・前掲注（4）291頁，近藤＝志谷・前掲注（5）573頁。
(14) したがって，現物出資者に関する会社法の規律は，旧商法からの実質改正はないと解され，相澤＝葉玉＝郡谷編著・前掲注（12）のとおり会社法の立案担当者もそのように解している。会社法において旧商法168条2項に相当する規定が設けられなかったのは，本文で述べたとおり解釈上当然に認められることから，明文の規定が設けられなかったという法制的な理由によるものと推察される。
(15) なお，現物出資者を発起人に限定すべき実質的理由として，江頭・前掲注（4）69頁は，現物出資の目的財産の対価が定款所定の価額に著しく不足する場合には出資者に一種の瑕疵担保責任としての無過失責任を負わせる必要があるところ（会社52条2項本文かっこ書），それを履行できる資力の有無が不明では困るからであるとし，前田・前掲注（4）36頁も，発起人としての重い責任を負う者にしか現物出資をさせない，逆にいえば，現物出資をする者には発起人としての重い責任を負わせて，現物出資を利用した無責任な会社設立を防止しようとしているとする。なお，この点に関する旧商法下での立法論について，上柳＝鴻＝竹内編集代表・前掲注（6）106頁〔上柳〕，稲葉威雄ほか・条解・会社法の研究(1)会社の総則・設立〔別冊商事114号〕（1990）129頁を参照。

2. 株式会社の設立における現物出資の規制（その1）
―定款への記載又は記録

(1) 規律の内容

現物出資は，次の①ないし④の事項を定款に記載し，又は記録しなければ，その効力を生じない（会社28条1号）[16]。

① 金銭以外の財産を出資する者の氏名又は名称
② ①の財産
③ ①の価額[17][18]
④ ①の出資する者に対して割り当てる設立時発行株式の数（設立しようとする株式会社が種類株式発行会社である場合にあっては，設立時発行株式の種類及び種類ごとの数）

(16) 定款への記載又は記録を現物出資の効力要件とすることは，旧商法による規律（旧商168条1項5号）からの実質改正はない。

　旧商法下における現物出資による引受け及び現物出資の履行の有無の訴訟における認定判断につき，最二判昭29・11・26民集8巻11号2098頁は，一般の証拠法則に従い人証その他諸般の証拠によりこれを認定し得ることは当然であって，会社設立のため作成された書類によってのみ判断しなければならないと解すべきいわれはなく，会社

第3章　株式会社①設立

設立の際の現物出資は定款に記載しなければその効力を生じないが，定款以外の書類に記載することは何ら現物出資の有効要件でないから，株式申込証等（旧商175条2項7号）に現物出資の記載を欠いていても，そのために真実なされた現物出資自体の効力を否定することはできないとする。会社法では，旧商法175条2項に相当する規定はなく，定款に定められた事項で，設立時募集株式の引受けの申込みをしようとする者が自分に通知することを請求した事項を，当該申込みをしようとする者に通知しなければならないとされているが（会社59条1項5号，会社規8条4号），上記の判例の趣旨は当然ながら会社法においても妥当する。

(17)　現物出資の目的財産の価額を算式で定めることができるか。現物出資の目的財産の価額を定款に記載又は記録するのは，その価額に対して割り当てるべき設立時発行株式の数を定めるためのものであるから，その価額を算式で定めることはできず，確定額でなければならないと解される（相澤＝葉玉＝郡谷編著・前掲注（12）21頁）。

(18)　会社法は，旧商法の最低資本金規制（旧商168条ノ4）を撤廃し，併せて，旧商法が株式会社が設立に際して発行する株式の総数（旧商166条1項6号）及び株式会社が発行することができる株式の総数（同項3号）を定款に記載しなければならないとしていたところ，会社法では，まず，株式会社の設立に際して出資される財産の価額又はその最低額を定めてこれを定款に記載又は記録させ（会社27条4号），設立時発行株式の数は，定款に定めがある場合を除き発起人全員の同意によりこれを定めることとし（会社32条1項，58条1項・2項），また，当初の定款作成時には定める必要がなく，設立手続の完了時までに定款に定めればよいとしている（会社37条，96条，98条）（相澤哲＝岩崎友彦「会社法総則・株式会社の設立」相澤編著・前掲注（5）〔別冊商事295号〕15頁）。そして，会社法27条4号において定款に記載又は記録しなければならない（絶対的記載事項）とされている「設立に際して出資される財産の価額」は，現物出資の場合，その目的財産の時価ではなく，定款に記載又は記録された目的財産の「価額」（会社28条1号）すなわち発起人が目的財産の価額として合意した価額により算定されることとなり，その価額が不当である場合には，検査役による調査，裁判所の変更命令，不足額填補責任等により株主間の実質的不平等が生じないように配慮される（相澤＝葉玉＝郡谷編著・前掲注（12）21頁）。

なお，旧商法は，定款に記載等する事項として，現物出資及び財産引受けの目的財産の「価格」という文言を用いていたが（旧商168条1項5号・6号），会社法においては，「価額」という文言に改められた（会社28条1号・2号）点につき，近藤＝志谷・前掲注（5）571頁を参照。

(2) 立法趣旨

現物出資は，目的財産の過大評価により他の株主及び会社債権者を害するおそれがあることから，定款上，現物出資者の氏名又は名称，目的財産とその価額，割り当てる設立時発行株式の種類，数を特定させることとしたものである[19][20]。

(19) 江頭・前掲注（4）68頁，前田・前掲注（4）35頁。弥永・前掲注（4）290頁は，定款に記載させることによって，設立時募集株式の申込者，会社成立後に株主になろうとする者や会社債権者が変態設立事項の存否・内容を知り，適切な意思決定をなすことが可能になること，さらに，間接的には発起人の活動が公になるため，適切でない行動を抑止する効果があるとする。竹内〔弥永補訂〕・前掲注（1）128頁も，旧商法168条1項5号について，定款の記載等による開示の強制は，やましいことは公然と行いにくいという人間の心理に着目して不正を防止しようとする規制であるとする。なお，設立時募集株式の引受けをしようとする者に対する定款に記載又は記録された事項の通知については，前掲注（16）を参照。

(20) 現物出資の規制を会社債権者保護の趣旨によるものと理解すべきか否かについては，後記注（30）を参照。

(3) 定款に記載又は記録のない現物出資の効果

定款に記載又は記録のない現物出資は「その効力を生じない」（会社28条柱書），すなわち無効である[21]。

(21) 江頭・前掲注（4）67頁，前田・前掲注（4）35頁，神田・前掲注（4）41頁，弥永・前掲注（4）291頁。

3．現物出資の給付（出資の履行）

(1) 出資の履行

現物出資者は，設立時発行株式の引受け後遅滞なく，発起人に対し，現物出資の目的財産を給付しなければならない（会社34条1項本文）[22][23]。

(22) 旧商法172条本文は「現物出資者ハ払込ノ期日ニ出資ノ目的タル財産ノ全部ヲ」と規定していたところ，ここにいう「払込ノ期日」（払込期日）とは，金銭の出資の場合と同じく，設立の際に発行する株式の総数の引受けがされたことを前提に（旧商170条，177条は，会社の設立に際して発行する株式の総数の引受けがあったときは遅滞なく払込みをすべきことをとを規定していた。いわゆる総額引受主義），発起人の過半数で株式の総数の引受けの後の合理的な日として定め，発起人総代が現物出資者にその期日を示して給付の請求をする当該期日である（上柳＝鴻＝竹内編集代表・前掲注（6）144頁・136頁〔田中昭〕，上柳＝鴻＝竹内編集代表・前掲注（6）211頁〔平田伊和男〕）。しかし，会社法では，現物出資の給付を含む出資の履行の前までに設立時発行株式の総数の引受けがされている必要はないことから（前掲注（18）参照）（ただし，募集設立の場合，発起人の出資の履行が完了しなければ，設立時募集株式の申込みに係る通知をすることはできない〔会社59条2項〕。相澤＝葉玉＝郡谷編著・前

掲注（12）27頁を参照。），会社法34条1項本文は，現物出資の給付を含む出資の履行の時期を「株式の引受け後遅滞なく」と定めている。もっとも，旧商法から会社法への規律の変更は，総額引受主義の撤廃であって，会社法34条1項本文においても，発起人が現物出資者に対して給付の日（払込期日）又は期間（払込期間）を定めて給付の請求をすれば，当該期日又は期間の定めが不合理なものでない限り，現物出資者は，当該期日までに給付をしなければ遅滞になると考えられ，この点は，旧商法172条本文の規律と実質的に異なるところはないと解される（なお，募集設立における設立時募集株式については，発起人が払込みの期日又はその期間を定めることとされているところ〔会社58条1項3号〕，発起人の出資の履行についてはこのような規定がない。しかし，現物出資の給付を含む発起人の出資の履行についても，会社法36条1項所定の失権手続とは別途，これに先立ち，発起人の過半数で出資の履行の期日又は期間を定めて，これを示して引受人に履行を請求することができるものと解される。）。

(23) 現物出資の履行として給付された財産について資本金等の算定上の基礎となるのは，「給付があった日における当該財産の価額」（計算規74条1項1号ロ）すなわち給付日における時価であり，定款に記載又は記録された目的財産の「価額」（会社28条1号）ではない（相澤＝葉玉＝郡谷編著・前掲注（12）34頁）。定款に記載又は記録された価額が給付時の時価よりも高額で不当とされる場合については前掲注（18）を参照。

(2) **現物出資の目的財産の第三者対抗要件の具備**

　発起人全員の同意があるときは，現物出資の目的財産について登記，登録その他権利の設定又は移転を第三者に対抗するために必要な行為は，株式会社の成立後に会社名義ですることを妨げない（会社34条1項ただし書）[24][25]。

(24) 登記等を会社成立前にすることを要するとすれば，会社成立前に会社名義で登記等をすることはできないので，まず発起人名義で登記等をし，会社成立後に会社名義に変更するほかないが，このような重複を避けるために，発起人全員の同意があれば登記等の対抗要件の具備は会社成立後に行えばよい旨を規定している（前田・前掲注（4）53頁，相澤＝葉玉＝郡谷編著・前掲注（12）23頁）。なお，動産の対抗要件としての引渡しについては，このような重複を避けるという趣旨が妥当しないから，会社法34条1項ただし書は適用されないと解される（前田・前掲注（4）53頁）。

(25) 旧商法172条但書は，「但シ登記，登録其ノ他権利ノ設定又ハ移転ヲ以テ第三者ニ対抗スル為必要ナル行為ハ会社成立後ニ之ヲ為スコトヲ妨ゲズ」と規定し，発起人全員の同意を要件としていなかったことから，会社法においては新たに発起人全員の同意を要件に加える実質改正がされたものと解される。もっとも，旧商法下においても，旧商法172条但書が手続の重複等の回避という会社の利益のために設けられたものであるとして，会社が不利，不便を甘受して払込期日に登記，登録等することを欲した場合は現物出資者は登記，登録等の留保を発起人に対して主張できないとする見解も

あり（上柳＝鴻＝竹内編集代表・前掲注（6）144頁〔田中〕），このような見解に立てば，旧商法の規律と会社法の規律の間に実際上の差異はほとんどないであろう。

(3) 失権手続

　現物出資者が目的財産の給付をしないときは，発起人は，現物出資者に対して，少なくとも2週間の猶予を設けた期日を定め，その期日までに当該給付をしなければならない旨を通知しなければならない（会社36条1項・2項）。当該通知を受けた現物出資者は，当該期日までに目的財産の給付をしないときは，現物出資により設立時発行株式の株主となる権利を失う（同条3項）[26][27][28]。

(26)　会社法36条は，発起人の出資の不履行による失権手続を定めているが（設立時募集株式の引受人については，払込みをしないまま払込期日又は払込期間が経過すれば当然に失権するが〔会社63条〕，発起人については，会社法36条所定の失権手続を経てはじめて失権する。）現物出資についても同条が適用されるものと解される。なお，旧商法では，設立時に発行する株式の総数が定款の絶対的記載事項とされ，確定数とされていたことから，設立過程の途中で株式を引き受けた者が失権することは好ましくないため，発起人については，出資を履行しないときの失権手続についての規定が設けられていなかったが，会社法では，発行する株式の数を先に定める必要はなく，設立に際して出資される財産の価額又はその最低額をもって定款の絶対的記載事項とし（前掲注（18）），失権する者が出ても他の出資者が出資した財産の価額が定款に記載された価額等に合致していれば設立手続を続行できるから，その限度で失権することを抑制する必要がなくなったことを踏まえ，会社法36条の失権手続が定められたものと理解できる（相澤哲＝岩崎友彦「会社法総則・株式会社の設立」相澤編著・前掲注（5）〔別冊商事295号〕16頁）。そして，旧商法192条2項は，会社の成立後に現物出資の給付が未済である株式があるときは発起人及び会社成立当時の取締役は連帯して給付未済財産の価額を支払う義務を負うとしていたが（払込担保責任），会社法においては，現物出資の目的財産の給付がされない場合についての失権手続が設けられたことに伴い，払込担保責任の規定は廃止されている（相澤＝葉玉＝郡谷編著・前掲注（12）32頁，弥永・前掲注（4）291頁・307頁。）。

(27)　江頭・前掲注（4）80頁は，現物出資の不履行については，その給付がないと会社の目的が達成できない場合もあるとして，失権手続によらず，民法に従った直接強制（民414条）をすることも可能であると解すべきであるとする（江頭教授は，失権手続がない旧商法下でも，直接強制が可能であるとされていた。江頭憲治郎・株式会社法・有限会社法〔第4版〕（2005）77頁を参照。）。なお，前掲注（10）の名古屋地岡崎支判昭43・3・25判時541号59頁は，会社設立無効の判決が確定するまでは現物出資の履行を請求できるとしているが（強制執行もできることになろう。），この裁判例は，発起人の失権手続のなかった旧商法下での裁判例であることに留意する必要がある。

第3章　株式会社①設立

　　もっとも，旧商法179条の募集設立の株式引受人の失権手続（この手続自体は会社法では廃止された〔会社63条3項〕。）について，失権手続を執るか履行の請求さらには強制執行をするかは発起人が選択できると解されていたことから（上柳＝鴻＝竹内編集代表・前掲注（6）233頁〔平田〕），同様の解釈を会社法36条でもとり，発起人が現物出資について失権手続を執るか目的財産の給付の請求さらには強制執行をするかを選択することができると解することもできるであろう。
　　ただし，会社法の立案担当者は，失権手続を執らずに履行を請求しても，現物出資者は設立時発行株式の割当てを受けているにすぎないから，現物出資の目的財産の給付がされず，強制執行も効を奏しないまま，会社が成立してしまうと，現物出資者は，もはや設立時発行株式の交付を受けることが不可能になるから，失権手続を経ることなく，失権すると解している（相澤＝葉玉＝郡谷編著・前掲注（12）30頁）。これに対し，江頭・前掲注（4）107頁は，会社成立後に発起人が引き受けた設立時発行株式につき出資の履行が未済であることが明らかになれば，失権手続を経ていない以上，発起人の出資履行義務は残っているとする。

(28)　現物出資につき失権手続を経て現物出資者が失権した場合，その後も会社の設立を目指すのであれば，定款の定めを更新しなければならないが（江頭・前掲注（4）80頁），この場合，定款の変更の手続を執ることができないから（定款の変更ができるのは会社法30条2項及び96条所定の場合に限られるところ，現物出資者の失権はこれにあたらない。），改めて定款の認証手続からやり直すほかなく（相澤＝葉玉＝郡谷編著・前掲注（12）16頁），このような再度の定款の認証手続を経ることなく会社が成立すれば，設立無効の訴え（会社828条1項1号）における設立無効原因となると解さざるを得ないであろうか（一般的に定款に認証がないことが設立無効原因となることについて，江頭・前掲注（4）111頁，前田・前掲注（4）77頁，神田・前掲注（4）56頁，弥永・前掲注（4）315頁）。なお，会社法実務研究会編・詳解実務会社法（2006）39頁は，発起人の金銭による出資についても，定款に発起人が引き受ける株式の数を記載又は記録した場合は，当該発起人が失権手続を経て失権すれば，改めて定款の認証手続をやり直さざるを得ないとする。また，旧商法下での議論につき，稲葉ほか・前掲注（15）155頁・156頁を参照。

4．株式会社の設立における現物出資の規制（その2）
　　―裁判所が選任する検査役による調査

(1)　原則―検査役による調査の必要性

　発起人は，定款に現物出資についての記載又は記録があるときは，公証人の認証（会社30条1項）の後遅滞なく，当該事項を調査させるため，裁判所に対し，検査役の選任の申立てをしなければならない（会社33条1項）[29]。

(29)　旧商法においては，発起設立の場合は取締役が（旧商173条1項），募集設立の場合

は発起人が（旧商181条），裁判所に対し検査役の選任の請求をするとされていたが，会社法においては，いずれの場合についても発起人が裁判所に対し検査役の選任の申立てをすることとされている（前田・前掲注（4）49頁）。

(2) 立法趣旨

現物出資は，その目的財産の過大評価により，他の株主等を害するおそれがあり，また，設立にあたって会社の財産的基礎を危うくするおそれがあることから，定款に記載又は記録された現物出資について，裁判所が選任する検査役がこれを調査することとしたものである[30]。

(30) 前田・前掲注（4）50頁は，変態設立事項の定めについて裁判所が選任する検査役の調査を要するとされている趣旨について，変態設立事項の定めにより，発起人が不当な利益を得又は設立にあたって会社の財産的基礎を危うくし，資本充実が損なわれるのを防止するためにされるものであるとする。また，弥永・前掲注（4）291頁は，現物出資が変態設立事項とされている趣旨について，その目的財産が過大評価されると，他の出資者と現物出資者との間の不公平が生じるのみならず，会社財産が貸借対照表上に過大計上されるおそれが大きいので，現物出資の目的財産の評価が適切にされるよう，変態設立事項とされているとする。

なお，郡谷大輔＝岩崎友彦「会社法における債権者保護」相澤編著・前掲注（5）〔別冊商事295号〕282頁は，旧商法においても，資本と会社財産との関係が切断されている以上，資本充実の原則を会社債権者保護と結びつけて説明することは困難であったとしたうえで，現物出資が行われた場合には，会社の責任財産が増加することになり，もしこれを過大に評価したとしても，配当拘束のかかる計数の増加が実財産の増加よりも大きいという意味で，二重に債権者にとって有利な状況であることから，会社の費用を用いてまで現物出資に係る検査役の調査を行う義務を課すこととするのは，「資本充実による債権者保護」の観点からは説明できないとし，現物出資につき裁判所が選任する検査役の調査を求めているのは，現物出資に対して交付される株式の内容について，金銭出資をして株式の交付を受けた者の株式の内容との間に不均衡が生じることによって発生する株主間の価値移転を防止するための予防的な規制であると理解すべきであるとする。このように，会社法の立案担当者は，現物出資の規制についての立法趣旨を，もっぱら株主間の不公平の是正に求め，資本充実による会社債権者の保護は立法趣旨に含まれない旨を強調する。会社法における資本充実の原則，資本制度と会社債権者保護に関する分析については，岩原紳作「総論（日本私法学会シンポジウム資料 新会社法の意義と問題点）」商事1775号（2006）12頁, 弥永真生「会社法と資本制度（日本私法学会シンポジウム資料 新会社法の意義と問題点)」商事1775号（2006）48頁を参照。

第 3 章　株式会社①設立

(3)　例外―検査役による調査を要しない場合

　次の場合の現物出資については，検査役による調査を要しない（会社33条10項）[31]。

　　i　現物出資の目的財産及び財産引受けの目的財産について定款に記載又は記録された価額の総額が500万円を超えない場合（会社33条10項1号）[32][33]。

　　ii　現物出資の目的財産が市場価格のある有価証券（金融商品取引法2条1項に規定する有価証券をいい，同条2項の規定により有価証券とみなされる権利を含む。）について定款に記載又は記録された価額が当該有価証券の市場価格として法務省令で定める方法により算定されるものを超えない場合（会社33条10項2号）[34]。

　これを受けて，会社法施行規則6条は，上記の法務省令に定める方法につき，次の額のうちいずれか高い額をもって上記の有価証券の価格とする旨を規定している。

　　①　定款の認証（会社30条1項）の日における当該有価証券を取引する市場における最終の価格（会社規6条1号）。

　　②　定款の認証（会社30条1項）の日において当該有価証券が公開買付け等の対象であるときは，当該日における当該公開買付け等に係る契約における当該有価証券の価格（会社規6条2号）。

　　iii　現物出資の目的財産について定款に記載又は記録された価額が相当であることについて弁護士，弁護士法人，公認会計士（外国公認会計士〔公認会計士法16条の2第5項〕を含む。），監査法人，税理士又は税理士法人の証明（現物出資の目的財産が不動産である場合には，当該証明及び不動産鑑定士の鑑定評価）を受けた場合（当該証明を受けた現物出資の目的財産に係るものに限る。）（会社33条10項3号）[35]。

　なお，次の者は，上記の証明をすることができない（会社33条11項）[36]。

　　①　発起人（会社33条11項1号）

　　②　定款に記載又は記録された財産引受けの財産の譲渡人（会社33条11項2号）[37]

　　③　会社法38条1項に規定する設立時取締役又は同条2項2号に規定する設立時監査役（会社33条11項3号）

4 現物出資・財産引受け・事後設立

④ 業務の停止の処分を受け，その停止の期間を経過しない者（会社33条11項4号）[38]

⑤ 弁護士法人，監査法人又は税理士法人であって，その社員の半数以上が上記の①から③の者のいずれかに該当する者（会社33条11項5号）

(31) 変態設立事項についての検査役による調査の免除の制度は，検査役の調査の存在が現物出資等の手続が利用されないことの一因であるとの認識から，平成2年商法改正（平成2年法律64号による改正）によりはじめて導入されたものである（江頭・前掲注（4）85頁，上柳克郎＝鴻常夫＝竹内昭夫編・新版注釈会社法（補巻）平成2年改正（1992）56頁・68頁〔北沢正啓〕）。すなわち，平成2年商法改正においては，裁判所が選任する検査役による現物出資の給付の有無の調査を廃止するとともに，変態設立事項についての検査役による調査の免除について少額特例の制度を設け（後記注（32）），併せて，取引所の相場のある有価証券を目的財産とする変態設立事項についての検査役による調査の免除についての特例の制度を設けるとともに（後記注（34）），変態設立事項の目的財産が不動産である場合に限定して，弁護士の証明による調査の免除の制度が導入された（法務省民事局参事官室編・一問一答改正会社法（1990）87頁，大谷禎男・改正会社法（1991）62頁・67頁，岡光民雄・わかりやすい改正商法（1991）35頁・52頁，相澤哲・わかりやすい改正商法の解説（1993）151頁参照）。そして，平成14年商法改正（平成14年法律44号による改正）において，上記の弁護士による証明に係る免除の制度につき，目的財産を不動産に限定せず，証明の主体も弁護士以外に拡大され（近藤光男＝志谷匡史・改正株式会社法(2)（2002）359頁，弥永真生・平成14年改正商法解説〈有斐閣リブレ〉（2002）7頁），さらに，会社法においては，後記注（32）のとおり，少額特例の要件が緩和されるとともに，後記注（34）のとおり，免除の対象となる有価証券の範囲が拡大された。

　なお，産業活力再生特別措置法（平成11年法律131号）は，迅速，円滑な企業再編を図る目的で，認定事業再構築計画に従って現物出資，財産引受けを行い子会社等を設立する場合には，設立される会社の発起人が選任した弁護士等にその調査をさせることにつき主務大臣の認可を得れば，目的財産の種類を問わず，検査役の調査が不要とされていたところ，平成14年商法改正により，商法がより緩和された制度を導入したため，産業活力再生特別措置法の上記の手続は廃止されたが，平成15年の産業活力再生特別措置法の改正（平成15年法律26号による改正）により，主務大臣が認定した認定計画に従い現物出資，財産引受けが行われる場合には，弁護士等の証明がなくても検査役の調査を不要とする制度（産業活力再生特別措置法18条1項）が導入されている。これに対し，会社法においては，弁護士等の証明がなくとも検査役の調査を不要とする制度は設けられていない（江頭・前掲注（4）85頁，近藤＝志谷・前掲注（5）572頁。）。

(32) 旧商法においては，検査役による調査の免除についての少額特例について，現物出資の目的財産及び財産引受けの目的財産について定款に定めた価格の総額が資本の5分の1を超えずかつ500万円を超えない場合と規定していた（旧商173条2項1号，

第3章　株式会社①設立

181条2項）。

　これに対し，「会社法制の現代化に関する要綱」（平成17年2月9日法制審議会決定。以下「要綱」とする。）（第2部第2・3(1)①）は，「株式会社の設立時に，その価額の総額が『資本金の5分の1』以上の財産を現物出資の目的とし，又は成立時に譲り受けることを約する場合であっても，当該財産の価額の総額が500万円を超えないときは，検査役の調査を要しないものとする。」としていた。これについては，要綱試案（平成15年10月22日法制審議会会社法（現代化関係）部会）の段階からあったものであるところ，要綱試案補足説明（平成15年10月法務省民事局参事官室）は，「少額特例の趣旨は，瑕疵があっても事後的なてん補責任で賄える程度のものであれば検査役の調査を要するまでもないこととするというものであるところ，資本が小さい会社の取締役等であるからといって，てん補責任で賄える限度が変化すると考えるべき必然性は存しない。」（第4部第2・6(1)①）としていた。会社法においては，このような要綱を受けて，本文のような要件に実質改正されたものである。

(33)　会社法33条10項2号及び3号で検査役の調査が不要とされる財産とそれ以外の現物出資，財産引受けの目的財産の価額が会社法33条10項1号所定の限度を超える場合には，後者の現物出資等については検査役の調査が必要となる（江頭・前掲注（4）85頁，旧商法につき，大谷・前掲注（31）9頁）。

(34)　旧商法においては，有価証券についての検査役による調査の免除の特例として，取引所の相場のある有価証券で定款に定めた価格がその相場を超えない場合と規定していた（旧商173条2項2号，181条2項）。

　これに対し，要綱（第2部第2・3(1)②）は，「検査役の調査を要しない有価証券の範囲を『取引所の相場のある有価証券』から『市場価格のある有価証券』に拡大するものとする。」としていた。これについても，要綱試案の段階からあったものであるところ，要綱試案補足説明は，市場価格のある有価証券について，「現物出資・財産引受けに係る財産につき公正な価額が付されており，当該価額以下で出資等がされる限りは，評価の適正性に関し特段の問題は生じないものといえる。」（第4部第2・6(1)②）としていた。会社法においては，このような要綱を受けて，本文のような要件に実質改正されたものである。

　これにより，非上場株式であるが市場価格のあるもの，例えば，外国の株式市場におけるいわゆる店頭登録株（ナスダックなど）や，いわゆるグリーンシート銘柄（日本証券業協会が非上場企業の株式を売買するために平成9年7月からスタートさせた制度であり，店頭取扱有価証券，優先出資証券又は投資証券のうち，証券会社が日本証券業協会に対して届出を行ったうえで，その証券会社が継続的に売り気配・買い気配を提示している銘柄）も，検査役による調査の免除の対象となり得るものとなった（相澤編著・前掲注（5）一問一答新・会社法38頁，近藤＝志谷・前掲（5）571頁）。

(35)　旧商法の規律（旧商173条2項3号）からの実質改正はない。

(36)　旧商法の規律（旧商173条3項）からの実質改正はない。

(37)　財産引受けの目的財産の譲渡人は，自分が譲渡した財産のみならず，それ以外の現物出資，財産引受けの目的財産についても，会社法28条各号に掲げる定款規定に対し

て一定の利害関係を有する者であるから，会社法33条11項2号所定の譲渡人にあたると解される（相澤＝葉玉＝郡谷編著・前掲注（12）22頁）。
(38) 業務の停止の処分を受けた場合の期間の起算点は，処分の公表時や業務停止期間の初日ではなく，処分の日である（相澤＝葉玉＝郡谷編著・前掲注（12）22頁）。

(4) 検査役の選任に係る手続

(a) 裁判所による検査役選任申立事件の審理

(ア) 申立て　申立人は，発起人である（会社33条1項）（前掲注（29））。申立ては，書面でしなければならない（会社非訟規1条）[39]。

(イ) 管轄　会社の本店の所在地を管轄する地方裁判所（会社868条1項）

(ウ) 審理　裁判所が検査役選任決定をするためには，関係人等の陳述を聴くことが手続要件とはされていない（会社870条参照）[40]。

(b) 検査役選任申立事件における裁判

(ア) 検査役の選任の申立てに係る決定　裁判所は，発起人による検査役選任の申立てがあったときは，これを不適法として却下する場合を除き，検査役を選任しなければならない（会社33条2項）[41]。

検査役が選任される場合には，実務上，検査役には弁護士が選任される例が多い[42]。

検査役の選任決定に対しては，不服申立てをすることができない（会社874条1号）。検査役の選任の申立てを却下する決定には，通常抗告（非訟20条）をすることができる[43]。

検査役の選任決定には，理由を付さなくてもよいが（会社871条ただし書2号，874条1号），検査役の選任の申立てを却下する決定には，理由を付さなければならない（会社871条本文）[44]。

(イ) 検査役の報酬の額の決定　裁判所は，検査役の選任をした場合には，成立後の株式会社が当該検査役に対して支払う報酬の額を定めることができる（会社33条3項）。

裁判所は，上記の検査役の報酬の額の決定（会社33条3項）をするためには，会社（代表者）及び報酬を受ける者（検査役）の陳述を聴かなければならない（会社870条2号）[45]。

裁判所が決定した検査役の報酬は，成立後の株式会社が負担する設立に関す

る費用であるが，定款に記載又は記録する必要はない（会社28条4号かっこ書，会社規5条3号）。

　上記の検査役の報酬の額の決定に対しては，会社及び報酬を受ける者は，即時抗告をすることができる（会社872条4号かっこ書，870条2号）[46]。ただし，即時抗告は，原裁判の執行停止の効力を有しない（会社873条ただし書1号）。即時抗告があった場合における事件記録の抗告裁判所への送付（非訟25条，民訴規205条・174条）については，原裁判所が基本事件（検査役選任申立事件）の記録を送付するまでの必要がないと認めたときは，抗告事件の記録のみを送付すれば足り，この場合に，抗告裁判所が基本事件の記録が必要であると判断したときは，その送付を求めることができる（会社非訟規11条）[47]。

　上記の検査役の報酬の額の決定には，理由を付す必要はない（会社871条ただし書1号，870条2号）[48]。

　(ｳ)　裁判所は，検査役に対し，調査の結果を報告すべき期限を定めることができる（会社非訟規10条）[49]。

(c)　検査役による調査とその結果の報告

　検査役は，必要な調査を行い，当該調査の結果を記載又は記録した書面又は電磁的記録（法務省令で定めるものに限る[50]。）を裁判所に提出して報告をしなければならない（会社33条4項）。

　裁判所は，上記の報告について，その内容を明瞭(りょう)にし，又はその根拠を確認するために必要があると認めるときは，検査役に対し，さらに上記の報告を求めることができる（会社33条5項）[51]。

　検査役は，上記の報告をしたときは，発起人に対し，上記の書面の写しを交付し，又は上記の電磁的記録に記録された事項を法務省令で定める方法[52]により提供しなければならない（会社33条6項）[53]。

(d)　裁判所による定款の変態設立事項の変更決定（定款変更決定）

　(ｱ)　裁判所による定款変更決定に係る手続　裁判所は，検査役の報告を受けた場合において，変態設立事項（検査役の調査を経ていないものを除く。）を不当と認めたときは，これを変更する決定をしなければならない（会社33条7項）[54]。

　裁判所は，上記の定款変更決定をするためには，設立時取締役，現物出資者

4　現物出資・財産引受け・事後設立

及び財産引受けの譲渡人[55]の陳述を聴かなければならない（会社870条5号）[56]。

　上記の定款変更決定には，理由を付さなければならない（会社871条本文）[57]。

　上記の定款変更決定に対しては，設立時取締役，現物出資者及び財産引受けの譲渡人[58]は，即時抗告をすることができる（会社872条4号かっこ書，870条5号）[59]。ただし，即時抗告は，原裁判の執行停止の効力を有しない（会社873条ただし書3号）。

　(イ)　裁判所による定款変更決定の効果　　裁判所による定款変更決定は，当該決定において変更された事項について，定款の定めを変更する効力を有する（会社法30条2項において，同法33条7項の規定による場合が定款を変更することができる例外の一つとされている。）[60]。

　(ウ)　裁判所による定款変更決定の内容　　裁判所は，現物出資の目的財産につき定款に記載又は記録された価額が過大に評価され，定款に記載又は記録された現物出資者に割り当てられる設立時発行株式の数が不当に多いと認めるときは，その株式数を減少する旨の決定をする[61]。

　(エ)　裁判所による定款変更決定後の発起人による引受けの取消し　　発起人は，裁判所が定款変更決定をした場合には，当該決定の確定後1週間以内に限り，その設立時発行株式の引受けに係る意思表示を取り消すことができる（会社33条8項）[62][63]。

　上記の取消しがされた場合，発起人は，その全員の同意によって，裁判所による定款変更決定後1週間以内に限り，当該決定により変更された事項についての定めを廃止する定款の変更をすることができるとされ（会社33条9項）[64][65]，これにより設立手続を続行することができる。ただし，募集設立の場合は，設立時募集株式の申込者の保護のため，払込期日又は払込期間（会社58条1項3号）の初日のうち最も早い日以後は，発起人は，定款変更決定により変更された事項についての定めを廃止する定款の変更をすることはできない（会社95条）[66]。

(39)　旧商法においては，会社非訟事件の手続は，非訟事件手続法（明治31年法律14号）の定めによっていたところ，会社法の制定に伴い，非訟事件手続法中の商事非訟事件関係の規定（第3編）は全面的に削除され（整備法119条），会社非訟事件の申立て及び審理について，会社法876条等の最高裁判所規則への委任規定に基づき，会社非訟事件等手続規則（平成18年最高裁判所規則1号）が制定され，同規則において会社非訟事件の手続に関する定めが置かれている。その内容については，花村良一「会社非

第3章　株式会社①設立

訟事件等手続規則の解説」判タ1200号（2006）32頁を参照。
(40)　実務上は，裁判所は，検査役の選任に先立って，会社（代表者）及び検査役候補者の陳述を聴くための審問期日を開くという運用が一般的ではないかと思われる。
(41)　実務上は，検査役の選任に先立って，検査役の調査に係る費用及び検査役に支払うべき報酬の予定額を申立人に予納させる（民訴費11条1項，12条1項参照）という運用になるものと思われる（東京地裁商事研究会・商事非訟・保全事件の実務（1991）22頁，針塚遵「東京地裁商事部における現物出資等検査役選任事件の現状」商事1590号（2001）4頁，大阪弁護士会協同組合＝「商事非訟の実務」改訂・編集委員会編・商事非訟の実務〔2004年3月改訂新版〕（2004）3頁）。
(42)　東京地裁商事研究会・前掲注（41）22頁，大阪弁護士会協同組合＝「商事非訟の実務」改訂・編集委員会編・前掲注（41）3頁。なお，針塚・前掲注（41）5頁を参照。
(43)　旧商法においては，検査役の選任に係る決定に対しては，通常抗告（非訟20条）をすることができると解されていたが，会社法においては，検査役の選任決定に対しては不服申立てが禁止され，却下決定に対してのみ通常抗告ができるものとされた（花村良一＝大寄麻代「会社非訟事件等手続規則及びその対象事件の概要」ジュリ1310号（2006）79頁）。
(44)　旧商法においては，検査役の選任の申立てに係る決定への理由付記は必要的ではなかったが，会社法においては，上級審でその裁判の当否を判断することができるようにするために，不服申立てをすることができる却下決定には理由付記が必要とされ，不服申立てをすることができない選任決定には理由が不要であるとされた（花村＝大寄・前掲注（43）79頁，相澤哲＝葉玉匡美＝湯川毅「外国会社・雑則」相澤編著・前掲注（5）〔別冊商事295号〕222頁）。
(45)　旧商法下では，裁判所が検査役の報酬の決定をするためには，取締役（代表取締役）及び監査役（会社成立後の委員会等設置会社の場合には執行役及び監査委員）の陳述を聴かなければならないとされていた（整備法119条による改正前の非訟事件手続法〔以下「旧非訟事件手続法」という。〕129条ノ3）。なお，陳述の聴取において会社を代表する機関については，後記注（46）を参照。
(46)　旧商法下では，即時抗告権者は「裁判ニ因リテ権利ヲ害セラレタリトスル者」（非訟20条1項）と定められていたところ，会社及び検査役がこれに当たると解されていた（ただし検査役は即時抗告権を有しないとする反対説があった。）ことから（伊東乾＝三井哲夫編・注解非訟事件手続法：借地非訟事件手続規則〈注解民事手続法〉〔改訂〕（1995）485頁〔三井哲夫〕），会社法においては，本文のように即時抗告権者が明記されている（花村＝大寄・前掲注（43）80頁）。
　　なお，検査役の報酬の額の決定ができる時期は，会社の成立すなわち設立の登記（会社49条）の前後を問わないものと解されるところ，陳述の聴取や即時抗告において会社を代表する機関は，会社成立前であれば設立時（代表）取締役（会社38条1項，47条1項），会社成立以後であれば代表取締役（会社47条1項）であると考えられる。ちなみに，会社不成立の場合の検査役の報酬は，会社法56条を類推して，発起人に負担させるものと解される（旧商法194条の類推につき，伊藤＝三井編・前掲〔三井〕，

4　現物出資・財産引受け・事後設立

　　　上柳＝鴻＝竹内編集代表・前掲注（6）155頁〔田中〕）。
(47)　検査役の選任の手続に関しては，報酬額の決定がされた後においても，原裁判所（検査役を選任した裁判所）において，検査役の報告書を受けたり（会社33条4項等），定款の記載事項の変更決定（同条7項）をするなどの手続が進行する場合があり得るところ，基本事件の記録を抗告裁判所に送付してしまうと，原裁判所の手続に支障を来すおそれがあることから，このような規定が設けられた（花村・前掲注（39）36頁）。
(48)　不服申立てができる裁判には理由の付記が必要とされるのが原則であるが（前掲注（44）参照），報酬の額の決定については，その性質上，具体的な理由を記載することが困難であるから，理由付記は不要とされている（花村＝大寄・前掲注（43）79頁），相澤哲＝葉玉匡美＝湯川毅「外国会社・雑則」相澤編著・前掲注（5）〔別冊商事295号〕222頁。
(49)　検査役の調査については，その報告書が提出されるまでは会社の設立の登記ができない場合があり（会社33条，商登47条2項3号イ），申立人や会社の関係者にとってもどの時点で報告書が提出されるかが明らかにされることが重要であること，期限を定めることにより手続が遅延することを防止できること等により，この規定が設けられた（花村・前掲注（39）36頁）。
(50)　商業登記規則36条1項各号のいずれかに該当する磁気ディスク（フロッピーディスク又は光ディスク）（電磁的記録に限る。）及び電磁的記録の提供を受ける者（裁判所）が定める電磁的記録（会社規228条1号）。
(51)　旧商法下においても，旧非訟事件手続法128条2項は，「裁判所ハ検査ニ付キ説明ヲ必要トスルトキハ検査役ヲ審訊スルコトヲ得」と規定していた。
(52)　電磁的方法のうち電磁的記録の提供を受ける者（発起人）が定めるもの（会社規229条1号）。
(53)　設立登記申請書の添付書類として必要となる（商登47条2項3号イ，19条の2）。旧商法下においては，検査役の報告書の申立人等への開示の規定がなかったため，実務上，検査役の報告書の副本を裁判所が申立人等に交付する扱いがされていたが，会社法においては，検査役が直接発起人に対し報告書の写し等を交付しなければならないこととされている（花村＝大寄・前掲注（43）79頁）。
(54)　旧商法下においても，同旨の規定（旧商173条4項）が置かれていた。会社法において旧商法の規定の不明確な点を明らかにしたことについて，相澤哲＝岩崎友彦「会社法総則・株式会社の設立」相澤編著・前掲注（5）〔別冊商事295号〕19頁を参照。
(55)　現物出資者及び財産引受けの目的財産の譲渡人は，自分が出資又は譲渡した財産のみならず，それ以外の現物出資，財産引受けの目的財産についても，会社法28条各号に掲げる定款規定に対して一定の利害関係を有することから，自分の現物出資又は財産引受け以外の現物出資又は財産引受けに係る定款変更決定についても，会社法870条5号所定の必要的陳述聴取の対象者となると解される（会社法870条5号の規定も，文理上，定款変更決定に係る現物出資者又は財産引受けの譲渡人に限定していない。）。なお，前掲注（37）を参照。
(56)　旧商法においては，現物出資者及び取締役に加えて，発起人も陳述を聴く対象とさ

第3章　株式会社①設立

　　　れていたが，財産引受けの譲渡人はその対象とされていなかった（旧非訟129条2項）。
(57)　旧商法（旧非訟129条1項）からの規律の変更はない。
(58)　現物出資者及び財産引受けの目的財産の譲渡人が，自分の現物出資又は財産引受け以外の現物出資又は財産引受けに係る定款変更決定についても，即時抗告をすることができると解される。前掲注（55）を参照。
(59)　旧商法においては，即時抗告権者は，陳述を聴く対象と同じく，発起人，現物出資者及び取締役とされていた（旧非訟129条3項）。
(60)　江頭・前掲注（4）84頁。
(61)　前田・前掲注（4）50頁参照。これに対し，現物出資の目的財産につき定款に記載又は記録された価額が過小に評価され，定款に記載又は記録された現物出資者に割り当てられる設立時発行株式の数が不当に少ないと認められても，そのような価額での出資に合意した現物出資者を保護する必要はないから（発起人においては引受条件の均等性は要請されていない。会社58条3項参照），その株式数を増加する旨の決定をすることはできないと解される（旧商法下における議論として，上柳＝鴻＝竹内編集代表・前掲注（6）156頁〔田中〕を参照）。
(62)　旧商法にも引受けの取消しに係る同旨の規定が設けられていた（旧商173条5項第1文）。なお，旧商法においては，取消権の行使期間は定款変更決定の発起人への通告から2週間である旨が規定されていたが（旧商173条5項・6項），定款変更決定に対する即時抗告がされ原決定が維持されたときは，取消権の行使期間は即時抗告に対する裁判の告知から2週間であると解されていた（上柳＝鴻＝竹内編集代表・前掲注（6）158頁〔田中〕）。
(63)　引受けの意思表示を取り消すことができる発起人は，定款変更決定により変更された現物出資者である発起人に限られるものではなく，すべての発起人がその引受けの意思表示を取り消すことができると解され（江頭・前掲注（4）84頁），かつ，各発起人は，その全部の意思表示を取り消すことができるのであって，現物出資者も，現物出資に加えて金銭による出資による引受けをしている場合であっても，すべての引受けを取り消すことができると解される。（相澤＝葉玉＝郡谷編著・前掲注（12）24頁は，発起人間で合意した内容が，その意図に反して裁判所に変更された場合には，当初の合意を前提とした設立手続を続けることができなくなる以上，その判断に不服を持つ発起人において，設立時発行株式の引受けに係る意思表示の全部を取り消すことができるものとすることが相当であるとする。）。
(64)　旧商法にも同旨の規定が設けられていた（旧商173条5項第2文）。
(65)　会社法33条9項の規定の文言上，裁判所による定款変更決定により変更された変態設立事項自体を廃止することのみが可能であり，定款変更決定により変更された定めの内容をさらに変更することはできないと解される（相澤＝葉玉＝郡谷編著・前掲注（12）23頁）。
(66)　弥永・前掲注（4）302頁。

(5) 設立時取締役等による調査
　(a) 設立時取締役は，その選任後遅滞なく，次の調査をしなければならなず，設立しようとする株式会社が監査役設置会社（会社2条9号）である場合は，設立時監査役も同様の調査をしなけれならない（会社46条1項，93条1項）(67)。
　① 少額免除（会社33条10項1号），有価証券に関する免除（同項2号）の対象となる現物出資の目的財産について定款に記載又は記録された価額が相当であること（会社46条1項1号，93条1項1号）。
　② 弁護士等の証明を受けることによる免除（会社33条10項3号）の場合の当該証明が相当であること（会社46条1項2号，93条1項2号）。
　③ 出資の履行（現物出資の場合にはその目的財産の給付）が完了していること（会社46条1項3号，93条1項3号）。
　④ 上記①ないし③のほか株式会社の設立の手続が法令又は定款に違反していないこと（会社46条1項4号，93条1項4号）
　(b) 発起設立の場合の調査後の手続
　発起設立の場合，設立時取締役（及び設立時監査役）は，上記の調査により，上記の(a)の①ないし④について法令もしくは定款に違反し，又は不当な事項があると認めるときは，発起人にその旨を通知しなければならない（会社46条2項）(68)。また，設立しようとする株式会社が委員会設置会社である場合には，設立時取締役は，上記の調査を終了したときはその旨を，発起人に対する上記の通知をしたときはその旨及びその内容を，設立時代表執行役（会社48条1項3号）に通知しなければならない（会社46条3項）。
　(c) 募集設立の場合の調査後の手続
　設立時取締役（及び設立時監査役）は，上記(a)の調査の結果を創立総会に報告しなければならない（会社93条2項）(69)。
　設立時取締役（及び設立時監査役）は，創立総会において，設立時株主から上記(a)の調査について説明を求められた場合には，当該事項について必要な説明をしなければならない（会社93条3項）。
　設立時取締役（及び設立時監査役）の全部又は一部が発起人である場合には，創立総会においては，その決議によって，上記(a)の調査をする者を選任することができる（会社94条1項）(70)(71)。選任された者は，必要な調査を行い，当該調

査の結果を創立総会に報告しなければならない（同条2項）。
- (67) 旧商法にも平成2年商法改正により同旨の規定が設けられていた（旧商173条ノ2第1項，184条1項・2項）。ただし，旧商法においては，募集設立の場合，検査役の調査報告も取締役等の調査の対象とされていたが（旧商184条2項，181条3項），会社法においては，調査の対象が発起設立の場合と同じになり，検査役の調査結果は調査の対象から除外された（前田・前掲注（4）69頁）。
- (68) 旧商法にも同旨の規定が設けられていた（旧商173条ノ2第2項）。
- (69) 創立総会において設立時取締役として選任された者が，同一の創立総会において調査結果の報告を行っても，ただちに違法となるわけではないと解される（相澤＝葉玉＝郡谷編著・前掲注（12）43頁）。
- (70) 発起人としてした設立事務を同じ者が設立時取締役等として調査，報告することが適当でないと判断したときに選任されることになるものと思われる（前田・前掲注（4）69頁，弥永・前掲注（4）305頁）。
- (71) 旧商法においても，同旨の規定が設けられていた（旧商184条3項）。なお，旧商法184条3項は，創立総会において検査役を選任することができる旨を規定していたが，会社法では，「検査役」を裁判所が非訟事件手続により選任する者を指す場合に限定し，会社法94条1項による選任される調査者は検査役ではないという整理になった（なお，設立登記申請においてもこの調査者の調査報告書の添付を要しない。相澤＝葉玉＝郡谷編著・前掲注（12）43頁）。

(6) 募集設立の場合の創立総会における現物出資に係る定款の変更の可否

(a) 創立総会への報告等

発起人は，設立に関する事項を創立総会に報告しなければならず（会社87条1項），また，検査役の調査報告書（会社33条4項）及び弁護士等の証明書（同条10項3号）を創立総会に提出しなければならない（会社87条2項）[72]（なお，設立時取締役等の創立総会での報告につき，上記(5)(c)を参照。）。

(b) 創立総会における定款の変更

創立総会においては，その決議によって，定款を変更することができるところ（会社96条），現物出資に関する定款の定めについては，これを削除，縮小することはできるが，新たな事項を追加したり既存の事項を拡張することはできないと解される[73]。

したがって，現物出資に関する定款の定めが不当であるにもかかわらず，裁判所による定款変更決定がされないときは，その定款の定めは確定し，発起人及び設立時取締役らの財産価額塡補責任の有無の問題のみが残ることにな

る(74)。

- (72) 旧商法においても，同旨の規定が設けられていた（旧商182条，181条3項）。
- (73) 創立総会においては，後記の注（113）のとおり，変態設立事項を追加する定款変更をすることができると解されるが，現物出資については，発起人が募集事項を通知するには，現物出資に関する未履行部分がないことが必要とされているところ（会社59条1項，36条1項），創立総会で現物出資を増加する方向での定款変更を行うことはこのような法の趣旨に反することになるから，創立総会で現物出資を増加する方向での定款変更をすることはできないと解される（相澤＝葉玉＝郡谷編著・前掲注（12）20頁）。
- (74) 江頭・前掲注（4）97頁。

5．現物出資と民法の規定の適用について

(1) 現物出資に関する危険負担・担保責任

(a) 危 険 負 担

現物出資に関する危険負担は，目的財産の給付の終了の日まで，常に現物出資者が危険を負担するものと解される(75)。

(b) 担 保 責 任

現物出資の目的財産の給付後における追奪担保責任，瑕疵担保責任については，民法の規定（民561条〜570条）が類推適用されるが，検査役の調査が開始された後は，裁判所による定款変更決定，発起人等の財産価額填補責任あるいは損害賠償責任の制度により対応すべきものと解される(76)。

- (75) 江頭・前掲注（4）80頁，宮島司・新会社法エッセンス〔第2版〕(2006) 55頁。なお，旧商法における現物出資に関する危険負担をめぐる議論については，上柳＝鴻＝竹内編集代表・前掲注（6）148頁〔田中〕を参照。
- (76) 江頭・前掲注（4）80頁，宮島・前掲注（75）55頁。旧商法下での議論につき，上柳＝鴻＝竹内編集代表・前掲注（6）151頁〔田中〕を参照。

(2) 引受けに係る意思表示の瑕疵

(a) 心裡留保・通謀虚偽表示等

現物出資を含め，設立時発行株式の引受けに係る意思表示については，民法93条ただし書及び94条1項の規定は適用しない（会社51条1項）(77)。

(b) 錯誤・詐欺又は強迫

発起人は，株式会社の成立後は，錯誤を理由として現物出資を含む設立時発

第 3 章　株式会社①設立

行株式の引受けの無効を主張し，又は詐欺もしくは強迫を理由として現物出資を含む設立時発行株式の引受けの取消しをすることができない（会社51条2項）(78)。

(c)　詐害行為取消権の行使の可否

現物出資は詐害行為取消権（民424条）の行使の対象となるものと解される(79)。

(d)　その他の無効原因・取消原因

民法の規定が適用される(80)(81)。例えば，設立後に未成年であることを理由に現物出資による設立時発行株式の引受けに係る意思表示を取り消すことができる。

(77) 旧商法においては，民法93条ただし書の適用を排除する旨の規定が置かれていたが（旧商175条9項），民法94条1項についてもその適用を排除すべきであると解されていた（上柳＝鴻＝竹内編集代表・前掲注（6）181頁〔前田重行〕。なお，東京地判昭38・10・31下民14巻10号2172頁は，新株発行についての不動産の現物出資の合意につき民法94条1項の適用はないとした。

(78) 旧商法においても，同旨の規定が設けられていた（旧商191条）。

(79) 江頭・前掲注（4）91頁。なお，旧商法下での議論として，上柳＝鴻＝竹内編集代表・前掲注（6）341頁〔志村治美〕，稲葉ほか・前掲注（15）132頁を参照。東京地判平15・10・10金判1178号2頁は，現物出資行為が詐害行為である場合に，旧商法141条の規定が株式会社に適用されず，設立取消しの訴えの対象とならないとしたうえで，詐害行為として取り消すことができるとした。

(80) 上柳＝鴻＝竹内編集代表・前掲注（6）339頁・349頁〔志村〕を参照。

(81) 設立時発行株式の引受けに係る意思表示が無効であり又は取り消されたことにより，当該株式は無効となり，当該会社の発行済株式総数はその無効となる株式数だけ減少するが，資本金の額と株式との関係が切り離されている会社法のもとでは（会社445条），発行済株式総数の減少が当然に資本金，資本準備金の額に影響を与えるものではなく，むしろ，会社債権者の保護の観点からは債権者保護手続を経ないで資本金，資本準備金が減少することを認めることは相当でないから，設立時発行株式の引受けに係る意思表示が無効とされ又は取り消された場合であっても，資本金及び資本準備金の額は減少しないとされている（計算規48条2項4号，49条2項）（相澤＝葉玉＝郡谷編著・前掲注（12）31頁）。

6．株式会社の設立における現物出資に関する責任

(1)　発起設立における発起人及び設立時取締役らの財産価額塡補責任

(a)　責任の内容

株式会社の成立の時における現物出資の目的財産の価額が当該財産について

4　現物出資・財産引受け・事後設立

定款に記載又は記録された価額（定款の変更があった場合にあっては，変更後の価額）に著しく不足するとき[82]に，連帯して当該不足額を支払う義務を負う（会社52条1項）[83]。

(b)　責任の主体と要件

(ア)　発起人（現物出資者を除く。）及び設立時取締役[84]　　次の場合には，発起人（現物出資者を除く。）及び設立時取締役は，財産価額塡補責任を負わない（会社52条2項）[85]。

① 　裁判所が選任した検査役の調査を経た場合（会社52条2項1号）。
② 　当該発起人又は設立時取締役がその職務を行うについて注意を怠らなかったことを証明した場合（過失責任）（会社52条2項2号）[86][87]。

(イ)　現物出資者[88]　　無過失責任を負う（会社52条2項かっこ書）[89]。

(ウ)　現物出資の目的財産の価額の相当性を証明した弁護士等　　現物出資の目的財産につき定款に記載又は記録された価額が相当であることについて証明，鑑定評価をした弁護士等（証明者）（会社33条10項3号）も，当該目的財産につき他の義務者と連帯して不足額を支払う義務を負う（会社52条3項本文）[90]。

ただし，証明者が当該証明をするについて注意を怠らなかったことを証明した場合は，上記の財産価額塡補責任を負わない（会社52条3項ただし書）[91]。

(c)　責任免除の要件

財産価額塡補責任につき発起人又は設立時取締役の負う義務は，総株主の同意があれば，免除することができる（会社55条）[92]。

(82)　「不足するとき」とは，定款作成時に現物出資の目的物が過大評価されていた場合のみならず，会社成立時までの間に目的物の価格が下落した結果不足が生じた場合を含むところ（江頭・前掲注（4）105頁），後者のような場合にわずかな不足であれば責任を負わせないという趣旨から，「著しく」という要件が定められている（前田・前掲注（4）80頁）。旧商法における責任の内容についても規定も同様であった（旧商192条ノ2第1項）（法務省民事局参事官室編・前掲注（31）122頁，大谷・前掲注（31）91頁，岡光・前掲注（31）88頁，相澤・前掲注（31）197頁参照）。

(83)　会社法の立案担当者は，この財産価額塡補責任についても，これを会社債権者保護という観点からの説明ではなく，検査役の調査制度等により予防しようとしていた株主間の価値移転が実際に発生した場合に，これを巻き戻すために引受人に対して追加の出資を行う責任を定めるべきであるとの理解のもとに，その実効性を高めるために現物出資に関する職務を行った取締役等に対しても補完的に責任を負わせるものと整

第3章　株式会社①設立

理しているとする（相澤編著・前掲注（5）〔別冊商事295号〕282頁）。弥永・前掲注（4）313頁も、財産価額塡補責任を引受人間の公平を確保するために認められたものであるとし、定款に定められた財産を出資した現物出資者は定款に記載された数の設立時発行株式の株主となるため、定款に記載又は記録された目的財産の価額を基準として株式が割り当てられた場合に、現物出資者が不足額で塡補責任を負わないと、引受人間の公平を損なうので、発起人等に責任を負わせることによって他の引受人の利益を保護するものであるとする。

(84) 現物出資者以外の義務者が履行した財産価額塡補責任は、損害賠償責任の一種であるとみられるので、履行した義務に相当する額の相手勘定は、特別利益（計算規119条6号）等当期の利益として取り扱うことになり、直接、株主資本を変動させることはない（相澤哲＝郡谷大輔＝和久知子「会計帳簿」相澤哲編著・立案担当者による新会社法関係法務省令の解説〔別冊商事300号〕(2006) 78頁、相澤＝葉玉＝郡谷編著・前掲注 (12) 25頁)。

(85) 旧商法においても、同旨の規定が置かれていた（旧商192条ノ2第2項）。財産価額塡補責任は、平成2年商法改正により、検査役の調査の免除が認められたことに伴い導入されたものであり、検査役の調査を経た場合にはこの責任は生じないとされていた（江頭・前掲注（4）105頁）。

(86) 旧商法においては、発起設立の場合を含め、財産価額塡補責任は資本充実責任として無過失責任とされていた（旧商192条ノ2第1項）（江頭・前掲注（4）105頁,前田・前掲注（4）79頁）。これに対し、要綱（第2部第2・3(2)①）は、「発起設立の場合における株式会社の設立時の取締役及び発起人（現物出資者又は財産の譲渡人を除く。）が財産価格の調査について過失がないことを証明した場合には、てん補責任を負わないものとする。」としていた。これについては、要綱試案の段階からあったものであるところ、要綱試案補足説明は、会社の財産取得の対価が株式よりも金銭である場合の方が会社債権者に与える影響が大きいことから「現物出資等に係るてん補責任を対債権者との関係での責任と捉える場合には、一般の任務懈怠責任よりも責任を加重しなければならない必然的な理由は乏しい。他方、現物出資により株式を発行する場合には、引受人は当該株式の発行価額相当分の財産を払い込む義務を負い、取締役はこの義務が適切に履行されるよう努めなければならない。そして、一定の価値の株式に対して、当該価値に満たない財産しか出資がされないとすれば、他の株主との関係では、当該引受人に対して有利な条件で発行した場合と同様の利害状況が生ずる。この場合の取締役の義務違反、すなわち他の株主との平等という観点から引受人に適切な払込みをさせるべき義務に反する点で、責任の問題が生ずる。以上の点から、試案では、一般の任務懈怠責任等との平仄も踏まえ、現物出資者等を除く発起人・取締役の現物出資等に関するてん補責任を、現行の無過失責任から過失責任化することとし、その任務を怠らなかったことについては、発起人・取締役に立証責任を負わせることとしている。」(第4部第2・6(2)) としていた。会社法においては、このような要綱を受けて、過失責任に変更された（相澤哲＝岩崎友彦「会社法総則・株式会社の設立」相澤編著・前掲注（5）〔別冊商事295号〕18頁）。

(87) 検査役の調査を経た場合とは別に規定されていること，設立時取締役には調査義務があること（会社46条1項）から考えて，弁護士等の証明・鑑定評価があることのみによっては，無過失の証明がされたということはできないと解される（弥永・前掲注(4) 313頁）。
(88) 現物出資者が履行した財産価額塡補責任は，追加出資義務の履行であるが，既に定款に記載された現物出資の目的財産の額を基礎に資本金，資本準備金の計上がされているので（前掲注(23)参照），履行した義務に相当する額の相手勘定は，その他資本剰余金となる（計算規44条1号）等当期の利益として取り扱うことになる（相澤哲＝郡谷大輔＝和久知子「会計帳簿」相澤編著・前掲注(84) 78頁，相澤＝葉玉＝郡谷編著・前掲注(12) 25頁）。
(89) 旧商法の規律（旧商192条ノ2第1項）からの実質改正はない。現物出資者が無過失責任を負うのは，いわば売主の地位に基づく一種の瑕疵担保責任の性格があるからである（江頭・前掲注(4) 105頁，弥永・前掲注(4) 313頁）。
(90) 旧商法の規律（旧商197条本文）からの実質改正はない。
(91) 旧商法の規律（旧商197条ただし書）からの実質改正はない。
(92) 旧商法においては，財産価額塡補責任（旧商192条ノ2）は，これが資本充実責任の一種であることを理由に，総株主の同意による責任の免除を定めた旧商法196条は適用されず，総株主の同意によっても責任を免除することはできないと解されていた（江頭・前掲注(4) 105頁，近藤＝志谷・前掲注(5) 569頁，上柳＝鴻＝竹内編・前掲注(31) 77頁〔北沢〕，法務省民事局参事官室編・前掲注(31) 123頁。なお，上柳＝鴻＝竹内編集代表・前掲注(6) 394頁〔谷川久〕を参照。）。

(2) 募集設立における発起人及び設立時取締役らの財産価額塡補責任

　募集設立においても，発起人，設立時取締役及び弁護士等の証明者は，上記(1)と同じ財産価額塡補責任を負う（総株主の同意により責任を免除することができる。）が，発起設立の場合とは異なり，発起人又は設立時取締役は，現物出資者でなくとも，その職務を行うについて注意を怠らなかったことを証明しても責任を免れることはできない（会社法103条1項による52条2項2号の適用排除）[93][94]。

(93) 要綱（第2部第2・3(2)②）も，「募集設立の場合における株式会社の発起人及び設立時の取締役は，無過失のてん補責任を負うものとする。」としていた。要綱試案では，募集設立が廃止されることを前提に取締役・発起人の責任を検討していたが，要綱（案）では募集設立が存続することとなったので，募集設立の場合には株式引受人等の保護のために取締役・発起人の責任も旧商法（旧商192条ノ2）と同じ無過失責任とされた（江頭憲治郎「会社法制の現代化に関する要綱案」の解説(1)」商事1721号（2005）11頁）。
(94) 募集設立の場合に無過失責任とされているのは発起人でない者が設立時株式を引き受けて設立時株主になる者の保護のため発起人及び設立時取締役の責任を厳重にした

第3章　株式会社①設立

ものである（前田・前掲注（4）80頁，相澤哲＝岩崎友彦「会社法総則・株式会社の設立」相澤編著・前掲注（5）〔別冊商事295号〕18頁，相澤＝葉玉＝郡谷編著・前掲注（12）25頁）。なお，近藤＝志谷・前掲注（5）569頁は，募集設立の場合にだけ無過失責任を維持することの妥当性，一般の任務懈怠責任との整合性について疑問が残るとしつつ，会社債権者保護からくる責任か他の出資者との公平確保からの責任かについて，広く株式引受人を募集する募集設立にあっては，後者の他の出資者との公平確保が重視され，無過失責任とされたものと思われるとする。

(3) 発起人・設立時取締役・設立時監査役の任務懈怠責任

　発起人，設立時取締役又は設立時監査役は，株式会社の設立についてその任務を怠ったときは，当該株式会社に対し，連帯して，これによって生じた損害を賠償する責任を負う（会社53条1項，54条）。例えば，現物出資の給付がされず，発起人が設立事務の執行者としてこの点について任務を怠った場合，また，設立時取締役及び設立時監査役がこの点について出資の履行が完了していることについて調査する義務（会社46条1項3号，93条1項3号）を怠った場合，上記の損害賠償責任が発生する[95]。

　上記の責任は，総株主の同意があれば，免除することができる（会社55条）。

(95) 前田・前掲注（4）80頁。なお，江頭・前掲注（4）106頁は，現物出資が履行されないまま会社が成立した場合は，現物出資者の履行義務が残っていることを前提に，その履行未了につき会社に生じた損害が任務懈怠の責任の対象となるとするが，前掲注（27）のとおり，会社成立後は当然に失権するとすれば，履行未了相当額がただちに損害となるわけではないと考えられる。また，江頭・前掲注（4）106頁によれば，現物出資による設立時発行株式の引受けが行為能力の制限や詐害行為等を理由として取り消された場合，引受けの取消しにより返還すべき目的財産の相当額がただちに損害となるものではなく，目的財産の返還により生ずる資金不足等により会社に損害が生ずれば，任務懈怠の責任が発生することになろう。

(4) 募集設立における擬似発起人の責任

　定款に発起人として氏名等が記載されていない者は発起人ではないが[96]，募集設立において，設立時発行株式の引受人の公告その他募集に関する書面又は電磁的記録に自己の氏名等及び株式会社の設立を賛助する旨を記載した者又は記載を承諾した者（擬似発起人）は，発起人とみなされ，発起人と同じ責任を負い（会社103条2項），この責任には財産価額填補責任及び任務懈怠の責任が含

260

まれる[97]。

(96) 江頭・前掲注（4）61頁，相澤＝葉玉＝郡谷編著・前掲注（12）2頁。
(97) 江頭・前掲注（4）108頁，弥永・前掲注（4）319頁。なお，前田・前掲注（4）82頁は，任務懈怠の責任は擬似発起人の責任の範囲に含まれないとするが，江頭・前掲注（4）108頁は，このような解釈が生じる疑問は会社法のもとでは文言上解消されたとする（弥永・前掲注（4）319頁も同旨。）。

7．現物出資と設立無効原因

現物出資者である発起人が出資を履行しないために失権し（前掲注（27）のとおり，会社が成立すれば，失権手続を経なくとも失権するものと解される。），これにより他の出資者が出資した財産の価額が定款において定めた「設立に際して出資される財産の価額又はその最低額」（会社27条4号）を満たさない場合は，設立無効の訴え（会社828条1項1号）における設立無効原因となるものと解される[98]。

また，発起人は，設立時株式を1株以上引き受けなければならないとされていることから（会社25条2項），現物出資者である発起人が出資を履行しないために失権し，これにより，当該発起人が1株も権利を取得しないこととなった場合には，他の出資者が出資した財産の価額が定款において定めた「設立に際して出資される財産の価額又はその最低額」（会社27条4号）を満たしていたとしても，設立無効の訴えにおける設立無効原因となるものと解される[99]。

(98) 江頭・前掲注（4）111頁，前田・前掲注（4）77頁，弥永・前掲注（4）315頁，相澤龍＝岩崎友彦「会社法総則・株式会社の設立」相澤編著・前掲注（5）〔別冊商事295号〕17頁。
(99) 江頭・前掲注（4）111頁・80頁，前田・前掲注（4）77頁，神田・前掲注（4）48頁，相澤編著・前掲注（5）〔別冊商事295号〕17頁，相澤＝葉玉＝郡谷編著・前掲注（12）30頁。これに対し，長島・大野・常松法律事務所編・アドバンス新会社法〔第2版〕（2006）75頁は，会社法が「引受け」と「出資の履行」（会社法34条1項所定の金銭の払込み又は財産の給付）で用語を区別していることに注目し，会社法25条2項は発起人が設立時発行株式を1株以上「引き受け」なければならないと規定しているにとどまるから，発起人が出資の履行をしなかったことは会社法25条2項に違反することにはならず，設立無効原因とはならないとの解釈をとる余地を示唆する。

第3章　株式会社①設立

Ⅱ　財産引受け

1．定　　義

　財産引受けとは，株式会社の成立後に（その成立を停止条件として）特定の財産[100]を譲り受けることを約する契約をいう（会社28条2号）[101][102]。

- (100) 積極及び消極の両財産を含む事業も財産引受けの目的となる（江頭・前掲注（4）69頁，旧商法につき，上柳＝鴻＝竹内編集代表・前掲注（6）111頁〔上柳〕）。最三判昭38・12・24民集17巻12号1744頁は，旧商法における財産引受けについて，単純な債務引受けは財産引受けにあたらないが，積極消極両財産を含む営業財産を一括して譲り受ける契約は，財産引受けにあたるとした。この判例の法理は，会社法のもとでも妥当するものと考えられる。なお，単純な債務引受けを定款に規定した場合の効力や，営業財産を一括して譲り受ける場合の定款に記載等される価額について，高津環〔判解〕最判解説民昭和38年度〔105事件〕410頁を参照。
- (101) 江頭・前掲注（4）69頁，前田・前掲注（4）36頁，神田・前掲注（4）44頁，弥永・前掲注（4）294頁。なお，財産引受けは，現物出資とは異なり，譲渡人との間の取引行為（契約）であるから，意思表示の瑕疵，危険負担，担保責任等はすべて民法の規定による（旧商法下の解釈につき，上柳＝鴻＝竹内編集代表・前掲注（6）112頁〔上柳〕）。
- (102) 財産引受けは，発起人が設立中の会社のために締結する契約であることから，設立中の会社の成立時期との関係で，定款作成前の財産引受契約の効力が問題となる。この点につき，上柳＝鴻＝竹内編集代表・前掲注（6）113頁〔上柳〕を参照。

2．株式会社の設立における財産引受けの規制（その1）
―定款への記載又は記録

(1) 規律の内容

　財産引受けは，次の①ないし③の事項を定款に記載し，又は記録しなければ，その効力を生じない（会社28条2号）[103]。

① 株式会社の成立後に譲り受けることを約した財産
② ①の価額[104]
③ ①の譲渡人の氏名又は名称

- (103) 定款への記載又は記録を財産引受けの効力要件とすることは，旧商法における規

4　現物出資・財産引受け・事後設立

律（旧商168条1項6号）からの実質改正はない。

　　この規律は，昭和13年商法改正（昭和13年法律72号）により導入され，これにより現物出資と同様の規制が加えられることになった（竹内〔弥永補訂〕・前掲注（1）129頁，上柳＝鴻＝竹内編集代表・前掲注（6）107頁〔上柳〕）。
(104)　ここにいう財産引受けの目的財産の「価額」とは，現物出資の場合（前掲注（18）参照）と同じく，その目的財産の時価ではなく，財産引受契約において発起人と譲渡人との間で合意した価額である。

(2) 立法趣旨

　財産引受けは，現物出資と同じく，目的物の過大評価により会社の財産的基礎が危うくなり，かつ，現物出資に関する規制を潜脱する方法として用いられる可能性があることから，定款上，財産引受けの譲渡人の氏名又は名称，目的財産とその価額を特定させることにしたものである[105]。

(105)　江頭・前掲注（4）69頁，前田・前掲注（4）36頁，神田・前掲注（4）44頁。弥永・前掲注（4）294頁は，財産引受けの譲渡人が株式引受人である場合，財産引受けの目的財産を過大に評価して過大な対価を与えると，他の株式引受人との関係において実質的に不公平な結果をもたらす可能性があるとする。

(3) 定款に記載又は記録のない財産引受けの効果（成立後の株式会社による追認の可否）

　(a)　定款に記載又は記録のない財産引受けは「その効力を生じない」（会社28条柱書），すなわち無効である[106]。

　(b)　定款に記載又は記録のない財産引受けを成立後の株式会社が追認することができるか。

　定款に記載又は記録のない財産引受けは絶対的に無効であり，成立後の会社がこれを追認することはできず[107]，譲渡人からその無効を主張することもできる[108]と解される。

(106)　最二判昭36・9・15民集15巻8号2154頁は，会社の設立前の発起人組合が会社の営業の目的である映画館の敷地とするために発起人組合の代表者名義で土地を買い受けたが，当該売買契約につき会社の原始定款に何らの記載もなかった事案において，当該売買契約が財産引受契約にあたり，これにつき旧商法168条1項6号による定款の記載がされていないから，当該売買契約は会社に対して効力を有しないとし，財産引受契約における価額が適正であれば原始定款の記載がなくとも契約の効力の

第3章　株式会社①設立

妨げにならないということはできないとした。最三判昭36・10・17裁判集民55号255頁も，会社設立前の発起人組合が土地を会社設立後の将来の材料置場及び事務所用地とするために発起人の一人の名義で買い受けた事案につき，上記の最三判昭36・9・15民集15巻8号2154頁を引用して，当該土地の取得は会社設立のために必要な行為そのものではなく設立後の会社の将来の営業に必要な財産の取得であって，旧商法168条1項6号により会社の定款に記載されなければただちに設立後の会社に対して効力を有するとはいえないとした（定款の記載の有無等を審理するために差戻し）。これらの判例は，会社法においても妥当すると解される。

(107) 江頭・前掲注（4）70頁。この点についての旧商法下でのリーディングケースである最三判昭42・9・26民集21巻7号1870頁は，自動車旅客運送業（タクシーの営業）を目的とする株式会社につき設立中の会社のためにされた自動車譲渡契約について，これを会社の設立自体に必要な行為ではなく開業準備のための財産引受契約であるとしたうえで，旧商法168条1項6号所定の事項を原始定款に記載し，その他法定の手続を経た場合でなければ当該譲渡契約は会社に対し効力を有しないとし，財産引受けについて，現物出資規制の潜脱の防止のため原始定款に記載しかつ厳重な法定の手続を経ることを要し，このような要件を充足した場合にのみその効力を生ずるものとした法意に徴すれば，成立後の会社が追認したからといって，法定の要件を欠く無効な財産引受けが有効となるものと解することはできないとして，定款に記載のない財産引受けは成立後の会社が追認しても有効とならないとした。この判例の法理は，会社法においても妥当するものと考えられる。

　これに対し，学説においては，定款に記載又は記録のない財産引受けも，成立後の会社がこれを追認すれば，会社との関係で効力を生じるとの説が有力である（前田・前掲注（4）38頁，神田・前掲注（4）44頁，弥永・前掲注（4）295頁等）。有力説は，会社法28条2号が会社財産の確保を趣旨とするものであるから，会社がその成立後に財産引受契約を追認するか否かを決めることができるとすべきであり，譲渡人にその無効を主張させる必要もないとする（契約をし直すのではなく追認することを認める実益について，前田・前掲注（4）38頁を参照）。なお，これらの説は，追認につき事後設立に関する会社法467条1項5号の規制を及ぼすべきであるとする（前田・前掲注（4）38頁，弥永・前掲注（4）296頁）。そして，これらの説は，追認が可能であるとするための解釈論の構成として，財産引受けを含む開業準備行為は，設立中の会社の実質的権利能力の範囲内の行為であり，定款に記載又は記録のない財産引受けは，発起人の権限に属さない，すなわち代表権を欠く行為であるにすぎないから，「その効力を生じない」（会社28条柱書）とは，無権代理行為と同じく，いわゆる「効果不帰属」（四宮和夫＝能見善久・民法総則〈法律学講座双書〉〔第7版〕(2005) 290頁）を意味すると解釈できるとする（弥永・前掲注（4）294頁。なお，前田・前掲注（4）39頁を参照）。

　しかし，会社法には，定款に記載又は記録のない財産引受けが追認により有効となる旨の規定がないこと（民113条1項参照），開業準備行為と営業行為の区別が必ずしも容易ではなく会社に有利なもののみを選択して追認することが現実には不可

4　現物出資・財産引受け・事後設立

能であろうし，発起人の権限を広く認めると成立時の会社の財産的基礎を危うくするおそれがあること（江頭・前掲注（4）70頁）から考えて，定款に記載又は記録のない財産引受けが追認により有効となることはないと解される。事案によっては，後掲注（108）のとおり，財産引受けの譲渡人による無効の主張が信義則に反し許されないこととなる結果，定款に記載又は記録のない財産引受けが会社との関係で効力を有するものとして扱われる場合があり，その限度で有効と解すれば足りるのではないか。

　なお，追認の可否と関連して，発起人が財産引受け以外の開業準備行為（賃貸借契約の締結等）をすることができるかが問題となり，追認を認める学説の中には，これを肯定するものがある（弥永・前掲注（4）297頁）。しかし，発起人の権限は開業準備行為には及ばず，会社法が財産引受けに限って法の厳格な規制のもとに例外的に許容したと解すべきであって（江頭・前掲注（4）70頁，前田・前掲注（4）39頁），財産引受け以外の開業準備行為については，発起人の権限は及ばず，財産引受けに関する会社法の規定を類推適用する余地もないと解される。前掲最三判昭38・12・24民集17巻12号1744頁も，発起人の権限について，資本充実の要請という旧商法168条1項6号の立法趣旨からすれば，会社設立自体に必要な行為のほかは，発起人において開業準備行為といえどもこれをすることはできず，原始定款に記載されその他厳重な法定要件を充足した財産引受けのみが例外的に許されるとする。

（108）　最一判昭28・12・3民集7巻12号1299頁は，財産引受けの無効は会社側のみが主張し得るということはできず，この無効の主張は，無効の当然の結果として当該財産引受契約のいずれの当事者も主張できるとして，売主による無効の主張を認めた。最三判昭43・5・28裁判集民91号151頁も，上記の最一判昭28・12・3を引用して，定款に記載のない財産引受けの無効を譲渡人も主張できるとした。

　なお，最一判昭61・9・11裁判集民148号445頁は，発起人代表が設立中の会社のために営業の一部を譲り受けたが，当該譲渡契約について原始定款に記載がなく，譲渡人が会社に対して残代金の支払を求めた事案について，当該譲渡契約は財産引受けにあたり，原始定款に記載がなければ当該譲渡契約は何人との間においても無効であって，会社は，特段の事情がない限り，当該無効をいつでも主張できるとしたうえで，当該譲渡契約の譲渡人は当該譲渡契約に基づく債務をすべて履行済みであり，会社はその履行について苦情を申し出たことがなく，また，会社は，当該譲渡契約が有効であることを前提に，譲渡人に対し当該譲渡契約に基づく自己の債務を承認し，その履行として譲渡代金の一部を弁済し，かつ，譲り受けた製品，原材料等を販売又は消費し，しかも，会社は，原始定款に所定事項の記載がないことを理由とする無効事由については契約後約9年を経てはじめて主張するに至ったのであり，両者の利害関係人が上記の理由に基づき当該譲渡契約が無効であるなどとして問題にしたことはまったくなかったというのであるから，会社が旧商法168条1項6号の規定違反を理由にその無効を主張することは，法が本来予定した会社の利害関係人の利益を保護するという意図に基づいたものとは認められず，上記の違反に籍口して，もっぱら，既に遅滞に陥った当該譲渡契約に基づく自己の債務の履行を

第3章　株式会社①設立

拒むためのものであると認められ，信義則に反し許されないから，会社が当該譲渡契約について無効を主張することが許されない特段の事情があるというべきであるとした。

3．株式会社の設立における財産引受けの規制（その2）
―裁判所が選任する検査役による調査

(1) 検査役による調査

発起人は，定款に財産引受けについての記載又は記録があるときは，公証人の認証（会社30条1項）の後遅滞なく，当該事項を調査させるため，裁判所に対し，検査役の選任の申立てをしなければならない（会社33条1項）[109]。

(109) 検査役の選任の申立てを発起人に統一することで旧商法の規律が改められた点は，前掲注（29）のとおりである。

(2) 立法趣旨

現物出資の場合と同じである[110]。

(110) 定款に財産引受けについての記載又は記録がある財産引受けについて，所定の検査役の調査を受けないまま会社が成立した場合，当該財産引受けは有効か。この点について，相澤＝葉玉＝郡谷編著・前掲注（12）20頁は，会社法28条に相当するような効力を否定する旨の規定がないところ，会社法52条2項1号において，検査役の調査を受けた場合には発起人等が不足額塡補責任（会社52条1項）の免責を受けられることが規定されていることからすれば，検査役の調査を受けていない場合でも，財産引受けの効力は発生し，発起人等が不足額塡補責任の問題が生じるにすぎないとする（ただし，設立の登記の申請において，検査役の調査報告書等の添付が必要とされている〔商登47条2項3号イ〕。）。

(3) 例外―検査役による調査を要しない場合

次の場合の財産引受けについては，検査役による調査を要しない（会社33条10項）。現物出資の場合と同じである。

(a) 現物出資の目的財産及び財産引受けの目的財産について定款に記載又は記録された価額の総額が500万円を超えない場合（会社33条10項1号）。

(b) 財産引受けの目的財産が市場価格のある有価証券（金融商品取引法2条1項に規定する有価証券をいい，同条2項の規定により有価証券とみなされる権利を含む。）

について定款に記載又は記録された価額が当該有価証券の市場価格として法務省令で定める方法（会社規6条—現物出資の場合と同じ）により算定されるものを超えない場合（会社33条10項2号）。

(c) 財産引受けの目的財産について定款に記載又は記録された価額が相当であることについて弁護士，弁護士法人，公認会計士（外国公認会計士〔公認会計士法16条の2第5項〕を含む。），監査法人，税理士又は税理士法人の証明（財産引受けの目的財産が不動産である場合には，当該証明及び不動産鑑定士の鑑定評価）を受けた場合（当該証明を受けた財産引受けの目的財産に係るものに限る。）（会社33条10項3号）。

なお，次の者は，上記の証明をすることができない（会社33条11項）[111]。

① 発起人（会社33条11項1号）
② 定款に記載又は記録された財産引受けの財産の譲渡人（会社33条11項2号）
③ 会社法38条1項に規定する設立時取締役又は会社法38条2項2号に規定する設立時監査役（会社33条11項3号）
④ 業務の停止の処分を受け，その停止の期間を経過しない者（会社33条11項4号）
⑤ 弁護士法人，監査法人又は税理士法人であって，その社員の半数以上が上記の①から③の者のいずれかに該当する者（会社33条11項5号）

[111] 旧商法の規律からの実質改正はない。前掲注（36）参照。

(4) 検査役の選任に係る手続

現物出資の場合と同じである。

なお，裁判所の定款変更決定により財産引受けに関する事項が変更されたときは，譲渡人がその変更を承諾しない限り，変更後の当該財産引受契約の効力は成立後の会社に帰属しないと解される[112]。

[112] 江頭・前掲注（4）84頁，前田・前掲注（4）50頁。

(5) 設立時取締役等による調査

現物出資の場合と同じである。

第3章　株式会社①設立

(6)　募集設立の場合の創立総会における財産引受けに係る定款の変更の可否

創立総会においては，財産引受けに係る定款の定めについては，これを削除，縮小することのみならず，新たな事項を追加したり既存の事項を拡張する定款の変更の決議をすることができると解される（会社96条）[113][114]。

創立総会において，財産引受けに係る定款の定めを変更する定款の変更の決議をした場合には，当該創立総会においてその変更に反対した設立時株主は，当該決議後2週間以内に限り，その設立時発行株式の引受けに係る意思表示を取り消すことができる（会社97条）。

(113)　旧商法185条1項は，創立総会の定款変更権等を定めた旧商法187条1項とは別に，定款に記載された変態設立事項を「不当ト認メタルトキハ之ヲ変更スルコトヲ得」と定めていたところ，最三判昭41・12・23民集20巻10号2227頁は，土地建物（各4万円）のうち各1万3750円につき現物出資の目的とし残額各2万6250円の限度で財産引受契約としその代金を貸付金とすることにつき，原始定款に記載はないが，創立総会において全員一致による承認決議がされた事案において，変態設立事項についての法の厳重な規制の趣旨から，旧商法185条1項による創立総会の変更権は，原始定款記載の変態設立事項が不当と認められる場合に，これを監督是正する立場から，かような事項を縮小又は削除するためにのみ行使されるべきものであって，創立総会で新たに変態設立事項に関する定めを追加し，あるいは既存の規定を拡張することは許されないものというべく，旧商法187条の規定する創立総会の定款変更権は，変態設立事項には及ばないと解するのが相当であるとして，上記の土地建物の目的物である不動産の所有権の会社への帰属を認めなかった。旧商法下における通説も，上記の最三判昭41・12・23と同じく，変態設立事項の追加，拡張を認めていなかった（上柳＝鴻＝竹内編集代表・前掲注（6）261頁〔長浜洋一〕）。

しかし，会社法96条は，「第30条第2項の規定にかかわらず，創立総会においては，その決議によって，定款の変更をすることができる。」と規定し，変態設立事項を含め，文理上，その内容につき特に制限を設けていないこと（相澤＝葉玉＝郡谷編著・前掲注（12）19頁），旧商法においては創立総会において変態設立事項が変更された場合には発起人は株式引受けを取り消すことができたが（旧商185条2項）発起人以外の引受人は株式引受けを取り消すことができなかったところ（上柳＝鴻＝竹内編集代表・前掲注（6）264頁〔長浜〕），会社法においては，変態設立事項の変更に反対した設立時株主は設立時発行株式の引受けに係る意思表示を取り消すことができることになり（会社97条），反対する設立時株主の保護が講じられていることから，創立総会の決議により，変態設立事項を追加，拡張する旨の定款の変更をすることもできるものと解され，上記の最三判昭41・12・23が示した規律は，会社法の制定により変更されたものと考えられる（神田・前掲注（4）50頁）。

これに対し，江頭・前掲注（4）97頁，前田・前掲注（4）70頁，宮島・前掲注（75）

73頁は，いずれも，会社法のもとにおいても，上記の最三判昭41・12・23が示した規律が妥当し，創立総会において変態設立事項を追加，拡張する旨の定款の変更をすることはできないとする。また，弥永・前掲注（4）277頁は，設立時株主の引受けの取消しが新たに認められたことを考えても，なお，創立総会に欠席した株主の利益を考慮し，かつ，募集設立の場合にも検査役の調査を経るときには変態設立事項を裁判所の変更命令に服させていることに照らし，会社法のもとにおいても，創立総会において変態設立事項を追加・拡張する旨の定款の変更をすることは原則として許されないが，追加・拡張部分について検査役の調査又は弁護士等の証明を受け，検査役から裁判所への報告がされ，裁判所による定款変更決定がされず，かつ，創立総会において設立時株主全員一致の決議がされれば，創立総会による変態設立事項の追加・拡張は可能であると考える余地があるとする。
(114) 財産引受け固有の問題として，創立総会において財産引受けに関する定款の定めが削除された場合に，発起人が当該財産引受けの譲渡人に対して損害賠償責任を負うかについて，稲葉ほか・前掲注（15）241頁を参照。

4．株式会社の設立における財産引受けに関する責任

(1) 発起設立における発起人及び設立時取締役らの財産価額塡補責任

(a) 責任の内容

株式会社の成立の時における財産引受けの目的財産の価額が当該財産について定款に記載又は記録された価額（定款の変更があった場合にあっては，変更後の価額）に著しく不足するときに，連帯して当該不足額を支払う義務を負う（会社52条1項）。現物出資の場合と同じである。

(b) 責任の主体と要件

(ア) 発起人（財産引受けの譲渡人を除く。）及び設立時取締役　　次の場合には，発起人（財産引受けの譲渡人を除く。）及び設立時取締役は，財産価額塡補責任を負わない（会社52条2項）。

① 裁判所が選任した検査役の調査を経た場合（会社52条2項1号）。
② 当該発起人又は設立時取締役がその職務を行うについて注意を怠らなかったことを証明した場合（過失責任）（会社52条2項2号）。

(イ) 財産引受けの譲渡人　　無過失責任を負う（会社52条2項かっこ書）。現物出資者と同じである。

(ウ) 財産引受けの目的財産の価額の相当性を証明した弁護士等　　財産引受けの目的財産につき定款に記載又は記録された価額が相当であるとについて

第3章　株式会社①設立

証明，鑑定評価をした弁護士等（証明者）（会社33条10項3号）も，当該目的財産につき他の義務者と連帯して不足額を支払う義務を負う（会社52条3項本文）。ただし，証明者が当該証明をするについて注意を怠らなかったことを証明した場合は，上記の財産価額塡補責任を負わない（同項ただし書）。現物出資の場合と同じである。

(c) **責任免除の要件**

財産価額塡補責任につき発起人又は設立時取締役の負う義務は，総株主の同意があれば，免除することができる（会社55条）。現物出資の場合と同じである。

(2) **募集設立における発起人及び設立時取締役らの財産価額塡補責任**

募集設立においても，発起人，設立時取締役及び弁護士等の証明者は，上記(1)と同じ財産価額塡補責任を負う（総株主の同意により責任を免除することができる。）が，発起設立の場合とは異なり，発起人又は設立時取締役は，現物出資者でなくとも，その職務を行うについて注意を怠らなかったことを証明しても，責任を免れることはできない（会社法103条1項による52条2項2号の適用排除）。現物出資の場合と同じである。

(3) **発起人・設立時取締役・設立時監査役の任務懈怠責任**

発起人，設立時取締役又は設立時監査役は，株式会社の設立についてその任務を怠ったときは，当該株式会社に対し，連帯して，これによって生じた損害を賠償する責任を負う（会社53条1項，54条）。例えば，財産引受けの譲渡人が財産引受契約の履行（目的財産の給付）をせず，発起人が設立事務の執行者としてこの点につき任務を怠った場合，また，設立時取締役及び設立時監査役がこの点について調査義務（会社46条1項，93条1項）を怠った場合，上記の損害賠償責任が発生する。上記の責任は，総株主の同意があれば，免除することができる（会社55条）。

(4) **募集設立における擬似発起人の責任**

現物出資と同じである。

4 現物出資・財産引受け・事後設立

Ⅲ 事後設立

1. 定 義

　事後設立とは，株式会社の成立後2年以内におけるその成立前から存在する財産であって[115]その事業のために継続して使用するものの取得をいう（会社467条1項5号）。

>   (115) 取得に係る契約は，売買契約が典型であるが，目的財産の権利の移転を目的とするものであればよく，売買契約に限られるわけではない（交換契約や請負契約もあり得る。）上柳＝鴻＝竹内編集代表・前掲注（6）308頁〔谷川〕）。
>   　なお，「その成立前から存在する財産」の解釈について，会社成立前に現実に存在している財産に限るのか，会社成立後に創設される財産であっても既に会社成立中に生成されその取得を予定していたものも含むのか（江頭・前掲注（4）69頁）が問題となる。旧商法においても同じ解釈問題があったところ，上柳＝鴻＝竹内編集代表・前掲注（6）306頁〔谷川〕，神戸地決平4・5・14判時1439号150頁は，会社設立中に生成中であった知的財産（ホテル新築に関する基本計画及び内装設計）の買受けが事後設立にあたるとした。

2. 株式会社における事後設立の規制

(1) 会社法における検査役の調査の制度の廃止

　旧商法においては，事後設立が現物出資，財産引受けに関する法の規制を潜脱するおそれがあるとして，会社がその成立後2年以内にその成立の前から存在する財産で営業のために継続して使用するものを資本の20分の1以上に当たる対価で取得する契約をする場合には，裁判所が選任する検査役の調査が必要であるとされていたが（旧商246条2項～4項），会社法においては，事後設立についての検査役の調査の制度は廃止されている[116]。

>   (116) 事後設立における検査役の調査の制度は，事後設立の規制の趣旨が現物出資，財産引受けの規制の防止にあることにかんがみ，平成2年商法改正により導入されたものであった（旧商246条2項・3項）（上柳＝鴻＝竹内編・前掲注（31）211頁〔山下友信〕，法務省民事局参事官室編・前掲注（31）127頁，大谷・前掲注（31）92頁，岡光・前掲注（31）104頁，相澤・前掲注（31）200頁を参照）。これに対し，要綱（第2部第2・4(1)）は，「株式会社の成立後2年以内に一定規模以上の財産を譲り受け

第3章　株式会社①設立

る場合における検査役の調査制度については，廃止するものとする。」としていた。これについては，要綱試案の段階からあったものであるところ，要綱試案補足説明は，「事後設立に係る検査役の調査の問題点としては，調査コストとスケジュール等検査役調査一般について指摘される問題に加え，事後設立が会社成立後の一般的な取引を対象とする規制であるため，一旦売買等の交渉により成立した結果を更に事情を知らない検査役や専門家に調査させるのは合理的でないこと，会社成立後2年以内には大規模な設備投資や物品購入を原則として禁止するような効果を生じさせるため事業の運営に著しい障害となること等の問題点が指摘されているほか，この規制を回避するために，売買契約等を分割して行うこと，賃貸借等を活用すること，あえて財産状態に問題がある可能性も否定できない会社成立後相当程度期間の経過した休眠会社等を買い取り，これを受け皿会社とすること等の実務上の工夫が行われているともいわれている。事後設立に係る検査役の調査は，平成2年の改正において，資本充実の観点から会社が取得する財産価格の適正性を確保するとの目的で導入されたものであるが，一般の取引によって会社財産が害されることは設立年数とは関係なく常に起きる問題であり，会社が事業活動に伴い取得する財産の価格の適正性の判断は，取締役等が会社の業務を行う上で最も基本的な判断であり，善管注意義務の範囲内で行われるべき事項であるといえる。仮に，取締役にはこのような評価が適切にできないことを前提に，会社の事情を知らないおそれもある第三者に価格を調査させることの必要性を説くのであれば，取締役が会社の業務を執行することは不可能となりかねない。また，設立後間もない時期は，利害関係人が少ないため，価格評価の適正性が確保されないおそれがあるという指摘がされる場合もあるが，利害関係人が多いか少ないかは，そもそも程度問題であって，設立年数とは関係がなく，また取締役等が取引価格の適正性に関して負っている義務については前述のとおりであるから，前述のような実務上の問題を惹起してまで一律の規制を講ずる理由としては必ずしも十分ではない。試案では，前述のとおり，事後設立に係る検査役の調査については，その制度自体を維持する合理性は乏しく，他方で，本規制により，事業の運営に障害が発生すること，実務において本規制回避のための種々の非合理な努力がなされていること等にかんがみて，事後設立に関する検査役の調査制度を廃止することとした。」（第4部第2・5(1)）としていた。会社法においては，このような要綱を受けて，事後設立に関する検査役の調査制度が廃止された（江頭・前掲注（4）69頁，近藤＝志谷・前掲注（5）573頁，相澤哲＝郡谷大輔「定款の変更，事業の譲渡等，解散・清算」相澤編著・前掲注（5）〔別冊商事295号〕141頁）。

　なお，産業活力再生特別措置法においては，同法上の認定計画に従った事後設立については検査役の調査の省略の特例が定められていたが（整備法449条による改正前の産業活力再生特別措置法11条），会社法の制定により株式会社一般につき事後設立について検査役の調査を要しないこととされたため，上記の特例は廃止された（整備法449条）。

4 現物出資・財産引受け・事後設立

(2) 株主総会の特別決議による承認

(a) 株式会社は，株式会社の成立後2年以内におけるその成立前から存在する財産であってその事業のために継続して使用するものの取得をする場合（ただし，当該財産の対価として交付する財産の帳簿価額の合計額〔会社467条1項5号イ〕の当該株式会社の純資産額として法務省令で定める方法[117]により算定される額〔同号ロ〕に対する割合が5分の1〔これを下回る割合を定款で定めた場合にはその割合〕を超えない場合を除く。）には，当該取得が効力を生ずる日の前日までに，株主総会の決議によって，当該取得に係る契約の承認を受けなければならない（会社467条1項)[118][119]。上記の株主総会の決議は，当該株主総会において議決権を行使することができる株主の議決権の過半数（3分の1以上の割合を定款で定めた場合にはその割合以上）を有する株主が出席し，出席した当該株主の議決権の3分の2（これを上回る割合を定款で定めた場合はその割合）以上に当たる多数をもって行わなければならない（特別決議）（会社309条2項11号）。なお，委員会設置会社においては，株主総会の承認決議を必要とする事後設立に係る契約の内容の決定は，これを執行役に委任することができない（会社416条4項15号）。

(b) 上記(a)の株主総会の承認決議を要する株式会社は，会社法25条1項各号所定の方法により設立したもの（発起設立及び募集設立）に限られ（会社467条1項5号かっこ書），その他の方法により設立したもの（新設合併，新設分割又は株式移転による設立）については上記(a)の株主総会の承認決議を要しない[120][121][122]。

[117] 会社法施行規則135条1項は，会社法467条1項5号ロに規定する法務省令で定める方法は，算定基準日（同号に規定する取得に係る契約を締結した日〔当該契約により当該契約を締結した日と異なる時（当該契約を締結した日後から当該取得の効力が生ずる時の直前までの間の時に限る。）を定めた場合にあっては，当該時〕をいう。以下同じ。）における次の①から⑥までの額の合計額から⑦の額を減じて得た額（当該額が500万円を下回る場合には500万円）をもって株式会社の純資産額とする方法とすると定めている（ただし，算定基準日における清算株式会社の場合は，会社法施行規則135条2項の定める方法による。）。
　① 資本金の額
　② 資本準備金の額
　③ 利益準備金の額
　④ 会社法446条に規定する剰余金の額
　⑤ 最終事業年度（会社法461条2項2号に規定する場合〔臨時計算書類の承認を受けた場合〕にあっては同法441条1項2号の期間〔臨時決算日の属する事業年

第 3 章　株式会社①設立

　　　　度の初日から臨時決算日までの間の期間，当該期間が 2 以上ある場合はその末日が最も遅いもの〕の末日〔最終事業年度がない場合には株式会社の成立の日〕）における評価・換算差額等に係る額
　　　⑥　新株予約権の帳簿価額
　　　⑦　自己株式及び自己新株予約権の帳簿価額の合計額

(118)　旧商法は，株主総会の特別決議による承認等の事後設立の規制の対象となる事後設立を，資本の20分の 1 以上の対価をもって取得する契約と定めていた（旧商246条 1 項）。しかし，会社成立後の財産の取得が一般的には代表取締役等の権限とされていることと比較して資本の20分の 1 以上という基準は厳格にすぎ，また，会社財産と無関係な計数である資本金の額を用いることにも問題があった（相澤哲＝郡谷大輔「定款の変更，事業の譲渡等，解散・清算」相澤編著・前掲注（5）〔別冊商事295号〕141頁）。そこで，要綱（第 2 部第 2・4 ⑵①）は，株式会社の成立後 2 年以内に一定規模以上の財産を譲り受ける場合において，「株主総会の決議の要否を画する基準については，営業全部の譲受けにつき株主総会の決議の要否を画する基準に合わせるものとする。」としていた。これについては，要綱試案の段階からあったものであるところ，要綱試案補足説明は，「現物出資，財産引受けに課せられる厳重な規制を会社成立後にも及ぼそうとする現行規制の趣旨と，会社成立後の財産の買受けが一般的に取締役会又は代表取締役の権限として行われることとの調整を図るという観点から，規制が課せられる財産の取得の規模を会社の基礎的な事項の変更に当たるが故に株主総会の決議を要するものとされる営業譲受けに関する規模に関する基準に合わせることとしている。」（第 4 部第 2・5 ⑵）としていた。会社法においては，このような要綱を受けて，他の会社の事業の全部の譲受け（会社467条 1 項 3 号）における株主総会の承認決議を要する基準（会社468条 2 項）と同じ基準，すなわち，対価として交付する財産の帳簿価額が会社法施行規則135条で定める方法により算定される純資産額の 5 分の 1 を超える場合に，株主総会の承認決議を要するものとしている。事後設立と事業の全部の譲受けの場合における株主の保護の比較について，近藤＝志谷・前掲注（5）576頁を参照。

　　　なお，中小企業の新たな事業活動の促進に関する法律（平成11年法律18号）においては，同法上の確認株式会社につき事後設立の規制の対象となる要件につき特例が定められていたが（整備法447条による改正前の中小企業の新たな事業活動の促進に関する法律 3 条の10），会社法の制定に伴い上記の特例は廃止された（整備法447条）。また，中小企業経営革新支援法の一部を改正する法律（平成17年法律30号）においては，同法で廃止された新事業創出法における確認会社についての事後設立の規制の対象となる要件につき特例が経過措置として定められていたが（中小企業経営革新支援法の一部を改正する法律附則 9 条），会社法の制定に伴い上記の特例は廃止された（整備法456条）。

(119)　株主総会の承認決議を欠いた事後設立に係る契約は無効であると解される（江頭・前掲注（4）850頁を参照。名古屋高判昭36・9・16高民14巻 6 号379頁は，事後設立につき株主総会の決議が契約の効力要件であるとした。）。

4 現物出資・財産引受け・事後設立

(120) 新設合併,新設分割又は株式移転による設立については,既にこれらの組織再編行為をした会社に再度株主総会の特別決議を要求する必要はないと考えられる(江頭・前掲注(4)69頁)。しかし,旧商法は,単に「会社ガ其ノ成立後」と規定するにとどまり(旧商246条1項),文理上特に成立事由を限定していなかったことから,新設合併,新設分割又は株式移転により設立された株式会社が,その成立後2年以内に財産を譲り受ける場合に,これが事後設立の規制の対象となるかが解釈問題となっていた(江頭・前掲注(27)66頁,相澤哲=郡谷大輔「定款の変更,事業の譲渡等,解散・清算」相澤編著・前掲注(5)〔別冊商事295号〕142頁)。そこで,要綱(第2部第2・4(2)②)は,「新設合併,新設分割又は株式移転により設立された会社については,事後設立規制が課せられないことを明確化するものとする。」としていた。これについては,要綱試案の段階からあったものであるところ,要綱試案補足説明は,「事後設立につき株主総会の決議を要するものとしている規制の趣旨が,現物出資・財産引受けに課せられる厳重な規制を会社成立後にも及ぼすという点にあることにかんがみ,そのような事情が存しない組織再編行為により設立された会社については規制が課せられないことを明確にするものとしている。」としていた。会社法においては,このような要綱を受けて,新設合併,新設分割又は株式移転による設立の場合には事後設立の規制の対象とはならないことを規定上明確にしている。

(121) 新設合併等の当事会社の全部又は一部が会社成立後2年以内であった場合にも,会社法における事後設立の規制は株主総会の承認の特別決議のみであり,既に新設合併等を経た会社に再度株主総会の特別決議を要求する必要はないことから,事後設立の規制の対象とはならないと解される(江頭・前掲注(93)11頁)。

(122) なお,持分会社から株式会社に組織変更した場合の組織変更後の株式会社は,登記上は設立の登記がされるが(会社920条),実体法上は組織変更であって設立ではないから,組織変更後の会社の行為は事後設立の規制の対象とはならない(相澤哲=郡谷大輔「定款の変更,事業の譲渡等,解散・清算」相澤編著・前掲注(5)〔別冊商事295号〕142頁)。

〔氏 本 厚 司〕

5．資本に関する原則

はじめに

　従来，株式会社の「資本」[1]は，会社債権者保護のための制度として中心的な役割を担うものと考えられており，いわゆる資本に関する三原則（資本確定，資本維持・充実，資本不変）が広く知られていた。
　会社法のもとで資本に関する原則をどのように捉えるべきかは，難しい問題である。各原則の意義をどのように考えるかによっても変わり得るし，より根本的に，株式会社制度そのものをどのように捉えるかによっても，その結論が左右され得るからである。
　立案担当者によれば，会社法のもとでは，資本に関する三原則は，いずれももはや妥当せず，従来この原則から説明されてきた規制は，別の観点から説明されるべきであるとする。これに対し，伝統的な学説は，なお一定の範囲で資本に関する原則は維持されていると説明する。
　以下では，資本制度の沿革について概観したうえで，上述のような見解の相違の状況及びその基礎となる考え方について検討することとする[2]。

(1)　会社法では従来の「資本」は法文上「資本金」とされているが，以下では，原則として「資本」としつつ，会社法のもとでの議論については「資本金」も同じ意味として併用する。
(2)　会社法では，持分会社についても「資本金」の制度が導入されているが（会社620条），本項目では株式会社のみを検討の対象とする。

I 資本制度の沿革

1．昭和25年商法改正まで

　昭和25年改正前の商法では，資本の額と１株の金額を定款に定めることが要求され，また，資本を株式に分かつものとしていた（昭和25年改正前商166条１項３号・４号, 199条）。したがって, 株式は額面株式のみであり, 資本＝額面総額（１株の金額〔額面〕に発行済株式総数を乗じた額）という関係が成立していた。

　時価で発行された場合の額面超過額については，株式発行費用を控除した額は資本の４分の１に達するまで準備金に組み入れるべきものとされていた（昭和25年改正前商288条２項）。このような資本構成がとられたのは，資本の明確性を重視し，資本として最も厳格に拘束すべきなのは，株券額に相当する部分で足りると解されていたためである[3]。

　なお，昭和13年商法改正前には，資本には，警告機能というべき機能も与えられていた。すなわち，損失が資本の半額に至った場合，取締役は，株主総会を招集してこれを報告すべきことが要求されていた（昭和13年改正前商174条）。

（3）　弥永真生・「資本」の会計：商法と会計基準の概念の相違（2003）11頁。

2．昭和25年商法改正

　昭和25年商法改正により，授権資本（株式）制度が採用され，定款では資本の額は定められないこととなった。無額面株式の発行が認められたことから，資本＝額面総額という関係は必ずしも成立しなくなり，その意味で株式の関係は切断された。もっとも，額面株式については，原則として，株金総額を資本の額とすべきこととし，額面超過額は資本準備金として積み立てるべきこととされた（昭和56年改正前商288条ノ２第１号）。このため，額面株式のみを発行する場合には，資本＝額面総額という関係がなお維持されていたともいえる。しかし，昭和25年商法改正では，株式発行を伴わない準備金の資本組入れ，償還株式の償還も許されることとなった（昭和25年改正後商293条ノ３第１項, 222条）ため，やはり，資本と株式の関係は切断されたといえる。

第3章　株式会社①設立

　無額面株式については，出資額のうち基本とされる部分が自明ではないことから，原則として，発行価額の総額を資本とすることとしつつも，発行価額の4分の1を超えない部分（ただし設立の際に発行するものについては，定款に定める最低発行価額を超える部分に限る。昭和56年改正前商166条1項7号）に限って，払込剰余金として資本準備金に組み入れることが許容された（昭和56年改正前商284条ノ2第2項）。

3．昭和56年商法改正

　昭和25年改正商法のもとでは，額面株式については額面金額に相当する部分のみを資本とすればよいのに対して，無額面株式については少なくとも発行価額の4分の3を資本としなければならないという相違があった。このことは，額面金額を大幅に上回る価格で新株の発行が行われる場合に，前者ではその一部である額面金額のみを資本とすれば足りるのに対して，後者では，4分の3を資本としなければならず，資本組入額に大きな差が生じることを意味する。もっとも，法的には，資本とされるか資本準備金とされるかによって差が生じるのは，資本の欠損を填補する場合の資本減少手続の有無の場面のみである。しかし，その当時の経営者にとっては，資本が大きく増えることによって株主からの配当要求が増えることが懸念されたため，無額面株式が利用されることはほとんどなかった[4]。

　このようなアンバランスな点を是正するために，昭和56年商法改正では，額面株式と無額面株式の近接化が図られた。すなわち，額面株式，無額面株式を問わず，発行価額の総額を資本とすることを原則としつつ，発行価額の2分の1を超えない額を資本準備金とすることが可能となった（昭和56年改正後商284条ノ2第1項・2項）。

　また，昭和56年商法改正では，株式単位の引上げのために，会社の設立に際して発行される株式の発行価額が5万円以上とされたことから，少なくともその最低発行価額に相当する部分は資本とするのが妥当であると考えられた。そのため，額面株式について発行価額のうち券面額（設立時には5万円以上），設立に際して発行する無額面株式については最低5万円以上は資本としなければならないとされた（昭和56年改正後商284条ノ2第2項）。

なお，昭和56年商法改正の立案過程では，当初，発行価額の4分の3まで資本に組み入れることを強制することが提案されていた（「株式制度に関する改正試案」（昭和52年5月16日）第1の4)。これに対しては，額面株式を発行する場合に当時の実務の現状とかけ離れること，資本の額が増大することにより利益配当増加の要求が強くなることに対する懸念が経済界から表明されたこと，及び，そもそも当時，無額面株式の規制において用いられていた4分の1という計数にも必ずしも十分な理論的根拠があるわけではないことから，発行価額の2分の1まで資本としないことが認められたと説明されている[5]。

(4) 上柳克郎＝鴻常夫＝竹内昭夫編集代表・新版注釈会社法(2)株式会社の設立 (1985) 10頁〔河本一郎〕参照。なお，小林量「新会社法による資本の変容（特集 新会社法で変貌する資本)」企会57巻9号 (2005) 19頁は，昭和40年代後半から株式の時価発行が定着したため，結果として，資本準備金が肥大化することになり，債権者保護の点で問題があったと指摘する。
(5) 竹内昭夫・改正会社法解説〔新版〕(1983) 230頁。

4．平成13年商法改正

従来から，資本との関係が切断された状態では，額面株式の額面の意義がほとんどなくなっており，かえって，誤解を招きかねないこと，また，そのような意味のない額でありながら，経営者がいわゆる安定配当を継続する基準として，額面額を用いる弊害が指摘されており，無額面株式の理論的優位性が指摘されていた[6]。

このような経緯のもとで，平成13年商法改正では，額面株式が廃止され，また，設立時における株式の最低発行価額の規制が撤廃された。発行済株式総数株式の発行価額の総額を資本とすることを原則としつつ，発行価額の2分の1を超えない額を資本に組み入れず資本準備金とすることができることとなった（旧商284条ノ2第1項・2項)[7]。

(6) 小林量「資本制度と額面株式制度の変容（資本市場の展開と会社法の変貌 日本私法学会商法部会シンポジウム資料)」商事1398号 (1995) 20頁など参照。他方で，ファイナンス理論の進化等に伴う自己株式取得規制の見直しなどに伴い，出資単位規制の規制緩和の必要が認識されていた。
(7) なお，100％減資の場合に，株式がなくならなければならないかという問題について，平成13年商法改正時点では，株式の消却が認められていたことから疑念があったが（旧

商213条1項, 375条1項), 会社法のもとでは100%減資の場合でも株式がなくならなくともよいとされ, 減資に関しても株式数を変動させる必要はなくなり, 株式と資本の関係は完全に切断された (小林量「資本 (資本金) の意義 (特集 会社法・新会計基準で「資本」はこう変わった)」企会58巻9号 (2006) 27頁参照)。

II　会社法における資本金の制度

1．資本金の額

　会社法では, 従来の「資本」を「資本金」とした。会社法における資本金の額は, 設立又は株式の発行に際して株主となる者が会社に対して払込み又は給付をした財産の額を基本としつつ, 払込み又は給付にかかる額の2分の1を超えない額を資本金として計上しないことができる (会社445条1項・2項)。
　従来の規制と比較すると算定方法は従来どおりであるが, 算定の基準として従来は「発行価額」が基準であったのに対して, 会社法では実際に払い込んだ金額が基準とされている。

2．最低資本金制度の撤廃

　平成2年に導入された最低資本金制度は, その後の経済情勢の変化, 他国における立法動向, 近時における起業促進の必要性の増大に鑑みて撤廃され, また, 会社設立後の減少することができる額についても規制を設けないこととなった。もっとも, 剰余金の株主に対する分配については, 自己株式の取得等と並んで横断的に規制され, 純資産額が300万円未満の場合はできないこととされ, この限度で従来の最低資本金の考え方が残されている (会社458条)。

3．資本金制度に関連する改正の概要

　会社法では, 従来, 資本維持・充実に関すると説明されてきた制度のうちいくつかについて, 以下のように, 撤廃ないし緩和が図られている。いわゆる引受払込担保責任 (旧商192条, 280条ノ13ノ2) が撤廃された。設立時発行株式の全部引受義務を廃止して打ち切り発行が認められた (会社36条, 37条。もっとも, 発

5 資本に関する原則

起人については設立時発行株式を1株以上引き受けなければならない。会社25条2項)。発起設立及び募集株式の発行の場合に，保管証明義務が廃止された（会社64条，208条1項）。設立に際して行われる出資に関連する改正事項として，取締役等の価格填補責任が過失責任化された（会社52条2項2号。募集設立の場合には無過失責任〔会社103条1項〕）。現物出資・財産引受規制が緩和された（会社33条10項1号・2号，207条9項1号・5号，467条1項5号）。配当規制に関して，剰余金の違法配当等に関する業務執行者等の責任及び違法配当等を受けた株主の返還義務を統一化し，かつ，業務執行者等の責任を過失責任とした（会社462条1項・2項，463条）。減資規制についても，欠損填補のための減資については株主総会の普通決議で足りるとしたり（会社309条2項9号），減資と同時に新株の発行を行う場合に取締役会限りで減資ができる場合を認めるなど（会社447条3項）の改正がなされた[8]。

(8) 詳細について，布井千博「会社法制定と基本原則の変容」川村正幸＝布井千博編・新しい会社法制の理論と実務〔別冊金判〕（2006）34頁など参照。

Ⅲ 会社法における資本の三原則

1．総　説

　会社法における資本の三原則をどのように考えるかについては，主として，立案担当者と伝統的な学説の間で見解の相違がある。さらに，学説の中でも論者によって若干のバリエーションがみられる。以下では，まず，議論の中心となる資本維持・充実原則に関する議論を検討したうえで，資本不変の原則及び資本確定の原則について検討する。

2．資本維持・充実の原則

(1) 立案担当者の見解

　立案担当者によれば，まず，資本維持の原則と資本充実の原則の関係について，資本充実の原則は，本来，資本維持を機能させるための原則であるとする。

そして，本来あるべき説明として，まず，資本維持の原則とは，会社の中長期的な経営基盤を整え，債権者等の利益を保護するために，資本に満つる額の会社財産を維持させることとし，これに満たない財産しか存在しない場合には，その存続の可否も含めて，何らかの措置を講じるという原則であり，また，資本充実の原則とは，資本の有する会社財産の維持機能を前提に，資本の額に相当する財産は出資者から確実に拠出させることとする原則であるという。

次に，立案担当者は，このような考え方に照らしてみると，旧商法においては，会社が計上している「資本」の額に満たない額の純資産しか存在しない状態になったとしても法律上の特別の規制は講じられておらず，本来の資本制度の根幹ともいえる会社財産の維持機能が，資本には担わされていなかったと結論づける。

したがって，仮に株主に対する払戻しの規制として，純資産額が資本の額に満たなくなることは許さないとする場面において資本維持の原則が発現するとしても，これは端的に払戻規制（会社法では自己株式の有償取得規制をも含むことから「配当規制」ではなく「払戻規制」とされている。）として理解すべきであり，誤解を招きやすい「資本維持の原則」という用語をもって説明する必要はないとする。また，従来資本充実の原則から説明されてきた規制は，実は，債権者保護とは関係のない場面について設けられているものであり，それらの規制のうち会社法において維持されているものは，資本充実による債権者保護とは別の理由から維持されているものであるとする[9]。

（9）　郡谷大輔＝岩崎友彦「新会社法の特別解説　会社法における債権者保護㊤」商事1746号（2005）49頁以下。

(2)　学説の見解

これに対して，学説においては，会社法のもとでも，従来どおり，資本維持・充実の原則が妥当すると説明する見解が多数を占める。もっとも，論者によって，その内容には若干の相違があるし，資本充実の原則についてはこれを否定する見解もある。

代表的な見解のうち，前田庸教授の見解によれば，まず，資本充実の原則は，資本金の額に相当する財産が現実に会社に拠出されなければならないという原

5 資本に関する原則

則であり，資本維持の原則は，資本金の額に相当する財産が現実に会社に保有されなければならないという原則であって，後者は，前者により資本金の額に相当する財産が現実に会社に拠出された後に問題となるとする。そして，会社財産は資本金の額を下回るような剰余金の配当が許されないとする規定（会社461条1項8号）は，まさに資本維持の原則から導かれる規定であり，会社財産が資本金の額を下回るような剰余金の配当を認めることは，資本金の額を定める意味がなくなってしまうことから，この原則は資本金の制度から本質的に要請されるものであるとする。そして，資本金という制度を存続し，それに上記のような効果を結びつけている以上，資本金として計上された金額については資本維持・充実の原則が従来どおり妥当するという[10]。

また，江頭憲治郎教授によれば，資本金の制度は株式会社における有限責任の見返りとして整理される。すなわち，株主の有限責任は，有用な社会的役割も果たし得る反面，会社債権者に犠牲を強いる点も否定できないので，法が，有限責任の見返りとして会社・株主に一定の措置を要求しており，その1つが，資本金の制度であるというのである。そして，資本金とは，株式会社において，会社債権者保護のため，株主の出資を一定金額以上会社財産として保有させる仕組みであって，有限責任によれば，会社債権者は，会社の債務の弁済に必要な財産を維持させる必要があるが，不法行為債権者のように，債権取得時に個別交渉で会社にそれを義務付けることができない会社債権者もいるので，法律上，貸借対照表上の純資産額が資本金・準備金等の総額を上回る場合でなければ，会社は株主に対し剰余金の配当など財産分配をしてはならないとする形で，一定金額以上の会社財産の維持を義務付けており（会社446条，461条等），これが資本維持の原則であるとする。また，資本充実の原則は資本維持の原則のコロラリーとして，資本金の額に相当する財産が出資者から確実に拠出されることを要求するものであるとする[11]。以上の2つの見解を，いわゆる伝統的な学説として扱うことができよう。

これに対して，小林量教授は，従来，維持原則と充実原則は必ずしも区別されてきたわけではないが，維持原則は，要するに形成された会社財産について資本に相当する額を保持するというものであり，配当に関する規制，出資の返還の禁止，退社の自由の制限等という機能に分かれると説明される。そして，

第 3 章　株式会社①設立

会社法のもとでは，資本充実の原則が緩和され，資本相当額の資産を出資させ確保するという機能は減殺されたものの，資本額は現実に出資されたもので算定されるのであり，いったん会社に現実に出資されたものについて，やはり債権者保護の観点から，会社に保持させる必要があり，このような考え方によれば，資本維持の原則は，会社法のもとでもやはりあると説明される[12]。

さらに，神田秀樹教授は，資本維持の原則については，会社法のもとでも妥当するものの，資本充実の原則については，言葉の定義次第であるとする。すなわち，資本充実の原則の定義として，1億円の出資を募って設立を計画するのであれば，1億円の実財産を出すことを求めるのが資本充実の原則であると定義するのであれば，資本充実の原則はなくなったと考えることができるとする。その理由として，旧商法のもとで規定されていた〔発起設立の場合の〕発起人や取締役の無過失責任が会社法のもとではなく，7000万円しか払込みがなければ，7000万円として会社を出発しなければならず，7000万円しかないのに1億円とすれば，資本金の表示が虚偽表示として処理されるからだという。これに対して，資本充実の原則を，実際に拠出された財産だけを資本金にするルールだと考えることもでき，そのような定義であるならばこれは維持されているという[13][14]。

(10)　前田庸・会社法入門〔第11版〕(2006) 21頁。
(11)　江憲治郎頭・株式会社法 (2006) 32頁。もっとも，資本維持の原則は，株主の有限責任の不可欠の前提ではなく，例えばアメリカではこのような規制は採用されていないし，日本では協同組合の組合員は有限責任であるが，持分払戻しが認められる（中協20条，農協23条）。
(12)　小林・前掲注 (7) 28〜30頁。
(13)　神田秀樹「計算・組織再編・敵対的買収防衛（特集 緊急インタビュー会社法関係法務省令の重要ポイント）」企会58巻4号 (2006) 29頁。
(14)　立案担当者は，資本金の額が増加する場合は，出資された財産の額の範囲内で定められることとなり，その限りにおいて資本充実の考え方が残ることを認めるものの，これは，資本に相当するだけの財産を出資させているのではなく，現実に出資された財産の範囲内で資本金の額が決められているにすぎず，このような会計処理を説明する用語として「資本充実の原則」という用語を用いるべきではないとする。郡谷＝岩崎・前掲注 (9) 52頁以下。

5 資本に関する原則

(3) 資本充実の原則をめぐる議論
 (a) 資本充実の原則の現れであるとされる規定
 伝統的な学説の立場からは、資本充実の原則が、会社法の規制として現れていると説明される。具体的には、論者によってその範囲は若干異なるものの、設立及び募集株式の発行等における全額出資義務（会社34条、63条、208条1項）、募集設立における払込保管証明の制度（会社64条）、募集株主の引受人からの相殺禁止（会社208条3項）、並びに現物出資等の厳格な調査（会社33条、207条）及び現物出資の不足額塡補責任（会社52条、212条、213条）がこの原則の現れであるとされる[15]。
 (b) 立案担当者による説明
 これに対して、立案担当者は、これらの規制は、すべて別の観点から説明することが可能であり、伝統的な意味での資本充実の原則は、会社法では採用されていないと説明する。
 第1に、全額出資義務については、出資者に確実にその引き受けた出資を履行させることによって、会社財産を充実させるものと説明されることがあるが、会社債権者からいえば、出資された財産に相当するものが責任財産として増加するのであって、全部履行されるかどうかについての利害に直接関係しない（出資される額が多いほどよいが、全額出資されなければ失権するのであるからそのような規制ではない。）。むしろ、全額出資義務は、出資者が、株主となった後に、なお引き受けた株式に係る出資の履行を負わないことを確保するための制度であって、これにより、多くの者から出資を募り、株式の流通の円滑化を目的とする制度であるとする。
 第2に、保管証明制度については、金銭出資に係る義務が確実に履行され、一定の時期まで履行に係る金銭が保管されていることを、第三者である銀行を巻き込んで確保する制度であって、いわば全額出資義務を補完する制度であるが、保管証明が出されたからといって、当該出資に係る資金の使用先や確保とは無関係の制度であり、債権者保護との関係では直接の関係がない制度であって、会社法のもとでは発起設立について廃止されている。募集設立においては維持されているが、これは、発起設立の場合と異なり、払込金の保管等に携わらない者が設立時募集株式引受人となっており、かつ、法人格が形成される前

の払込みであって事後的な責任追及が困難であることも想定されることから，会社が成立し法人格が形成されるまで，出資金が保管されることを確保するものであり，資本充実とは無関係な措置であるとする。

　第3に，現物出資に係る検査役の調査・財産価格塡補責任については，現物出資が，過大に評価されたとしても，まず，少なくとも何らかの責任財産は増加するのであり，また，配当拘束のかかる計数の増加が実財産の増加よりも大きいことから，債権者にとって二重の意味で有利な状態となる。したがって，この制度は債権者保護の観点からは説明できず，株主間の価値移転を防止するための予防的な規制と理解すべきである(16)。また，財産価格塡補責任についても，責任財産は結果的にプラスになっているのであるから，債権者保護の観点からの説明は困難であり，株主間の価値移転が実際に発生した場合に，これを巻き戻すために引受人に対して追加の出資を求めるとともに，その実効性を高めるために補完的に取締役等に責任を負わせたものと整理すべきであるとする。

　第4に，金銭出資時の相殺の禁止については，全額出資義務が課されている状況では，現物出資規制の潜脱防止という位置付けにすぎず，現物出資規制については株主間の価値移転を防止する予防的な制度として残されておりその関係で維持されているにすぎないとする。

　さらに，立案担当者は，旧商法における引受・払込担保責任は，引受け又は払込みがなかった株式について，これを取締役が引き受けたものとみなし，又は払い込むべき義務を負うとするものであり，捉え方によっては資本確定の原則の変形ともいえるものであったが，会社法では，株式として発効していない以上，単なる過誤の登記として取り扱い，また，失権した株式が取締役によって引き受けられたとする制度には合理性がないため，引受・払込担保責任を廃止したものと説明する(17)。

(c) 検　　討

　上記のような立案担当者の説明に対しては，とりわけ第3の点に対して，学説から以下のような批判が出されている。

　まず，稲葉威雄教授は，資本充実が欠けていても，少しでも財産が拠出されればその限りで債権者の利益になることは確かであるが，表示された資本の全

額について資本充実が確保されればさらに債権者の利益になると反論する。また，立案担当者の説明では，相当の評価替えがされることを前提とされる記述があるが，そのような評価替えが通常期待できないので，せめてその価値の拠出を図ろうというのが資本充実を強調する考え方であるとする[18]。

そもそも，伝統的な学説の見解によれば，資本金という制度を定めた以上，資本維持及び資本充実の原則は本質的に要請される，又は，株主の有限責任の見返りとして資本維持の制度があり，資本充実の原則は資本維持の原則のコロラリーであると説かれていた。したがって，これらの学説の立場からは，資本充実の原則をどのように捉えるかは，資本維持の原則をどのように捉えるかにかかっているといえる。

他方，小林教授は，資本充実の原則が堅固なものでなくなっていることを認めつつも，ないといえるかは微妙であるという。そして，現物出資に関する規制については，従来から株主間の平等確保という面もあったと理解されているが，例えば，発起設立の場合，特に一人株主による会社設立の場合には現物出資は不要となりそうであるが，会社法ではそのようになっておらず，その理由はやはり債権者保護ということになろうと指摘する。また，立案担当者のような見解をベースにすると，見せ金について，取締役・発起人に対する貸付債権が存在し，資本が増えている以上，あとは資産として計上された債権の評価の問題であり，それによって損害を被った債権者は，虚偽登記，粉飾決算等の責任によって対処すればよいので，会社法上見せ金を有効と考えることになりそうであるが，そのような理解が立案担当者内の共通認識であるか疑わしいと指摘し，仮に従来の資本充実に関わる規制をすべて別の観点から説明するにしても，現行のままでは十分に説明しきれない点，また諸規制の間に齟齬，理念の不統一があることから，諸規制のあり方について再検討することが必要であると指摘する[19]。

(15) 前田・前掲注（10）21頁，江頭・前掲注（11）34頁，稲葉威雄「新会社法 そのあり方を探る（第5回）株主（社員）の有限責任の処理に関する分析（その1）資本・剰余金分配規制・計算の適正と開示」企会58巻1号（2006）135頁。
(16) 財産が不当に高く評価されるのが問題であるとする反論が予想されるが，これは，実は，新株発行の際ではなく，自己株式の処分の際に問題となり得る（本来であれば株主に対して流出することができなかったはずの財産が流出する可能性がある。）と

第3章 株式会社①設立

する。そして，会社法では，分配可能額の計算上，自己株式の処分の対価の全額を，ただちに分配可能額に加算することなく，期末又は臨時の決算を経なければ株主に対して払い戻す財源にすることができないこととすることにより（会社461条2項4号），決算を経ることによってその財産の適切な評価替えが行われれば不当な財産流出が生じないよう配慮しており，これにより，一般取引における財産の不当評価の問題と同様に，計算書類の虚偽記載の問題として解決すると説明する（郡谷＝岩崎・前掲注（9）54頁）。

(17) 郡谷＝岩崎・前掲注（9）50〜52頁以下。このほか，組織変更時の純資産額填補責任については，法人格が同一で，会社財産の状況がまったく変更されず，単なる機関設計の変更において，通常では認められない評価替えを認めることは合理性を欠き，簿価債務超過の会社であっても機関設計の変更は認められるべきであることから，これらの責任が廃止されたと説明される。これに対する立法論的批判として，稲葉・前掲注（15）136頁参照。立案担当者の説明の理論的背景として，藤田友敬「会社法と債権者保護」商法会計制度研究懇談会編・商法会計に係る諸問題：商法会計制度研究懇談会委員の論文集（1997）36頁以下参照。
(18) 稲葉威雄「新会社法 その運用のあり方を探る（第6回）株主（社員）の有限責任の処理に関する分析（その2）資本・剰余金分配規制・計算の適正と開示」企会58巻2号（2006）105頁。
(19) 小林・前掲注（7）30頁。藤田・前掲注（17）42頁は，「資本充実・維持」に期待される機能があるとしてもそれは通常の意味の債権者保護とは異なるのではないかと指摘している。

(4) 資本維持の原則をめぐる議論

(a) 会社財産と資本の関係

立案担当者は，資本維持の原則という用語の使用が誤解を招く主要因として，資本の維持といったところで，現実に資本に見合う分の会社財産が会社に維持される制度的裏付けがなく，旧商法において昭和13年改正前商法のような資本の警告機能が失われていた点を強調する。しかし，この点については，学説から，以下のような批判がなされている。

まず，稲葉教授は，資本がこのようなものであることは，従来から明確に認識されていたし，資本欠損が生じた場合にその填補義務及びこれをしない場合の解散義務を課せば，資本維持の原則は強化されることになろうが，それがないから，資本維持の原則が存在しないというのはおかしいという[20]。

また，小林教授は，昭和13年改正前商法に類似する規定は，諸外国においても，いわゆる資本の警告機能に関する規定であって，資本維持に関する規定と

5 資本に関する原則

は解されていないとする。この種の規定が資本の維持・充実という機能の実効性の確保に資することは確かであるが，このような警告機能があることが資本維持原則の現れであるとは考えられていないという[21]。

(b) **払戻規制の根拠**

立案担当者の見解の特色が最も現れるのは，払戻規制の根拠についての説明である。すなわち，立案担当者は，払戻規制は，債権者保護としてではなく，株主と債権者の間の利害調整のコストを軽減することを目的とする制度として説明すべきであるとする。払戻規制がいわゆる債権者保護機能を果たしているといっても，会社法制のもとでは，会社の事業損失や資産の劣化による会社財産の減少については特に法規制をしておらず，これらの事由による債権者が弁済を受けられなくなるリスクは事業体に資金を提供する者が負うべき通常のリスクであると整理されている。債権者の保護を，その債権者が弁済を受けることができる権利の保護であると捉えると，払戻規制は，そのうち，株主に対する会社財産の払戻しによって債権の満足を得られなくなるという事態のみを防ぐことができるという極めて限定的な意味でのみ債権者保護を図っているということができる。したがって，株式会社に課せられている大掛かりな払戻規制を正当化する根拠として，「債権者の保護」をあげることはやや根拠が乏しいともいえなくはない。むしろ，払戻規制は，これがなければ株主が債権者よりも先んじて会社財産の払戻しを受けることになりかねず，そのような法制のもとでは債権者が安心して会社と取引をすることができず自己の債権の管理のために多大なコストをかける必要がでてくる結果，株式会社制度の目的が達成できなくなる事態が生じ得るため，コストを軽減するという観点から，債権者と株主との間の利害を調整するための強行法的な規制を設けたものと整理できるとする[22]。

確かに，立案担当者がいうように，払戻規制については，債権者保護のみからでは説明できない点が含まれているかもしれない。もっとも，資本維持原則の機能には，いったん会社に形成された会社資産の流失を禁じるという趣旨があり，流出の方法を配当等に限るとともに，資本を超える部分のみ流失を認めてきた。ここに債権者保護の観点があることも確かである。この機能は，資本充実とあいまって債権者保護機能を果たすと考えられてきた[23]。

第3章　株式会社①設立

そして，会社法のもとでも，実際の払戻規制としては，従来どおり，単体の貸借対照表を払戻規制の基準とする制度（資本制度に基づく規制）が維持されている。立案担当者は，その理由として，これに代わる有効な払戻規制の方法を現時点では構築し難かったといういわば消極的な理由からであると説明する[24]。しかし，資本維持の原則を重視する見解は，まさに，払戻規制を資本維持の原則として捉えているのである。さらに論者の中には，資本は，根源的には，株主有限責任のもとで株主が有限責任を享受するための対価の意味があるという[25]。最終的に払戻規制として，従来どおり，資本制度を維持する限りは，資本維持の原則はもはや存在しないという見解に対してこれを批判する立場が現れるのは致し方ないと思われる[26]。

(20)　稲葉・前掲注（18）104頁。
(21)　小林・前掲注（7）29頁。同じく31頁の注（12）では，立案担当者は，資本の警告機能として，昭和13年改正前商法174条2項をあげているが，174条2項は，会社財産で債務を完済することができない場合に取締役が破産宣告の請求をなすことを要求する規定であり，純資産額が資本額に満たないというより，資本以前の問題であって，この規定の削除に際して「会社の整理」「特別清算」の制度が置かれた経緯からして資本維持原則とは関係なく，むしろ取締役による株主総会の招集義務を定めた174条1項をあげるべきであったと指摘する。
(22)　郡谷大輔＝岩崎友彦「新会社法の特別解説　会社法における債権者保護(下)」商事1747号（2005）20頁。
(23)　小林・前掲注（7）29頁。
(24)　これに対しては，立法の怠慢という感じがぬぐえないとの批判もある。小林量「コーポレート・ファイナンスと新・会社法（特集「会社法」大改正と企業社会のゆくえ）」法時78巻5号（2006）34頁。
(25)　稲葉・前掲注（15）132頁。また，同じく134頁は，資本維持の原則は，基本的には，剰余金の分配規制の基準であることから生ずるものであり，それ以上でも，それ以下でもないとする。
(26)　なお，小林・前掲注（7）32頁注（18）は，資本維持の原則がなくなったのであれば，公開会社はともかく，公開会社でない株式会社では，分配可能額の範囲内で自由に退社を認めてもよさそうであるが，これが認められていないのは，やはり，いったん形成された財産の流失を禁ずるという資本維持原則の現れではないかと指摘する。

(5)　小　　括

　立案担当者は「資本維持の原則」を払戻規制として純化して説明しようとするが，その払戻規制において，従来の資本制度を基準とする限り，そのような

説明に説得力が欠ける点があることは否めない。

　会社法において，払戻規制を資本維持の原則として重視する立場によれば，そのコロラリーとして資本充実の原則も妥当することとなり，会社法における現物出資規制などはその観点から説明されるべきことになる。また，このように考える立場の中には，資本維持の原則を株主有限責任原則における債権者保護の基礎であるとする見解も根強い[27]。

　もっとも，資本充実の原則については，学説において，少し異なった主張もみられる。定義次第ではあるものの，会社法においてはこれは存在しないとする見解もあるし，また，従来，資本充実の原則の現れとして説明されてきた規定を再検討する必要性を指摘する立場もある。

(27)　稲葉・前掲注（18）105頁以下は明確にそのような問題意識を表明する。

3．資本不変の原則

　資本金の額を自由に減少することが許されると，資本維持の原則によって会社財産を維持するという枠組みが確保できなくなることから，資本金の額の減少は会社債権者保護手続を経なければ減少させることができない（会社449条）。これがいわゆる資本不変の原則である[28][29]。

　以上の説明からわかるように，資本不変の原則の位置付けは資本維持の原則の位置付けによって変わる。学説の見解によれば，上述のように，会社法のもとでも資本維持の原則はなお妥当すると考えることから，資本不変の原則も存在すると考えることになる[30]。

　これに対して，立案担当者の見解によれば，この規制も，配当規制の一環として講じられている措置であると説明する方がよいとされる[31]。

(28)　前田・前掲注（10）22頁。
(29)　昭和25年改正前商法は，新株発行により株主の地位も影響を受けることから，文字どおり，資本額を任意に変更してはならないという原則であり，資本の増加にも妥当すると解されていた（小林・前掲注（7）28頁）。しかし，授権資本（株式）制度の採用により，資本増加局面での資本不変の原則は妥当せず，資本減少の局面における，株主，債権者保護の規制であると理解されるようになった。
(30)　前田・前掲注（10）22頁，江頭・前掲注（11）34頁，小林・前掲注（7）28頁。
(31)　郡谷＝岩崎・前掲注（9）55頁以下。

第3章　株式会社①設立

4．資本確定の原則

　資本確定の原則とは，もともとは，資本金の額が定款の記載事項とされ，かつ，会社の設立又は増資に際しては，定款所定の資本金の額に相当する株式の全部の引受けがなされ，一部でも引き受けられない部分があれば，会社設立自体又は資本金の増加が全体として無効となるというものである[32]。
　前述のように，昭和25年商法改正において，授権資本（株式）制度が採用されたことから，資本（資本金の額）は定款記載事項でなくなった。また，昭和25年商法改正では，新株の発行に際して，発行予定株式数を定款の記載事項とせず，かつ，その全部について引受けがなくとも，引受け及び払込みがなされた部分について新株の発行の効力を認めることとされ（旧商280条ノ9第2項，会社208条5項），いわゆる打切発行が認められることとなった。このため，資本確定の原則はもはやなくなった，又は，設立時についてのみこの原則が妥当すると説明されていた。
　会社法では，会社設立に際しても，定款の絶対的記載事項として「設立に際して出資される財産の価額又はその最低額」を定めるものとされる（会社27条4号）。確定額を定めなくとも「最低額」を定めればよく，かつ，出資された財産の価額がその「財産の価額又はその最低額」を満たし，かつ，発起人が1株の権利者になれば（会社25条2項），そのまま設立を行うことができるものとされている（会社36条3項，63条3項）。
　そもそも，資本確定の原則をどこまで貫徹すべきかは，資本制度から論理必然的に導き出されるものではなく，設立ないし増資にあたり無責任な設立・増資を防止して健全化を図るべきか，会社設立ないし増資の便宜を図るべきか，という立法政策上の問題であるといわれる[33]。会社法では，起業を促進し，また，設立時の財産確保を重視しないという立場がとられており，設立時においても一定の範囲でいわゆる打切発行が設立の段階から認められることとなっている。
　このような状態をどのように評価するかについても，やはり先の見解の相違の構図に従って説明が分かれている。立案担当者は，会社法においては，残滓を含めて資本確定の原則に資する制度は存在しないと説明する[34]。学説にお

5　資本に関する原則

いて，より伝統的な立場からは，いわゆる打切発行が設立の段階から認められることによって資本確定の原則が緩和された[35]とか，会社設立について，定款で設立に際して出資される財産の価額又はその最低額を定め，その額の出資がなされることを要求する範囲で，なおこの原則が残存すると説明される[36]。他方，学説の中にも，資本確定の原則については，もはや会社法のもとでは存在しないとする立場もある[37]。

(32)　前田・前掲注（10）23頁。小林・前掲注（7）28頁参照。
(33)　前田・前掲注（10）23頁。
(34)　立案担当者は，設立時に出資すべき額を定めるのは発起人のための制度であり，債権者保護のための制度ではないとする。その理由として，債権者は集まった出資金を前提にして取引に入ることをあげ，さらに，設立無効の訴えの提訴権者に債権者が加えられていないことをあげる。郡谷＝岩崎・前掲注（9）49頁。
(35)　前田・前掲注（10）24頁。
(36)　江頭・前掲注（11）66頁。
(37)　小林・前掲注（7）28頁は，会社の設立を促進し，設立時の財産確保を重視しない立場がとられていることから，この原則は必然的に放棄されたとする。また，神田・前掲注（13）29頁は，「会社法では，すべてなくなった」とする。これらの見解をとる論者が，資本充実の原則について，伝統的な学説の立場とは多少異なった見解を唱えていた論者である点は興味深い。

おわりに

　資本維持・充実原則は誤解を招くという立案担当者の発想の出発点は，資本維持の原則といったところで，実際に資本の額に見合うだけの会社資産が維持されているわけではなく，これによって（とりわけ一般公衆は）かえって，あたかも会社に（その金庫にでも）資本相当分の金銭が保管されているかのような誤解を招きかねないという懸念から出発したのではないかとも推察される。
　しかし，警告機能がないという点は，上述のように比較法的にみても，資本維持の原則を放棄する決定的な理由付けとはならない。むしろ，払戻規制として資本制度が採用される限り，伝統的な学説が主張するように，資本維持の原則はなお妥当すると考える方が理解しやすいように思われる[38]。
　とはいえ，資本維持・充実の原則（とりわけ充実原則）は，会社法のもとでは

第 3 章　株式会社①設立

もはや存在しないのではないか，という立案担当者による問いかけの意味は決して小さくはない。今後は，従来，資本充実原則の現れであるとされてきた諸規定について，関連する諸規制を含めた再検討が必要であるともに，並行して（資本を基準としない）払戻規制のあり方が検討されていくこととなろう[39]。

(38)　小林・前掲注（7）31頁は，以下のような示唆に富む指摘をしている。すなわち，資本の三原則は，実は，資本制度そのものではなく，株式会社のあり方に関わる原則であったが，資本制度と関連を有するものであったことから資本の三原則と称されていたのではないか。そして，債権者保護としての機能から資本に関する原則というのは適当ではないという指摘はそのとおりであるが，払戻規制の考え方からして，会社法においても，資本維持・不変の原則はなおあるとすべきである。

(39)　小林・前掲注（4）25頁は，資本の機能が配当規制に特化されたことから，資本制度を放棄すること自体は会社法の根幹にかかわる大きな問題ではなくなったとし，資本制度が容易に放棄される可能性を示唆する。諸外国の制度については，例えば，片木晴彦「資本制度の国際比較（特集 新会社法で変貌する資本）」企会57巻9号（2005）49頁など参照。なお，現行規制のうち，例えば，資本準備金として2分の1まで組み入れるという制度についても，前述の立法の沿革にみられるように，特に理由があるわけではなく，経済界との調整に基づく妥協の産物ともいえる。

〔小 柿 徳 武〕

第4章

持分会社

1. 持分会社の設立

はじめに

1．持分会社の類型

　会社法は，株式会社のほかに，合名会社，合資会社及び合同会社という3つの会社類型を定めており，これら3つの会社類型を総称して「持分会社」と呼んでいる（会社575条1項）。

　このうち，合名会社及び合資会社は，旧商法においても存在した会社類型であり，合名会社は，無限責任社員のみで構成される（会社576条2項）一元的組織の会社，合資会社は，無限責任社員と有限責任社員により構成される（同条3項）二元的組織の会社である。会社法においては，合名会社についていわゆる一人会社が許容されることとなった点，合名会社及び合資会社について法人社員が許容されることになった点（会社598条），及び合資会社の有限責任社員にも業務執行権が認められた点（会社法590条，旧商法156条対照。ただし，競業避止義務が課せられる。会社594条），及び会社設立自体の取消しとは別に社員の設立に係る意思表示の取消しが認められた点（会社832条1号）等を除き，大きな変更は行われていない。

　これに対し，合同会社は，会社法により新たに創設された会社類型であり[1]，有限責任社員のみで構成される（会社576条4項）一元的組織の会社で，日本版LLCとも呼ばれている[2][3]。

　いずれの持分会社においても，内部関係については組合的規律が適用される[4]。この点で，持分会社は，人的信頼関係のある比較的少人数の社員によ

第4章　持分会社

り構成される会社類型として想定されているといえ，いずれも人的会社の一面を有する。このうち，無限責任社員を構成員とする合名会社及び合資会社は，会社債権者に対する関係でも社員の個性が重視され，特に無限責任社員のみで構成される合名会社は典型的な人的会社とされる。これに対し，合同会社は，会社債権者に対する関係では，有限責任社員のみで構成される点で物的会社の一面をもつ[5]。

なお，会社法は，条文構成上，持分会社に共通に適用される規定を定めたうえで，各会社類型に特有の規定を設けるという体裁をとっている[6]。

(1)　「会社法制の現代化に関する要綱」（平成17年2月法制審議会総会決定）において，「社員の有限責任が確保され，会社の内部関係については組合的規律（原則として全員一致で定款の変更その他の会社の在り方が決定され，社員自らが会社の業務の執行に当たるという規律）が適用される特徴を有する新たな会社類型（合同会社（仮称））を創設するものとする。」（第3部第1・1）とされていたところである。合同会社については，本大系第1巻第4章「6合同会社」において詳述される。

(2)　合同会社に類似する制度として，有限責任事業組合契約に関する法律により導入された有限責任事業組合（LLP）がある。両者は，出資者の責任（間接有限責任），出資の目的（財産出資に限られる。）及び内部規律（組合的規律が適用される。）の点で共通するが，法人格の有無や業務執行面，課税面等で相違する。両者の異同につき，相澤哲編著・一問一答新・会社法（2005）184頁参照。

(3)　合名会社と合資会社の無限責任社員について法人社員が許容されたこととあいまって，有限責任性を確保しながらニーズに応じた会社形態の選択肢が広がったとされる（長島・大野・常松法律事務所編・アドバンス新会社法〔第2版〕（2006）589頁）。

(4)　旧商法においては，合名会社と合資会社の内部関係については，原則として民法上の組合に関する規定が準用されていた（旧商68条，147条）。

(5)　人的会社と物的会社の定義ないし区別の基準については，論者により必ずしも一定ではないが，前田庸・会社法入門〔第11版〕（2006）16頁は，合同会社は，会社債権者に対する関係では，社員の個性が重視されず，物的会社であるが，社員相互の関係では，社員の入社及び持分の譲渡の承認については，合名会社等と同じく，原則として社員の全員一致によるものとされ，かつ，社員は原則として業務執行権を有し，その譲渡についても合資会社の有限責任社員のそれらと区別がないなど，定款の定め方にもよるが，原則として人的会社性が認められるとされる。また，龍田節・会社法大要（2007）7頁は，合同会社は，有限責任社員だけで構成するので従来の人的会社の範疇には入らないし，組織の面では合名会社と同じであり，物的会社とはいえないとされる。

(6)　前掲注（1）の要綱においても，「合同会社，合資会社及び合名会社について，共通に適用すべき規律（内部関係についての規律等）については，同一の規定を適用す

るものとする。」(第3部第1・2)とされていたところであり，利用者にわかりやすい会社法制を整備するという会社法制の現代化の趣旨に添ったものである。ちなみに，旧商法においては，合資会社については，別段の規定がある場合を除いて合名会社に関する規定を準用するという体裁（旧商147条）をとっていたため，合資会社についての規定の適用関係の多くは解釈に委ねられていた。

2．持分会社の社員

　各会社類型における社員の権利義務や地位の得喪等については，本大系第1巻第4章「2持分会社の社員の責任」以下において詳述されるが，ここで持分会社の設立に関連する限りで，持分会社の社員について簡単に触れておくこととする。

(1)　無限責任社員と有限責任社員

　無限責任社員は，①会社が会社の財産をもってその債務を完済することができない場合，又は②会社の財産に対する強制執行が功を奏しなかった場合（無限責任社員が，当該会社に弁済をする資力があり，かつ，強制執行が容易であることを証明した場合を除く。）に，連帯して会社の債務を弁済する責任を負う（会社580条1項）。この責任は会社債権者に対する直接責任である[7]。

　これに対し，有限責任社員は，会社の債務につき，出資の価額（既に会社に対して履行した出資の価額を除く。）を限度として責任を負うにとどまるが（会社580条2項），合資会社の有限責任社員の責任は，会社債権者に対する直接責任である（未履行の出資があるときはその価額を限度として会社債務を会社債権者に直接弁済する責任を有する。）[8]のに対し，合同会社の有限責任社員は，合資会社におけるのと異なり，設立登記までに出資を全部履行する必要があるので（会社578条），その結果，会社債権者に対する責任は間接責任となる[9][10]。

　（7）　なお，会社債権者に対する抗弁主張につき，会社法581条参照。
　（8）　注（7）に同じ。
　（9）　この点について，相澤哲＝郡谷大輔「新会社法の解説⑿持分会社」商事1748号（2005）15頁は，間接有限責任性を確保することにより，債権者が社員に直接責任を追及することがないようにして合資会社等よりも広く出資を募ることを可能にするとともに，債権者にも会社財産のみをその責任財産として取り扱い，かつ行動すれば足りるようにするための措置であるとされる。

第4章　持分会社

(10) ただし，合資会社において，無限責任社員の退社により有限責任社員のみとなった場合には，法律上，合同会社となる定款の変更をしたものとみなされるが（会社639条2項），当該会社の社員がその出資に係る払込み又は給付の全部又は一部を履行していないときは，当該定款変更をしたものとみなされた日から1か月以内にその払込み又は給付を完了しなければならず（会社640条2項），これをしないときは，例外的に債権者に対して直接責任を負うことになる。また，合同会社の社員になろうとする者がまだ出資を履行していないにもかかわらず設立登記がされたような場合には，当該社員は，出資の価額について未履行の限度で会社債権者に対して直接責任を負う（会社580条2項。この点について，葉玉匡美編著・新・会社法100問〔第2版〕（2006）80頁は，合同会社においては出資の履行をしなくても，株式会社における設立時募集株式の引受人と異なり，その地位を失うことはなく，出資の履行をするまでは設立の登記ができないこととすることにより間接有限責任を実現しているにすぎないとされる。）。これに対し，株式会社においては，設立時募集株式の引受人が出資の履行（払込み）をしないときは，その地位を失うことになる（会社63条3項）。

(2) 一人会社と法人社員

　会社法では，合名会社においても社員が1人の会社（一人会社）が許容され，また合名会社，合資会社とも，法人が社員になること（法人社員）が許容されることとなった。新たに創設された合同会社でも，一人会社，法人社員が許容されている。

　(a) 一人会社

　旧商法においては，人的会社である合名会社や合資会社については，社団性（旧商52条）が厳格に要求された結果，会社の設立並びに存続のためには2人以上の社員が必要とされ，社員が1人になることは当然の解散原因とされていた（旧商94条4号）。また，合資会社については，有限責任社員か無限責任社員のいずれかが全員退社したことも解散原因とされていた（旧商162条1項）。

　他方，株式会社については，社員が1人になることを解散原因とする合名会社の前記規定は準用されておらず（旧商404条1号。なお，昭和13年の商法改正前は，株式会社については，株主が7人未満となることが法定解散原因とされたが〔昭和13年改正前商221条3号〕，同改正により削除された。），多数説は，解釈上，株主が1人になっても解散原因とはならないと解していたが，反対説も存したところ，平成2年の商法改正によって，設立時の構成員たる発起人の員数要件（7人以上。平成2年改正前商165条）が削除され，一人会社の設立及び存続が許容されることとなっ

300

た（旧商165条）。また，有限会社についても，同年の有限会社法改正によって社員が1人になることが法定解散事由から削除され（旧有69条1項），その結果，同様に一人会社の設立・存続が許容されることとなった。

その背景には，一人会社については，大会社における子会社の完全子会社化や個人事業主の法人成りなど，これを認めることにつき実際上のニーズがあることがあったが，社団性との整合性については，株主が1人であっても株式の譲渡や発行によって潜在的に2人以上の株主が存在し得ることになることが理論的な論拠とされた（有限会社の社員についても同様）。

しかしながら，その意味では，持分の譲渡や社員の加入が認められる持分会社においても同様に考えられるはずであり[11]，また，人的会社についても一人会社を認める実際上のニーズもあると考えられる[12]ことから，会社法においては，持分会社についても一人会社が許容されることとなった（会社法には会社を社団とする規定〔旧商52条〕は置かれず，いずれの持分会社についても，社員が1人の場合があることを前提とする規定〔会社590条2項〕が設けられる一方，「社員が欠けたこと」が解散事由とされている。会社641条4号）[13]。なお，合資会社は，無限責任社員と有限責任社員により構成される会社類型であるから，当然，2人以上の社員が存在することが必要である（ただし，社員が1名になっても解散するわけではなく〔合資会社についても，「社員が欠けたこと」が解散事由になる。会社641条4号〕，会社の種類が合同会社又は合名会社に変更されることになる。会社639条）。

(b) **法人社員**

旧商法55条においては，会社は，合名会社や合資会社の無限責任社員となることができないこととされていた[14]。この規定は，明治44年の商法改正により新設されたもので（明治44年改正商44条ノ2），会社が無限責任社員になり得ないことについての疑義をなくすため，会社の無限責任社員たる者の人的信用の基礎を明らかにしたものとされるが，規制の実質的な理由については，合名会社は人的信用を基礎とすることや，会社が他の会社の無限責任社員となることは会社存立の基礎を危うくするのみならず当該会社が一定の目的のもとに設立された趣旨に反すること（大判大5・11・22民録22輯2271頁），自然人でない会社は自ら会社事業の遂行の任にあたるという自然人に固有な人的要素を備えていないこと[15]などがあげられていた。

第4章　持分会社

　しかしながら，この規定の合理性ないし実質的根拠については，会社自身はその行う事業から生ずる責任について無限責任を負っていること，法人が他の法人等の債務を保証することもできること等から，法人が他の会社の債務につき無限責任を負うことができないこととすべき合理的な理由はないこと，また，株式会社の発起人や組合の業務執行者には法人もなることができることからすると，法人が業務を執行する人的要素に欠けているという指摘も法人が無限責任社員や業務執行社員となることを禁止すべき決定的な理由にはなり得ないこと[16]などから，かねてから疑問が呈されていた[17]。さらには，かかる規定は，合弁企業を合名会社形式で行うことを妨げるなど，実際上の結果においても好ましくなく，削除すべきであると主張されていた[18][19]。

　会社法においては，この規定は廃止され，法人も持分会社の無限責任社員になることができることとなった（会社法は，定款記載事項として社員の氏名のほかに「名称」を加える〔会社576条1項4号〕一方，法人が社員になることについての禁止規定を設けず，法人が社員になることを前提とする規定〔会社598条〕を置いている。）。法文上，法人の種類に限定はないから，会社以外の法人も，当該法人の目的の範囲内であれば，持分会社の社員になることができる[20]。また，法人は，持分会社の業務執行社員になることもできることとされた（会社598条参照）[21]。

　なお，法人ではなく人格を有しない民法上の組合や有限責任事業組合は，持分会社の社員にはなり得ない[22]。

(11)　相澤＝郡谷・前掲注（9）14頁，相澤編著・前掲注（2）182頁。
(12)　例えば，「中小企業政策の視点からの新しい会社法制のあり方について」（平成15年5月中小企業政策審議会企業制度部会）においては，以下のように述べられている。「実態として，合名会社・合資会社の多くは，最低人数（2人）で運営されている場合が多い。現行法〔筆者注：旧商法〕においても，社員が1人になっても，すぐに補充すれば会社を存続できることになってはいるが，現実には社員（特に無限責任社員）のなり手を確保することは難しく，一人会社を認めるニーズは存在すると考えられる。」また，「現行法上一人会社が認められないのは，会社の社団性の故とされるが，民法上の公益法人では社員が1人になることが解散原因とされていない〔筆者注：平成16年改正前民法68条2項2号では「社員ノ欠亡」が解散原因とされていた。〕ことから，その理屈は根拠とならないと考えられる。また，株式会社・有限会社においては一人会社が認められている（潜在的社団性の考え方による）が，結局はこれも実質的に一人会社を認める必要と実益があることによる政策的判断と考えられる。」
　　　また，弥永真生・リーガルマインド会社法〔第11版〕（2007）514頁（注17）は，「一

1　持分会社の設立

人会社を認めないと，実務的にも，他の社員の死亡等により社員が1人となった場合に，ただちに解散するという不都合がある」ことを指摘されている。なお，この点については，後掲注（50）参照。
(13) 長島・大野・常松法律事務所編・前掲注（3）601頁は，合同会社において一人会社が許容されたことは，合同会社をSPCとして利用するにあたっての利便性という観点からも重要であるとされる。
(14) 中間法人についても，合名会社又は合資会社の無限責任社員となることができない旨の規定が設けられていた（中間法人5条）。なお，中間法人法は，一般社団法人及び一般財団法人に関する法律（以下「一般社団・財団法人法」という。）の制定に伴い廃止されたが（ただし，中間法人法の規定は，一般社団・財団法人法の施行日〔平成20年12月1日〕まで有効である。），一般社団・財団法人法には，同様の規定は置かれていない。
(15) 田中耕太郎・改正会社法概論（1939）109頁。
(16) 相澤＝郡谷・前掲注（9）14頁，相澤編著・前掲注（2）182頁。
(17) 旧商法下における議論の状況につき，上柳克郎＝鴻常夫＝竹内昭夫編集代表・新版注釈会社法(1)会社総則・合名会社・合資会社（1985）93頁〔竹内昭夫〕参照。
(18) 上柳＝鴻＝竹内編集代表・前掲注（17）97頁〔竹内〕。相澤＝郡谷・前掲注（9）15頁も，法人が合名会社等の無限責任社員となることができないために，こうした会社類型を合弁事業等に利用することができず，そのような場合には，規制が厳格な株式会社や法人格を有しない組合等を利用するほかないという問題が生じていたことを指摘されている。
(19) 「会社法制の現代化に関する要綱試案」（平成15年10月22日法制審議会・会社法現代化関係部会）においても削除が提案されていたところである。もっとも，この要綱試案において，旧商法55条を廃止する方向で検討するとされた点については，大規模な人的会社を作ることが容易になるが，人的会社にはガバナンス等の規定が備わっていないから問題であることや，個人による責任負担がまったくない合資会社形態を認めることには疑問があることを理由とする反対意見もあった（相澤哲＝濱克彦＝郡谷大輔＝小舘浩樹＝岩崎友彦＝豊田祐子＝和久友子・会社法制の現代化に関する要綱試案に対する各界意見の分析〔別冊商事273号〕（2004）6頁）。
(20) 中間法人，外国法人等につき，前田・前掲注（5）739頁，相澤＝郡谷・前掲注（9）15頁。ただし，中間法人については，前掲注（14）参照。なお，銀行（銀行12条の3），保険会社（保険業100条の4），信用金庫（信用金庫法89条1項）等は，持分会社の無限責任社員又は業務執行社員になることができない。
(21) 法人たる社員が業務執行社員となる場合には，当該社員は，その職務を行うべき自然人（職務執行者）を選任し，その者の氏名及び住所を他の社員に通知しなければならない（会社598条1項。なお，会社を代表する社員が法人であるときは，その職務執行者の氏名及び住所は登記事項となる。会社912条7号，913条9号，914条8号）。業務執行社員の権利義務に関する規定（会社593条～597条）は，その職務執行者について準用される（会社598条2項）。なお，法人は，株式会社の取締役になることがで

303

きない（会社331条1項1号）。
(22) 相澤哲＝葉玉匡美＝郡谷大輔編著・論点解説新・会社法――千問の道標（2006）561頁。

I　設立手続の概要

　合名会社・合資会社においては，社員間に人的信頼関係があること，直接無限責任を負う社員が存在し，会社債権者保護のために必ずしも会社財産を確保する必要はないことから，設立手続は簡略になっている。これに対し，間接有限責任を負う社員のみで構成される合同会社の設立手続[23]においては，合名会社・合資会社と同様の設立手続の要件に加え，会社債権者保護のため，出資の全額払込主義を採用して，会社資産の確保を図っている[24]。

　すなわち，持分会社の設立には，社員になろうとする者が定款を作成し[25]，その全員がこれに署名又は記名押印すること（会社575条1項。定款は，電磁的記録をもって作成することもできる。同条2項）（以上は各種持分会社に共通），合同会社においては，さらに設立登記をするときまでに出資の全部を履行すること（会社578条）を要し，いずれも本店所在地において設立登記（会社912条〔合名会社〕，913条〔合資会社〕，914条〔合同会社〕）を行うことによって成立する[26][27]。

　持分会社においては，社員（その氏名又は名称及び住所）が定款の記載又は記録事項（以下単に「記載事項」という。）とされ（会社576条1項4号），かつ，定款に別段の定めがない限り，社員全員が業務を執行し会社を代表する権限を有することになる（会社590条，599条）。それゆえ，持分会社においては，定款の作成により，社員が確定し，会社の機関も具備されることになるので，株式会社の場合のように，会社の設立にあたって役員等の選任を行う必要はない（株式会社の設立時取締役等の選任につき，会社38条，88条，設立時代表取締役・設立時委員の選任につき，会社47条，48条参照）。

　そして，合名会社及び合資会社については，出資の履行時期について特別の規制はなく，社員になろうとする者において設立前に出資を全部履行する必要もないことから，定款の作成と設立の登記を行うことにより会社が成立することになるのである。これに対し，合同会社については，設立登記のときまでに

1 持分会社の設立

出資の全部を履行することが要求されているため,定款の作成と出資の全部履行を行ったうえで設立の登記を行うことにより会社が成立することになる。

なお,持分会社の社員は無能力者であってもよい[28]。また合名会社及び合同会社では,社員は1人でもよいこと（一人会社の許容),いずれの会社類型においても,法人も社員になれること（法人社員の許容)については,前述のとおりである。

(23) 合同会社は,間接有限責任社員のみで構成される点で株式会社に類似するが,設立については,発起設立のみであり,株式会社における募集設立に相当する設立方法は認められていない。この点,長島・大野・常松法律事務所編・前掲注（3）598頁は,合同会社は,組合的規律によって運営される会社であることから,募集設立の必要性は乏しいと考えられたからであろうとされる。

(24) 社員の側からみれば,これにより間接有限責任性が確保されることになる。前掲注（9）参照。

(25) 会社の組織及び活動の根本規則（実質的意義における定款)を確定するとともに,これを書面に記載し,又は電子データとして記録する（形式的意義における定款)。定款の意義及び性質並びに会社の設立行為との関係については,本大系第1巻第3章「2 定款」の項を参照。

(26) 会社の設立にあたっては,会社の設立を目的とする組合契約が締結されるのが普通であり,定款作成や設立登記といった設立に必要な行為は,この契約に基づく義務の履行としてされるものであって,設立準備のための組合契約と設立行為とは別個のものであると解されている（大隅健一郎＝今井宏・会社法論(上)〔第3版〕(1991)62頁,石井照久・商法3 会社法(下)(1967)394頁〕〔いずれも,旧商法下における合名会社に関する。なお,以下,本項目においては,文献及び判例の引用にあたり,当該引用箇所が旧商法に関するものであるか,会社法に関するものであるかの区別,及び言及されている会社の種類については,当該文献等の発行時期等や文脈から明らかな場合や,特に区別して論ずる必要がないと思われる場合には,いちいち明示しないことがある。〕。

(27) 会社設立行為の法的性質については,合同行為と解するのが判例・通説である（大判昭7・4・19民集11巻837頁〔後掲注（77）参照〕,石井・前掲注（26）394頁〔会社設立を目的とする各自の意思表示が合致して会社の設立行為である合同行為をなすと説明される。〕)。

(28) ただし,無能力者が持分会社の設立行為に関与するには能力補充（例えば,未成年者については法定代理人の同意〔民5条1項〕)が必要である。なお,持分会社の無限責任社員になることを許された未成年者は,社員の資格に基づく行為に関しては行為能力者とみなされる（会社584条)。また,社員が後見開始の審判を受けたときは,退社事由となる（会社607条1項7号)。

Ⅱ 定款の作成

1．定款の作成

　前述のように，持分会社を設立するには，その社員となろうとする者が定款を作成し，その全員がこれに署名し，又は記名押印しなければならない（会社575条1項）。定款は，書面に記載して作成するほか，電磁的記録をもって，すなわち電子データとして記録することにより作成することもできる（同条2項）[29]。なお，株式会社の設立の場合とは異なり，定款について公証人による認証を受けること（会社30条1項）は必要とされていない[30]。

  (29) この場合には，当該電磁的記録に記録された情報については，法務省令で定める署名又は記名押印に代わる措置をとらなければならない。この場合の代替措置は電子署名とされる（会社規225条1項9号）。電子署名については，「電磁的記録に記録することができる情報について行われる措置」であって，作成者の作成に係るものであることを示すためのものであり，かつ，当該情報について改変が行われていないかどうかを確認することができるものであることが要件とされている（同条2項）。
  (30) 葉玉編著・前掲注（10）79頁は，その理由について，持分会社では，当初より社員になろうとする者自身が設立業務を行い，会社の成立後も社員自身が定款の定めに従って業務の執行を行うこととされており，所有と経営が一致した比較的少人数の利害関係人による組織となることが多く，また，定款の変更につき原則として社員全員の同意が必要であることから，定款の有無やその内容につき紛争が生じる可能性が低いからであるとされる。

2．定款の記載事項

(1) 絶対的記載事項

　定款には，①目的，②商号，③本店の所在地，④社員の氏名又は名称及び住所，⑤社員が無限責任社員又は有限責任社員のいずれであるかの別，及び⑥社員の出資の目的及びその価額又は評価の標準（会社576条1項1号〜6号，⑤についてはさらに同条2項）を記載し，又は記録しなければならない。これらは，定款に必ず記載又は記録されなければならない事項であり（絶対的記載事項）[31]，その記載又は記録を欠き，又はその記載又は記録が違法であるときは，定款全体が無効となる。

1　持分会社の設立

　上記①，②，③は，株式会社の定款記載事項と共通である。
　上記①の目的とは，会社が営もうとする事業をいい[32]，会社が目的とする事業の内容を知り得る程度に明確かつ具体的に記載又は記録することを要する[33]。目的は1個に限らず，数個であってもよい。また，複数の事業目的を掲げたうえで，「その他これに附帯する事業」としてもよい[34]。
　なお，目的の具体性については，かつては類似商号規制（旧商19条・20条，平成17年改正前商登27条参照）の関係で，登記実務上強く要求されていたが[35]，会社法においては，上記商号規制が廃止されたことから[36]，会社法施行後の登記実務においては，会社の目的の具体性については審査を要しないこととなった[37]。この点，上記商号規制が廃止されたことに伴い，目的についての具体性を要求すべき法的要請は存しなくなったとし[38]，会社の目的の記載は，抽象的・包括的なものでもよいことになったとする見解[39]もあるが，前記通達は，会社の設立等の登記においては，会社の目的が具体的に記載されているか否かの観点からの審査は行わないこととするという趣旨であり，会社法が，一方で上記商号規制を廃止しながら，他方で，依然，会社の目的を定款の記載又は記録事項としていることの意義[40]にかんがみると，上記商号規制が廃止され，商業登記実務が変更されたからといって，これをもってただちに会社法上も，会社の目的について具体的に記載又は記録される必要がなくなったとまで解するのは疑問である[41]。
　上記②の商号とは，会社が営業活動を行う際に自己を表示する名称として用いるものである[42]。会社が数個の営業を営む場合にも，個人商人の場合と異なり，商号は一個に限られる。商号中には，合名会社については「合名会社」，合資会社については「合資会社」，合同会社については「合同会社」という文字を用いなければならない（会社6条2項）[43]。なお，商号中に使用するこれらの文字と社員の責任内容（上記⑤）との間に齟齬がある場合には，当該定款は法律に違反することとなり（同条2項・3項），無効となる[44]。
　上記③の所在地とは，独立・最小の行政区画（市町村と東京都の特別区）を意味する[45]。なお，旧商法では，合名会社及び合資会社については，支店の所在地も定款の絶対的記載事項とされ（旧商63条1項4号，148条），そのため支店の設置については定款変更を要し，原則として総社員の同意を要した。しかしなが

ら，支店を設置するかどうかは任意であることや事項の軽微さにかんがみ，以前より絶対的記載事項とする必要性に乏しいと考えられていたことから[46]，会社法では，支店の所在地は定款記載事項から外され，本店の所在地のみ記載又は記録することとされた[47]。

　上記④の社員の氏名等については，合名会社及び合資会社については，旧商法のもとでも社員の氏名及び住所は絶対的記載事項とされていたが[48]，合同会社についても絶対的記載事項とされた。これは，会社法においては，持分会社の社員は，定款に別段の定めがある場合を除き，業務執行権を有する（会社590条）こととされているところ，このように，社員の業務執行権の有無が定款上定められる法制のもとでは，社員の氏名等を定款に記載又は記録しないと，定款記載の不備等から混乱が生ずるおそれがあると考えられたことによる[49][50]。なお，会社法において社員の「名称」が加えられたのは，法人社員を前提とするものである。

　上記⑤は，持分会社の類型を決定付ける事項である。合名会社の場合は，その社員の全部を無限責任社員とする旨（会社576条2項）を，合資会社の場合は，その社員の一部を無限責任社員とし，その他の社員を有限責任社員とする旨（同条3項）を，また合同会社の場合は，その社員の全部を有限責任社員とする旨（同条4項）を記載又は記録しなければならない。

　上記⑥においては，出資の種類（金銭・その他の財産・労務・信用）及び目的（客体）を具体的に特定しなければならない。金銭出資の場合はその金額を表示し，金銭以外の財産の出資（現物出資）の場合は，例えば土地を出資の目的とする場合は，当該土地の所在・地番，地積等を個別に表示することを要するが[51]，動産の場合は，特定し得る限り必ずしも個別に列挙することを要しない。また，労務の出資については，労務の内容・時間などを具体的に表示し，信用の出資については「信用」と表示するだけでよいとされる[52]。

　有限責任社員の出資の目的は，金銭又はその他の財産に限られるが，無限責任社員については，労務や信用を出資の目的とすることも可能である（この点についてはⅢ1参照）。金銭出資についてはその価額を表示し，金銭以外の出資については，その「評価の標準」すなわち評価額を定めて表示しなければならない。出資の価額とは，出資の目的物を金銭に見積もった評価額をいい，評価の

1　持分会社の設立

標準とは，労務又は信用の出資が金銭に見積もられていない場合におけるその価格算定の方法をいう。例えば，労務・信用の出資者の出資価額は，財産出資の最低額に準ずる旨を定めるごときである[53]。

　評価の標準の定めが絶対的記載事項とされているのは，損益分配（会社622条1項）並びに残余財産の分配（会社666条）の基準として必要だからである（定款の定めがないときは，これらの割合は出資の価額に応じて定められる。）。

(31)　旧商法の規定により設立された合名会社又は合資会社も，それぞれ会社法の規定による合名会社又は合資会社として存続するが（整備法66条3項），これらの会社の定款の絶対的記載事項（旧商63条1項各号〔4号にあっては，本店の所在地に係る部分に限る。〕及び148条）の記載又は記録は，それぞれに相当する会社法上の合名会社又は合資会社の定款における会社法576条1項各号に掲げる事項の記載又は記録とみなされる（整備法70条1項。なお，その他の定款の定めにつき，同条2項～4項，また，登記事項につき整備法74条参照）。

　　　なお，旧商法では，合資会社の有限責任社員は業務執行権を有しないものとされていた（旧商156条）ことから，旧商法により設立された合資会社の定款には，有限責任社員は当該会社の業務を執行しない旨の定めがあるものとみなされる（整備法70条4項）。したがって，かかる有限責任社員に業務執行権を与える場合は，定款変更の手続が必要になる（この点について，長島・大野・常松法律事務所編・前掲注（3）622頁参照）。

(32)　会社の目的については，営利性を有していること（会社105条2項参照）や公序良俗・強行法規に反しないこと（適法性）が必要とされる（江頭憲治郎・株式会社法（2006）64頁，江頭憲治郎編・会社法コンメンタール1－総則・設立(1)（2008）282頁・286頁〔森淳二朗〕，神崎満治郎編集代表・株式会社の設立，商号・その他の変更〈商業登記全書(2)〉（2008）41頁〔神崎満治郎〕）。

(33)　大森忠夫「会社の設立」田中耕太郎編・株式会社法講座(1)（1955）164頁，大隅＝今井・前掲注（26）63頁，鈴木竹雄＝竹内昭夫・会社法〈法律学全集〉〔第3版〕（1994）59頁，森本滋・会社法〈現代法学〉〔第2版〕（1995）67頁等，江頭・前掲注（32）64頁，神崎編集代表・前掲注（32）41頁〔神崎〕〔後二者は，いずれも会社法に関する〕。

(34)　大森・前掲注（33）164頁，鈴木＝竹内・前掲注（33）59頁，江頭・前掲注（32）64頁。

(35)　そのために，定款の事業目的を必要以上に細分化し，同一の営業に該当しないことをもって類似商号規制に触れないことを担保しようとする傾向が生じているなどの弊害が指摘されていた（相澤哲＝岩崎友彦「新会社法の解説(2)会社法総則・株式会社の設立」商事1738号（2005）4頁，江頭・前掲注（32）65頁注（5））。

(36)　前掲注（35）のような指摘を踏まえた結果である。西田淳二＝吉田一作「会社法の施行に伴う商業登記事務の取扱いの解説」商事1768号（2006）8頁。

(37)　平18・3・31民商782号民事局長通達7部第2。この点，西田＝吉田・前掲注（36）

第 4 章　持 分 会 社

　　　8頁は，会社法施行後においては，「商業」，「商取引」，日本標準産業分類の大分類等を目的の記載内容として設立の登記の申請をすることが可能であると考えられるとされる（なお，後掲注（41）末尾参照）。
(38)　相澤＝葉玉＝郡谷編著・前掲注（22）11頁。そのため，「運輸業」はもちろん，「商業」という目的でも足り，また，単に「事業」とすることも差し支えないとされる。
(39)　江頭編・前掲注（32）281頁〔森〕。
(40)　定款所定の目的は，決して商号規制の関係でのみ意義を有していたわけではなく，取締役等の職務執行を直接もしくは間接に規制する規範としても法的に重要な意義を有している。すなわち，取締役等は，法令・定款を遵守して職務を行わなければならず（会社355条・419条2項，593条2項），定款所定の目的の範囲を逸脱する行為は，損害賠償責任（会社423条1項・419条2項，596条・597条），差止請求（会社360条，385条，407条〔株式会社〕），解任請求（会社854条〔株式会社〕）・業務執行権消滅請求（会社860条〔持分会社〕）等の事由となり得る。また，定款目的逸脱行為があったときは，監査役等の取締役等への報告義務（会社382条，406条〔株式会社〕），社員の除名請求（会社859条〔持分会社〕），会社解散命令（会社824条1項3号）等の事由にもなり得る。なお，会社は，定款所定の目的の範囲内で権利能力を有することとされるところ（平成18年改正民34条，33条2項），対外的な関係では，第三者の取引安全の見地から，目的の範囲は相当広く解されているが（大判大元・12・25民録18輯1078頁，大判昭13・2・7民集17巻50頁，最判昭27・2・15民集6巻2号77頁），株主の取締役等に対する責任追及等，内部的な関係では，目的の範囲を無理に拡張解釈する必要はなく（江頭・前掲注（32）29頁），表示された目的の本来の意味に即して解釈すべきである（内田貴・民法Ⅰ総則・物権総論〔第4版〕（2008）246頁。なお，この点，江頭・前掲注（32）29頁は，目的の範囲の解釈につき，権利能力が問題となるケースと会社の内部的な関係で問題となるケースとの間で齟齬が生じることになるとして，株式会社を含むすべての法人につき権利能力の定款所定の目的による制限を明定した平成18年の民法改正は，立法論としてはなはだ遺憾であるとされる。）。
(41)　江頭編・前掲注（32）282頁〔森〕は，抽象的な事業目的でもよいとなると，株主が取締役による目的外行為を差し止めることが困難になる不利益も予想されるが，株主には定款の目的を具体性のないものに変更する定款変更手続に参加する機会が保障されており，あるいは具体性のない目的の会社の株主になることを了解して会社の構成員になっているのであるから，そうした不利益は自己責任の問題と割り切ってよいこととされたと説明しておられるが，疑問である。江頭・前掲注（32）64頁も，会社法において，類似商号規制が廃止されたことに伴い，目的の明確・具体性を強く要求してきた「登記実務」が相当変わるであろうことを予測されつつ（江頭・前掲注（32）65頁（注3）。実際，登記実務は前述のように変更された。），実体法としての会社法が求める目的の記載要件としては，従前の解釈を維持しておられる。なお，法務省民事局も，「『会社法施行後の会社の目的における具体性の審査の在り方』に関する意見募集」において寄せられた「取引の安全と円滑に資すること」を目的とする商業登記の制度の趣旨に反するとか，会社の目的を定款の絶対的記載事項としている会社法27

1　持分会社の設立

条の趣旨を没却するとの意見に対して，目的を定款記載事項及び登記事項としている会社法の趣旨並びに登記事項を公示する商業登記法の趣旨に反しないよう検討していきたい旨を述べていたところである（「『会社法施行後の会社の目的における具体性の審査の在り方』に関する意見募集の実施結果について（報告）」）。この点，神﨑編集代表・前掲注（32）41頁・48頁〔神﨑〕は，会社がその目的をどの程度具体的に定めるかは会社が自ら判断すべき事項であるので，登記官の審査の対象にならないことにされたが，法務当局は，「事業，営業，商業等」の具体性を欠く目的を推奨しているものではなく，「規制はせず，自己責任での対応」を求めているのであり，目的が登記事項とされている意義，取締役の目的の範囲外の行為が株主による差止請求の対象になる（会社360条）ことや，特に許認可事業や銀行取引等の場合を考え，特段の事情のない限り，ある程度具体的に定めるべきであるとされる。類似商号規制のもとで実務上往々にして行われていたような過度の細分化は必要ないにしても，やはり一定程度の具体性は必要と解すべきであろう。法務省民事局も，「『会社法施行後の会社の目的における具体性の審査の在り方』について（最終報告）」において，登記された会社の目的の記載内容が抽象的すぎる場合には，許認可や取引において一定の不利益を受ける可能性もあるので十分注意されたい旨を述べている。

(42)　なお，前述のとおり，会社法においては，旧商法における類似商号規制は廃止された。もっとも，営業所（会社の場合は本店）の所在場所が同一となる同一商号の登記は従前より認められていなかったところ（昭63・2・16法務省民四712号法務省民事局第四課長回答），新商業登記法では，その旨の明文規定が置かれた（商登27条，24条13号）。

(43)　なお，銀行，信託会社，保険会社等，一定の業種においては，商号中にその業種を示す一定の文字を用いなければならないものとされている（銀行6条1項，信託業14条1項，保険業7条1項等）。

(44)　相澤＝郡谷・前掲注（9）13頁。

(45)　政令指定都市（地方自治252条の19第1項）についてもその区まで記載すべきであるとの見解も存したが（上柳＝鴻＝竹内編集代表・前掲注（17）201頁〔大沢康孝〕），市の記載のみで足りると解するのが一般である（大隅＝今井・前掲注（26）64頁，鈴木＝竹内・前掲注（33）60頁・61頁）。

(46)　解釈上も，支店の所在地は支店を設置する場合にのみ必要とされる相対的記載事項と解すべきであって，その記載を欠いても定款の効力に影響はないと解する見解も存した（大隅＝今井・前掲注（26）64頁，石井・前掲注（26）395頁，田中誠二・会社法詳論(下)〔3全訂版〕（1994）1191頁）。

(47)　株式会社については既に昭和37年の商法改正によって定款の絶対的記載事項から削除されていた。

(48)　これについては，登記事項としては必要であるが，定款中に記載させる立法上の必要性に乏しいとの見解（田中耕太郎・改訂会社法概論(上)（1955）106頁〔社員は皆定款に署名しなければならず，また第三者に対して登記事項になっていることを理由とされる。〕等）も存したが，一般には，合名会社においては，社員は会社債権者に対

第4章　持分会社

して連帯無限の責任を負うことから，社員の何びとであるかは会社債権者にとって重要であり，定款において社員の同一性を明らかにする必要があると解されていた（大隅＝今井・前掲注（26）64頁，大森忠夫＝矢沢惇編集代表・注釈会社法(1)会社総則，合名会社，合資会社（1971）239頁〔深見芳文〕，上柳＝鴻＝竹内編集代表・前掲注（17）200頁〔大沢〕，服部栄三編・基本法コンメンタール会社法1総則・合名会社・合資会社・株式会社〔設立〜株主総会〕〔第7版〕（2001）29頁〔柿崎栄治〕）。なお，解釈論として，社員の署名によりその住所，氏名が明らかなときは，この記載を欠いても定款は無効とはならないと解する見解がある（大隅＝今井・前掲注（26）64頁，大森＝矢沢編集代表・上掲240頁〔深見〕。上柳＝鴻＝竹内編集代表・前掲注（17）200頁〔大沢〕は，署名がされており，それに近接して住所が記載されているなどの場合は，氏名及び住所の記載ありといえるとされる。）。

(49)　別冊商事法務編集部編・会社法制現代化の概要〔別冊商事288号〕（2005）88頁〔江頭憲治郎〕（「『会社法制の現代化に関する要綱案』の解説」として述べられているところである。以下の引用でも同じ。）。なお，株式会社においては，発起人の氏名及び住所については旧商法時代から定款の絶対的記載事項とされている（旧商166条1項10号，会社27条5号〔会社法では「名称」が追加されている。〕）。

(50)　なお，会社を代表する社員（当該社員が法人の場合はその職務執行者）の住所に関しては，株式会社については，代表取締役（委員会設置会社では代表執行役）のうち少なくとも1人は日本に住所を有することを要求されること（登記実務。外国会社に関する会社817条1項後段参照）との整合性から，持分会社についても，会社を代表すべき社員の少なくとも1人（又は1法人）は日本に住所を有する必要があると解される。相澤＝郡谷・前掲注（9）15頁，相澤＝葉玉＝郡谷編著・前掲注（22）585頁。また，社員の死亡，退社，住所変更等によって，日本に住所を有する会社の代表者が存しなくなる場合には，迅速に日本に住所を有する者を代表社員として選定するか，持分会社を代表する社員の職務代行者の選任を裁判所に申請する（会社603条，民保56条）こと等によって対応すべきであるとされる。相澤＝郡谷・前掲注（9）15頁。

(51)　上柳＝鴻＝竹内編集代表・前掲注（17）202頁〔大沢〕，鈴木＝竹内・前掲注（33）551頁。

(52)　大隅＝今井・前掲注（26）65頁，上柳＝鴻＝竹内編集代表・前掲注（17）202頁〔大沢〕。

(53)　田中（耕）・前掲注（48）107頁，大隅＝今井・前掲注（26）65頁，鈴木＝竹内・前掲注（33）551頁。

(2)　その他の記載事項

定款には，以上の事項（絶対的記載事項）のほか，定款に記載又は記録しなくても定款の効力自体には直接影響しないが，会社法の規定により，定款に定めを記載又は記録しなければその効力を生じない事項（相対的記載事項）[54]，及び，その他の事項で会社法の規定に違反しないもの（任意的記載事項）[55]を記載し，

又は記録することができる（会社577条）。これらの事項も定款に記載又は記録された以上は，その変更には定款変更の手続（会社637条）が必要である。なお，法律の規定をそのまま定款に記載又は記録してもそれにより特別の法的効果が生じるものではない。

　定款中に違法な事項を記載又は記録した場合，それが絶対的記載事項であるときは，前述のとおり，定款に必要な定めを欠くことになり定款全体が無効となるが，それ以外の場合は，当該記載又は記録が無効であるというにとどまり，定款全体の効力には影響しない[56]。ただし，会社の本質に反するようなもの，例えば合名会社において社員が出資義務を負わない旨の規定は，当該規定が無効であるだけでなく，定款全体を無効ならしめる（有害的記載事項）と解する見解もある[57]。

(54) 例えば，業務執行の決定要件（会社590条2項），会社の業務を執行する社員の定め（同条1項）及びかかる社員を2人以上定めた場合の決定方法（会社591条1項・2項），任意退社の予告（会社606条2項），退社事由（会社607条1項1号・2号），相続及び合併の場合の持分の承継（会社608条1項），損益分配の割合（会社622条1項・2項），出資の払戻しに関する事項（会社624条2項），会社の存続期間・解散の事由（会社641条1号・2号）等である。会社の公告方法も任意的記載事項とされ（官報掲載，日刊新聞紙掲載又は電子公告のいずれかを定款で定めることができる。会社939条1項），定款に定めがない場合は，官報掲載の方法による（同条4項）。

(55) 例えば，社員総会の設置，監査役の選任に関する事項等である（上柳＝鴻＝竹内編集代表・前掲注（17）203頁〔大沢〕，服部編・前掲注（48）30頁〔柿崎〕）〔旧商法に関する〕。なお，株式会社については，社員（株主）を拘束する事項は相対的記載事項と解すべきであるとする見解がある（石井照久・商法2会社法(上)（1967）67頁，石井・前掲注（26）395頁は，多数の社員の純資本的結合としての株式会社においては，当然に社員を拘束せんとする事項を定めたときは定款に記載しなければ効力がないと解すべきであるとされ，大森・前掲注（33）171頁は，純然たる社団法的事項に関する限りこのような見方が正当であろう，とされる。）。

(56) 田中（耕）・前掲注（48）107頁，大隅＝今井・前掲注（26）63頁・65頁，上柳＝鴻＝竹内編集代表・前掲注（17）203頁〔大沢〕。

(57) 田中（誠）・前掲注（46）1192頁，服部編・前掲注（48）30頁〔柿崎〕，森本・前掲注（33）66頁。

Ⅲ 出　　資

1．出資の目的

　合同会社及び合資会社の有限責任社員については，出資の目的は，金銭その他の財産に限られるが（会社576条1項6号。同号の「金銭等」の意味につき，会社151条参照），合名会社及び合資会社の無限責任社員については，金銭その他の財産のほか，労務や信用を出資の目的とすることも認められる[58]。

　労務の出資とは，会社のため一定の労務を提供することであり，特定の技術を有する者がその技術を利用して特定の労務を提供するとか，工場長等として勤務すること等である[59]。信用の出資とは，会社のために保証したり，物的担保を提供する場合のほか，社員個人の信用により会社全体の信用を高めることなどである[60]。ただし，これらが出資と認められるためには，定款に，当該出資をなす旨，及び評価の標準を記載又は記録しなければならない。

　有限責任社員は，定款に定めた出資の価額の限度で責任を負い，かつ未履行部分について会社債権者に対して責任を負う（会社580条）ため，合同会社及び合資会社の有限責任社員については，定款に記載又は記録する時点で評価額を定めることができない財産を出資の目的とすることはできないこととされるのである[61][62]。これに対して，合名会社では社員が直接無限責任を負い，合資会社でも無限責任社員は直接無限責任を負うので，これらの会社にあっては，会社債権者のために必ずしも会社財産が確保されなければならないわけではない。また，無限責任社員については，出資の価額は，事後的に，損益の分配等に関して意味をもつだけであるので，その評価額はそのつど内部的に定めれば足りる。そのため，合名会社及び合資会社の無限責任社員については，労務や信用を出資の目的とすることも認められるのである。

（58）　旧商法では，退社時の持分払戻しの場面で労務や信用を目的とする出資について規定していた（旧商89条。なお，民法は組合について明文〔民667条2項〕で労務を出資の目的とすることができることを認めている。）。会社法では，合名会社及び合資会社の無限責任社員については，労務出資や信用出資を認める明文規定はないが，有限責任社員の出資の目的を金銭等に限る旨の規定（会社576条1項6号）の反対解釈及

びそれを禁止することを前提とする規定も設けられていないことから，労務や信用の出資も認められると解される（前田・前掲注（5）741頁）。
(59) 単に業務執行社員になることも含まれる。前田・前掲注（5）741頁。
(60) 鈴木＝竹内・前掲注（33）555頁，弥永・前掲注（12）516頁。単に無限責任を負うにすぎないことも含まれる（前田・前掲注（5）741頁）。
(61) 相澤＝葉玉＝郡谷編著・前掲注（22）564頁。なお，労務出資等を認めると，計算規定・剰余金の分配規制等につき株式会社と別の規制を設けざるを得なくなり，規定が複雑になることも理由としてあげられている（江頭・前掲注（49）88頁）。
(62) もっとも，会社法では，有限責任社員は，価額の評価が可能な財産を出資しなければならないとしているだけであって，労務出資や信用出資について，労務や信用に係るものであることを理由に禁じているわけではないから，これらと同等の効果が得られる報酬請求権や評価可能な営業権等を出資の目的とすることは，定款の定め方次第で行うことができるとされる。相澤＝郡谷・前掲注（9）14頁，相澤＝葉玉＝郡谷編著・前掲注（22）564頁。

2．現物出資

持分会社においては，金銭以外の財産を出資する場合（現物出資）でも，株式会社における検査役による調査（会社33条）のような調査は要求されておらず，発起人の塡補責任のような責任（会社52条1項）もない。また，事後設立（会社467条1項5号）のような規制も定められていない[63]。

現物出資については，危険負担や瑕疵担保に関する民法の規定の適用があるほか，債権を出資の目的とした場合は，当該出資をした社員は，当該出資に関して弁済責任を負う（会社582条2項）。すなわち，当該債権の債務者が弁済期に弁済をしなかったときは，当該社員はその弁済責任（塡補義務）を負い，その場合には，その利息を支払うほか損害の賠償をしなければならない（会社582条2項。なお，社員が金銭を出資の目的とした場合において，その履行を怠ったときも，当該社員はその利息を支払うほか損害の賠償をしなければならない〔同条1項〕。）[64]。

なお，現物出資する旨の記載又は記録のある定款が作成され，会社設立の登記がされただけでは，目的物件の所有権は会社に帰属せず，出資義務者の履行があってはじめて所有権移転が生ずる[65]。

(63) 相澤＝郡谷・前掲注（9）13頁は，持分会社において，特に現物出資に関する規制が課されていない理由について，「現物出資であっても，持分を対価として財産を取得すれば会社財産は純増するため，その意味において，その評価がどのようなもので

あっても会社債権者が特に不利益を受けることがない」こと（この点は株式会社と同様），及び「株主間では問題となる株主間の価値移転の問題については，総社員の一致により出資の目的および価額を決めるとされている持分会社においては考慮する必要がない」ことを指摘されている。また，葉玉編著・前掲注（10）81頁は，持分会社において不足額の塡補責任が設けられていないのは，持分会社の社員は，その出資の価額にかかわらず，定款で利益の配当（会社621条2項）や残余財産の分配（会社666条）について定めることができ，定款で別段の定めがない限り，議決権も一人一議決権（会社590条2項等）であるから，現物出資財産等の価額が定款に記載された価額に著しく不足したとしても，それが社員の権利関係の不平等につながらないためであると説明されている。

　なお，有限責任社員が出資した財産の客観的な価格が定款に定めた価額に不足しても，当該社員は塡補責任を負わないことにつき，相澤＝郡谷・前掲注（9）14頁，相澤＝葉玉＝郡谷編著・前掲注（22）565頁参照。
(64)　不良債権などを割り引いて評価して出資した場合の塡補額の算定について，長島・大野・常松法律事務所編・前掲注（3）600頁は，弁済義務は評価額との比較で規定されるべきものと思われるとされる。
(65)　合名会社につき，東京高判昭50・5・30判時791号117頁〔旧商法関係〕。

3．出資の時期

(1)　合名会社及び合資会社

　合名会社及び合資会社にあっては，無限責任社員も有限責任社員も会社債権者に対して直接責任を負うので（会社580条），会社の設立に際して，会社債権者との関係で必ずしも出資の履行を完了させる必要はない。そのため，これらの会社については，出資を履行すべき時期について，特別の規制はされていない。したがって，社員になろうとする者において，設立登記までに出資にかかる払込みないし給付を全部履行する必要はない。かかる出資の履行期は，定款又は総社員の同意による定めがない限り，業務執行の一環としての履行の請求によってはじめて到来することになる[66][67]。

　なお，有限責任社員の出資については，出資の価額が会社に対する出資義務の限度となると同時に会社債権者に対する責任の限度となり，一方が履行されると他方が減少するという関係に立つ。そこで，会社債権者保護の観点から，有限責任社員の出資の目的及びその価額並びに既に履行した出資の価額については，登記事項とされている（会社913条7号）。

(66)　出資義務を履行しないときは，除名事由（会社859条1号）や業務執行権及び代表

権の消滅原因（会社860条1号）にもなる（当該社員以外の社員の過半数の決議に基づき訴えをもって請求する。）。
(67) 最判昭62・1・22判時1223号136頁（合資会社の社員の金銭出資義務について、定款又は総社員の同意によりその履行期が定められていないときは、会社の請求によりはじめてその履行期が到来し、特定額の給付を目的とする金銭債務として具体化されるとする。）。

(2) 合同会社

　合同会社については、その社員になろうとする者は、合名会社や合資会社の場合と異なり、定款の作成後、設立登記までに、その出資に係る金銭の全額を払い込み、又はその出資に係る金銭以外の財産の全部を給付しなければならない（会社578条本文）[68]。合同会社は、間接有限責任を負う社員のみで構成される会社であることから、会社債権者保護のため、設立に際して出資の全額払込主義を採用して、会社資産の確保を図っているのである[69]。

　なお、社員になろうとする者全員の同意があるときは、登記、登録その他権利の設定又は移転を第三者に対抗するために必要な行為は、合同会社の成立後にすることができる（会社578条ただし書）。ただし、その場合でも、現実の履行は、設立登記のときまでに行っておく必要がある。

(68) なお、前掲注(10)参照。また、合同会社においては、社員の入社時についても、設立時（会社578条）と同様、全額払込主義がとられている（会社604条3項）。
(69) 合同会社において全額払込主義をとり、社員の責任を間接有限責任とした狙いについて、前掲注(9)参照。

IV　会社の成立

　合名会社及び合資会社は定款を作成のうえ、また、合同会社はこれに加えて出資を全部履行のうえ、株式会社と同様、その本店所在地の登記所における設立登記（会社912条〔合名会社〕、913条〔合資会社〕、914条〔合同会社〕）[70]を経ることによって成立する（会社579条。設立登記の創設的効力）。

　登記事項は定款の記載事項と同一ではない。登記は公示のための制度であるのに対し、定款は会社の組織及び活動の根本規則であり、目的を異にするから

第4章　持分会社

である。

　各持分会社に共通の登記事項は，①目的，②商号，③本店及び支店の所在場所のほか，④会社の存続期間又は解散の事由（定款に定めがある場合），⑤会社を代表する社員が法人であるときは，当該社員の職務を行うべき者の氏名及び住所，⑥公告方法（定款に定めがある場合はその定め〔電子公告による場合はさらに一定の事項〕，定款に定めがない場合は官報掲載による旨）である。

　他方，合名会社及び合資会社については，社員の氏名又は名称及び住所（会社912条5号，913条5号）が，合資会社については，さらに有限責任社員の出資の目的及びその価額並びに既に履行した出資の価額（会社913条7号）[71]が，それぞれ会社設立時の登記事項とされているが（なお，合名会社については，社員が有限責任社員又は無限責任社員のいずれであるかの別も登記事項である。同条6号），合同会社については，いずれも登記事項とされていない（会社914条参照）。合同会社の社員は，間接有限責任であるため，登記による公示は不要と解されるからである[72]。

　これに対し，合同会社では，会社を代表する社員の氏名又は名称及び住所（会社914条7号。合名会社及び合資会社については，会社を代表しない社員がある場合には会社を代表する社員の氏名又は名称が登記事項とされている。会社912条6号，913条8号），並びに資本金[73]の額（会社914条5号）が登記事項とされている。

　持分会社の設立登記の時期については，特に規制は設けられていない[74]。ただし，設立に際して支店を設けた場合は，本店所在地における設立登記の日から2週間以内に登記しなければならない（会社930条1項1号）。

　なお，以上の登記事項に変更が生じたときは，2週間以内に本店所在地において変更の登記をしなければならない（会社915条1項）。

(70)　登記の申請は，会社を代表することとなる社員において行う（商登95条，111条，118条，47条1項。申請書の添付書類につき，商登94条，111条，118条）。
　　　なお，会社の設立登記の登録免許税は，合名会社及び合資会社についてはいずれも一律6万円，合同会社については資本金の額の1000分の7（6万円に満たないときは6万円）であり最低額は6万円である（登録免許税法別表第一の24号（一）ロ・ハ。なお，支店の所在地においてはいずれも1件9000円である。同号（二）イ）。

(71)　かつては合名会社においても社員が負担する出資義務の内容や履行の程度を登記させていたが（昭和37年改正前商64条1項4号），合名会社では社員が無限責任を負い，かつ株式会社と異なり利益配当の制限がないので，会社債権者に対する関係では格別

の意味はないことから，昭和37年の商法改正で登記事項から除外された（旧商64条1項4号。鈴木＝竹内・前掲注（33）551頁）。
(72) 江頭・前掲注（49）88頁。
(73) 会社法のもとでは，持分会社についても資本金の概念が採用されている（会社620条，626条等）。持分会社の資本金については，株式会社におけるような規制（払込み又は給付に係る額の2分の1以上の組入れ。会社445条1項・2項，計算規74条1項）はなく，設立時の社員になろうとする者が設立に際して履行した出資により会社に払い込み又は給付した財産の価額から設立に要した費用の一部を控除した額の範囲内で自由に定めることができる（設立時の社員資本。計算規75条1項）。しかし，合同会社については，社員は間接有限責任を負うにとどまるので，会社資産確保の必要から，出資の払戻しのために資本金の額を減少する際に，資本金の額を財源規制上の控除額としている（会社626条3項。なお，債権者保護手続につき，会社627条）。これに対し，合名会社及び合資会社については，無限責任社員が存在することから，会社の純資産額に関係なく持分の払戻しや出資の払戻しが可能とされており（計算規53条2項1号・2号），資本金に財源規制上の控除額という性格はもたされていない。相澤＝郡谷・前掲注（9）22頁参照。
(74) 規定はないが，定款作成ののち相当の期間内に登記をなすべきものと解すべきとする見解もある（大隅＝今井・前掲注（26）65頁）。なお，株式会社については，利害関係人が多いことから法律関係を速やかに確定させるため登記期間は2週間と法定されている（会社911条）。

V　持分会社の設立の無効・取消し

1．概　　要

　会社の設立登記がされても，設立の過程に瑕疵が存する場合には，その設立の効力が問題になる。

　会社法は，持分会社について，株式会社と同様の設立無効の訴え（会社828条1項1号）の制度を設けるほか，これに加えて株式会社にはない設立取消しの訴え（会社832条）の制度を設けている。この設立取消しの訴えは，会社の設立に参加した社員の意思表示に取消原因があったり，債権者を害する目的で会社を設立した場合に，それらを会社の設立自体の取消事由とするもので，設立無効の訴えと同様の手続や効果が定められている。

　なお，設立手続が開始されても中途で挫折し，会社の設立登記がされていな

いときは，会社は未だ成立していないから（会社の不成立），設立無効の問題ではない。また，設立登記がされていても，設立手続と認めるべき行為がされておらず会社の実体が存在しないときは，会社は不存在である。これらの場合には，一般原則により，誰でも時期・方法を問わず，会社の不存在を主張することができる[75][76]。

(75) 大判大12・9・2判決全集4輯896頁（会社設立と認めるべき行為が存在しないときは当初より設立行為なき虚構のものであり設立無効の訴えを提起するまでもなく何人においてもその不存在を主張できるとする。），大判昭10・11・16判決全集2輯1262頁（設立登記だけはあるが，設立手続がまったく仮装のもので会社事業の実体も存在しない場合には，その会社の不存在を一般原則により誰でも何時でも主張できるとする。），東京高判昭36・11・29下民12巻11号2848頁（法律上会社として成立せず社会経済的にみてもなんら会社としての実体を具備するものではないとして会社の不存在を認めた事例）。

(76) 行為の相手方たる第三者に対しては，その行為を代表した者が無権代理人としての責任を負うことになる（民117条，118条）。大隅＝今井・前掲注（26）68頁。

2．設立無効の訴え

(1) 制度の趣旨

会社の設立手続に無効原因がある場合，無効についての一般原則に委ねて，誰でも，時期・方法を問わず，無効を主張し得ることとすると，設立登記によって外観上有効に成立している会社の存在を前提とした様々な法律関係が覆えされて混乱が生じ，法的安定性が害されることになる。そこで，会社法では，すべての会社類型において，設立無効の訴えの制度を設け，会社の設立の無効を主張することができる者，期間及び方法を制限し（会社828条1項1号・2項1号），かつ設立無効の画一的確定を図っている（会社838条，839条）。

(2) 設立の無効原因

(a) 客観的無効原因

会社法は，設立の無効原因については特に規定していないが，会社の設立手続が設立に関する準則（法定の要件）を満たさない場合には，会社の設立無効事由となる（客観的無効原因）。持分会社の設立には，前述のとおり，定款の作成と設立登記を要するから，無効原因としては，定款が無効である場合（絶対的

1　持分会社の設立

記載事項の記載又は記録が欠けていたり，記載又は記録があっても違法である場合）や設立登記が無効である場合が考えられる。

(b)　主観的無効原因

また，持分会社においては，設立に参加した個々の社員の設立手続にかかる意思表示が，当該社員が意思無能力者であったり，定款作成や出資の履行に関する意思表示が心裡留保（民93条ただし書），通謀虚偽表示（民94条1項）[77]，要素の錯誤（民95条）などの意思欠缺により無効となる場合には，当該社員の設立行為が無効となるだけではなく，会社の設立無効事由となる（主観的無効原因）。持分会社は，社員の個性が重視され，人的信頼関係のある社員によって構成される会社類型であり，各社員の設立行為が相互に密接不可分の関係にあるため，ある社員の設立行為が無効となり会社から離脱することとなる場合には，当然に会社の設立自体も無効とするのが妥当であるからとされる（なお，会社の継続〔会社845条〕につき，後述Ⅵ参照）。これに対し，株式会社の場合は，株主の個性は問題とされないから，会社の設立行為としての性質を有する株式引受けの効力に無効原因があっても，当該株式引受人が会社に加入しないこととなるだけであって，それらは会社設立についての主観的無効原因とはされていない[78]。

(77)　判例（前掲大判昭7・4・19民集11巻837頁）は，会社の設立行為たる定款作成は合同行為であるからその意思表示には相手方はなく，したがって通謀虚偽表示の規定を適用する余地がないとし，同旨の学説も存するが（田中（誠）・前掲注（46）1193頁等），学説は一般に，設立行為も会社を設立しようとする者の意思の合致からなる法律行為であることを理由に，主観的無効原因になると解している（鈴木＝竹内・前掲注（33）553頁，大隅＝今井・前掲注（26）67頁，上柳＝鴻＝竹内編集代表・前掲注（17）549頁〔平出慶道〕。社員全員の間にある場合にのみ無効原因となるとする見解〔大隅＝今井・前掲注（26）67頁〕と，一部の社員の間にある場合でも無効原因になるとする見解〔田中耕太郎・判民昭和7年度［67事件］215頁（第三者は設立無効判決確定の効力に遡及効がないことにより保護されるから，民法94条2項は会社設立行為には適用がなく，通謀者以外の設立者は同項の第三者とは認められないことを理由とされる。）〕が存する。）。なお，心裡留保についても，民法93条ただし書の適用に関して同様の議論がある（田中（誠）・前掲注（46）1193頁〔適用を否定〕，上柳＝鴻＝竹内編集代表・前掲注（17）550頁〔平出〕〔適用を肯定〕）。

(78)　鈴木＝竹内・前掲注（33）90頁，前田・前掲注（5）77頁。

第4章　持分会社

(3)　設立無効の訴え

(a)　設立無効の訴え

設立無効の主張は，会社成立の日から2年以内に，社員又は清算人からの訴えをもってのみ行うことができる（会社828条1項1号・2項1号）。

会社の設立無効の主張方法は，訴えのみに限定される。訴訟上の抗弁主張の方法によることも認められない。

提訴できる期間は，会社成立の日から2年以内である[79]。

訴えを提起できる者は，社員（訴え提起のときに社員であれば足り，設立当初からの社員であることを要しない。）又は清算人[80]に限られる（会社828条2項1号）。会社債権者や既に退社した元社員等，利害関係がある者であっても，設立無効の訴えを提起することはできない。

被告は会社である（会社834条1号）。会社は，代表権を有する業務執行社員によって代表され[81]，清算中の場合は清算人によって代表される[82][83]。破産手続中の場合でも，設立無効の訴えは破産財団に関する訴えではないから，会社は，破産管財人ではなく，代表権を有する業務執行社員によって代表される[84]。なお，代表権を有する業務執行社員が欠けたとき，又はその全員が原告となったときは，他の社員の過半数をもって当該訴えについて会社を代表する者を定めることができる（会社601条）[85]。

訴えを提起するべき裁判所は，会社の本店所在地を管轄する地方裁判所である（専属管轄。会社835条1項）。数個の訴えが同時に係属するときは，弁論及び裁判は併合してされる（必要的併合。会社837条）。なお，持分会社の設立無効の訴えについては，株式会社の場合と異なり，被告の請求による担保提供の制度（会社836条参照）はない。

(b)　裁量棄却

昭和25年改正前の商法には，設立無効の訴えが提起された場合に，無効原因たる瑕疵が補完されたとき，又は会社の現況その他一切の事情を斟酌して設立を無効とすることを不適当と認めるときは，裁判所において請求を棄却することと（裁量棄却）ができる旨の規定（昭和25年改正前商136条3項，107条）が存した。この規定は，昭和25年の商法改正の際に削除されたが，それ以後も，従前のような広範な裁量権は認められないまでも，訴えの提起が権利の濫用と認められ

1　持分会社の設立

る場合や，瑕疵が既に補完されるか，瑕疵の程度が極めて軽微で関係者が実害を受けなかったと認められる場合については，裁判所の裁量で請求を棄却することが認められると解されていた[86]。会社法も，設立無効の訴えについての裁量棄却の規定は設けていないが，同法のもとでも同様に解される。なお，同法は，株主総会決議取消しの訴えについては裁判所の裁量棄却権を規定している（会社831条2項〔旧商251条（昭和56年改正）を承継〕）。

(79)　会社の目的が公序良俗に違反するような場合には，その無効原因がある限り，無効の主張ができると解するのが多数説（大隅＝今井・前掲注（26）68頁，大森忠夫＝矢沢惇編集代表・注釈会社法(8)II株式会社の解散・清算，外国会社，罰則（1969）241頁〔山口賢〕，石井・前掲注（55）111頁等）であるが，このような場合にも，設立無効制度の趣旨から，速やかに解決するために提訴期間は制限され，2年を経過してかかる会社を消滅させるには，会社解散命令の手続（旧商58条1項1号〔会社824条1項1号〕）によるべきであるとする説もある（上柳＝鴻＝竹内編集代表・前掲注（17）554頁〔平出〕，服部編・前掲注（48）101頁〔青竹正一〕，田中誠二・会社法詳論(上)〔3全訂版〕（1993）160頁，津田利治「会社の設立無効」田中（耕）編・前掲注（33）333頁・335頁）。
(80)　旧商法では，「社員ニ限リ」と規定され（旧商136条2項），清算人は，提訴権者に含まれていなかった。なお，後掲注（82）参照。
(81)　上柳＝鴻＝竹内編集代表・前掲注（17）553頁〔平出〕。
(82)　旧商法下の清算中の株式会社につき，大判昭13・12・24民集17巻2713頁。上柳＝鴻＝竹内編集代表・前掲注（17）553頁〔平出〕，服部編・前掲注（48）101頁〔青竹〕。
(83)　旧商法下においては，会社解散後における設立無効の訴えの可否について，学説上争いがあり，設立無効判決の実質は会社解散判決というべきものであるから，訴えを提起する利益はなく，その訴えは棄却すべきであるとする見解（大隅＝今井・前掲注（26）70頁）と，かかる場合にも，設立無効判決により会社の継続（清算中の会社は会社継続の可能性がある。）が制約される点〔主観的無効原因による場合以外は，認められない。会社642条，845条対照〕，清算人は裁判所が選任することとなる点〔会社647条1項・4項対照〕，任意清算が排除される点〔会社668条1項，641条1号～3号〕で差異があること等を指摘して，設立無効の訴えを認める実益があるとする見解（鈴木＝竹内・前掲注（33）93頁〔株式会社に関する〕，上柳＝鴻＝竹内編集代表・前掲注（17）551頁・552頁〔平出〕）が存した（なお，上柳＝鴻＝竹内編集代表・前掲注（17）552頁〔平出〕は，破産会社に対する主観的原因による設立無効の訴えは認められないとする〔この場合には，清算手続を厳格にすること以外に実益がないが，破産会社では清算手続より厳格な破産手続が行われることを理由とする〕）。
　判例は，清算中の会社については上記大判昭13・12・24が，破産会社については大判大9・5・29民録26輯796頁が，それぞれ設立無効の訴えを認めていた。会社法は，明文で清算人を会社設立無効の訴えの提訴権者に加えたので（会社828条2項1号），

第4章　持分会社

　　　清算中の会社に対する設立無効の訴えも認められることを前提としていると解される。
　(84)　大判大9・5・29（前掲注(83)）〔旧商法下の破産手続中の株式会社に対する設立無効の訴えにつき，破産管財人でなく取締役が会社を代表すべきものとする〕，上柳＝鴻＝竹内編集代表・前掲注(17) 553頁〔平出〕。
　(85)　設立無効の訴えを提起する社員は，遅滞のため損害を受けるおそれがあることを疎明して，受訴裁判所の裁判長に特別代理人の選任を申し立てることもできる（民訴37条，35条）。
　(86)　大隅＝今井・前掲注(26) 69頁・291頁（同規定の削除により裁判所の有する法律解釈の権限はなんら影響を受けるものではないとされる。)，鈴木＝竹内・前掲注(33) 91頁，服部編・前掲注(48) 101頁〔青竹〕，森本・前掲注(33) 102頁，大森＝矢沢編集代表・前掲注(48) 247頁〔山口〕，江頭・前掲注(32) 111頁。株式会社の事案につき，和歌山地判昭33・8・20下民9巻8号1666頁は，現行法〔筆者注：昭和25年改正後商法〕の解釈としては，設立無効の原因である瑕疵が軽微であるか又は補充されて原告が訴えを起こす正当な利益を有しない場合，その訴えの提起が権利の濫用と認められる場合に限りその請求を棄却すべきものと解すると判示している。

(4)　設立無効判決の効果

(a)　請求認容の場合

　設立無効の訴えに係る請求認容判決は形成判決であり，これが確定すると，その判決は，当事者だけでなく，第三者に対しても効力を有する（対世的効力。会社838条）。他の社員や多数の利害関係者と会社との間の法律関係を画一的に確定するためである。設立を無効とする判決があっても，既往の権利義務に影響を及ぼすことはなく，会社の設立は将来に向かってのみその効力を失う（将来効〔遡及効の否定〕。会社839条）[87]。したがって，会社は，無効判決が確定するまでの間に生じた第三者との間の契約上の権利義務[88]のみならず，不法行為や不当利得に基づく権利義務も有し，社員も，この間に生じた会社との間の権利義務[89]を有するばかりでなく，第三者に対しても責任を負う。また，設立無効の判決が破産手続開始決定後に確定しても，破産手続には影響せず[90]，それによって破産手続開始決定が効力を失い破産管財人がその資格を喪失すべきものではない[91]。

　将来に向かっては，有効に成立した会社が解散した場合に準じて清算の手続を開始することになる（会社644条2号）。この場合の清算人は，利害関係人の申立てにより裁判所が選任する（会社647条4項）。かかる会社は，清算の目的の範

囲内においては，有効に成立した会社が解散した場合と同様に，清算が結了するまで存続するものとみなされる（会社645条）[92]。

かかる認容判決が確定したときは，裁判所書記官は，職権で遅滞なく会社の本店所在地を管轄する登記所にその登記を嘱託する（会社937条1項1号イ）。

(b) 請求棄却の場合

設立無効の訴えに係る請求が棄却された場合は，当該棄却判決の効力は一般原則により，訴訟当事者間に生ずるにすぎない（民訴115条1項）。したがって，他の提訴権者はさらに設立無効の訴えを提起することができる。

設立無効の訴えに係る請求が棄却された場合において，提訴者に悪意又は重大な過失があったときは，原告は，会社に対して連帯して損害賠償責任を負う（会社846条）。

- (87) 取引の安全を保持するため,既往における無効会社の事実上ないし外見上の存在（いわゆる「事実上の会社」）を尊重し，これを有効な会社と同一視したものとされる（大隅＝今井・前掲注（26）70頁，鈴木＝竹内・前掲注（33）92頁）。
- (88) 設立無効の判決が確定しても，会社は清算の目的の範囲においてなお存続するものとみなされ，会社のなした賃貸借及び転貸借関係が当然に失効するものではない（最判昭32・6・7裁判集民26号839頁〔株式会社の事例〕）。
- (89) 出資義務も含まれ，履行を求められた社員は会社の不存在をもって抗弁とすることはできない（服部編・前掲注（48）103頁〔新海兵衛〕）。なお，設立無効の訴えは，本来，無効会社と法律関係に立つ第三者の保護を目的とするものであるから，第三者の利益に関しない会社の内部関係については，遡及効を認めるのが適当ではないかという指摘もある（大隅＝今井・前掲注（26）70頁）。
- (90) 大判昭5・6・12民集9巻543頁。江頭・前掲注（32）113頁〔破産会社については，たとい設立を無効とする判決が確定しても，その結果行われる清算より厳格な破産手続を終了させるべき理由はないとされる。〕。
- (91) 大判大12・3・26民集2巻171頁〔株式会社の事例〕。
- (92) なお，清算中に清算持分会社の財産がその債務を完済するに足りないことが明らかになったときは，清算人は破産手続開始の申立てをしなければならない（会社656条1項）。

(5) 設立無効の登記

会社の設立を無効とする判決が確定したときは，裁判所書記官は，職権で，遅滞なく，会社の本店の所在地を管轄する登記所にその登記を嘱託する（会社937条1項1号イ）。

設立無効判決の効果は，設立無効の訴えに係る請求認容判決の確定により生じており，その登記は，商業登記としての一般的効力を有するにとどまるものである[93]。

> (93) 服部編・前掲注（48）102頁〔青竹〕，上柳＝鴻＝竹内編集代表・前掲注（17）557頁〔平出〕，なお，津田・前掲注（79）336頁は，この登記は単なる公示的意味をもつに止まるとされる。

3．設立取消し

(1) 制度の趣旨
　(a) 会社設立取消し

持分会社については，前述の設立無効の訴え（会社828条1項1号）の制度のほか，設立取消しの訴え（会社832条）の制度が設けられている。すなわち，「社員が民法その他の法律の規定により設立に係る意思表示を取り消すことができるとき」は，当該社員において（同条1号），また，「社員がその債権者を害することを知って持分会社を設立したとき」は，当該債権者において（同条2号），それぞれ会社設立の取消しを請求することができる。前者は，無能力者が能力の補充を得ないで設立行為をした場合や詐欺又は強迫（民96条）により設立行為がされた場合であり，後者は，いわゆる詐害行為の場合である。

株式会社では，株主の個性は問題とされず，また主観的事情による設立の取消しは所有と経営の分離を理念とする株式会社の性質にもそぐわないことから[94]，設立の取消しは認められていない。これに対し，持分会社は，社員の個性が重視され，人的信頼関係のある社員によって構成される会社類型であり，各社員の設立行為が相互に密接不可分の関係にあるため，ある社員の設立行為に取消原因があり，その結果，会社から離脱することとなれば，会社の設立自体に直接影響を与えることとなる。そこで，かかる主観的事情も，会社の設立自体の取消事由とされているのである。

　(b) 設立に係る意思表示の取消し

ところで，会社法は，「社員が民法その他の法律の規定により設立に係る意思表示を取り消すことができるとき」（会社832条1号）と定めていることから，会社の設立の取消しとは別に，社員の設立に係る意思表示のみを取り消すこと

1 持分会社の設立

もできることを前提としていると解される。この点，旧商法のもとでは，社員が自らの設立に係る意思表示の取消しを主張するには，設立取消しの訴えによることを要し，当該意思表示のみを取り消すことはできないと一般に解されていた[95]。しかし，そのように解するときは，設立取消判決の確定により，設立無効の場合と同様，将来に向かって会社の清算が開始されることとなるため（会社644条3号），当該社員は会社の債務について責任を負うこととなり，その保護に欠ける結果となる。また，株式会社の株式の引受行為については，行為能力の制限による取消しが認められ（当該株式引受人が会社に加入しないだけ），会社債権者は保護されないこととの均衡を図る必要があることも指摘された[96]。そのようなことから，会社法では，当該社員において，設立の取消しを行わずに，設立に係る自らの意思表示のみを取り消すことを認めたのである。

(c) **詐害設立の取消し**

他方，「社員がその債権者を害することを知って持分会社を設立したとき」（会社832条2号）には，当該債権者は，持分会社の設立の取消しを請求することができる。旧商法141条の規定を承継したものであるが，同条は，かつて，債権者詐害の目的で会社が設立された場合に民法424条により取り消すことができるのは出資の約束か，現実の出資か，設立行為かが争われたことから，昭和13年の商法改正の際に，これらの疑義を一掃する目的で追加され，もって，会社の設立が取消しの対象となることが明らかにされたのである[97]。これにより，旧商法141条の適用又は準用のある会社（合名会社〔旧商141条〕，合資会社〔旧商147条〕及び有限会社〔旧有75条1項〕）の設立に関しては民法424条の適用は排除されると解されており[98]，会社法は旧商法の規定を文理上そのまま承継していることから，旧商法の規定については立法論的な批判もあったものの，会社法においては，従来の解釈が維持されていると解される[99]。

(94) 相澤哲＝葉玉匡美「新会社法の解説(16)外国会社・雑則(上)」商事1754号（2006）104頁。また，前掲Ⅴ2(2)(b)参照。
(95) 旧商法140条は，設立に係る意思表示の取消しと設立そのものの取消しを区別せず，「会社ノ設立ノ取消ハ訴ヲ以テノミ之ヲ請求スルコトヲ得」と規定していたことから，人的会社においては，各社員の設立にかかる意思表示は，会社設立に欠くことのできない要素であり，それが取り消されれば会社の設立自体も無効にならざるを得ないと解されていた。服部編・前掲注（48）103頁〔新海〕。

第4章　持分会社

(96)　相澤＝葉玉・前掲注（94）104頁，葉玉編著・前掲注（10）85頁。
(97)　旧商法141条は，民法424条1項ただし書の要件を除外し，訴えの被告を会社及び債務者たる社員とするなど商法的に修正したものと解されている。田中（耕）・前掲注（48）186頁，大隅＝今井・前掲注（26）72頁，鈴木＝竹内・前掲注（33）553頁，大森＝矢沢編集代表・前掲注（48）522頁〔境一郎〕，上柳＝鴻＝竹内編集代表・前掲注（17）571頁〔浜田道代〕，服部編・前掲注（48）104頁〔新海〕。
(98)　判例・通説（前掲注（97）参照）。最判昭39・1・23民集18巻1号87頁は，旧商法141条の規定は，詐害行為の取消しに関する一般規定たる民法424条の特則として規定されたものであり，したがって旧商法141条の適用又は準用ある会社についての詐害設立取消しには，民法424条を適用する余地はなく，設立取消しの訴えを提起したか否かを問わず，債権者が債務者の出資の履行行為を取り消して出資金の返還を求めることはできない旨を判示している〔有限会社の事例〕。
　　もっとも，このように解した場合，設立取消しの訴えによると，会社は清算され，取消債権者の権利は会社債権者に劣後し（社員の残余財産分配請求権について権利行使することになる。）保護に欠けることから，旧商法のもとでも立法論的には批判が存し，解釈上も，特定の社員の設立行為を会社設立全体から切り離して，その取消しを認めようとする学説も主張された（例えば，実方正雄〔判批〕民商51巻4号（1965）189頁は，出資義務の履行としてされる個々の給付行為は，個別的に見れば財産法上の行為であって設立行為そのものではないから，民法424条の対象となることを妨げるものではないとされ，服部栄三・株式の本質と会社の能力（1964）197頁は，旧商法140条及び141条は，会社の設立の取消しは訴えによるべき旨を定めるだけであるので，設立全体の取消しでない個々の設立の意思表示の取消しも可能であり，141条についても，社員の債権者が当該社員の設立行為の取消しだけでなく，会社の設立全体の取消しを主張し，事実上の会社の解散を請求する場合に適用されるとされる。また，野津務「設立の無効・取消」田中耕太郎編集代表・会社法の諸問題：松本先生古稀記念（1951）181頁は，会社の設立行為と入社行為の概念は区別すべきであり，特定の設立者の設立行為が取り消された場合には，その当該社員が退社するだけで，会社の設立は，法定の要件を備える限り影響をこうむるべきではなく，会社の設立全体の無効を生ずるのは，残存社員が1名以下となる場合に限られるべきであるとされる。）。しかしながら，通説は，一社員の設立行為の無効・取消しが会社全体の瓦解を来すという人的会社の構造と，会社債権者の保護の要請にかんがみ，判例の立場を支持していた（鈴木＝竹内・前掲注（33）553頁，大森＝矢沢編集代表・前掲注（48）523頁〔境〕）。なお，株式会社（旧商法141条は準用されていない。）に対する現物出資については，東京地判平15・10・10金判1178号2頁は，「少なくとも株式会社の資本を毀損しない範囲では，設立行為を直接取り消すことにはならないから，詐害行為として取り消すことができると解するのが相当である」と判示している。
(99)　弥永・前掲注（12）515頁（注21）も，善意の会社債権者の保護，設立行為取消しによる混乱の可能性を考えると判例の立場を支持したいとされる。また，相澤編著・前掲注（2）186頁も，会社法は，債権者からの追及を免れるために合同会社を設立

した場合の手当てとして「社員の債権者に設立取消しの訴えの提起権を与えることとする（会社法832条）という措置を講じている」とされ，出資行為のみの詐害行為取消しは認められていないことを前提とされている。これに対し，葉玉編著・前掲注(10) 86頁は，会社法832条1号の規定が「設立に係る意思表示の取消し」（出資行為の取消し）と，「設立の取消し」を別の概念として整理しており，設立に係る意思表示のみを取り消すことができることを明らかにしているとし，このことにより，出資行為のみの詐害行為取消しも認められることとなったと解されているようである（同頁④・⑤）。しかし，会社法832条1号は，社員自身が取消権を有する場合の規定であるが，詐害行為の取消権者は債権者であり，これについては，同条2号が旧商法141条の文言をそのまま承継していることから，かかる解釈には文理上無理があると思われる。

なお，出資行為のみの詐害行為取消しが排除されることによる取消債権者の救済について，蓮井良憲「会社の設立と詐害行為」鈴木竹雄＝大隅健一郎編・商法演習I会社(1)〔改訂版〕(1966) 203頁・210頁，中島恒・最判解説民昭和39年度〔17事件〕54頁（56頁三），大森＝矢沢編集代表・前掲注（48）523頁〔境〕，弥永・前掲注（12）515頁（注21），相澤編著・前掲注（2）187頁参照（持分の差押えと出資の払戻し・退社に伴う持分払戻し〔会社609条，611条7項，624条3項〕，及び法人格否認の法理の援用があげられている。）。

(2) 設立の取消し原因

会社法は，前述のように，設立取消しの原因として，①「社員が民法その他の法律の規定により設立に係る意思表示を取り消すことができるとき」（会社832条1号），及び，②「社員がその債権者を害することを知って持分会社を設立したとき」（同条2号）を定めている。

上記①は，設立に加わったある社員の意思表示が，制限行為能力（法定代理人の同意又は許可のない未成年者の行為〔民5条〕，成年被後見人の行為〔民9条〕，保佐人の同意のない被保佐人の行為〔民13条〕）や意思表示の瑕疵（詐欺又は強迫〔民96条1項〕）による取消しを原因とする場合である。

上記②は，会社設立が会社債権者にとって詐害行為となる場合である。この取消しには民法424条の適用がないので[100]，社員の出資行為によって利益を受けた会社又は社員が善意（民424条1項ただし書参照）であっても，設立取消しの訴えを提起することができる。

(100) 旧商法141条（会社832条）の規定は詐害行為の取消しに関する一般規定たる民法424条の特則として規定されたものであり，したがって，旧商法141条の適用又は準用のある会社についての詐害設立取消しには，民法424条を適用する余地がない（最

判昭39・1・23（前掲注（98））。

(3) 設立取消しの訴え

　設立取消しの主張は，会社成立の日から2年以内に，上記①〔会社832条1号〕の場合は当該社員，上記②〔同条2号〕の場合には当該債権者からの訴えによってのみ行うことができる（会社832条）。

　会社の設立取消しの主張方法は，訴えのみに限定される。訴訟上の抗弁主張の方法によることも認められない。

　提訴できる期間は，会社設立の日から2年以内である。

　訴えを提起できる者は，上記①の場合は当該社員，上記②の場合には当該債権者のみである。当該意思表示は，意思の欠缺がないので，他の社員等に一般的にその瑕疵を主張させる必要はなく，その瑕疵により直接影響を受ける者だけが，取り消さずに効力を維持するか，取り消すかを選択することができることとされているのである[101]。

　被告は，上記①の場合は会社（会社834条18号），上記②の場合は会社と当該社員（同条19号）である。これらの場合に会社を代表する者については，持分会社の設立無効の場合と同じである（Ⅴ2(3)(a)参照）。

　管轄裁判所（会社835条1項），弁論及び裁判の必要的併合（会社837条）については，持分会社の設立無効の場合と同じである（Ⅴ2(3)(a)参照）。

　なお，上記①の場合については，持分会社の設立無効の場合と同様，被告の請求による担保提供の制度はないが，上記②の場合については，裁判所は，被告の申立てにより，当該原告（債権者）に対し，相当の担保を立てるべきことを命ずることができる（会社836条2項による同条1項の準用）。ただし，被告がこの申立てをするには，原告の訴えの提起が悪意によるものであることを疎明しなければならない（同条3項）。

　(101)　葉玉編著・前掲注（10）87頁。

(4) 設立取消判決の効果

　(a) 請求認容の場合

　設立取消しの訴えに係る請求を認容する判決も形成判決であり，対世的効力

があり（会社838条），遡及効がない（将来効。会社839条）など，その効力は設立無効の場合と同様である（Ⅴ2(4)(a)参照）。

かかる認容判決が確定したときは，裁判所書記官は，職権で遅滞なく会社の本店所在地を管轄する登記所にその登記を嘱託する（会社937条1項1号チ）。

(b) **請求棄却の場合**

設立取消しの訴えに係る請求が棄却された場合についても，その判決の効果は設立無効の訴えに係る請求が棄却された場合と同様である（Ⅴ2(4)(b)参照）。

Ⅵ 会社の継続

設立無効又は設立取消しの訴えに係る請求を認容する判決が確定した場合において，その無効又は取消しの原因が一部の社員のみにあるときは，他の社員の全員の同意によって，当該会社を継続することができる（会社845条）[102]。その他の社員全員が設立を継続する意思を有しているならば，会社の継続を認めてもなんら弊害はなく，設立を取り消す必要がないからである[103]。

この場合においては，当該原因がある社員は，退社したものとみなされる（会社845条後段）。

会社が継続したときは，2週間以内に，本店所在地において，継続の登記をしなければならない（会社927条）。

(102) 当該社員の退社又は除名判決の確定により無効原因の存する社員がいなくなるときは，本条の問題にはならない。服部編・前掲注（48）103頁〔新海〕。
(103) 前田・前掲注（5）723頁，葉玉編著・前掲注（10）87頁。

〔尾崎 雅俊〕

第4章　持分会社

2．持分会社の社員の責任

はじめに

　会社法において新しく使用されることとなった「持分会社」という概念（会社法第3編）は，合名会社，合資会社及び合同会社の総称である（会社575条）。
　合名会社及び合資会社については，旧商法の規定による合名会社及び合資会社が，会社法の規定による合名会社及び合資会社として存続し（整備法66条3項），合名会社及び合資会社に関する会社法の規定は，社員の責任に関する規定を含み，旧商法の規定から大きな変更は行われていない。すなわち，合名会社は社員全員が無限責任社員であり，合資会社は無限責任社員と有限責任社員からなる会社であり，いずれも定款に別段の定めがない限り，総社員の一致により社員の入社，持分の譲渡，定款の変更などが決定され，内部関係について広く定款自治に委ねられる，いわゆる組合的規律が適用される。
　あらたに「持分会社」の一つの類型として創設された合同会社は，会社の内部関係については合名会社及び合資会社と同様に，組合的規律を採用し，社員の責任については全員を有限責任とするという，新しい会社類型である[1]。
　本項目においては，このように社員の責任に関して異なった要素を有する会社類型を包含した，「持分会社」の社員の責任に関する会社法の規定を概観する。

（1）　法制審議会会社法（現代化関係）部会「会社法制の現代化に関する要綱案」第3部第1・1。

I　持分会社と社員の責任

1．持分会社の概念の新設

　会社法においては，会社の種類を株式会社，合名会社，合資会社，及び新たに創設された合同会社の4種類としており（会社2条1号），合名会社，合資会社及び合同会社の3種類について，株式会社と異なる会社類型として総称する，持分会社という概念を新設した（会社575条1項）。

　合名会社及び合資会社は，旧商法から引き続き存在する会社類型であるが，旧商法においては合名会社及び合資会社に関する規定を，それぞれ章を分けて規定していた（旧商法第2編第2章において合名会社，同第3章において合資会社）。旧商法の合資会社についての規定の多くは，合名会社には存在しない有限責任社員に関連する規定であり，合資会社に関するその他の点については，合名会社に関する規定が準用されることとされていた（旧商147条）。しかし，合名会社に関する規定が合資会社へどのように準用されるかについては，解釈に委ねられ，判例や学説の間で見解が分かれていた部分もあった[2]。

　そのため会社法においては，合名会社及び合資会社に，新たに創設された合同会社をあわせ，3種類の会社が共通して，社員が自ら業務を執行し，内部関係（社員間，及び社員と会社の間の関係）の規律を原則として定款自治に委ねる会社類型であることから，この3種類の会社の社員の地位を表す「持分」という用語に着目して，3種類の会社を「持分会社」と呼び，持分会社に共通する規定と，各会社に固有の規定を分類・整理し，各会社に関する規定の適用関係を明確にした。

　もっとも後述（II）するように，持分会社の社員の責任一般に関する会社法580条の規定は，原則として合同会社の社員には適用されないなど，規定の読み方については，会社の性質に応じた注意が必要である。

(2)　例えば，合名会社についての旧商法75条は，社員（無限責任社員）と会社との間の取引及び社員と会社との利益が相反する取引を制限しているが，合資会社については，有限責任社員と会社との間の取引及び有限責任社員と会社との利益が相反する取引を

第 4 章 持 分 会 社

規制する規定がないことから，旧商法75条が合資会社の有限責任社員について準用されるかについて，学説の対立があった。上柳克郎＝鴻常夫＝竹内昭夫編集代表・新版注釈会社法(1)会社総則・合名会社・合資会社（1985）606頁〔江頭憲治郎〕。

2．持分会社の種類と社員の責任の対応関係

(1) 設立に際しての定款の規定

　会社法は，持分会社を設立する場合は，設立しようとする持分会社の種類に応じ，社員の責任に関する定款の記載を書き分けなければならないと規定する（会社576条2項〜4項）。設立に際して商号中に使用する会社の種類に係る文字と社員の責任との間に齟齬がある場合や，会社成立後の商号変更により社員の責任との間に齟齬が生じた場合には，当該定款の制定や商号の変更は，会社法に違反するもので無効となる[3]。

　持分会社の種類と社員の責任との対応関係に関する会社法の規定は，次のようなものである。

　　i　持分会社の設立に際しては，定款に，社員が無限責任社員か有限責任社員かを記載しなければならない（会社576条1項5号）。

　　ii　設立しようとする持分会社の種類に応じ，社員の責任に関する定款の記載又は記録は，次のようでなければならない（会社576条2項〜4項）。

　　　(i)　合名会社の場合……社員の全部を無限責任社員とする旨（会社576条2項）

　　　(ii)　合資会社の場合……社員の一部を無限責任社員とし，その他の社員を有限責任社員とする旨（会社576条3項）

　　　(iii)　合同会社の場合……社員の全部を有限責任社員とする旨（会社576条4項）

（3）　相澤哲＝郡谷大輔「持分会社」相澤哲編著・立案担当者による新・会社法〔別冊商事295号〕（2006）155頁。

(2) 定款の変更による社員の責任状況の変更

　持分会社は，定款に別段の定めのある場合を除き，総社員の同意によって定款の変更をすることができる（会社637条）。

2　持分会社の社員の責任

　定款の変更によって，有限責任社員もしくは無限責任社員を加入させ，又は有限責任社員を無限責任社員とし，もしくはその逆の，社員の責任の性質を変更することができる。定款の変更によって，上記(1)ii記載の会社の種類とそれに応じた社員の責任の対応関係に変化が生じたときは，以下のとおり，変更された社員の責任の内容に従い，会社の種類の変更が生ずる（会社638条）。

　　i　合名会社が，有限責任社員を加入させ，もしくは社員の一部を有限責任社員とするなど，無限責任社員と有限責任社員の双方を有することとなる場合……合資会社となる（会社638条1項1号・2号）

　　ii　合名会社が，社員の全部を有限責任社員とする場合……合同会社となる（会社638条1項3号）

　　iii　合資会社が，社員の全部を無限責任社員とする場合……合名会社となる（会社638条2項1号）

　　iv　合資会社が，社員の全部を有限責任社員とする場合……合同会社となる（会社638条2項2号）

　　v　合同会社が社員の全部を無限責任社員とする場合……合名会社となる（会社638条3項1号）

　　vi　合同会社が，無限責任社員を加入させ，もしくは社員の一部を無限責任社員とするなど，有限責任社員と無限責任社員の双方を有することとなる場合……合資会社となる（会社638条3項2号・3号）

(3)　合資会社の社員の退社による責任状況の変更

　合資会社について，有限責任社員の全部の退社により無限責任社員のみとなったときは，当該合資会社は合名会社となる旨の定款の変更をしたものとみなされ（会社639条1項），無限責任社員の全部の退社により有限責任社員のみとなったときは，当該合資会社は合同会社となる旨の定款の変更をしたものとみなされる（同条2項）。

3．持分会社の種類の変更と登記

　上記のとおり，会社法は，持分会社の社員の入退社や責任の変更（有限責任より無限責任への変更，もしくはその逆の変更）によって，社員の責任の状況と，会

社の商号に示された会社の種類の間に齟齬が生じた場合は，会社の種類が変更されるものとしている（会社638条）。すなわち，会社法では商号中に使用された会社の種類を示す文字によって会社の種類を区別するのではなく，社員の責任状況によって会社の種類を区別するという考え方がとられている[4]。

　ある種類の持分会社が他の種類の持分会社になったときは，定款の変更の効力が生じた日から，本店の所在地においては2週間以内に，支店の所在地においては3週間以内に，種類の変更前の持分会社については解散の登記をし，種類の変更後の持分会社については設立の登記をしなければならない（会社919条，932条）。

　登記手続上は，種類変更前の会社の解散と，変更後の会社の設立登記という二段階の登記がされるが，ある種類の持分会社から他の種類の持分会社への会社の種類の変更は，会社の法人格の同一性を保持しつつ他種の会社に変わるものである。登記手続が解散登記と設立登記によってされるのは，登記技術上の便宜のために行われるだけであり，法律構成として旧会社の解散と新会社の設立の，2つの行為を含む趣旨ではない[5]。

　（4）　相澤＝郡谷・前掲注（3）155頁。
　（5）　旧商法のもとでの，合名会社から合資会社への組織変更，及び合資会社から合名会社への組織変更等に伴う登記の取扱い（旧商114条，162条3項）などの性質につき，上柳＝鴻＝竹内編集代表・前掲注（2）461頁〔西島梅治〕参照。

4．合同会社の社員の責任について

　会社法の施行前においては，旧商法及び旧有限会社法のもとで，株式会社，有限会社，合資会社，合名会社の4種類の会社類型があり，講学上，合名会社及び合資会社は人的会社，株式会社及び有限会社は物的会社に分類されていた。

　「人的会社では，社員は自らが業務執行に参加する一方，会社債権者に対しても重い責任を負う。……会社債権者に対する関係では，社員の人的信用が重視され，会社財産はあまり重要性をもたない。これに対して，物的会社では，社員は重要事項の意思決定を除いて業務執行に参加せず，会社債権者に対しては，有限の責任を負うにすぎない。……会社債権者との関係では，会社の信用はもっぱら会社財産に置かれ，社員の人的信用は問題とならない。」[6]

2　持分会社の社員の責任

　合同会社は，社員と会社の関係，社員相互の関係が密接な会社として，内部関係を定款自治に委ねる点においては，従前から存在した合名会社，合資会社と同様な規制の対象とされ，「持分会社」の一つと位置付けられた一方，社員の責任は，全員について有限責任とされている。その点で，従前の会社法制の体系よりみれば，合同会社の明確な位置付けがやや困難であることは否定できない。

　もっとも，会社法の立法にあたって，立法担当者は，会社法における債権者保護の考え方について，旧商法のもとでとられていた一般的な考え方に必ずしもとらわれず，法制度が現実に果たしている機能の検討に基づく，新しい考え方を採用しており[7]，合同会社の制度も，このような視点に基づき設計されたものと考えられる。会社法においては，従来の人的会社と物的会社の区別の意義が希薄となったとの見方もできよう。

　旧商法の規定上，合資会社においては，業務執行権及び代表権は無限責任社員に限られており，人的会社における業務執行権，代表権は無限責任社員に限定するという原則的な考え方がとられていた（旧商156条）。しかし，会社法の持分会社においては，社員の責任と業務執行権，代表権の問題は切り離され，社員は原則として業務執行権及び代表権を有することとされた（会社590条，599条）。また，業務を執行する有限責任社員がその職務を行うことにより第三者に損害を与えた場合における当該有限責任社員の責任について，株式会社についての会社法429条1項と同様の特則を設けた（会社597条）。これにより，合資会社の有限責任社員及び合同会社の社員は，一定の範囲で第三者に対し，直接無限責任を負うこととされた。

（6）　神田秀樹・会社法〈法律学講座双書〉〔第6版〕（2005）9頁。従来の会社法の教科書においては，旧商法及び旧有限会社法のもとにおける会社の種類をこのように分類し，法規制のあり方を説明してきた。例えば田中誠二・会社法詳論(上)（1967）43頁など。神田教授の同書における人的会社と物的会社の説明は，会社法成立後に発行された第7版以降では削除されている。

（7）　郡谷大輔＝岩崎友彦「新会社法の特別解説　会社法における債権者保護(上)」商事1746号（2005）42頁以下。ここでは，会社法における考え方として，「無限責任社員の存否および債権者にとっての引当財産の限定の有無は，……債権者保護制度を切り分ける論理的な根拠とはなり得ない。」とされる。

II 社員の責任の内容と性質

1．無限直接責任，有限直接責任及び有限間接責任

　持分会社の社員は，会社がその財産をもってその債務を完済することができない場合，及び当該持分会社の財産に対する強制執行がその効を奏しなかった場合，連帯して持分会社の債務を弁済する責任を負う（会社580条1項）。この規定は，持分会社の無限責任社員及び有限責任社員に等しく適用されるというのが建前であり，以下に述べる社員の責任追及の要件，及び社員の責任の内容に関する記述も，無限責任社員及び有限責任社員の責任につき，等しくあてはまる。

　しかし，合名会社の（無限責任）社員及び合資会社の無限責任社員の責任が，会社債権者に対する無限直接責任であるところ，合資会社の有限責任社員の会社債権者に対する責任は，同様の直接責任ではあるが，その範囲は未履行の出資の価額に限られる（会社580条2項）。また，合同会社の社員の責任は有限責任であるが，会社設立登記までに出資の全部を履行することが求められており（会社578条），特別の場合を除き会社債権者に直接責任を負うことはない（間接有限責任）。したがって，合名会社及び合資会社の無限責任社員と，合資会社及び合同会社の有限責任社員の，会社債権者に対する責任の具体的内容には，大きな相違がある。

2．会社債権者より社員に対する責任追及の要件

　持分会社の債権者が社員の責任を追及するためには，会社の財産をもってその債務を完済することができないこと，又は会社財産に対する強制執行がその効を奏しなかったこと，のいずれかの条件が満たされなければならない（会社580条1項1号・2号）。すなわち社員の責任は会社の債務・責任に対して補充性ないし第二次性を有している。

2　持分会社の社員の責任

(1) 債務の完済不能

　会社の財産をもってその債務を完済することができない場合とは，会社が債務超過であることを意味する。そして，会社が債務超過であることの主張立証責任は会社債権者にある。

　持分会社のうち合同会社については，債権者の計算書類閲覧謄写請求権が定められており（会社625条），債権者は会社の財務状態につき，ある程度の情報を入手することができるが，合名会社，合資会社については債権者が訴訟提起前に計算書類にアクセスするための手段はなく，債務超過の立証には困難が予想される。

　会社の資産と負債のバランスを判断する場合の会社財産の評価方法については，会社がいわゆるゴーイングコンサーンであることを前提としての営業価額による評価をすべきであるという説と，清算価額によるとする説の対立がある[8]。営業価額によるとするのが多数説であるが，会社が負担しており，任意に履行しない債務についての，社員に対する責任追及の要件の問題であり，また債権者が会社の財務状態に関する情報を入手することが必ずしも容易でないと思われることなどを考慮すると，会社債権者が社員に対して責任追及をするための要件としては，会社が資産の清算価額による評価によって債務超過であることを主張立証すれば足りるとしても，合理性を欠くとはいえないであろう[9]。

　（8）　上柳＝鴻＝竹内編集代表・前掲注（2）276頁〔大塚龍児〕。
　（9）　結論同旨：上柳＝鴻＝竹内編集代表・前掲注（2）276頁〔大塚〕，反対：大隅健一郎＝今井宏・会社法論(上)〔第3版〕(1991) 111頁など。

(2) 強制執行不奏効

　もう1つの条件である強制執行の不奏効についても，立証責任は請求者にある。当該強制執行が請求者である債権者が申し立てたものであることを必要とするかどうかが論議されているが，条文上の制約はなく，誰が申し立てた強制執行でもよいというのが通説である。ただし社員責任が追及されている債権が発生した後の強制執行に限ると解されている[10]。

　（10）　上柳＝鴻＝竹内編集代表・前掲注（2）278頁〔大塚〕。

3．社員の責任の内容と性質

(1) 社員の責任の内容

社員の責任の内容は，会社の債務を弁済することである（会社580条1項）。

社員の責任は，会社の財産をもって弁済すべき債務に関する責任であり（会社580条1項1号），会社の不作為義務や作為義務は会社の責任財産の負担とならないので，そのような会社債務について社員は責任を負わない。社員の責任を追及するためには，そのような会社債務が損害賠償請求権などに転化していることが必要である。

社員の弁済すべき会社の債務は，会社の積極財産の負担において給付すべきであったすべての会社債務であり，発生の原因を問わない。

社員の責任は会社の債務を弁済することであるから，会社の債務に完全に付従する。したがって，履行の場所は会社の債務の履行地であり，社員に固有の履行期はなく，社員の責任は会社の債務と独立に時効にかかることはない[11]。

社員が持分会社の債務を弁済する責任を負う場合は，社員は，会社が主張することができる抗弁をもって会社債権者に対抗できる（会社581条1項）。

会社が相殺権，取消権又は解除権を有するときは，社員が会社を代表して形成権を行使できない場合であっても，社員は会社債務の弁済を拒絶することができる（会社581条1項・2項）。

請求された社員は，社員自身に属する抗弁も主張できる。社員の責任を，債務なき責任と解する場合は，社員が有する自働債権と会社債権者の会社に対する債権の間には，債務の対立がなく，相殺が可能かという問題があるが，相殺を肯定してよいとされる[12]。

(11) 上柳＝鴻＝竹内編集代表・前掲注（2）285頁〔大塚〕。
(12) 上柳＝鴻＝竹内編集代表・前掲注（2）296頁〔大塚〕。

(2) 各種の持分会社の社員の責任

社員の責任の性質は，合名会社及び合資会社の無限責任社員，合資会社の有限責任社員，及び合同会社の有限責任社員についてそれぞれ異なるため，以下分説する。

2　持分会社の社員の責任

(a)　無限責任社員

　合名会社の社員及び合資会社の無限責任社員の責任は，無限，人的，直接，かつ連帯責任である。

　すなわち，責任は無限であって一定の金額を限度とするものではなく，自己の全財産をもって負う責任であり，会社債権者に直接弁済すべき責任であり，社員相互間の関係は連帯責任である。しかし連帯関係は社員相互間に存するのであり，社員と会社の間には存しない（会社580条1項）。

　ところで，旧商法においては，会社は他の会社の無限責任社員になることはできないと規定されていた（旧商55条）が，会社法においてはこの規制は撤廃された[13]。また，一人合名会社も認められている[14]。

　したがって，株式会社が一人合名会社の無限責任社員となることも可能であり，株式会社の株主は有限責任であるから，事実上有限責任である合名会社を創出できることとなる。

(b)　合資会社の有限責任社員

　(ア)　出資額による限定　　合資会社の有限責任社員の責任は，責任が出資額に限定されている点を除いて，すべて無限責任社員と同一である（会社580条2項）。

　合資会社の有限責任社員については，その出資の価額等が定款に記載される（会社576条1項6号）。有限責任社員は，出資の価額から，既に履行した出資の価額を除いた金額を限度として責任を負う（会社580条2項）。

　合資会社の有限責任社員は，設立時に出資を履行する義務を負わない（合同会社に関する会社法578条と比較されたい。）ため，出資の未履行部分について，会社債権者に対し人的，直接，連帯責任を負うこととなる。

　出資の価額のうち既に履行済みの部分については責任を負わない。また，会社法580条2項に基づき会社債権者に対して責任を履行した場合は，その範囲において出資を履行したこととなり，出資義務及び会社債権者に対する責任が消滅することとなる[15]。すなわち，合資会社の有限責任社員に対する責任追及については，当該社員の出資の価額は請求原因事実となり，出資を履行したこと，もしくは会社債権者に対して責任を履行したことは抗弁事実となる。

　出資の目的が金銭以外の財産であって，その給付が登記した出資の価額を下

回る場合は，その不足部分は「既に履行した出資の価額」（会社580条2項）とはいえないであろう。したがって，現物出資の場合は，給付の価額が給付の当時，出資の価額に相当したことも社員の抗弁の内容となると解するのが多数説であるが，異論もある[16]。

　債権を出資の目的としたが，出資された債権の債務者が弁済期に弁済をしなかったケースについては，出資者である社員は会社に対し弁済の責任を負う（会社582条2項）。しかし，この規定は会社の内部関係における社員の出資に関する担保責任の規定であり，弁済がされない部分について，社員の出資が未履行であるとして，社員の会社債権者に対する責任につながるものではないと解される[17]。

　(ｲ)　出資の払戻し　　有限責任社員が既に履行した出資の払戻しを受けたとき（会社624条1項）は，その金額は既に履行した出資の価額（会社580条2項）より控除される[18]。

　(ｳ)　利益額を超える配当の受領　　合資会社の有限責任社員に対し交付した利益配当額が，配当をした日における利益額を超える場合，その超過額も会社法580条2項による責任限度額に加算される（会社623条2項）。

　(ｴ)　連帯関係　　連帯関係は，無限責任社員と責任のある有限責任社員の間に生ずる。社員と会社の間には存しないのは，合名会社の場合と同様である。

(c) 合同会社の社員

　合同会社については，社員は設立の登記申請の時までに出資の全額の払込み，又は出資財産全部の給付をすることが要求されており（会社578条），原則として合同会社の社員が会社設立後に会社債権者に対して直接責任を負うことはない。すなわち合同会社の社員の責任は間接有限責任である。

　合同会社の社員についても，例外的に，払込みが無効ないし取り消された場合は，合資会社の有限責任社員と同様に，直接責任を負うとされる[19]。

(13)　会社法576条1項4号には，社員の「名称」も定款の記載事項とされ，また法人が業務執行社員である場合の「業務を執行する社員の職務を行うべき者の選任」に関する規定も置かれている（会社598条）。
(14)　相澤＝郡谷・前掲注（3）156頁。
(15)　上柳＝鴻＝竹内編集代表・前掲注（2）640頁〔江頭〕。
(16)　上柳＝鴻＝竹内編集代表・前掲注（2）641頁〔江頭〕。

- (17) 上柳＝鴻＝竹内編集代表・前掲注（2）641頁〔江頭〕。
- (18) 上柳＝鴻＝竹内編集代表・前掲注（2）640頁〔江頭〕。
- (19) 宍戸善一「持分会社（特集 新会社法の制定）」ジュリ1295号（2005）112頁注（6）。

(3) 社員の責任を変更した場合の責任

　持分会社は，定款に別段の定めがある場合を除き，総社員の同意によって定款の変更をすることができ，定款の変更により，無限責任社員を有限責任社員とし，もしくは有限責任社員を無限責任社員とすることができる（会社637条，638条）。

　有限責任社員が無限責任社員となった場合には，無限責任社員となった者は，無限責任社員となる前に生じた持分会社の債務についても，無限責任社員としての責任を負う（会社583条1項）。

　無限責任社員が有限責任社員となった場合，有限責任社員となった者は，その者の登記をする前に生じた持分会社の債務については，無限責任社員として当該債務を弁済する責任を負う（会社583条3項）。この責任は，登記後2年以内に請求又は請求の予告をしない会社債権者に対しては，登記後2年の除斥期間の経過により消滅する（同条4項）。

(4) 持分の譲渡

　持分会社の社員は，他の社員の全員の承諾がなければ，その持分の全部又は一部を他人に譲渡することはできない（会社585条1項）が，業務執行社員でない有限責任社員は，業務執行社員全員の承諾があるときは，その持分の全部又は一部を他人に譲渡することができる（同条2項）。

　持分の全部を他人に譲渡した社員は，その旨の登記をする前に生じた持分会社の債務について，従前の責任の範囲内でこれを弁済する責任を負う（会社586条1項）。この責任は，登記後2年以内に請求又は請求の予告をしない会社債権者に対しては，登記後2年の除斥期間の経過により消滅する（同条2項）。

　合資会社の有限責任社員が，持分の一部を他人に譲渡した場合は，譲渡によって出資の価額が減少するが，この場合当該有限責任社員は，その旨の登記をする前に生じた持分会社の債務について，従前の責任の範囲内でこれを弁済する

責任を負う（会社583条2項）。この責任についても，持分の全部を譲渡した場合と同様の除斥期間の定めがある（同条4項）。

(5) 出資の価額の減少

合資会社の有限責任社員の出資の価額は，定款の変更によって減少することができるが，出資の価額を減少した当該有限責任社員は，その旨の登記をする前に生じた持分会社の債務について，従前の責任の範囲内でこれを弁済する責任を負う（会社583条2項）。この責任についても上記と同様に2年の除斥期間の定めがある（同条4項）。

(6) 退社後の責任

持分会社の各社員は，存続期間を定款で定めなかった場合，又はある社員の終身の間持分会社が存続することを定款で定めた場合，事業年度の終了の6か月前までに退社の予告をして，事業年度の終了の時において退社をすることができる（会社606条1項。ただし，定款で別段の定めをすることができる。同条2項）。また，各社員は，やむを得ない事由があるときはいつでも退社することができる（同条3項）。

また，社員は，会社法607条1項に定める事由により退社する。

社員がこれらの規定により退社した場合，持分会社は当該社員が退社したときに，当該社員に係る定款の定めを廃止する定款の変更をしたものとみなされる（会社610条）。

退社した社員は，その登記をする前に生じた持分会社の債務について，従前の責任の範囲内でこれを弁済する責任を負う（会社612条1項）。この責任についても上記と同様に2年の除斥期間の定めがある（同条2項）。

(7) 加入した社員の責任

持分会社は，定款を変更して新たに社員を加入させることができる（会社604条1項）。社員の加入は，定款を変更したときにその効力を生ずる（同条2項）。

持分会社の成立後に加入した社員は，その加入前に生じた持分会社の債務についても，これを弁済する責任を負う（会社605条）。

(8) 誤認行為の責任

(a) 社員の責任

合資会社の有限責任社員が自己を無限責任社員であると誤認させる行為をしたときは，当該有限責任社員は，その誤認に基づいて合資会社と取引をした者に対し，無限責任社員と同一の責任を負う（会社588条1項）。

合資会社又は合同会社の有限責任社員がその責任の限度を誤認させる行為をしたときは，当該有限責任社員は，その誤認に基づいて合資会社又は合同会社と取引をした者に対し，その誤認させた責任の範囲内で当該合資会社又は合同会社の債務を弁済する責任を負う（会社588条2項）。

(b) 社員でない者の責任

合名会社又は合資会社の社員でない者が自己を無限責任社員であると誤認させる行為をしたときは，当該社員でない者は，その誤認に基づいて合名会社又は合資会社と取引をした者に対し，無限責任社員と同一の責任を負う（会社589条1項）。

合資会社又は合同会社の社員でない者が自己を有限責任社員であると誤認させる行為をしたときは，当該社員でない者は，その誤認に基づいて合資会社又は合同会社と取引をした者に対し，その誤認させた責任の範囲内で当該合資会社又は合同会社の債務を弁済する責任を負う（会社589条2項）。

(c) 規定の射程距離

これらの規定については，会社法の立案担当者によって，例えば合同会社の社員が無限責任社員であると誤認される行為をした場合や，その商号を偽った場合（合同会社が合名会社という名称を事実上使用した場合）には，形式的にはこれらの規定が適用されないことになるが，これらの規定の趣旨からすれば，そのような場合にも類推適用すべきものと考えられる，とのコメントがある[20]。

(20) 相澤＝郡谷・前掲注（3）158頁。

4．社員の業務執行権と責任

(1) 持分会社の業務執行権と，業務執行社員の責任

旧商法においては，合名会社では社員（無限責任社員）が，合資会社では無限責任社員が，それぞれ業務を執行することとされ，合資会社の有限責任社員に

ついては,「会社の業務を執行し又は会社を代表することを得ず。」と規定していた（旧商156条）。もっとも通説・判例は本条前段の,有限責任社員の業務執行権を否定する部分を任意規定と解し,定款の規定によって有限責任社員に業務執行権を認めることを妨げないとしていた。本条後段の会社代表権の否定については,会社の対外関係に関する事項であるため,強行規定と解されていた[21]。

　会社法では,持分会社においては原則として全社員が業務執行権を有するとされ（会社590条),定款で別段の定めをすることを認めている（会社590条, 591条)。会社の代表権についても,原則として業務執行社員が各自会社の代表権を有する（会社599条)。

　持分会社の業務執行社員は会社に対して善管注意義務・忠実義務を負う（会社593条1項・2項)。任務を怠って会社に損害を与えた場合には,損害賠償責任を負う（会社596条)。

　(21)　上柳＝鴻＝竹内編集代表・前掲注（2）636頁以下〔林竧〕。

(2) 有限責任社員である業務執行社員の,第三者に対する責任

　持分会社の業務を執行する有限責任社員が,その職務を行うについて悪意又は重大な過失があり,これによって第三者が損害を被ったときは,当該有限責任社員は,連帯して,第三者に生じた損害を賠償する責任を負う（会社597条)。この場合は,一次的には会社が第三者に対して損害賠償責任を負うこととなり,また無限責任社員の場合は会社法580条1項に従い責任を負うこととなるが,業務執行社員である有限責任社員については,本条により当該責任については,部分的に無限直接責任を負うことになる。株式会社の役員等の第三者に対する責任（会社429条1項）と同様の趣旨の規定を置いたものである。

　この規定により,合同会社の社員も,一定の場合に無限直接責任を負うことになる。

5．業務執行社員の利益相反取引規制

　会社債務を弁済した社員は,会社に対して求償権を有し,弁済につき正当の利益を有する第三者として,その範囲で当然会社債権者に代位する（民500条)。

2　持分会社の社員の責任

　社員間には連帯関係があるので，弁済した社員は自己の負担部分を超えた部分を，連帯債務者間の求償権に基づいて，他の社員の負担部分につき求償できる（民442条）。この求償権の範囲において，他の社員に対し会社債権者に代位する（民500条）。社員間の負担部分は，各自の出資額に比例して定まるのが通常であろう。

　求償権には補充性がなく，求償された社員は会社に資力があることを抗弁とすることができない。他の社員に対する求償権は，社員間における負担の調整であるからである。

〔小澤　優一〕

第4章 持分会社

3．持分会社の社員の加入と退社

はじめに

　持分会社とは，合名会社，合資会社及び合同会社[1]の総称である（会社575条1項）。

　持分会社の社員の加入とは，持分会社の成立後存続中に，社員の地位を取得することであり，もっとも狭義に解すれば，他の社員から持分の譲渡を受けないで，原始的に社員としての地位を取得する場合に限られるが，広義では，他の社員が有する持分の全部又は一部を譲り受けて社員としての地位を承継取得する場合や，社員の死亡又は合併による消滅により，その一般承継人が死亡した社員又は合併により消滅した社員が有していた持分を承継して社員としての地位を取得する場合が含まれ得る。

　持分会社の社員の退社とは，広義では，社員がその地位を失う一切の場合をいい，持分の全部の譲渡もこれに含まれるが，狭義では，会社の存続中に特定の社員の社員としての資格が絶対的に消滅することをいい，任意退社（会社606条）及び法定退社（会社607条）などがある[2]。

　本項目では，対象とする持分会社の社員の加入及び退社をいずれも広義に解したうえ，まず，持分会社の社員の加入のうち，社員の地位の原始的な取得の場合について略述し，次いで，狭義の退社について言及し，さらに，持分の譲渡及び社員の死亡又は合併による消滅による持分の承継について論じる。

（1）　合同会社は，社員の有限責任が確保され，会社の内部関係についての組合的規律が適用される特徴を有する新たな会社類型（平成17年2月9日法制審議会総会決定「会社法制の現代化に関する要綱」第3部第1・1）として会社法のもとで新たに創設さ

れたものである。なお，会社法下では，合同会社，合資会社及び合名会社について，共通に適用すべき規律（内部関係についての規律等）については同一の規定を適用する（同要綱第3部第1・2）こととされた。
(2) 入社の意義については，旧商法下ではあるが，服部榮三編・基本法コンメンタール会社法1〔第7版〕〔別冊法セ170号〕（2001）51頁〔加美和照〕を，また，退社の意義についても同書53頁〔小山賢一〕参照。なお，持分会社の入社及び退社を含めた内部関係の規律等は，平成17年2月9日法制審議会総会決定「会社法制の現代化に関する要綱」に特に記載がない限り，旧商法下での合名会社・合資会社の規律が適用されることを意味すると解される（江頭憲治郎「『会社法制の現代化に関する要綱案』の解説」別冊商事法務編集部編・会社法制現代化の概要〔別冊商事288号〕（2005）87頁参照）。本項目では，かかる解釈を前提として旧商法下の解釈や裁判例に言及している。

I 社員の加入

1．社員の加入

旧商法では，入社した社員の責任に関する規定（旧商82条）を除き，入社自体に対する規定は設けられていなかったが，会社法では，社員の加入及びその効力の発生要件について，規定を新設している（会社604条）[3]。すなわち，まず，持分会社は新たに社員を加入させることができる（同条1項）。そして，新たな社員の加入には定款の絶対的記載事項である社員の氏名又は名称[4]及び住所（会社576条1項4号）並びに社員の出資の目的及びその価額又は評価の標準（同条1項6号）の変更が必要となることから，定款に別段の定めがある場合を除き[5]，総社員の同意が必要となる（会社604条2項，637条）。持分会社のうち，合名会社及び合資会社については，設立時において出資全額の履行が要求されていない（会社578条参照）ことに対応して，新たに加入する社員についても，当該社員の加入に関する定款の変更を行うことによって，出資全額の履行を待たずに，社員の加入の効果が生ずる（会社604条2項）。これに対し，設立時においても全額払込主義（会社578条）が採用されている合同会社にあっては，新たに加入する社員についても，定款の変更及び出資全額の履行の双方が完了しなければ，当該社員の加入の効果は発生しない（会社604条3項）。

349

第4章　持 分 会 社

　なお，加入前に生じた持分会社の債務についても，新たに加入した無限責任社員は連帯・無限の責任を負い，新たに加入した有限責任社員は，その出資の価額（既に持分会社に対して履行した出資の価額を除く。）を限度として，持分会社の債務を弁済する責任を負う点（会社580条，605条）は，旧商法と同様である（旧商82条）。

　新たな社員の加入に伴い，社員が出資の履行をした場合には，資本金の額は，原則として，当該出資により払込み又は給付がされた財産の額の範囲内で会社が計上すると定めた額が増加する（計算規53条1項1号）。合名会社及び合資会社と異なり，合同会社の場合は資本金の額が登記事項とされているから（会社914条5号。なお，会社912条及び913条を参照），社員の出資の履行により資本金の額が増加したときは，2週間以内に，その本店の所在地において，資本金の額の変更登記を申請しなければならない（会社915条1項）。

　なお，合同会社の社員の出資の目的は金銭その他の財産のみに限られる。労務，信用，名声等による出資を認めない趣旨である[6]。

（3）　相澤哲＝郡谷大輔「新会社法の解説⑿持分会社」商事1748号（2005）19頁。
（4）　なお，平成15年10月22日法制審議会会社法（現代化関係）部会「会社法制の現代化に関する要綱試案」公表後の同部会において，持分の譲渡等が頻繁に行われる合同会社を予定してであろうか，合同会社の社員の氏名・名称を定款の絶対的記載事項とせず，社員名簿にそれを記載する案が有力に主張された。しかし，社員の業務執行権限の有無が定款上定められる法制のもとで社員の氏名・名称を定款に記載しないと，定款記載の不備等から混乱が生ずるおそれがあるとの理由でその案は採用されなかった（江頭・前掲注（2）88頁）。
（5）　なお，定款の変更の要件について定款で定めることができる別段の定めの内容についても制限はなく，例えば，社員の過半数のほか，業務執行社員の過半数や特定の業務執行社員への委任等も認められる（税務経理協会編・新会社法の詳解と実務対応（2005）104頁〔郡谷大輔〕，宍戸善一「持分会社（特集 新会社法の制定 その他）」ジュリ1295号（2005）111頁。なお，中間法人法107条2項も参照）。なお，このような定款自治については，持分の譲受人や成立後の新規加入者は定款規定に真に合意している保障はないのではないかという指摘はあり得るが，持分会社の持分は株式会社の株式と異なり，その流通の円滑化を図る必要はなく，定款の内容を十分に確認しないで社員となる者を保護する規定は存せず，通常の契約と同様，詐欺，錯誤等の民法の一般原則が適用されるだけ（株式の引受けに適用される消費者契約法7条2項の特則も設けられていない。）であるから，社員となる者は定款規定を十分に確認してから入社等をすべきであり，確認手段が法定はされていないが，確認できなければ入社や譲

3　持分会社の社員の加入と退社

受けを断ればよいという整理をするほかない（税務経理協会編・前掲書104頁〔郡谷〕）。定款自治については，決議要件の緩和を念頭において言及されることが多いようであるが，このような整理を前提とすると，決議要件を厳格化する方向にも定款で自由に定めることができると解されよう（なお，合同会社を証券化のヴィークルとして利用する場合には，レンダーの立場からは，定款変更を容易に行うことができないように，決議要件を厳格化することも考えられるであろう。）。

（6）　合同会社では，出資財産とは離れて，定款をもって各種の権利に係る割合・内容を定めること，いわゆる「持分割合」として包括的にその割合を定めることも妨げられるものではないから，出資の目的についてあえてその内容を弛緩させることをせず，会計上も処理が可能な金銭その他の財産に限ることとしても不都合はないものと考えられる（法務省民事局参事官室「会社法制の現代化に関する要綱試案補足説明」第6部・1），として，平成15年10月22日法制審議会会社法（現代化関係）部会「会社法制の現代化に関する要綱試案」にもその旨が明記された（同試案第6部1・2⑴(注)）。この点については，合同会社に労務出資を認めるべきであるとの主張があった（宍戸善一「総則・合名合資会社・LLC（『会社法制の現代化に関する要綱試案』の論点）」商事1687号（2004）8頁）が，しかし，「労務出資を貸借対照表の資産の部に計上しないのであれば……，私法上はそれを『労務出資』と呼ぶか，特定の社員の労務提供を考慮して出資額に比例しない損益分配割合を定めるというかは言葉の問題にすぎない」（江頭・前掲注（2）92頁・93頁）とされ，結局，かかる主張は会社法では採用されなかった。

2．出資の増加

既存の社員が出資の価額を増加させる場合（出資価額の単純な増加の場合や持分の譲受けによる出資の価額の増加の場合）については，会社法でも旧商法と同様に特別の規定は設けられていない[7]。

しかし，まず，出資の増加についても定款の絶対的記載事項である社員の出資の目的及びその価額又は評価の標準（会社576条1項6号）の変更が必要となることから，定款に別段の定めがある場合を除き，総社員の同意が必要となる（会社637条。なお，会社604条2項参照）。また，既に持分会社に出資している社員がその出資の価額を増加させる場合でも，出資の増加部分については，社員が新たに加入した場合と同様に考えられることから，合名会社及び合資会社については，出資の増加に係る定款の変更をしたときに出資の増加の効果が生ずると解すべきであろう（会社604条2項参照）[8]。これに対して，合同会社の社員が出資の価額を増加した場合には，その増加の定款変更の効力は，当該出資に係る払

第4章　持分会社

込み等が完了した時に生ずるものと解すべきである（同条3項参照）[9]。もっとも，設立時においても全額払込主義（会社578条）が採用されている合同会社にあっては，持分の譲受けにより合同会社の社員の出資の価額が増加する場合にも，当該増加する部分に係る出資については，持分の譲渡時にその全部が履行されているはずであるから，新たに出資の履行をする必要はなく，持分の譲受けに伴う定款変更をした時において，出資の価額の増加の効力が生ずることになると解すべきであろう（会社604条2項参照）。なお，増加前に生じた債務についても，加入前に生じた債務についての責任（会社605条）の規定を類推して適用すべきである[10]。

（7）　相澤＝郡谷・前掲注（3）19頁。
（8）　相澤＝郡谷・前掲注（3）19頁。
（9）　相澤＝郡谷・前掲注（3）19頁。
（10）　相澤＝郡谷・前掲注（3）19頁。

II　退　　社

　狭義の退社とは会社の存続中に特定の社員の社員としての資格が絶対的に消滅することをいい，持分会社においてのみ認められている。

　退社の種類としては，退社する社員のみの意思による場合（会社606条）（任意退社），あらかじめ定款に定めた事由が発生した場合や総社員の同意がある場合（会社607条）（法定退社）のほか，社員持分の差押債権者により退社させられる場合（会社609条1項），解散後清算結了までの間に会社継続に同意しなかった社員の退社（会社642条2項）及び，設立無効又は取消しの場合においてその原因が特定の社員にのみある場合の当該社員の退社（会社845条）が会社法上定められている。

1．任意退社

　任意退社に関する制度（会社606条）は，基本的に旧商法の規律と同様であり，持分会社の存続期間を定款で定めなかった場合又は特定の社員が生きている限り持分会社が存続する旨の定款の定めを置いた場合には，各社員は，6か月前

3　持分会社の社員の加入と退社

までに会社に対して退社の予告をすることにより，事業年度の終了時において退社することができる（会社606条1項）[11]。もっとも，退社に関する事項も会社の内部事項といえるから，定款をもって別段の定めをすることは妨げられない（同条2項）。しかしながら，いかなる場合であっても退社することができないというのでは社員の投下資本回収の手段を不当に奪うことになるため，「やむを得ない事由」があるときには，社員は，定款の定めにかかわらず，いつでも退社することができる（同条3項）。

　会社法606条1項及び3項は旧商法84条1項及び2項の文言とほぼ同様であり，旧商法下での解釈が会社法606条においても維持されると考えられる。すなわち，特定の社員が生きている限り持分会社が存続する旨の定款の定めを置いた場合の当該特定の社員も会社法606条1項に従って退社することができる。また，会社法606条1項に定める予告による退社の意思表示を事業年度の終了の時の6か月前までにしたときは，事業年度の終了の時に当然退社の効果を生じ，その時に重ねて退社の意思表示をする必要はない。そして，この退社の意思表示は，会社を代表する社員に対して行えば足り，他の社員に対してすることを要しない。さらに，会社法606条1項に定める退社の予告の意思表示は，持分会社に対する一方的意思表示によって効力を生じ，他の社員の同意は要しないし，理由のいかんを問わない[12]。

　また，会社法606条3項に定める退社の意思表示は，やむを得ない事由によって退社しようとする社員の持分会社に対する一方的意思表示により効力を生じる。そして，「やむを得ない事由」により退社する場合は，予告することを要せず，また事業年度の終わりを待たず告知によりただちに退社の効力を生ずる[13]。

　さらに，退社の結果として合資会社について無限責任社員もしくは有限責任社員の全員が退社して会社の解散を生じ，又は組織変更を招来する場合でも，合資会社の社員が会社法606条1項又は3項により退社をなし得るかという点についても，これを肯定することになろう。

　なお，会社法606条3項に定める「やむを得ない事由」の意義については，旧商法下では，退社員の一身に関する事由から生じたものであることを要するか，という点以外には，一般論として論じられてこなかったようである。この

第4章　持分会社

点，会社法の立法担当者によれば，持分会社における定款の定めについては，総社員の同意があるものと考えられるところ，会社法606条3項の「やむを得ない事由」があれば，定款の定め（会社606条2項）にかかわらず退社することが認められていることから，ここでいう「やむを得ない事由」とは，社員が単に当初の意思を変更したというだけでは足りず，定款規定を定めた時や入社・設立時に前提としていた状況等が著しく変更され，もはや当初の合意どおりに社員を続けることができなくなった場合等がこれにあたるものと解すべきである，との解釈が示されている[14]。

また，旧商法下では，任意退社の規定（旧商84条1項・2項）が強行法規であるか否かについては，争いがあり，古くは，これを任意規定であると解し，退社の条件を容易にすることも困難にすることも妨げないが，ただ退社を許さないとすること，あるいは，やむを得ない場合にも退社できないとすることは無効であるとするのが通説的見解であったが，その後，同条は社員個人の自由意思を尊重する趣旨のものであるから，そこに定める条件を社員に不利益に変更することを得ないと解するのが通説とされるようになっていた[15]。この点，会社法下では，定款において，入社後一定期間は任意退社することができないこととする旨を定めることの有効性について，立法担当者より，そもそも，例えば会社の存続期間を10年間と定めれば，社員は，前記のやむを得ない事由が生じた場合以外には，自己の意思で退社することは認められないのであるから，会社の存続期間を定めなかった場合であっても，同様の効果を有する定款規定を定めることは可能であるものと考えられる，との解釈が示されている[16]。もっとも，この解釈に従っても，社員の地位の譲渡が容易ではない持分会社では，社員の意思に基づき会社からの離脱を認め，投下資本の回収を保障する任意退社の制度は，重要な意義を有するから，少なくとも，退社を認めないとする又は「やむを得ない場合」にも退社を認めない旨の定款規定を定めることはできないと解すべきであろう[17]。

なお，会社法606条の制度と同法609条の制度とは別個の制度であるから，会社法606条2項の定款規定が会社法609条の場合にまで適用されることはなく，例えば10年間任意退社が禁止されていたとしても，持分差押権者は，会社法609条の規定により当該社員を退社させることができると解される[18]。

(11) 上柳克郎＝鴻常夫＝竹内昭夫編集代表・新版注釈会社法(1)会社総則・合名会社・合資会社（1985）306頁〔古瀬村邦夫〕。
(12) 上柳＝鴻＝竹内編集代表・前掲注（11）306頁〔古瀬村〕。
(13) 上柳＝鴻＝竹内編集代表・前掲注（11）307頁〔古瀬村〕。
(14) 具体的にどのような場合が「やむを得ない事由」に該当するかは，個々の事情により，裁判例の集積を待つほかないが，旧商法下では，例えば，大阪市に本店を有し，他に営業所がなく，もっぱら大阪市を営業の中心とする合名会社の社員が，大阪市から東京都に転居したため会社の社員として関与できなくなった場合（大阪地判昭7・12・20新聞3509号9頁）や他の社員との間に不和を生じ互いに信用を失った合資会社の有限責任社員の場合が「やむを得ない事由」として認められており（東京地判昭16・8・29評論全集30巻商法222頁），これらは会社法下でも参考となろう。なお，合同会社の社員の退社に関しては，社員の退社の自由を無制限に認めると社員の退社により事業の存続が危うくなるのではないかとの議論もあったが，有限責任を前提にすれば，社員の責任が過大となるような「やむを得ない場合」は合名会社に比べると狭く解されると考えられることから，合同会社についても，「やむを得ない場合」には退社することができることとされた（平成17年2月9日法制審議会総会決定「会社法制の現代化に関する要綱」第3部第2・5(1)，中村芳夫＝武井一浩監修／編者・速報新・会社法─「会社法制の現代化」要綱の解説と実務対応（2005）169頁）。
(15) 上柳＝鴻＝竹内編集代表・前掲注（11）309頁〔古瀬村〕。
(16) 宍戸・前掲注（5）114頁は，持分の譲渡と退社のいずれかの方法で投下資本を回収する方法が確保されていれば足りるとの解釈を前提に，持分の譲渡については全員一致の同意を要し，譲渡承認がなされなかったときの指定買受人の制度等を設けていない場合に退社の自由を定款で制限することは，社員の権利を著しく侵害し，公序良俗に反するとされる可能性が高いが，他方，先買権制度のような譲渡制限の仕組みをとり，持分譲渡による投下資本の回収が可能である場合には，退社が認められる条件を相当程度制限したとしても定款自治の範囲内と解されると思われる，とする。
(17) 判例は，やむを得ない事由による退社に類似する，組合員の脱退権に関する規定（民678条）につき，同規定は強行規定であり，やむを得ない事由があっても任意の脱退を許さない旨の組合契約における約定は，効力を生じないものとしている（最判平11・2・23民集53巻2号193頁）。なお，かかる判例を引用して，「任意退社は，その条件を社員に不利益に変更できないと解すべきである。」とする見解が会社法下でも存在する（青竹正一・新会社法〈法律学の森〉（2006）460頁）が，この見解が，会社法606条1項よりも不利益な条件にすることを認めない趣旨か会社法606条3項よりも不利益な条件にすることを認めない趣旨かは必ずしも明確ではない。
(18) 相澤＝郡谷・前掲注（3）20頁。

2．法定退社

ある社員について①定款で定めた事由の発生，②総社員の同意，③死亡，④

合併による消滅，⑤破産手続開始の決定，⑥解散[19]，⑦後見開始の審判を受けたこと又は⑧除名のいずれかの事由が発生した場合は，当該社員は当然に退社する（会社607条1項）[20]。

①の定款で定めた事由は，強行規定や公序良俗に反しない限り，原則として自由に定めることができる。例えば，社員たる期間，条件又は資格を定めたときは，期間の満了，条件の到来又は資格の消滅は当然に当該社員の退社を生じる[21]。

②の総社員の同意については，数人の社員が同時に退社の申出をした場合に，申出者を除く社員の同意で足りるか，それとも各申出者ごとにその者を除く他のすべての社員の同意を要するかについて，見解が分かれている。この点，旧商法下の判例は，合資会社の退社の事案について，各申出者ごとにその者を除く他のすべての社員の同意を要するとしている（最判昭40・11・11民集19巻8号1953頁）が，申出者を除く社員の同意で足りると解するのがむしろ多数説であった。会社法下でも，個人的理由で退社の申出をした者に同時に退社を申し出た他の社員につき同意権を留保させる必要はないこと等を理由に，会社法607条1項2号の総社員の同意は残存社員の同意で足りると解する見解が有力である[22]。

③の社員の死亡及び④の法人である社員の合併による消滅は退社事由であるが，定款で，相続や合併による持分承継の定めがある場合については，後述（Ⅵ参照）する。

⑤破産手続開始の決定[23]，⑥解散及び⑦後見開始の審判を受けたことについては，これらを退社事由としないことを定款で定めることができる（会社607条2項）。

⑧の除名をするためには，社員について，(i)出資の義務を履行しないこと，(ii)競業の禁止の規定（会社594条1項，598条2項）に違反したこと，(iii)業務を執行するにあたって不正の行為をし，又は業務を執行する権利がないのに業務の執行に関与したこと，(iv)会社を代表するにあたって不正の行為をし，又は代表権がないのに会社を代表して行為をしたこと，(v)重要な義務を尽くさないこと，のいずれかの事由があるときに，当該社員以外の社員の過半数による決議を行ったうえで，当該社員を相手方として除名の訴えを提起し，除名判決を

3　持分会社の社員の加入と退社

得ることが必要となる（会社859条，861条1号）。この訴えは，当該持分会社の本店の所在地を管轄する地方裁判所の管轄に専属する（会社862条）。なお，退社した社員と持分会社との間の計算は，退社の時における会社の財産の状況に従って行うのが原則である（会社611条2項）が，除名の場合には，除名判決が確定するまでに相当長い期間を要する可能性があり，それに伴って計算の時期が延ばされるのは不合理であるから，除名の訴えを提起した時点を基準として計算が行われ（同条5項），また，持分会社は，除名の訴えを提起した日以後に生じる年6分の利息を支払わなければならない（同条6項）。

(19)　社員が1人のみの持分会社の存続が認められ（平成17年2月9日法制審議会総会決定「会社法制の現代化に関する要綱」第3部第2・2(1)，同第4・1），社員が1人であることは解散事由ではなくなった（旧商法94条4号と対比した会社法641条4号を参照）。

(20)　旧商法下では，会社が解散し清算の段階に入ってしまえば社員の個性は重要性を失い計算関係が残るだけであることを理由に，社員の死亡，破産手続開始の決定及び後見開始の審判を受けたることは，会社解散後は，退社事由とはならないと解されていた（上柳＝鴻＝竹内編集代表・前掲注(11) 312〜315頁〔古瀬村〕）。会社法下では，清算持分会社（会社645条）については，社員の死亡及び合併による消滅を除く法定退社事由は退社事由とならず（会社674条2号），また，社員の死亡及び合併による消滅の場合に当該社員の相続人その他の一般承継人が当該社員の持分を承継する旨の定款の定め（会社608条1項参照）がないときでも，当該社員の相続人その他の一般承継人が当該社員の持分を承継する（会社675条）ことが明文で定められている。

(21)　上柳＝鴻＝竹内編集代表・前掲注(11) 310頁〔古瀬村〕。

(22)　青竹・前掲注(17) 460頁，弥永真生・リーガルマインド会社法〔第11版〕(2007) 507頁・508頁。

(23)　旧商法下では，退社事由としての破産は，債権者保護のため強行規定であり，定款をもって別段の定めをすることはできないと解されていた（上柳＝鴻＝竹内編集代表・前掲注(11) 314頁〔古瀬村〕）が，会社法607条2項は，定款をもって別段の定めができることを明文化している。

(1) 除名をめぐる諸問題1　定款による除名事由及び除名手続の変更の可否

定款による除名事由の追加・除外の可否については，旧商法下では，商法の規定を強行法規と解し，定款による追加及び除外を認めない学説ないし定款による追加を認めない学説が多数説であったが，これに対して，定款による追加・除外をともに認める学説，追加を認める学説及び追加は認めるが除外は認めない学説も存在した[24]。会社法下でも，信頼関係の失われた社員を排除して企

業の健全な存続の維持を図るために除名の制度を認めている趣旨から考えて，除名事由の除外は認められないと解すべきであり，他方，意思に反して会社から排除される社員の不利益も無視できないから，除名事由の追加も否定すべきである(25)。また，このことは除名事由だけでなく除名手続にも妥当することであるから，除名手続も同様に解すべきである(26)。

(24) 上柳＝鴻＝竹内編集代表・前掲注（11）310頁〔古瀬村〕。
(25) 昭和13年の商法改正前ではあるが，判例は，追加を否定している（大決昭13・12・13民集17巻2318頁）。なお，会社法下でも定款による除名事由の追加・除外を否定する見解として，青竹・前掲注（17）460頁，弥永・前掲注（22）509頁がある。
(26) 判例には，合資会社の除名について，他の社員の過半数の決議だけで除名できるとする定款の定めを無効とするものがある（東京地判平9・10・13判時1654号137頁）。なお，会社法下でも定款による除名手続の変更を否定する見解として，青竹・前掲注（17）460頁がある。

(2) 除名をめぐる諸問題2　一括除名の可否

除名される社員が数人いる場合，他の社員の過半数の決議は各自について別々にされなければならないか，それとも一括した除名決議でよいかについては，争いがあり，旧商法下でも，一括除名を肯定する見解，否定する見解のほか，除名を請求しようとする社員の数が除名される社員の数を超えている場合にのみ一括除名を認める見解や除名事由のいかんによって一括除名を認めるか否かを区別する見解があった(27)が，判例は一括除名を否定していた(28)。会社法の改正も，この点の争いには影響を与えないであろう(29)。

(27) 上柳＝鴻＝竹内編集代表・前掲注（11）323頁・324頁〔古瀬村〕。
(28) 大判昭4・5・13民集8巻470頁。
(29) なお，会社法下でも一括除名を認める見解として，弥永・前掲注（22）509頁・510頁がある。

(3) 除名をめぐる諸問題3　社員が2名の会社における除名の可否

社員が2名の会社においては，他の社員の過半数の決議は論理的にはあり得ないようにも思われるが，これは通常の場合を想定した規定であり，一方の社員が他の社員を除名することは可能と解される(30)。

(30) 弥永・前掲注（22）510頁。なお，判例は，除名制度が会社の存続を前提とすること及び除名の結果として合名会社の社員が1人になった場合には解散事由となること

（旧商94条4号）から，この場合には，一方の社員が他の社員を除名することができないと解していたが，会社法下では，一人合名会社及び一人合同会社がそれぞれ認められている（相澤＝郡谷・前掲注（3）14頁）ので，合名会社及び合同会社については，上記の理由は一方の社員が他の社員を除名することができない根拠となり得ないであろう。これに対して，合資会社については，最低2人の社員（無限責任社員と有限責任社員）が必要であることには変わりがないものの，除名により無限責任社員のみとなった場合には，合名会社となる旨の定款変更をしたものとみなされ（会社639条1項），他方，除名により有限責任社員のみとなった場合には，合同会社となる旨の定款変更をしたものとみなされる（同条2項）ので，やはり上記の理由は一方の社員が他の社員を除名することができない根拠となり得ないであろう。

(4) 除名をめぐる諸問題4　有限責任社員のする無限責任社員の除名の可否

　合資会社における無限責任社員と有限責任社員の会社企業への参与の程度を考慮すると，無限責任社員が有限責任社員を除名するのはよいとしても，有限責任社員のみで無限責任社員を除名してよいか争いがあったが，肯定すべきである。会社法639条2項は有限責任社員のみで無限責任社員を除名できる場合を予定していると考えられ，また，信頼関係の失われた社員を排除して企業の健全な存続の維持を図るために除名の制度を認めている趣旨から考えても，無限責任社員については除名事由があっても除名ができないとするのは不合理だからである。

3．その他の退社事由

(1) 社員持分の差押債権者による退社

　社員の持分を差し押さえた債権者は，持分会社及び当該社員に対し6か月前までに予告をすることにより，事業年度の終了時において当該社員を退社させることができる（会社609条1項）。持分の換価には他の社員の承諾が必要となるので，社員の持分の差押債権者にその社員を一方的に退社させることができる権利を与え，他の社員の承諾という制約を受けることなく，退社によって社員が受ける持分の払戻請求権により債権者の満足を得させようとするものである。このような法の趣旨から考えると，定款をもって，この退社権を排除し，あるいは退社を困難にすることはできないが，債権者に有利になることは差し支えないと解される[31]。上記の予告は，退社させることの意思表示をあらか

じめ行う意味と解されるから，6か月の期間をもって予告した以上，事業年度の終了時において改めて何らかの意思表示をする必要はないと解される(32)。

この予告は，当該社員が，持分を差し押さえた債権者に対し，弁済をし，又は相当の担保を提供したときは，その効力を失う（会社609条2項）。「相当の担保を提供したとき」とは，差押債権者との間で，担保物権を設定し，又は保証契約を締結した場合をいい，差押債権者の承諾を伴わない担保物権設定又は保証契約締結の単なる申込みは，担保の提供にあたらないと解されている（最判昭49・12・20判時768号101頁）。

なお，上記の予告後6か月の間に当該社員と持分会社が通謀して当該社員の持分を減少させる等の手段をとるおそれがあるため，社員の持分を差し押さえた債権者は，裁判所に対して，持分の払戻しの請求権の保全に関し，必要な処分をすることを申し立てることができる（会社609条3項）。

(31) 上柳＝鴻＝竹内編集代表・前掲注(11) 347頁〔古瀬村〕。
(32) 上柳＝鴻＝竹内編集代表・前掲注(11) 346頁〔古瀬村〕。

(2) 解散後の会社継続に同意しなかった社員の退社

持分会社が，定款で定めた存続期間の満了もしくは解散事由の発生又は総社員の同意によって解散した場合には，清算が結了するまで，社員の全部又は一部の同意によって，持分会社を継続することができる（会社641条1号～3号，642条1項）(33)が，この継続に不同意の社員は，持分会社が継続することとなった日に退社する（会社642条2項）。

(33) なお，旧商法下ではあるが，定款で存立時期を定めるとともに社員総会の決議をもってさらに継続し得る旨を定めた場合について，これは，旧商法95条の特則を定めたもので，社員総会の決議によらず一部の社員の同意によって会社を継続することは許されないとした裁判例（札幌地判昭36・1・17下民12巻1号28頁）がある。

(3) 設立無効又は取消しの場合においてその原因が特定の社員にのみある場合の当該社員の退社

持分会社の設立の無効又は取消しの訴えに係る請求を認容する判決が確定した場合において，その無効又は取消しの原因が一部の社員のみにあるときは，他の社員の全員の同意によって，持分会社を継続することができるが，この場

合においては，当該原因がある社員は，退社したものとみなされる（会社845条）。

　会社法845条により退社したものとみなされるのは，持分会社の設立の無効又は取消しの訴えに係る請求を認容する判決が確定した場合に限られるから，判決確定前に持分会社の設立の無効又は取消原因の存する社員を除名してその他の社員により会社の存続を図ることはできないが，持分会社の設立の無効又は取消原因の存する社員が退社し，又はその社員に除名原因が存するために除名の判決が確定したときは，その持分会社には設立の無効又は取消原因の存する社員は存在しないことになるから，その場合には，その会社の設立が無効とされ取り消されることにはならない[34]。

(34)　上柳＝鴻＝竹内編集代表・前掲注（11）560頁〔平出慶道〕参照。

4．退社に伴うみなし変更規定

　社員が次に掲げる事由により退社した場合には，持分会社は，当該社員が退社した時に，当該社員に係る定款の定めを廃止する定款の変更をしたものとみなされる（会社610条）。

① 　任意退社（会社606条）
② 　法定退社（会社607条1項）
③ 　債権者による社員の持分差押えによる退社（会社609条1項）
④ 　定款で定めた存続期間の満了，定款で定めた解散の事由の発生又は総社員の同意により解散した場合に，会社を継続することにつき同意しなかったための退社（会社642条2項）
⑤ 　持分会社設立の無効・取消しの判決が確定した場合において，その原因があるために退社したものとみなされた場合（会社845条）

このような定款変更のみなし規定が置かれたのは，社員の加入の場合と異なり，定款変更の手続を常にとることができるわけではないことにかんがみたものである。なお，株式会社の場合と同様に，持分会社についても，会社法637条（定款変更）の手続以外によって定款が変更される場合については，すべて明文の規定を設け，その明確化を図ることとしている[35]。

(35)　相澤＝郡谷・前掲注（3）20頁。

5．合同会社の社員の退社に伴う払戻し

　社員の退社に際しては，その一般承継人が社員となった場合を除き，その出資の種類を問わず，かつ金銭で持分の払戻しを受けることができる（会社611条1項・3項）が，他方，退社に伴う持分の払戻しによって，会社財産が社外に流出することになるから，会社債権者との関係が問題となる。

　まず，合名会社・合資会社については，会社財産が乏しい状況にある会社が退社員に持分の払戻しをすることにより会社財産がなくなったとしても，他の無限責任社員に対して責任を追及し得る（会社580条1項）ことをもって，会社法上の債権者保護が図られ，退社に伴う持分払戻しにつき会社法上の債権者保護手続を要しない（詐害行為取消し〔民424条〕の対象となるかどうかは，別の問題である。）ことから，会社債権者は，そのような危険性があることを前提に合名会社・合資会社との取引を行うこととなる[36]。

　他方，合同会社では，会社財産のみを責任財産とし，社員に対する払戻しによっては会社債権者の債権の弁済が危険にさらされることがないような制度を構築することとしているから，退社に伴う持分の払戻しについても，一定の配慮が必要となる。しかし，退社に伴う持分の払戻しについて，利益の配当等と同様の財源規制を設けることとすると，退社する社員は，その持分の払戻しを受けることができないこととなり，その利益が害されることになる。そこで，会社法では，退社に伴う持分の払戻しについて，払い戻す財産の価額と会社財産の状況との関係を踏まえて，次のような規制を行っている[37]。

(36)　相澤＝郡谷・前掲注（3）22頁。
(37)　相澤＝郡谷・前掲注（3）22頁。平成15年10月22日法制審議会会社法（現代化関係）部会「会社法制の現代化に関する要綱試案」では，合同会社の社員の退社の際の持分の払戻しのあり方に関しては退社による払戻しについて財源規制を適用し，払い戻すべき価額が会社に現に存する剰余金の額を超える場合には，債権者保護手続（資本減少の手続に相当するもの）を行うものとする案（この案によれば，会社が資本減少手続に相当する債権者保護手続をとらない限り，持分全額の払戻しは受けられない。）と退社による払戻しについて財源規制を適用せず（払い戻す価額は会社の計算書類上の純資産額に拘束されない。），退社に際して清算に準じた債権者保護手続を行うものとする案（この案では，会社に清算に準じた債権者保護手続をとることを義務付けている。）が併記されていた（同試案第6部1・2(5)）が，平成17年2月9日法制審議

3 持分会社の社員の加入と退社

会総会決定「会社法制の現代化に関する要綱」では後者が採用された（同要綱第3部第2・5(2)②．江頭・前掲注（2）91頁）。

(1) 持分の払戻しにより社員に対する金銭等の帳簿価額（持分払戻額）が剰余金額を超えない場合

会社債権者から見れば，通常の利益の配当等と同じであるから，特段の手続なく払い戻すことができる（会社635条1項）。

(2) 持分払戻額が剰余金額を超えるが，会社の簿価純資産額を超えない場合

この場合には，資本金の額を0円までの範囲内で減少したうえで払戻しを行うことと実質的に同様であるから，資本金の額の減少を伴う出資の払戻しの場合と同様の債権者保護手続（会社635条2項）を経ることにより，払い戻すことができる[38]。すなわち，合同会社は，①当該剰余金額を超える持分の払戻しの内容及び②債権者が一定の期間内に異議を述べることができる旨を官報に公告し，かつ，知れている債権者には，各別にこれを催告しなければならない。ただし，異議を述べることができる期間は，1か月を下ることができない（同項）。

なお，合同会社が上記の公告を，官報のほか，定款で定める公告方法（時事に関する事項を掲載する日刊新聞紙又は電子公告）でするときは，知れている債権者に対する各別の催告は不要である（会社635条3項本文）。

債権者が上記の異議申述期間内に異議を述べなかったときは，当該債権者は，当該持分の払戻しについて承認をしたものとみなされる（会社635条4項）。債権者が上記の異議申述期間内に異議を述べたときは，合同会社は，当該債権者に対し，弁済し，もしくは相当の担保を提供し，又は当該債権者に弁済を受けさせることを目的として信託会社等に相当の財産を信託しなければならない（同条5項本文）。ただし，持分払戻額が合同会社の純資産額として法務省令（会社規159条7号，計算規194条）で定める方法により算定される額を超えない場合において，当該持分の払戻しをしても当該債権者を害するおそれがないときは，弁済，担保の提供又は財産の信託を要しない（会社635条5項ただし書）。

[38] 相澤＝郡谷・前掲注（3）22頁。

(3) 持分払戻額が会社の簿価純資産額を超える場合（簿価債務超過の会社において持分を払い戻す場合を含む。）

　まず，会社の貸借対照表上の純資産額は，原則として取得原価を資産に付すなど，いわゆる簿価で算定されるが，持分の払戻しにより払い戻すべき額は，当該持分会社の現在価値であるから，資産等は時価で評価され，将来利益を含む，いわゆる「自己のれん」も，その算定の基礎となる。そのため，持分払戻額が簿価純資産額を超える場合もあり得る。次に，原則として会社の価値とは関係がない簿価純資産額を基準にして払い戻すことができる財産の価額を規制することとすると，退社する社員の利益が害されることは前述のとおりである。他方，簿価純資産額を超えて会社財産が社員に払い戻されるという事態は，会社債権者にとっては，退社の場合を除けば，清算の場合において生ずるのみである。以上のことから，このような場合には，清算に準じた債権者保護手続[39]を経ることにより，払い戻すことができることとしている[40][41]。

　さらに，前記(2)や(3)の場合において必要な手続をとらずに持分の払戻しをした場合には，当該持分の払戻しに関する業務を執行した社員は，その職務を行うについて注意を怠らなかったことを証明した場合を除き，合同会社に対して，当該持分の払戻しを受けた社員と連帯して，当該持分払戻額に相当する金銭を支払う義務を負う（会社636条1項）[42][43]。

　なお，必要な行為を要求しても，業務執行社員が行わない場合には，退社員は，解散の訴え（会社833条2項）を提起し，清算手続後，残余財産の分配を受けるほかない[44]。

   (39)　清算に準じた債権者保護手続を通常の債権者保護手続を比較すると，次の点において相違がある（相澤・郡谷・前掲注（3）23頁）。
   　　（i）　異議を述べる期間は1か月ではなく，2か月である（会社635条2項）。
   　　（ii）　公告方法にいかんを問わず，知れている債権者への個別催告を省略することはできない（会社635条3項ただし書）。
   　　（iii）　異議を述べた債権者に対しては，「債権者を害するおそれがない」という抗弁は許されず，必ず弁済，相当の担保の供与等をしなければならない（会社635条5項ただし書）。
   (40)　相澤＝郡谷・前掲注（3）22頁・23頁。
   (41)　合同会社の社員が退社した場合には，合同会社は，会社法627条に定める債権者保護手続（会社法635条1項の場合には，同条の債権者保護手続を含む。）を行って資本

金の額を減少することができ，その場合には，資本金の額は，当該退社した社員の出資につき資本金の額に計上されていた額が減少する（計算規53条2項1号）。合同会社の資本金の額は登記事項とされているので，資本金の額が減少した場合には，その変更登記をしなければならない（会社914条5号，915条1項）。
(42)　なお，平成17年2月9日法制審議会総会決定「会社法制の現代化に関する要綱」では，「すべての業務執行社員は，その払い戻した額につき，弁済責任（過失責任）を負うものとする。」（同要綱第3部第2・5(2)③）とされていた。
(43)　なお，本来退社員は債権者保護手続をとることについて責任を負う立場にないはずであるから，退社員自身が弁済義務を負うのは業務執行社員と通謀したような特殊な場合に限られると解されよう（宍戸・前掲注（5）114頁）。
(44)　相澤＝郡谷・前掲注（3）23頁。

Ⅲ　持分の譲渡

1．持分全部譲渡の意義

　持分の全部譲渡とは，譲渡人が有する持分（なお，持分は各社員について1個とされている。）を他人に譲渡することをいい，社員たる地位が譲渡されることとなる。持分の一部譲渡とは，持分をその計算上の数額において分割して，その一部を譲渡することをいう。持分の一部譲渡の場合は，譲渡人は依然として社員の地位にとどまる。

　旧商法においても無限責任社員の持分の譲渡については業務執行の有無にかかわらず他の社員全員の同意が必要とされていたこと（旧商73条），業務執行社員の変動は社員全員に影響を及ぼす可能性があることから，会社法では，業務執行社員の持分の譲渡には，定款に別段の定めがある場合を除き，他の社員全員の承諾を要求している（会社585条1項）。これに対して，業務を執行しない有限責任社員の持分の譲渡については業務を執行する社員の承諾で足りるものとしている（同条2項）。旧商法では，無限責任社員の承諾を要するものとしていた（旧商154条）が，有限責任社員の変動は原則として無限責任社員が負うべき責任の範囲には影響を与えないものであることから，業務執行社員の権限とすることにしたものである[45]。持分の譲渡による定款の変更の要件も，業務を

執行しない有限責任社員の持分の譲渡の承諾権者の範囲に併せて見直しを行っている。すなわち，業務執行権を有しない有限責任社員の持分の譲渡に伴い定款の変更を生ずるときは，その持分の譲渡による定款の変更は，業務執行権を有する社員全員の同意によってすることができる（会社585条3項）[46]。

これらの要件は，定款に別段の定めがない場合のものであるから，定款で異なる要件を設定することもできる（会社585条4項）。その定めの内容については，特に制限はなく，例えば，業務執行社員が決定するものとすることや，一定の場合には承諾を要しないものとすることなどを定めることもできる。例えば，「社員は，譲渡者を除く社員の過半数の同意を得て，その持分の全部又は一部を譲渡することができる」と定款で定めることができる。また，持分譲渡の承諾権を業務執行社員のみに与えたり，一定の場合には承諾を要しないものと定めることもできる[47]。

合名会社及び合資会社については，出資の増加又は持分の譲受けに係る定款の変更をしたときに出資の増加又は持分の譲受けの効果が生ずると解すべきであった（会社604条2項参照）ことからすれば，持分譲渡についても定款の変更をしたときにその効果が発生すると解すべきことになろう。

なお，持分会社は，その持分の全部又は一部を譲り受けることができない（会社587条1項）。この自己持分取得の禁止規定は旧商法にはなく，会社法で新たに設けられたものである。持分会社が当該持分会社の持分を取得した場合には，当該持分は，当該持分会社がこれを取得した時に，消滅する（同条2項）。

(45) 他の社員全員の承諾とは，譲渡者を除く他の社員全員の承諾をいう。他の社員の承諾のない持分譲渡は無効であるが，事後承諾でもよい（上柳＝鴻＝竹内編集代表・前掲注（11）244頁〔鴻常夫〕）。持分の譲受けによる社員の加入は，定款に別段の定めがない限り，総社員の同意によって当該社員に係る定款の変更をした時に，その効力を生ずる（会社604条2項）。

(46) 相澤＝郡谷・前掲注（3）15頁・16頁参照。

(47) 相澤＝郡谷・前掲注（3）16頁。また，事前に買取価格又はその算定方法・評価人の選定方法等を定めておくことも可能であり，いわゆる先買権条項や買受強制条項等を定めることも可能であると考えられる（弥永真生＝岩倉正和＝太田洋＝佐藤丈文監修／西村ときわ法律事務所編・新会社法実務相談（2006）505頁・506頁）。なお，持分の譲渡を許さないとする旨や持分の譲渡に他の社員全員の同意に加え一定の要件を加重する旨の定款の定めをすることについても，退社の自由が認められている（会社

606条参照）ことから考えても，特に否定する必要はないのではないかと思われる。

2．持分譲渡の効果

(1) 社員でない者に対して持分の全部又は一部が譲渡された場合

社員でない者に対して持分の全部譲渡がされた場合には，譲渡人は社員たる地位を喪失して退社し，譲受人は新たに社員の地位を取得して加入する。また，社員でない者に対して持分の一部譲渡がされた場合には，譲渡人の持分が減少し，譲受人は新たに社員の地位を取得して加入する。

(2) 社員に対して持分の全部又は一部の譲渡がされた場合

社員に対して持分の全部譲渡がされた場合には，譲渡人は社員たる地位を喪失して退社し，持分を譲り受けた社員の持分が増加する。また，社員が他の社員から持分の一部の譲渡を受けた場合には，持分の一部譲渡をした社員の持分が減少し，持分の一部を譲り受けた社員の持分が増加する。

合資会社の場合には，無限責任社員と有限責任社員の間で相互に持分の譲受けが行われることがあり得る。まず，無限責任社員が有限責任社員の持分の全部又は一部を譲り受けた場合，持分の譲渡の結果としても無限責任社員と有限責任社員たる地位の兼任を認めることは理論上不可能なことであるから，無限責任社員としてその持分が増加するにすぎないと解される[48]。次に，有限責任社員が無限責任社員の持分を譲り受けた場合には，無限責任社員になるとする説もあるが，有限責任社員としての持分が増加するにとどまると解すべきであろう[49]。

(48) 上柳＝鴻＝竹内編集代表・前掲注（11）632頁・633頁〔鴻〕。なお，持分譲渡の結果有限責任社員が存在しなくなる場合には，合資会社は，当該持分譲渡に係る定款変更において，その社員の全部を無限責任社員とする定款の変更をすることになるから，その結果合名会社となる（会社638条2項1号，639条1項）。

(49) 上柳＝鴻＝竹内編集代表・前掲注（11）603頁〔江頭憲治郎〕，大隅健一郎＝今井宏・会社法論(上)〔第3版〕（1991）137頁。なお，無限責任社員になると解した場合，持分譲渡の結果有限責任社員が存在しなくなる場合には，合資会社は，当該持分譲渡に係る定款変更において，その社員の全部を無限責任社員とする定款の変更をすることになるから，その結果合名会社となる（会社638条2項1号）。これに対して，有限責任社員としての持分が増加するにとどまると解した場合，持分譲渡の結果無限責任社員

が存在しなくなる場合には，合資会社は，当該持分譲渡に係る定款変更において，その社員の全部を有限責任社員とする定款の変更をすることになるから，その結果合同会社となる（同項2号）。この場合に，出資義務を履行しないまま，無限責任社員がその持分を譲渡したときは，当該定款の変更は，当該出資義務の履行が完了した日にその効力を生じることとなる（会社640条1項）。

(3) 代表権・業務執行権の承継

(a) 定款で業務執行権・代表権について定めていない場合

社員は定款に別段の定めがある場合を除き，業務執行社員となり（会社590条1項），業務執行社員は持分会社を代表する（会社599条1項）。したがって，この場合は，持分の全部又は一部の譲渡がされたときは，持分すなわち社員としての地位を譲り受けた者は業務執行権及び会社代表権を当然に取得すると考えられる。また，持分の一部の譲渡がされたときは，一部譲渡人のこれらの権限には何ら影響がないと考えられる。

(b) 定款で業務執行権・代表権について定めた場合

定款で業務執行権及び会社代表権を与えられた者が持分の全部又は一部を譲渡しても，これらの権限は，特定の個人の信用及び能力を基礎として委託されたものであるから，譲受人が承継することはないと解すべきである（定款の定めに基づき社員の互選によって業務執行社員の中から代表社員を定めた場合〔会社599条3項〕も，同様と解すべきであろう。）[50]。また，持分の一部の譲渡がされたときは，一部譲渡人のこれらの権限には何ら影響がないと考えられる。

(50) 青山修・持分会社の登記実務―合名・合資・合同会社の設立から清算結了まで（2007）117頁。また，社員の地位の相続の場合につき上柳＝鴻＝竹内編集代表・前掲注（11）314頁〔古瀬村〕。なお，定款で業務執行権及び会社代表権を与えられた者全員が持分の全部を譲渡した場合（退社した場合）には，当該定款の定めはその効力を失う（会社591条3項）結果，全社員が業務執行社員となり（会社590条1項），業務執行社員は持分会社を代表する（会社599条1項）ことになる。

(4) 持分の全部の譲渡をした社員の責任

持分の全部を他人に譲渡した社員は，退社による変更の登記（会社915条1項）をする前に生じた持分会社の債務について，従前の責任の範囲内でこれを弁済する責任を負う（会社586条1項）。退社の登記がなされるまでは，現実に退社し

ていても，対外的な責任の関係では，退社していないものと実際上同じに扱われることになる(51)。

退社した社員のこの責任は，退社による変更の登記後2年以内に請求又は請求の予告をしない持分会社の債権者に対しては，当該登記後2年を経過した時に消滅する(会社586条2項)。なお，各社員についての登記制度がない合同会社(会社912条5号，913条5号及び914条参照)には，会社法586条の適用はないと解される。

(51) 上柳＝鴻＝竹内編集代表・前掲注(11)352頁〔古瀬村〕。

Ⅳ 包括承継の場合

会社法では，旧商法において規定がなかった合併による法人の消滅を退社事由として明示したうえ，死亡の場合には退社しない旨や，死亡の場合には相続人が，合併による法人の消滅の場合には当該法人の一般承継人が，それぞれ持分を承継する旨等の定款の定めを設けることができることを明確化した(会社608条1項)(52)(53)。

(52) 旧商法では，無限責任社員の死亡は法定退社原因とされ(旧商85条3号，147条)，その相続人が死亡した無限責任社員の地位を承継して合名会社又は合資会社に入社することは当然には認められていなかったが，死亡した無限責任社員の地位を相続人が承継して入社できる旨を定款で定めることができるものと解されていた(上柳＝鴻＝竹内編集代表・前掲注(11)312頁・313頁〔古瀬村〕)。これに対して有限責任社員の死亡の場合は，定款で相続承継入社ができる旨を定めていなくても，相続承継入社ができるものとされていた(旧商161条1項)。もっとも，法人は，合名会社・合資会社の社員になることができないものと解されていた(旧商55条参照)ため，当該法人が合併により消滅した場合の取扱いについては規定が存在しなかった。
(53) なお，会社分割も合併と同様に一般承継と考えられているが，会社分割の場合，会社分割後も権利義務の帰属主体（分割会社）が残存するので，特に会社法上特別の手当がされなかったものと思われるが，すべての事業を子会社に承継させる会社分割を行う場合については，定款上何らかの手当（会社607条1項1号参照）が必要ではなかろうか。

1．相続等による持分承継の定款の定めがない場合

持分会社の定款に相続等による持分承継の定めがないときは，死亡又は合併

により消滅した社員は退社する（会社607条1項3号・4号）とともに，死亡又は合併により消滅した社員の相続人その他の一般承継者は，当該社員の持分を承継することができない（会社608条1項参照）。この場合，死亡又は合併により消滅した社員の相続人その他の一般承継者は，死亡又は合併により消滅した社員の退社に基づく持分払戻請求権を承継できるにすぎない。なお，相続人その他の一般承継人は，総社員の同意を得て，この持分払戻請求権を出資として持分会社に加入することができる。この場合は，持分の承継ではなく，加入による新たな持分の原始的な取得である（大判大6・4・30民録23輯765頁）。

2．相続等による持分承継の定款の定めがある場合

相続による持分承継の定款の定め方として，判例上現れたものは，大別すると，「相続が発生した場合には，当然に相続人は承継加入する」旨の定めと「相続が発生した場合において，相続人が欲したときには承継加入することができる」旨の定めとがある[54]。

まず，「相続が発生した場合には，当然に相続人は承継加入する」旨を定款で定めた場合については，相続人は当然に社員たる地位を取得する（大判昭9・2・9法学4号500頁）。この場合，相続人が社員となることを欲しないときは，相続の放棄又は限定承認[55]をするほかなく，単純承認をした以上は，相続開始のときから当然社員たる地位を有し，たとえただちに退社してもいったん社員となった効力を免れることはできない[56]。「合併により社員たる法人が消滅した場合には，当然にその一般承継人が承継加入する」旨を定款で定めた場合についても，一般承継人は当然に社員たる地位を取得することになろう。

これに対して，「相続が発生した場合において，相続人が欲したときには承継加入することができる」旨を定款で定めた場合については，相続人の任意の意思表示によって承継加入して社員となることができる。同様に，「合併により社員たる法人が消滅した場合において，その一般承継人が欲したときには承継加入することができる」旨を定款で定めた場合についても，一般承継人の任意の意思表示によって承継加入して社員となることができることになろう。なお，相続人が数人いる場合において，その一部の者が加入の意思を表示したときは，その者は相続分に応じて死亡した社員の権利義務を有し，加入の意思を

表示しない者は持分の払戻請求権を取得すると解すべきであろうという見解がある(57)。

(54) 青山・前掲注 (50) 120頁。
(55) 旧商法下でも，限定承認の場合は，相続人の義務は制限され，合名会社の社員たる地位と相容れないから，相続人は社員とはならないと解されていた（上柳＝鴻＝竹内編集代表・前掲注 (11) 313頁〔古瀬村〕）。また，有限責任社員については，限定承認をした場合でも，なお相続人は社員となり，出資義務につき相続財産の限度で責任を負うと解されていた（上柳＝鴻＝竹内編集代表・前掲注 (11) 652頁〔林竧〕）。会社法下でも，同様に解されよう。
(56) 上柳＝鴻＝竹内編集代表・前掲注 (11) 313頁〔古瀬村〕。なお，遺産分割の効力は相続開始のときにさかのぼってその効力を生じるのが原則である（民909条）ものの，死亡した社員の地位は，権利義務を包括したものであって，いったん社員となることによって生じた債務は分割することができず，遺産分割協議によって相続人中の１人を死亡社員の地位の承継者としても，その協議の効力は遡及しないと解されている。そのため，相続による持分承継の定款の定めがある場合において，死亡した社員の数人の共同相続人が単純承認をした後共同相続人全員による遺産分割協議により，共同相続人中の１人が，死亡した社員の地位を承継した場合には，相続承継加入の登記は受理しないのが登記実務である（青山・前掲注 (50) 123頁・124頁）。
(57) 青山・前掲注 (50) 120頁。

3．持分承継の時期・定款の変更等

(1) 持分承継の時期

　社員の加入の時期につき，会社法604条２項は「持分会社の社員の加入は，当該社員に係る定款の変更をした時に，その効力を生ずる」としているが，相続又は合併による法人の消滅の際の持分承継の定款の定めがある場合には，死亡した社員又は合併により消滅した社員の一般承継人（社員以外のものに限る。）は，死亡した社員又は合併により消滅した社員の持分を承継した時に，当該持分を有する社員となる（会社608条２項）。

　この「承継した時」とは，相続人又は合併により消滅した社員の一般承継人が当然に社員たる地位を取得する場合には，社員が自然人のときは相続開始（死亡）の時であり（民882条），社員が法人（会社）であって，吸収合併により消滅したときは吸収合併がその効力を生ずる日（吸収合併契約書で定めた効力発生日）であり（会社750条１項，752条１項），新設合併により消滅したときは新設会社の成立の日（本店所在地において新設合併による設立登記をした日）となる（会社754条１項，

756条1項)。これに対して，相続人又は合併により消滅した法人の一般承継人が欲したときに承継加入することができる旨を定款で定めた場合については，相続人又は一般承継人の任意の意思表示によって承継加入して社員となることができることになろう。

(2) **一般承継に伴うみなし定款変更**

相続又は合併による法人の消滅の際の持分承継の定款の定めがある場合には，持分会社は，死亡した社員又は合併により消滅した法人の一般承継人が持分を承継した時に，当該一般承継人に係る定款の変更をしたものとみなされる（会社608号3項）。したがって，社員の相続開始又は合併による持分の移転は，持分の譲渡ではないから，総社員（又は業務執行社員全員）の同意（会社585条参照）を必要とせず，かつ，総社員（又は業務執行社員全員）の同意による加入に係る定款の変更をするまで効力を生じない（会社604条2項参照）という問題も生じない。

(3) **未履行出資の連帯責任**

相続又は合併による法人の消滅の際の持分承継の定款の定めがある場合であって，社員の相続開始又は合併による持分の一般継承人が2人以上ある場合には，相続により持分を承継したものであって，出資に係る払込み又は給付の全部又は一部を履行していないものがあるときは，各一般承継人は，連帯して当該出資に係る払込み又は給付の履行をする責任を負う（会社608条4項）。

(4) **相続による共有と権利の行使者**

相続財産は相続人全員の共有に属するから（民898条），相続による持分承継の定款の定めがある場合において一般承継人（相続人）が2人以上あるときは，一般承継人全員で1個の持分を準共有することになる。社員の相続開始による持分の一般承継人が2人以上ある場合には，各一般承継人は，承継した持分についての権利を行使する者1人を定めなければ，当該持分についての権利を行使することができない。ただし，承継した持分についての権利を行使する者1人を定めていない場合でも，持分会社が当該権利を行使することに同意した場

合は，共有者（準共有者）は権利を行使することができる（会社608条5項）[58]。

(58) 旧商法のもとでは，株式の共有の場合の権利行使に関する旧商法203条2項については，共有者が株主の権利行使を認めた場合であっても，共有者が権利を行使することはできないとする判例（最判平11・12・14判時1699号156頁）がある。しかし，この規定は，会社の事務処理の便宜を図るためのものであるから，会社法では，株主の権利を行使すべき者1人が定められていない場合においても，会社側が認めたときには，共有者は権利行使することができることとした（共有者による権利行使のあり方は，民法の規定に従うことになる。）。なお，一般の持分の共有の場合について，会社法上これに相当する規定が設けられていないのは，持分を共有状態にするためには，そのための定款変更が必要であり，権利行使のあり方や出資の履行方法については，当該定款変更時に会社と社員の間で解決済みであることが前提となることから，特に規定を設ける必要がないためである（相澤＝郡谷・前掲注（3）20頁参照）。

4．責任・業務執行権・代表権の承継

相続又は合併による法人の消滅の際の持分承継の定款の定めがある場合において持分を承継した一般承継人の責任・業務執行権・代表権の承継については，持分譲渡について述べたところ（Ⅲ 2 (3)(4)）が妥当すると考えられる。

〔太 田 穰〕

第4章　持分会社

4．持分会社の業務執行

I　業務執行社員

1．業務執行社員と無限責任

　業務執行とは，会社の事業に関する事務を執行することをいい，会社の事業に関する法律行為（例えば契約締結などの行為）のみならず，事実行為（例えば帳簿の記入，商品の管理，使用人の指揮・監督などの行為）をも含む。会社法は，持分会社においては，原則として全社員に業務執行権を認めたうえ（会社590条），定款の定めによって，一部の社員のみを業務執行社員に限定することを認めている（会社591条）。旧商法では，合名会社については社員が，合資会社については無限責任社員が，それぞれ業務を執行することとしたうえ（旧商70条，151条1項），合資会社の有限責任社員が業務を執行し又は会社を代表することを禁じることで，無限責任を負う社員に業務執行権及び代表権を帰属させていた[1]。しかし，会社法は，有限責任社員のみから構成される合同会社を新設したこともあって，社員の責任の態様を問わず社員の地位と業務執行権とを直截に結びつけた。

　本来，会社の債務についての責任と業務執行権の付与とは無関係のはずである。誰に会社の業務を執行させるかは，内部的に社員間で定め得る問題で，法律で当事者の意思に反することまで強制する必要はないと考えられる。また，代表権についても，その所在が適切に外部に表示され，代表者としての権利義務を規律すれば特に問題はない。そこで，会社法は，社員の責任の態様を問わず原則として全社員に業務執行権（及び代表権）を認めたうえ，定款でそれを制

4　持分会社の業務執行

限することを認めたのである[2]。

- (1)　判例（最判昭24・7・26民集3巻8号283頁）は，旧商法156条のうち「業務執行に関する部分は任意規定と解するのが相当」としている。これに対し，旧商法156条が代表権を否定する点は，対外関係に関する強行規定であり，代表権は常に業務執行権があることを前提とすると，すべての無限責任社員を業務執行から排除することはできないと解されていた（上柳克郎＝鴻常夫＝竹内昭夫編集代表・新版注釈会社法(1)会社総則・合名会社・合資会社（1985）637頁〔林竧〕）。
- (2)　ただし，持分会社において，定款の定めにより，社員以外の者に業務執行権限を付与することは認められず，業務執行権限の存在を前提とする代表権（会社599条参照）についても同様である（清水毅「持分会社に関する諸論点」T ＆ Amaster 191号（2006）21頁）。なお，社員以外の者が業務執行社員の代理人として業務執行に関わることはできる。また，法人が持分会社の業務執行社員である場合には，職務執行者を選任する必要があり，社員以外の自然人を職務執行者に選任し業務を執行させることはある。

2．業務執行社員の辞任・解任

業務執行社員を定款で一部の社員に限定した場合[3]，その業務執行社員は，正当な事由がない限り，辞任することができない（会社591条4項）。また，正当な事由がある場合には，他の社員の一致により解任することができる（同条5項）。もっとも，辞任・解任について定款に別段の定めを置くこともできる（同条6項）。定款で定められた業務執行社員が正当な事由により辞任した場合，その限度において定款の当該定めは効力を失うと解される。この場合，他にも業務執行社員が定款で定められている場合は，その者のみが業務執行権限を有し，辞任した者以外に業務執行社員がいなければ，辞任した者を含め，持分会社の社員全員がそれぞれ業務執行権限を有することになると解される[4]。

- (3)　定款で特定社員を定めなければならず，社員の互選で定める旨の定款の規定は許容されないとの見解がある（高野一郎・会社法実務ハンドブック（2006）1165頁）。
- (4)　清水・前掲注（2）21頁。

3．業務執行の決定

社員（業務執行社員を定めたときは業務執行社員）が複数いる場合，持分会社の業務は，定款に別段の定めがある場合を除き，原則として[5]社員（業務執行社員[6]）の過半数をもって決するとされている（会社590条2項）。この過半数は，資本多

数決でなく社員(業務執行社員)の頭数による。この決定のために会議を開くことは特には必要でなく,会議を開く際にも招集手続や決議の要件について法律に規定はなく,会社の自治に委ねられている。社員に対し,相当期間前に議題を通知する必要もない(合資会社の除名決議について,最判昭33・5・20民集12巻7号1086頁)。なお,日常の業務については,他の社員が完了前に異議を述べない限り,各社員(業務執行社員を定めたときは業務執行社員)が専断で決定することができる(会社590条3項)。

(5) 重要事項については,原則として総社員の同意によって決定される(会社594条,637条,641条3号など)。
(6) 業務執行社員を定めた場合でも,支配人の選任・解任は,定款に別段の定めがない限り,総社員の過半数により決定しなければならない(会社591条2項)。

II　法人社員と業務執行

1．業務執行権のある法人社員の許容

　無限責任を負わない社員に対しても会社の業務執行権を付与したことから,会社法では,法人が持分会社の業務執行社員となることも同時に許容された。これに対し,法人が株式会社の取締役になることは依然禁止されている(会社331条1項1号)。かかる規律の差異の理由は,取締役は自然人の経営能力を買われて選出された受任者であるのに対し,持分会社の業務執行社員は出資者であることから導かれている[7]。なお,業務執行社員となることができる法人の種類には限定がなく,会社以外の法人(中間法人や各種の組合等)でもよいし,外国の法人でもよい[8]。

　会社法は,法人が持分会社の業務執行社員となることのみならず,法人が持分会社の無限責任社員たる地位に就くことも認めた。この点,立案担当者は,法人自体は権利義務の共有主体にも社会活動主体にもなり得るし,禁止する合理的な理由がないためであると理由を説明している[9]。従来も,法人が無限責任社員の地位に就けないとする規制は,合弁企業を合名会社形式で行うことを妨げ,また,実質的な根拠を欠くとして,立法論的に妥当ではないといわれ

ていた点であった[10]。したがって，今後，持分会社の形態で設立される合弁企業が増加することが期待される。

(7) 相澤哲＝葉玉匡美＝郡谷大輔編著・論点解説新・会社法—千問の道標(2006)281頁。
(8) 相澤＝葉玉＝郡谷編著・前掲注（7）582頁。なお，銀行等の金融機関など，一般の会社と異なり，行為の範囲が法律で限定されている法人については，別途業務執行社員になることを禁じられる場合がある。
(9) 相澤＝葉玉＝郡谷編著・前掲注（7）579頁。
(10) 上柳＝鴻＝竹内編集代表・前掲注（1）97頁〔竹内〕。

2．法人が業務を執行する社員となる場合の特則—職務執行者

会社法は，法人が業務を執行する社員となる場合の特則を定めている（会社598条）。具体的には，法人が業務を執行する社員となる場合には，現実にその職務を行うこととなる自然人（すなわち，職務執行者）を選任し[11]，その者の氏名及び住所を他の社員に通知しなければならない[12]。また，職務執行者に業務執行社員と同様の義務・責任を課している（同条2項）。なお，法人社員の代表者（例えば株式会社の代表取締役）が，当該法人を代表する権限を有することをもってただちに当該持分会社の業務を執行する権限を有することにはならない。ただし，当該代表者を職務執行者として選任することはできる[13]。

指定すべき職務執行者の資格には特に制限がないため，当該法人社員に所属する役員や従業員ではない者であっても，職務執行者として指定することはできる。したがって，例えば，法人社員が，顧問弁護士，顧問税理士又はコンサルタント等を職務執行者として指定することも差し支えないと解されている[14]。他の例としては，資産の流動化において，合同会社を資産保有SPCとし，合同会社の社員を中間法人又はケイマン諸島法に基づく特別目的会社などとしたうえで，公認会計士などオリジネーターから独立した者を職務執行者として選任することが想定される[15]。また，職務執行者の資格（当該法人社員との関係）は，当該持分会社にとっては法的に意味がないため，会社法598条に基づく通知に記載したり[16]，登記事項としたりする必要もない。

また，法人社員1名が複数の職務執行者を指定できると解される[17]。ただし，複数の職務執行者の権限に制限を加えても，当該制限を善意の第三者に対抗することはできないと解される。この第三者には，当該持分会社の外の第三者は

第 4 章　持分会社

もちろん，当該持分会社の社員も含まれるとされる。ただ，複数の職務執行者における権限の内部的な制限について，当該持分会社の定款に定めを設けていれば，当該持分会社の他の社員にその制限を対抗することは可能である[18]。

　職務執行者の選任手続について，会社法は特別の規律を設けていない。そこで，法人が職務執行者を選任するには，当該法人が服すべき一般的な規律に従って選任することになる。例えば取締役会設置会社（委員会設置会社でない場合）である株式会社が持分会社の業務執行社員である場合には，取締役会の決議によって職務執行者を選任することになる。登記実務においては，代表社員が法人である場合の職務執行者の選任については，当該選任に係る登記の申請書に，当該法人の業務執行の決定機関において選任したことを証する議事録等を添付しなければならないこととされている。具体的には，当該法人が株式会社である場合には，取締役が選任したことを証する書面（取締役会設置会社にあっては取締役会の議事録，委員会設置会社にあっては執行役が選任したことを証する書面）である[19]。

　なお，過料事件については，原則として当事者の普通裁判籍の所在地を管轄する地方裁判所が管轄することになるが（非訟161条），持分会社の業務執行社員たる法人を当事者とする過料手続において，職務執行者たる自然人の住所地によりその普通裁判籍が定まる場合があり得る（民訴 4 条 5 項）。

(11)　法人以外の事業体については，職務執行者を置く必要はない。なお，法人以外の事業体を社員として登記することもできないし，その職務執行者を登記することもできない（相澤＝葉玉＝郡谷編著・前掲注（ 7 ）581頁）。
(12)　法人が会社を代表する社員である場合には，この職務執行者の氏名及び住所が登記される（会社912条 7 号，913条 9 号，914条 8 号）。
(13)　清水・前掲注（ 2 ）22頁。
(14)　相澤＝葉玉＝郡谷編著・前掲注（ 7 ）580頁。
(15)　長島・大野・常松法律事務所編・アドバンス新会社法〔第 2 版〕（2006）608頁。
(16)　必要的記載事項ではないだけであって，参考情報として任意に通知に記載することは問題ないと解される。
(17)　清水・前掲注（ 2 ）22頁。西田淳二「会社法施行後における商業登記実務の諸問題(2)」登情539号（2006） 8 頁は，「外国会社が持分会社の一人社員となる場合には，その職務執行者のうち，少なくとも 1 名が日本に住所を有していなければならないと解される」と述べているので，登記実務においても当然の前提としているようである。
(18)　清水・前掲注（ 2 ）23頁。
(19)　「会社法の施行に伴う商業登記事務の取扱いについて（通達）」平18・ 3 ・31法務

省民商782号法務局長・地方法務局長あて法務省民事局長通達第4部第2・2⑶）。

3．職務執行者の法人社員又は持分会社に対する関係

　持分会社の法人社員とその職務執行者との関係は，当該法人社員が行う持分会社の対外的な活動については，法人とその支配人との関係に類似したものとなる。そして，具体的な法律関係は，法人社員と職務執行者との間で締結される契約により，委任契約，雇用契約等様々な形態があり得る。

　これに対し，持分会社と職務執行者との間については，特に契約関係が要求されるものではないが[20]，前述のとおり職務執行者は，業務執行社員が持分会社に対して負うべき義務と同様の義務を負うべきこととされている（会社598条2項）。そこで，問題になるのが，①職務執行者が法人社員の指図に基づき行動した場合に，職務執行者は持分会社による任務懈怠責任追及を免れることができるのか，という問題と，②職務執行者が持分会社に対して任務懈怠責任を負う場合に，持分会社は法人社員に対しても何らかの責任を追及できるか，という点である。

　①の問題については，職務執行者は法律上持分会社に直接義務を負っている以上，法人社員の指図に基づき行動したとしても責任を免れることはできないものと思われる。職務執行者としては，持分会社に対して損害を賠償する一方で，法人社員に対し，両者間の契約に基づいて補償等を求めることを検討していくことになろう。②の問題については，法人社員と職務執行者との間で締結される契約の種類・内容により，差異が生じると思われ，また，法人社員に使用者責任等に相当する責任が認められる場合[21]でも，持分会社自身にも過失[22]が認められて過失相殺される場合があり得るのではないかと思われる。いずれにしても今後判例の集積が待たれる論点であろう。特に，合弁企業を合同会社など持分会社形態で設立した場合で，内紛が生じた際に争いが顕著になると思われる。

(20)　相澤＝葉玉＝郡谷編著・前掲注（7）581頁。
(21)　法人社員と職務執行者の間の関係が雇用契約であれば，民法715条の責任が問題となり，選任・監督についての過失の有無が問題になろう。また，両者間の契約が委任・請負契約であれば，民法716条の責任が問題となり，法人社員の注文又は指図についての過失の有無が問題となろう。この点について，職務執行者の任務懈怠により，当

第4章　持分会社

該持分会社又は第三者に損害が生じた場合、職務執行者及び当該法人の双方がそれらの損害賠償責任を当然負うことになるかのように述べる見解もある（清水・前掲注（２）23頁）。しかし、株式会社が業務執行社員でその代表取締役が職務執行者の場合には株式会社も責任を負うと考えられるものの（会社350条）、職務執行者はその資格に制限がなく、当該法人社員の役員ではない者（例えば弁護士）も選任され得るので、職務執行者の性質等を個別具体的に検討すべきであろう（神作裕之「会社の機関──選択の自由と強制（日本私法学会シンポジウム資料 新会社法の意義と問題点）」商事1775号（2006）47頁）。

(22)　取締役会設置会社の取締役は、代表取締役の業務執行一般につき、その適正性を確保するための監視義務を負う（最判昭48・5・22民集27巻5号655頁）。これに対し、持分会社の社員は、他の社員の業務の執行について、その適正性を確保するための監視義務まで負うものではないので、どういう場合に持分会社自身に過失が認められるかは難しい問題であろう。

4．職務執行者の解職の可否

　業務執行社員について、一定の違反その他の著しく不適任な事由がある場合には、訴えをもって、業務執行権の消滅を請求することができる（会社860条）。しかし、法人社員の職務執行者についてはそのような制度はない。その理由は、職務執行者については、特に選任手続が法定されているわけではなく、仮に、職務執行者の権限を消滅させる請求を認容する判決が確定しても、再度当該法人社員の判断のみで、その者を職務執行者として再任することを妨げることができず、実効性を欠くためである。そこで、不適任な職務執行者が選定された場合には、当該法人社員に対して、事実上、その変更を促すか、当該法人社員自体を業務執行社員から外すための所要の手続をとるべきこととなる[23]。なお、株式会社の取締役とは異なり、職務執行者に任期の上限についての規制はない。

(23)　相澤＝葉玉＝郡谷編著・前掲注（７）582頁。業務執行権の消滅の訴えが考えられる。

Ⅲ　業務執行社員の持分会社に対する関係

1．業務執行社員と持分会社との間の法律関係

　会社法は，一部を除き，民法の委任規定を次のとおり修正した規定を置いて，業務執行社員と持分会社との間の法律関係を規律している[24]。
　① 　定款で業務執行社員を定めた場合において，その業務執行社員の全部が退社した場合の規定の整備（当該定款の定めの失効，会社591条3項）
　② 　民法645条の受任者の報告義務に係る報告請求権者の規定の整備（委任者たる持分会社だけでなく，社員も報告を求めることができる。会社593条3項）
　③ 　定款で別段の定めができる範囲の明確化（会社591条6項，593条5項，594条1項ただし書，595条1項ただし書）。脚注
　(24)　定款に別段の定めがある場合を除き，業務執行社員と持分会社との関係には，民法646条から650条までの規定（受任者の受寄物引渡等の義務，受任者の金銭消費貸借の責任，受任者の報酬請求権，受任者の費用前払請求権，受任者の費用償還請求権など）が適用される（会社593条4項・5項）。

2．業務執行社員の善管注意義務・忠実義務の制限

　会社法では，持分会社に係る規律について，定款で別段の定めをすることができる場合の範囲を明確化しているが，業務執行社員の善管注意義務・忠実義務（会社593条1項・2項）については，別段の定めをすることができる旨の規定がないので，これらの義務自体を定款で制限することはできない。立案担当者によれば，これは次の理由によるとされている。すなわち，善管注意義務等については，委任に関する民法645条ないし650条の規定と異なり，具体的な権利義務が生ずる旨を定めるものではなく，業務執行者がその任務を遂行するにあたり，善管注意義務等を欠くことによって，会社に損害が生ずればその責任を賠償する義務を負うという関係にあるものである。したがって，例えば定款で「善管注意義務を負わない」旨を定めたとしても，その意味は結局，自己の行為によって生じた損害賠償責任を負わないという効果をもつにすぎず，損害賠償責任の追及の問題として解決すれば足りるために，あえてそのような規定を

設ける意味がないものと考えられるからである[25]。

(25) 相澤哲＝郡谷大輔「持分会社」相澤哲編著・立案担当者による新・会社法の解説〔別冊商事295号〕（2006）160頁。また，神作・前掲注（21）42頁は，「職務執行につき悪意・重過失がある場合の対第三者責任（会597条）の前提が切り崩されないよう配慮したものである。」と説明している。

3．業務執行社員の損害賠償責任の制限

　業務執行社員は，その任務を怠ったときは，持分会社に対して連帯して損害賠償責任を負う（会社596条）。この業務執行社員の損害賠償責任についても，定款で別段の定めができる旨の規定はなく，定款でかかる責任を制限することはできない。もっとも，立案担当者によれば，持分会社の業務執行社員の損害賠償責任については，株式会社の役員等の任務懈怠責任のように，その免除の方法について，特別の制限[26]が課せられておらず，当該持分会社において，自由に免除することができる。したがって，事後の責任免除はもちろん，責任が生じることを停止条件として，その免除の意思表示を事前にすることも可能であり[27]，これらの免除の方法や条件については定款等で定めることができる。ただ，この点についてはまったくの無制約ということではなく，定款の規定が公序良俗に反するような場合には無効とされる可能性があると考えられる[28]。

(26) 総株主の一致による免除（会社424条），定款の定めによる株主総会の決議等による免除（会社425条，426条），最高責任限度額の設定（会社427条）。
(27) 合弁会社の業務執行に非効率な萎縮効果が生じるおそれがあるという経営上の不安定要因を排除するために，事前の包括的免責が必要であることについて，武井一浩「日本版LLC制度とジョイントベンチャー実務への利用可能性」江頭憲治郎＝武井一浩編・上級商法―閉鎖会社〔第3版〕（2006）306頁。
(28) 弥永真生＝岩倉正和＝太田洋＝佐藤丈文監修／西村ときわ法律事務所編・新会社法実務相談（2006）507頁〔寺本振透＝松村英寿〕，大杉謙一「合同会社（特集 新会社法を学ぶ）」法教304号（2006）87頁，江頭憲治郎「『会社法制の現代化に関する要綱案』の解説」別冊商事法務編集部・会社法制現代化の概要〔別冊商事288号〕（2005）90頁。

4．業務執行社員の競業規制

　業務執行社員は，自己又は第三者のために持分会社の事業の部類に属する取引をすることや，持分会社の事業と同種の事業を目的とする会社の取締役，執

行役又は業務執行社員となることについて、当該社員以外の社員全員の承認を受けなければ、行うことができない（会社594条1項）。ただし、定款に別段の定めを置くことは可能である。会社法594条1項に違反して競業行為（同項1号に掲げる行為）をしたときは、当該行為によって当該業務執行社員又は第三者が得た利益の額は、持分会社に生じた損害の額と推定される（会社594条2項）。

5．業務執行社員の利益相反取引規制

業務執行社員が自己又は第三者のために持分会社と取引をしようとするときや、持分会社が業務執行社員の債務を保証することその他社員でないものとの間において持分会社と当該社員との利益が相反する取引をしようとするときは、原則として当該社員以外の社員の過半数の承認を受けなければならない（会社595条1項）。ただし、定款に別段の定めを置くことができるので、利益相反取引を一切禁止したり、承認の要件を厳格にしたり緩和したりすることも可能である。利益相反取引に係る責任については、一般の任務懈怠責任と同様に、業務執行社員が連帯して損害賠償責任を負うこととなる（会社596条）。なお、株式会社の場合と異なり、過失に関する立証責任の転換や免除に関する制限規定はない。

6．業務を執行する有限責任社員の第三者に対する責任

会社法597条は、業務を執行する有限責任社員がその職務を行うことにより第三者に損害を与えた場合における当該有限責任社員の責任について、特則を設けている[29]。

この規定は、いわゆる「間接損害」に関する有限責任社員の利害状況にかんがみて設けられたものである。業務執行社員の悪意又は重過失による任務懈怠から持分会社が損害を被り、その結果、第三者[30]に損害が生ずる場合には、無限責任社員であれば、その損害の全部を当該無限責任社員が負担することとなる可能性があるが、有限責任社員は自己の出資価額を限度として責任を負うにとどまる。有限責任社員は、自己の責任が限定されているために、会社財産が不足している状況であっても、より慎重に事業を実施したり、早期に倒産手続を選択したりするというインセンティブが欠けているといえる。そこで、持

分会社の業務を執行する有限責任社員について，株式会社の取締役と同様の第三者責任を課すことによって，当該業務執行社員が会社の債務について有限責任であることによる弊害を防止しようとしている。

なお，持分会社の社員は，取締役会設置会社の取締役と異なり，他の社員の業務の執行について，その適正性を要求する権利はあるものの，その適正性を確保するための監視義務まで負うものではない。このように，会社法597条の「その職務」の範囲は，そもそも株式会社の取締役の場合と同一ではないことに留意する必要がある。

(29) 株式会社についての会社法429条1項と同様の規定である。
(30) 「第三者」に損害を被った社員が含まれると解する余地があることにつき，大杉謙一「ジョイント・ベンチャーの企業形態の選択」中野通明＝宍戸善一編・ビジネス法務大系(2)M＆Aジョイント・ベンチャー（2006）49頁。

Ⅳ 持分会社の代表者

1．持分会社の代表

会社経営権限である業務執行権限と，法律行為の効果帰属に関する代表権限とは，法的には別個の権限である。しかし，法律行為である業務執行（例えば，契約の締結）の効果を会社に帰属させるには代表権限が必要となるので，業務執行権限を有する者に代表権限を重ねるのが無理なく自然である。そこで，会社法では，業務執行社員が各自持分会社を代表するのを原則としている（会社599条1項本文・2項）。もっとも，定款又は定款の定めに基づく社員の互選によって，業務執行社員の中から一部の者に限定して持分会社を代表する社員を定めることもできる（同条3項）。なお，会社法599条1項ただし書の規定から，社員以外の者を会社の代表者に定めることができるかのような見解を記述していた文献があったが，同条項の「その他持分会社を代表する者」は，持分会社の清算人，職務代行者（会社603条）という，社員でない者が会社を代表する場合を想定したものであって，通常の状況の持分会社において社員以外の者を代表者に選任できる根拠規定とはならない[31]。

4　持分会社の業務執行

　持分会社を代表する社員は，持分会社の業務に関する一切の裁判上又は裁判外の行為をする権限を有し，かかる権限に加えた制限は，善意の第三者に対抗することができない（会社599条4項・5項）。なお，共同代表の制度は，株式会社と同様に廃止された。

　持分会社は，持分会社を代表する社員その他の代表者がその職務を行うについて第三者に加えた損害を賠償する責任を負う（会社600条）。旧商法78条で準用されていた民法44条の法人の不法行為責任の問題を直接会社法で規定したものである。

　業務執行社員について，一定の違反その他の著しく不適任な事由がある場合には，訴えをもって，代表権の消滅を請求することができる（会社860条）。

(31) 代表社員の被選任資格を有するものが業務執行社員に限られることについて，清水・前掲注（2）22頁。

2．代表者の所在

　外国法を準拠法とする法人社員であっても，持分会社の代表者となることはできる。しかし，会社法では，会社の代表権を行使する自然人のうち少なくとも1名は，日本に住所地を有する必要がある[32]。したがって，法人が持分会社の代表社員となる場合には，当該法人の設立準拠法のいかんにかかわらず，①当該持分会社の自然人である代表社員又は②当該持分会社の法人代表社員の職務執行者である自然人のうち，少なくとも1名の住所地が日本になければならない[33]。社員の死亡，退社，住所変更等によって，日本に住所地を有する持分会社の代表社員（法人社員が代表社員の場合は，その職務執行者）がいなくなる場合，速やかに日本に住所地を有する者を代表社員として選定することが望ましいが，会社法603条に規定される持分会社を代表する社員の職務を代行する者の選定を裁判所に申請すること等によって対応することもできる[34]。

(32) 相澤＝葉玉＝郡谷編著・前掲注（7）585頁。株式会社の代表取締役については通達（昭60・3・11民四1479号民事局第4課長回答）で，少なくとも一人は日本に住居地があることを求められるが，外国会社の日本における代表者についても同じルールが法律で定められていること（会社817条1項）と整合性を保つことがその理由である。
(33) そのため，持分会社を100％子会社とする場合には，日本に住所地を有する自然人を職務執行者に指定する必要がある。

385

(34) 相澤＝葉玉＝郡谷編著・前掲注（7）586頁。

3．社員との訴訟における持分会社の代表

　会社・社員間の訴えにおいて，唯一の代表社員が訴訟当事者である場合のように会社を代表する社員がいないときは，他の社員の過半数をもって会社を代表する者を定めることができる（会社601条）。退社員の持分払戻請求訴訟は，社員が会社に対し訴えを提起する場合にあたらず，会社法601条の適用はない（最判昭58・4・7判時1078号137頁参照）。

　業務を執行しない社員であっても，一定の要件を満たす場合には，社員の持分会社に対する責任の追及をする訴えについて，持分会社を代表する権限を有することができる（会社602条）。これは，株主代表訴訟制度に類似するものであるが，株主代表訴訟とは異なり，原告となる者は社員ではなく，持分会社自身であり，その訴訟遂行にかかる代表権を社員が行使するものである。したがって，訴訟係属中に持分会社を代表して訴訟を遂行していた社員が退社や持分の譲渡によって社員権を失ったとしても，訴訟は当然には終結せず[35]，また訴訟に勝訴し，債務名義を得た場合には，当然に当該持分会社の名において執行をすることができる。会社法602条に基づき持分会社を代表する社員は，持分会社の業務執行の一環として訴訟を遂行するので，持分会社に対して損害を与えるような訴訟遂行をすることは，当然許されるべきではない（同条ただし書）。

　前述のとおり，持分会社の業務執行社員の損害賠償責任については，その免除の方法について，特別の制限が課せられておらず，当該持分会社において，自由に免除することができる。したがって，請求権自体が訴訟係属中に消滅する可能性はある。

(35) 訴訟代理人が存在しない場合においては，他の代表者が承継するまで中断する（相澤＝葉玉＝郡谷編著・前掲注（7）584頁）。

V　業務を執行しない社員の権限

　前述のとおり，持分会社では，原則として全社員に業務執行権を認めたうえ，定款でそれを制限することを認めている（会社590条）。そして，持分会社においては，株式会社とは異なり，社員の権利を保護するための強行規定はほとんど存在しないが，投資継続の判断材料を付与するための観点から，業務を執行しない社員にも以下の最低限の権利が認められている。
① 　業務及び財産の状況の調査権（会社592条1項）
　　この権利は，定款で制限することも可能であるが，事業年度の終了時及び重要な事由があるときの調査権については，制限できない（会社592条2項）。
② 　業務執行社員に対する職務の執行状況の報告及び職務終了後の報告の請求権（会社593条3項）
　　この権利は，定款で制限することが可能であり，一切認めないとすることも可能である（会社593条5項）。
③ 　計算書類の閲覧請求権（会社618条1項）
　　この権利は，定款で制限することも可能であるが，事業年度の終了時の閲覧請求権については，制限できない（会社618条2項）。
④ 　持分会社の常務（会社590条3項）
　　業務を執行しない社員であっても，単独で日常の業務を行うことができるが，その完了前に他の社員が異議を述べた場合は制限されることになる。

VI　持分会社における機関設計の自由と限界

1．持分会社における「所有と経営の分離」

　持分会社においては，社員たる地位と業務執行者・代表者の地位が結合し，定款変更等の重要事項については全社員の同意を要するのが原則であり，典型的な持分会社では，組合的規律が適用され機関も未分化である。しかし，持分

会社は，定款に別段の定めを置くことにより，内部関係を自由に設計することもできる。出資割合に応じた資本多数決原則を採用したり，各種機関を創設したりすることも可能なのである。社員でない者に業務執行権限を与えることはできないが（持分会社に「取締役」〔会社331条2項参照〕はない。），名目的金額の出資で社員とすることや出資比率と異なる持分比率を定款で定めること（会社622条1項）等により，自由な機関設計を実現できるのである。

このように，持分会社においては，株式会社に近づけて「所有と経営」を分離することもできるが，業務執行を行わない社員からは，業務執行社員の選解任を通じて経営陣に対しコントロールを及ぼす方策がないことになる。このような監視が及ばない危険性[36]について，立案担当者は，持分会社が契約的規律によってのみ保護される会社形態であり，関係者の自己責任により賄われるべき問題であるとしている[37]。また，江頭憲治郎教授は，会社形態の濫用について，「会社法制の現代化に関する要綱案」の解説において「人的資産の活用という本来の目的以外の形で使われるものを，金融機関等が取引相手と認めなければ，濫用の危険はない。もし法施行後に弊害が明らかになれば，対処を考える必要が出る。」と述べている[38]。

(36) いわゆるエイジェンシー・コストの問題である。他人（例えば株主）のための行為を受任した者（例えば経営者）の義務懈怠を防止するために費やされるコスト及び防止しきれずに残される損失の総額を経済学では，エイジェンシー・コスト（agency cost）という（江頭憲治郎・株式会社法（2006）47頁）。
(37) 相澤＝郡谷・前掲注（25）155頁。
(38) 江頭・前掲注（28）3頁。

2．機関設計の自由に対する制約

機関設計にかかる定款の定めにおいて，前述のとおり出資割合に応じた資本多数決原則を採用することもできるが，その他にも社員の労務の要素を評価して，出資割合に応じない議決権（持分割合）の定めを置いたり，一定の事項についての意思決定権限を特定の代表社員に一任したり，社員集会，運営委員会又は監査役等を設ける等して機関を分化させることも考えられる。しかし，ドイツ法の議論を紹介しつつ，このような定款の規定もまったくの自由ではなく，持分会社法に内在するいくつかの原理等に基づく制約があり得るとする見解も

ある[39]。また，事実上の制約が課されるケースもある。例えば，合同会社を将来的に株式会社に組織変更して新規株式公開を目指す場合には，上場審査において，取締役会等の経営管理組織等が整備され機能していること，その他コーポレートガバナンスが確立されていることが要求されることから，そのような機関構成の点について実績を積み重ねておかなければならない。

なお，出資割合に応じない議決権（持分割合）などの機関設計に関する定款自治は，有限会社においてもほぼ同様に認められていたものであり（旧有39条1項但書），有限会社で要求されていた社員総会及び取締役1名以上の設置が不要になっている点で，若干ながら持分会社の方がより自由度があるといえる。

(39) 神作・前掲注(21) 43頁。これに対し，合同会社においては，機関設計は完全に自由であるとする見解もある（宍戸善一＝岩瀬ひとみ「ベンチャー企業と合同会社制度」ひろば59巻3号16頁）。両見解の差は，一般条項による制約をどの程度類型化するのかという点にすぎないと思われる。

3．社員間契約（議決権拘束契約）と定款

株主間の議決権拘束契約は，契約当事者間の債権契約としては有効だが，契約に違反して議決権が行使されても（あるいは無効な契約に従って議決権が行使されても），株主による議決権の行使があったことに変わりなく，決議方法に瑕疵があるとはいえないため，決議の効力に影響を及ぼさないとする見解が有力である[40]。そして，議決権拘束契約には，その内容を定款上も規定できるものと，債権契約のままにするほかないもの（相手方を積極的に義務付けるもの等）がある，とされている[41]。そこで，定款に規定できるものは，単なる債務不履行ではなく，会社に対しても効力を主張できるため，より拘束力が強まることになる。

上記の区別は，株式会社の場合だけでなく，持分会社の場合にもあてはまると思われる。持分会社の場合，定款自治がより広く認められるので[42]，違反の効果，すなわち拘束力の強さから，社員間契約だけのままとするよりも，定款に定めを置く場合が多くなるであろう（社員間契約を締結したうえで定款に定めを置く場合と，社員間契約を締結しないで定款に定めを置く場合とがある。）。しかし，それでもなお，定款に内容上定めることができない条項（相手方を積極的に義務付けるもの等）や，内容を秘密にしたい，会社自体は当事者にしたくないなどの事情がある場合などは，社員間契約が用いられることになる。

第4章　持分会社

(40)　青竹正一・新会社法〈法学の森〉(2006) 170頁。
(41)　江頭・前掲注 (36) 309頁。
(42)　株式会社では、株主が権利を行使しやすくする方向での定款規定は原則として有効で、その反対方向での定款規定は法規定がなければ原則として無効と解されるという片面性がある。これに対し、持分会社の定款規定にはこのような片面性がないと解するのが原則であろう（大杉・前掲注 (30) 33頁）。

〔菅　尋史〕

5．持分会社の計算等

はじめに

　会社法では，合名会社，合資会社，合同会社を「持分会社」と総称して，会社法第3編に規定している（会社575条）。会社法制定前においては，全部の社員が無限責任を負う合名会社，一部の社員が無限責任を負う合資会社，すべての社員が有限責任のみ負う株式会社，有限会社の4つの形態が定められていた。会社法の施行に伴い，株式会社と有限会社は株式会社に一本化されるとともに，合同会社という新たな類型の会社が創設された。合同会社は，社員が有限責任しか負わない点において，株式会社と共通であるが，会社の内部関係においては，組合的規律（原則として全員一致で定款の変更その他の会社のあり方が決定され，社員自らが会社の業務執行にあたるという規律）が適用される特徴を有する新たな会社類型として創設されたものである[1]。

　持分会社は，社員の人的性格が強い会社類型であり，定款自治の範囲も広範に認められており，株式会社に比べて柔軟かつ簡素な運営が可能とされている。

　例えば，株式会社においては損益の分配は株式数に応じて比例的になされる（会社454条3項）のが原則（例外，種類株）であるが，持分会社においては，出資の割合に縛られずに自由に定款で損益の分配を定めることができる（会社621条2項）等である。

　会社法及び会社計算規則等では，こうした持分会社の特質を反映する規定が設けられると同時に，株式会社と同様有限責任社員のみから成る合同会社に関して債権者保護の観点から必要な規定が設けられている。

（1）「会社法制の現代化に関する要綱」第3部総論。

第4章　持分会社

I　概　要

　旧商法においては、合名会社、合資会社の計算に関しては、旧商法第1編総則の商業帳簿に関する規定（旧商32条～36条）が設けられていたほかは、特段の規定が設けられていなかった。これに対して、会社法では、持分会社（合名会社、合資会社、合同会社）全般に適用するものとして、計算に関する規定が整備された。これは、合同会社に関しては、計算書類の計数を用いた払戻規制を導入する必要があることから、計算関係規定の整備が不可欠であり、また合同会社、合資会社についても、出資者たる社員とは法人格を別個にする会社であり、無限責任社員がいるからといってもその責任は補充的なものであるから、会社の財産状況等を把握できることが望ましいうえに、法人業務執行社員が認められることとなったのに伴い、連結の対象となる持分会社も存在することとなる等の事情により、持分会社についての計算規定の整備が必要と考えられたためであるとされる[2]。なお、旧商法のもとでは、法人が他の法人の無限責任社員となることはできなかった（旧商55条）が、会社法においては、法人が合名会社や合資会社の社員となることも可能となった（合同会社の計算規定については、本項目のほか、本大系第1巻第4章「6 合同会社」も参照願いたい）。

　（2）　郡谷大輔＝細川充「持分会社の計算」相澤哲編・立案担当者による新会社法関係法務省令の解説〔別冊商事300号〕（2006）161頁。

II　会計帳簿、計算書類

1．会計帳簿と公正妥当な会計慣行

　持分会社においても、会社の会計は株式会社と同様（会社431条）、一般に公正妥当と認められる企業会計の慣行に従わなければならない（会社614条）。この規定は、会社計算規則において規定を置く場合、公正妥当と認められる会計慣行に沿った内容にするという法務省令の作成方針である一方、会社計算規則

に規定がないものに関しては，公正妥当な会計慣行に従って会計処理されるという規範でもあるとされる(3)。

「中小企業の会計に関する指針」（日本税理士会連合会，日本公認会計士協会，日本商工会議所，企業会計基準委員会）は，中小企業にとっての公正妥当と認められる会計慣行の一つとされ(4)，株式会社のみならず持分会社にとっても斟酌されよう。

持分会社は，法務省令で定めるところにより，適時に正確な会計帳簿を作成しなければならない（会社615条1項。なお，会社規159条1号，計算規4条～88条）。

貸借対照表等の計算書類は，仕訳帳，総勘定元帳等の会計帳簿の数字を元にして作成されるのであるから，計算書類の作成が義務付けられる以上，適時に正確な会計帳簿作成が義務付けられるのは当然である(5)。なお，持分会社は，会計帳簿作成の時より10年間，会計帳簿閉鎖時より10年間事業に関する重要な資料とともに会計帳簿を保存しなければならない（会社617条4項，615条2項）。さらに会社が清算された時は，清算人ないし定款等で定められた保存責任者は清算結了の登記のときより10年間帳簿と重要資料を保存しなければならないものとされている（会社672条）。

(3) 鳥飼重和＝高田剛＝小出一郎＝村瀬孝子・非公開会社のための新会社法〔新版〕(2006) 264頁。
(4) 相澤哲＝岩崎友彦「新会社法の解説(10)株式会社の計算等」商事1746号（2005）27頁。
(5) 旧商法においては，会計帳簿を作成すべきことは定められていた（旧商32条1項）が，「適時」及び「正確」とは明定されていなかった。

2．計算書類の作成

持分会社は，会社成立の時における会計帳簿に基づき貸借対照表を作成する必要がある（会社617条1項，計算規102条）ほか，法務省令に定めるところにより，各事業年度に係る計算書類（貸借対照表その他持分会社の財産の状況を示すために必要かつ適切なものとして法務省令で定めるものをいう。）を作成しなければならない（会社617条2項，計算規103条1項）。

ここで，持分会社の財産の状況を示すために必要かつ適切なものとして法務省令で定められている計算書類は，合名会社，合資会社については，貸借対照表のみである。合名会社，合資会社においては，無限責任社員が存在すること

第4章　持分会社

から，計算書類作成義務も軽減して簡易なものとしたものである。

ただし，合名会社，合資会社が，定款において，損益計算書，社員資本等変動計算書又は，個別注記表の全部又は一部を会社計算規則の定めに従って作成すると定めた場合にはそれらを当該事業年度に係る会計帳簿に基づき作成しなければならない（会社617条2項，計算規103条1項1号・3項）。

そして，定款において作成が定められた場合においては，これらの書類も会社法上の計算書類として扱われる（会社617条2項，計算規103条1項1号）。

一方，合同会社は，株式会社と同様会社計算規則の規定に従って，当該事業年度に係る会計帳簿に基づき損益計算書，社員資本等変動計算書又は，個別注記表を作成しなければならず，これらの計算書類の作成を定款で免除することはできない（計算規103条1項2号・3項）。もっとも株式会社と異なり，連結計算書類及び臨時決算書類の作成は要求されていない。また，計算書類は，株式会社と同様電磁的記録により作成することもできる（会社617条3項）。

持分会社が各計算書類を作成すべき場合の要点については，以下に述べるとおりである。

(1) 貸借対照表

貸借対照表は，資産の部，負債の部及び純資産の部に区別して表示されなければならない（計算規105条1項）。持分会社においても会社法施行に伴う形式的な資本原則の放棄に伴い従来の資本の部は純資産の部と改められた。

資産の部及び負債の部の区分は，株式会社と持分会社で特に差は設けられていない（計算規106条，107条）。

一方，純資産の部においては，持分会社においては，社員資本と評価・換算差額等が大別されるべきこととされ（計算規108条1項3号），株式会社において設けられている新株予約権（同項1号ハ）の項目は設けられていない。持分会社においては新株予約権の概念が認められていないからである。

また，社員資本は，資本金，出資申込証拠金，資本剰余金，利益剰余金の項目に区分され（計算規108条3項），株式会社において設けられている自己株式の項目（同条2項5号・6号）は存在しない。また，株式会社においては，資本剰余金，利益剰余金はさらに資本準備金，その他資本剰余金，利益準備金，そ

の他利益剰余金に区分される（同条4項・5項）が，持分会社においてはそのような区分は必要とされていない点が異なっている。

(2) 損益計算書

損益計算書の作成に関しては，連結書類の作成を除き株式会社と持分会社で特に異なるところはない。すなわち，売上高，売上原価，販売費及び一般管理費，営業外収益，営業外費用，特別利益，特別損失に区分して表示し，各項目を細分することが適当な場合には細分することができるとされている（計算規119条1項）ほか，損益の表示等に関しても詳細な規定が置かれている（計算規119条2項・3項・4項・7項，120条～126条）。

持分会社の損益計算書の作成にあたっても，原則としてこれらの規定が適用されるほか，持分会社の特性に応じた公正妥当な会計慣行に従った処理がされるべきである。

(3) 社員資本等変動計算書

社員資本等変動計算書（計算規127条）は，貸借対照表の純資産の部の各項目に係る全事業年度から当事業年度までの間の変動を，その変動事由とともに明らかにするものである。したがって，その区分も，純資産の部の区分と同様，社員資本と評価・換算差額等に大別され（計算規127条2項3号），社員資本はさらに，資本金，資本剰余金，利益剰余金の項目に分類される（同条3項3号）。

(4) 注 記 表

株式会社に関しては注記表を12の項目について区分すべきことが定められている（計算規129条1項）が，持分会社に関しては大幅に簡略化して重要な会計方針に係る事項及びその他の注記の二分類で足りるものとされている（同条2項4号）。

3．計算書類の閲覧

持分会社の社員は，定款でこれを制限する規定のない限り営業時間内いつでも計算書類の閲覧又は謄写の請求をすることができる（会社618条1項）。定款に

よって，社員の閲覧，謄写の権利を制限することは可能であるが，社員が事業年度終了時に閲覧又は謄写をすることを妨げることはできない（同条2項）。また，合同会社に関しては，債権者保護の観点から債権者にも計算書類（作成から5年以内のもの）閲覧の権利が認められている（会社625条）。

Ⅲ 出　　資

1．出資の履行

　持分会社の各社員があらかじめ定款で定められているところに従い，持分会社に対して出資を履行することにより，出資された財産の価額相当分の払込資本（資本金又は資本剰余金）が増加する（場合によって増加しないこともある。）。
　なお，持分会社の無限責任社員は労務，信用その他価額を定めることができないものを出資の対象とすることもできるが，有限責任社員は，会社債権者に対して責任を負う限度額を定める必要があるところから，価額を定めることができるものを出資の目的とする必要がある。将来の報酬債権や求償権は価額を定めることができるから，これらは有限責任社員の出資の目的とすることが可能である。
　合同会社の社員は，有限責任社員のみであることから，価額を定めることのできるもののみを出資することができる。また，合同会社の社員は設立登記までに，出資の履行を完了する必要がある（会社578条）。したがって，将来債権については，合同会社の社員がこれを出資の目的とすることができるのは，債権が現実化した時である。

2．資本金の額

　持分会社において，出資が履行された場合に増加すべき資本金の額は，出資された財産の価額の範囲内で持分会社が定めた額となる。株式会社と異なり，払込み又は給付に係る額の2分の1以上を資本金とする規制（会社445条2項）がないため，払込み又は給付金額をどのように資本金と資本剰余金に区分する

かは，会社が自由にこれを定めることができる（計算規75条1項・2項）。なお，具体的な決定については，定款に定めがあればそれに従い，定めがなければ業務執行社員（定款で業務執行社員を定めた場合）あるいは社員（定款で業務執行社員の定めがない場合）が業務執行の一環としてこれを定めることとなる（会社590条，591条）。

出資された財産の価額は金銭出資の場合には金銭の額となるが，現物出資の場合には，現物出資が行われた時の出資財産の価額を基準として計算する（計算規53条1項1号イ）。出資財産の価額は時価が基本であるが，現物出資された財産の出資者における帳簿価額が時価と異なる場合で，事業分離等に関する会計基準に従った場合には，簿価引継ぎが可能なよう会社法上の手当てがなされている（計算規75条1項）[6]。

（6）　高田正昭＝鶴田泰三・図表でわかる会社法と会計・税務の接点（2007）334頁。

3．資本剰余金

出資の履行に際して，出資された財産の価額のうち資本金として，持分会社が定めた額以外の部分については，資本剰余金として計上される（計算規54条1項1号）。前述のように，株式会社と異なり持分会社については，出資された額のうちいくらを資本金とするかは持分会社の自由である。

4．資本準備金，利益準備金

株式会社においては，株主資本は，資本金，準備金（資本準備金，利益準備金），剰余金（その他資本剰余金，その他利益剰余金）及び自己株式からなる。

しかし，持分会社においては，社員資本は資本金と剰余金（資本剰余金・利益準備金）からなり，準備金という項目はない。また，株式会社と異なり，自己株式に相当するものや，新株予約権の概念に相当するものもない。

第4章　持分会社

Ⅳ　出資の払戻し

1．概　　要

　持分会社において，社員は出資として払込み又は給付をした財産の払戻し（出資の払戻し）を請求することができる（会社624条1項）。持分会社は出資の払戻しを請求する方法その他出資の払戻しに関する事項を定款で定めることができる（同条2項）。

　出資の払戻しは，社員が会社財産の払戻しを受けるという点で，利益の配当や持分の払戻しと共通している。しかし，出資の払戻しとして受けられるのは各社員が出資として払込み又は給付をした財産に限られるという点で利益の配当とは異なり，また，社員がその地位を維持したまま会社財産の払戻しを受けるという点で，持分の払戻しとも異なる。

　出資の払戻しが行われた場合には，当該出資につき計上されている資本金・資本剰余金の額が減少する。合名会社，合資会社においては，減少する資本・資本剰余金の内訳は会社が自由に定めることができる（計算規53条2項2号，54条2項2号）。

　これに対して，合同会社では，出資の払戻しをする場合には，定款を変更して出資の額を減少しなければならない（会社632条1項）。これは，間接有限責任制を確保するために，出資の額と既に履行された出資との関係を一致させておくためであるとされる[7]。ただし，出資の額の減少は直ちに，資本金の額の減少を意味するものではない。

　出資の払戻しにより減少する資本金の額は出資払戻額より払戻しをする日における剰余金額を控除した額を超えてはならない（会社626条2項）とされているから，出資の払戻しを行う際には，まず払戻し対象社員について計上されている資本剰余金から払い戻される。資本剰余金の額を超えて払戻しが行われる場合にはじめてその超過部分に相当する額の資本の額が減少することになる（計算規192条3号イ，53条2項2号）。

　なお，合同会社の資本金の減少については，債権者の利害に影響するため債

権者保護手続が必要とされている（会社627条）。

合同会社の出資の払戻しは請求日における剰余金の額又は出資の価額を減少した額のいずれか少ない額を超えてはならない（会社632条2項）と規定されており，間接有限責任制の確保のために制限が課されている。

（7）　郡谷＝細川・前掲注（2）165頁。

2．金銭出資の払戻し

出資の目的が金銭である場合には，出資の払戻しにより，社員は出資した金銭の金額の範囲内で金銭の払戻しを受けることとなる。

3．現物出資財産の払戻し

現物出資財産については，当該財産の価額に相当する金銭を請求することを妨げない（会社624条1項後段）。この場合における当該財産の価額に相当する金銭とは，時価ではなく，簿価であるとともに，払戻し時における簿価ではなく出資時における簿価である。出資時と払戻し時における現物出資財産の簿価の差額は，持分会社の損益であり，その全部が各社員の損益として分配されるものであり，出資の払戻しの対象とすべきではないからである[8]。

例えば，現物出資財産について，減価償却又は減損処理が行われている場合等出資履行時の簿価より現在の簿価が低くなっている場合には，減額部分は損失として各社員に定款又は会社法の定めにより分配される（会社622条1項・2項）こととなる。

一方現物出資財産について，評価益が生じている場合等出資履行時の簿価より払戻し時の簿価が高くなっている場合には，評価益は定款又は会社法の定めにより利益の分配として処理される（会社622条1項・2項）。

以上，現物出資財産の簿価が出資時と払戻し時において変化している場合であっても，変化していない場合であっても，払戻しの対象となるのは，常に出資時の簿価に相当する金銭である。

（8）　郡谷＝細川・前掲注（2）171頁。

第4章　持分会社

Ⅴ　利益の配当

1．利益配当の原則

　持分会社の社員は，定款で定めた方法に従い，会社財産より利益配当を受けることができる（会社621条1項・2項）。
　利益の配当は，持分会社の内部に留保されている利益のうち，社員に分配された利益に相当する額を現実に社員に払い戻す行為であり，これにより利益剰余金が減少することになる。
　なお，株式会社では，資本剰余金も剰余金の配当手続により株主に対して払戻しができるが，持分会社の場合，利益の配当において払い戻すことができるのは利益剰余金のみであり，資本剰余金は，出資の払戻しによって払戻しができるが利益の配当によっては払い戻すことができない。
　持分会社は利益の配当を請求する方法，その他の利益の配当に関する事項を定款で定めることができる（会社621条2項）。定款自治により，柔軟な損益分配が認められているものであり，出資の額に関わらず，一部の社員に他の社員より多い割合で分配することや，社員間における利益の分配と損失の分配を異なるものとすることも可能である。なお，損益分配について定款の定めがない場合には，その割合は，各社員の出資の割合に応じて定めるものとされ，利益又は損失の一方についてのみ分配の割合を定めた場合には，その割合は，利益及び損失の分配に共通であると推定される（会社622条1項・2項）。
　会社計算規則においては，利益の配当に関する会計処理に関する規律としては会社計算規則54条2項ただし書において「利益の配当により払い戻した財産の帳簿価額に相当する額は，資本剰余金の額からは控除しないものとする」との規定が置かれ，もっぱら利益剰余金から控除されることが明らかにされているのみである。
　持分会社においても，利益の配当が行われれば，利益の配当により払い戻した財産の帳簿価格に相当する額の利益剰余金が減額されるという点は，株式会社と変わるところはない（計算規46条参照）。

しかし，持分会社においては，株式会社と異なり，社員が利益の配当により払戻しを請求することができる財産の価額は，当該社員に分配された損益の額の合計額から過去に当該社員が払戻しを受けた額を減じて得た額の範囲内に限られる（計算規191条2号参照）。すなわち，持分会社の特質の一つとして，定款で定めることにより，損益の割合は出資の割合に比例することなく自由に定めることができるため，会社全体の損益の処理以外に当該社員ごとの損益の割合が重要性をもってくる。

したがって，利益の配当が行われた場合には，会社全体について，利益剰余金の額が減少するという会計処理のほか，配当を受領した社員についても，当該社員に分配された損益の額につき，会社内部に留保されている額が減少するという計算が行われていることになる。

2．新入社員に対する利益の配当

持分会社においては，各事業年度の損益をその事業年度の損益の帰属を受けるべき社員に分配することとなるため，当該事業年度において社員でなかった者，すなわち，当該事業年度の終了後に新たに社員となった者には当該事業年度の損益は分配されない。ただし，定款で別段の定めをすることができるので，利益配当時に当該事業年度終了後に新たに社員となった者に対して利益の配当をする旨を定款で定めれば，かかる社員に対する利益配当も可能である（会社621条2項）。

3．合名会社における利益配当

合名会社においては，全社員が無限責任社員であり，利益の配当の有無にかかわらず，会社債権者に対して責任を負うこととなるのであるから，会社債権者との関係で，利益配当に関する規制を問題にする必要性はほとんどない。

社員間では，一人の無限責任社員が自己に分配された利益の額を超えて持分会社から配当を受けても，当該社員については当該配当額分の利益がなくなる結果その超過分に相当する損失が分配されるだけであり，他の社員に分配される利益の額が減少するわけではない。そして，他の社員は分配されている利益の範囲内で，利益の配当を請求することができるから，他の社員との関係にお

いても利益配当についての規制を問題とする意義はほとんどない。

　もっとも，ある社員への配当の結果，他の社員が配当を受けられなくなったり，業務に支障を来すこととなった場合においては，業務執行社員が善管注意義務違反によりその責任を問われる可能性がある（会社593条1項）。

4．合同会社における利益配当

　合同会社においては，全社員が有限責任社員であるため，会社の財産的基礎を不当に害して会社債権者に損害を与えることのないよう，利益配当について一定の歯止めをかける必要がある。

　そこで，会社法は，合同会社が利益の配当により社員に交付する金銭の帳簿価額（「配当額」）が，当該利益配当をする日における利益額を超える場合には，このような利益配当をすることができないとしている（会社628条）。ここに利益額とは，留保利益すなわち，利益剰余金を指し，当期の期間損益に限定されるものではない。

　そして，仮に利益額を超えた違法な配当が行われた場合には，配当受領社員と業務執行社員が連帯して当該配当額に相当する金銭の支払義務を負う（会社623条1項，629条1項）。ただし，業務執行社員については，職務遂行に過失がなかったことを証明した場合には支払義務を負わない（会社629条1項後段）ものとされているが，業務執行社員が違法配当について，無過失を証明できる場合はあまり多くないものと思われる。配当受領社員と業務執行社員の配当相当額支払義務は原則として免除することができず，例外的に総社員が利益配当をした日における利益額を超える部分を限度として免除することに同意した場合に限って免除が認められている（同条2項）。

　この場合においても，配当受領社員は債権者に対する責任を免れることはできず，会社債権者は配当受領社員に対し，債権額の範囲内で，直接支払の請求をすることができる（会社630条2項）。

　なお，利益配当を受領した社員は，その配当が違法なものであることについて善意である場合には，業務執行社員からの求償に応ずる義務がない（会社630条1項）。

5．合資会社における利益配当

　合資会社においても，有限責任社員は，合同会社の社員と同様の扱いを受ける。無限責任社員については，会社債権者との関係では合名会社の社員と同様の扱いを受ける。一方，社員間の問題としては，無限責任社員が自己に分配されている利益の配当を受けることにより，利益剰余金が必要以上に減少することとなると，分配されている利益を有する有限責任社員が利益剰余金の額が少ないために受けるべき配当を受けられないという事態が生じる。

　このような場合に，合資会社が無限責任社員に対し，有限責任社員を保護するために利益の額を超えて受領した配当を返還させ又は配当額に相当する金銭を支払わせられるかについて問題とする余地がある。

　この点に関しては，会社法623条１項の類推適用による支払請求を認める考え方，違法配当の無効を前提とする不当利得返還請求を認める考え方，利益の額を超えた配当も他の社員に分配されている利益の額に影響を及ぼさないとして，返還義務は生じないとの考え方があり得ると指摘されている[9]が，いずれの考え方も，難点がないわけではない。

　もっともどの考え方をとった場合においても，ある社員への違法配当の結果，他の社員が受けるべき配当を受けられなくなった場合には，業務執行社員に何らかの過失があるのが通常であるから，業務執行社員の善管注意義務違反による損害賠償請求という形で，責任を追及し損害の回復を図ることは可能であろう（会社593条１項）。

（９）　郡谷＝細川・前掲注（２）167頁。

Ⅵ　損失の処理

　持分会社は，合同会社がその出資の払戻し又は持分の払戻しのために資本を減少する場合のほか，損失塡補の場合に限り，資本金の減少を認められている（会社620条，626条）。

　持分会社においても，利益剰余金がゼロ未満である場合（すなわち，繰越損失

がある場合）において，資本剰余金がゼロ以上である場合には，株式会社と同様，資本剰余金を減少して利益剰余金を増額するという行為は可能であると考えられている（自己株式及び準備金の減少等に関する会計基準〔改正企業会計基準第1号〕61項参照）[10]。

資本剰余金の振替えによって増加した利益剰余金は会社法622条の規定により，各社員に分配されることとなる（計算規191条2号イ参照）。

資本剰余金は，社員が過去に出資した財産の価格の一部を表示するものであり，出資の払戻しに際しては，払い戻した財産の価格の相手勘定として減少すべき計数となる（計算規54条2項1号・2号）。

したがって，利益剰余金に振り替えた資本剰余金がどの社員の出資に対応して計上されたものかにより，各社員の計算方法にも影響を与えることとなる。

定款に特段の定めがない場合においては，第1に，損失の処理のために減少させた払込資本相当額について，各社員につき，現に履行済みの出資の割合に応じて減少額を割当，割合的に出資の払戻しを受けることができなくすることができる。

定款にその旨の定めがあるか，当該社員の同意があれば，特定の社員の出資に対応する資本剰余金を減少することもできる。この場合には，当該特定の社員において，過去に履行した出資の価額のうち，振替えをした部分については，出資の払戻しを受けることができなくなることとなる[11]。

(10) 郡谷＝細川・前掲注（2）168頁。
(11) 郡谷＝細川・前掲注（2）169頁。

Ⅶ 持分の払戻し

1．持分払戻しの性質

持分会社の社員が定款の定め又は会社法の規定に従い退社する時は，その出資の種類を問わず持分の払戻しを受けることができる（会社606条1項・2項，611条1項）。

5 持分会社の計算等

　持分の払戻しによって払い戻される会社財産は，持分に相当する財産，すなわち過去に履行した出資と，自己に帰属している損益に相当する財産である。
　このため，持分の払戻しは，出資の払戻しと利益の配当との２つを包含するような内容のものであるが，これらと異なり，社員がその地位を失うことと引き換えに会社財産の払戻しを受けるものである。
　したがって，持分の払戻しは，その性質において，株式会社における自己株式の取得に近いものであるといえる。
　退社した社員と持分会社との間の計算は，退社の時における持分会社の財産の状況に従ってしなければならない（会社611条２項）。
　なお，合同会社においては，持分払戻し額が払戻し時における剰余金の額を超えるときは，債権者保護手続を履践する必要があり（会社635条１項〜４項），債権者が異議を述べたときは，原則として債権の弁済等を行う必要がある（同条５項）。合同会社がこれらの手続を怠って持分の払戻しを行った場合には，業務執行社員は無過失を証明しない限り持分の払戻しを受けた社員と連帯して，合同会社に対して持分払戻額相当額の支払義務を負う（会社636条１項）。社員のこれらの義務は，剰余金の額を限度として免除するという総社員の同意がある場合以外は免除ができない（同条２項）。
　なお，持分の払戻しは，剰余金の額を超えるが簿価純資産を超えない場合のみならず，簿価純資産を超えて行うことも不可能ではないが，この場合，帳簿上債務超過になるから，債権者保護の要請は持分の払戻しが単純に剰余金の額を超えるだけの場合より一層強まる。
　このためかかる場合には，第１に，債権者が異議を述べる期間は１か月ではなく２か月とされ（会社635条２項），第２に，定款による公告方法の定めに関わらず知れている債権者への個別催告は省略することができず（同条３項ただし書），第３に，異議を述べた債権者に対しては，持分の払戻しに対して当該債権者を害するおそれがないとの抗弁は許されず，必ず弁済あるいは相当の担保を供与するか，当該債権者に弁済を受けさせることを目的として信託会社等に相当の財産を信託しなければならない（同条５項）とされて，債権者保護の徹底が図られている。
　これら違法な持分払戻しについての業務執行社員等の責任に関する規定は，

違法な利益配当あるいは出資の払戻しについての責任規定と同様である。

2．出資の清算

社員が退社する時には，出資相当分について，持分の払戻しにより払戻しを受けることになる。ところで，当該社員に分配された損失がある場合には，払い戻される財産の価額は，出資相当分より減額されたり，場合によってはゼロとなる場合もある。

なお，合同会社については，資本金を減少するためには会社法所定の債権者保護手続が必要である（会社627条，計算規53条2項1号）。

3．損益の清算

退社員に対する損益の清算は，当該退社員に帰属する損益に応じて行われる。

すなわち，退社員に帰属する利益がある場合には，持分の払戻しによりその利益相当額が出資相当額に付加して払い戻され，その分利益剰余金が減少する。逆に退社員に帰属する損失がある場合には，損失相当分が出資相当額より減額されることとなり，その分利益剰余金が増加する。

Ⅷ　組織変更に伴う計算

持分会社から株式会社，株式会社から持分会社に組織変更する場合の計算については次のとおりである。

1．資産・負債の帳簿価額

持分会社から株式会社，株式会社から持分会社に組織変更する場合，組織変更を理由に，資産及び負債の帳簿価額を変更することはできない（計算規7条，8条）。したがって，組織変更前と組織変更後の帳簿価額は原則として同一である。ただし以下のような場合には例外的に変更となる。

組織変更に際して，組織変更する株式会社ないし持分会社が株主ないし社員に対して組織変更後の会社の株式又は社員資本以外の財産を交付する場合にお

いてはその財産の価額相当分は帳簿価額から減額されることとなる。

持分会社が社員に対し出資履行請求権を資産として計上している場合には，組織変更の直前に当該債権を資産として計上しないことと定めたとみなされる（計算規9条1項）ため，当該債権の帳簿価額が減少する。

2．株主資本・社員資本

原則として組織変更を理由として会社の株主資本又は社員資本を変更することはできない（計算規57条）が以下のような場合には例外的に組織変更後の持分会社の社員資本が変動する。

第1に，株式会社が持分会社に組織変更する場合において，自己株式を保有する場合には，組織変更により消滅し，自己株式相当分が株式の償却とともにその他資本剰余金から減額される（計算規56条2号ロ）。持分会社においては，自己株式に相当する概念が認められていないからである。

第2に，新株予約権を発行していた株式会社が組織変更する場合においては，新株予約権は消滅し，その帳簿価格はゼロとなる（計算規87条4項2号）。第1と同様，持分会社においては新株予約権に相当する概念が認められていないからである。

第3に，組織変更に際して，組織変更する株式会社ないし持分会社が株主ないし社員に対して組織変更後の会社の株式又は社員資本以外の財産を交付する場合においてはその財産の価額相当分は資本剰余金，利益剰余金から減額されることとなる（計算規56条2号ハ・3号ロ）。

なお，持分会社においては，準備金は存在しないことから，株式会社が持分会社に組織変更する場合において，資本準備金は資本剰余金に，利益準備金は利益剰余金に振り替えられる。

〔相澤　光江〕

第4章　持分会社

6．合同会社

はじめに

　合同会社は，会社法によって新しく制定された会社形態であり，株式会社と同様，社員全員が間接有限責任社員である（会社576条4項，580条2項）。合同会社は米国のLLC（Limited Liability Company）を念頭において創設されたいわば日本版LLCといわれている。会社法は，合同会社と合名会社及び合資会社をあわせて「持分会社」と総称している（会社575条）。会社法の定める会社としては「持分会社」のほかに株式会社がある（会社2条1号）。有限会社法は会社法の施行と同時に廃止され，以後，有限会社の設立は認められなくなった（整備法1条3号）。ただし，既存の有限会社は会社法の規定による「株式会社」として存続するものとされた（整備法2条1項）。この株式会社を「特例有限会社」という（整備法3条2項）。

　有限会社法の廃止もあって，合同会社は社員の有限責任性と会社内部関係の組合的規律のゆえに，ベンチャー企業，ジョイント・ベンチャー，企業買収の受皿会社，投資ファンド等としての活用が期待されている。しかし，有限責任事業組合と違ってパス・スルー課税が認められていないことや新しい会社形態であること等もあって，どのような目的のもとに合同会社を利用するかは今後の課題である。しかし，合同会社の設立数自体は，会社法施行後1年足らずの2007年3月末日には，約5000社に及んでいる[1]。

　（1）　日本経済新聞2007年6月21日付夕刊。

I 合同会社の設立

1. 定　款

(1) 定款の作成

　合同会社創設の趣旨は，機関・組織については組合的な規律に従い，高い技術や能力を有する者に対して出資比率に拘束されることなく厚く配当を行うなど，柔軟な経営が可能で，しかも構成員の有限責任が確保された法人制度への要請に応えようとする点にあり[2]。そこでは，会社の組織運営のあり方や会社と出資者の関係などに関する基本原則を自治的に定めた規約である定款が，重要な役割を果たす。合同会社を設立するには，社員になろうとする者が会社の根本規範である定款を作成し，全員が署名する等しなければならない（会社575条1項・2項，会社規225条）[3]。制度趣旨に照らし，募集設立にはなじまず，発起設立のみが可能とされている。

> (2) 相澤哲編著・一問一答新・会社法（2005）13頁。ここでいう組合的規律とは，原則として社員全員の一致で定款の変更その他の会社のあり方を決定し，社員が自ら会社の業務執行にあたるという規律をいう。いうまでもなく株式会社の内部規律については，株主総会や取締役など法定の機関の設置が強制されており（会社295条，326条〜328条参照），とりわけ資本金の額が5億円以上又は負債の合計額が200億円以上の会社（会社2条6号ロ参照）については，内部統制システム構築を要し，会計監査人による監査が強制されるものであるが（会社362条5項，348条4項），合同会社にはこうした規制はない。もっとも，定款の定めにより第三者である会計専門家による決算監査等を導入するのも自由である。
>
> (3) 株式会社と異なり，定款の認証は不要である（会社30条1項参照）。設立登記費用にも勘案すると，設立コストは合同会社の方が低廉といえる。相澤編著・前掲注（2）33頁・185頁。

(2) 定款の内容

　合同会社の定款には，①目的，②商号（会社6条参照），③本店の所在地，④社員の氏名又は名称及び住所[4]，⑤社員の全部を有限責任社員とする旨，⑥社員の出資の目的（金銭等に限る。会社151条1項柱書参照）及びその価額又は評価の標準[5]の各事項を記載しなければならない（会社576条1項・4項。絶対的記載

第4章　持分会社

事項)。

　これらのほか，会社法の規定により定款の定めがなければその効力を生じない事項や(6)，会社法の規定に違反しないその他の事項を記載することができる（会社577条）。定款自治，内部自治が広範に認められているものである(7)。
（4）　株式会社の場合，出資者（株主）の管理は株主名簿の記載によるが，合同会社では，社員の管理は定款により行われることになる。
（5）　株式会社と異なり，現物出資につき検査役による調査などの規定はない。事後設立の規制に相当する規定もない。会社法33条，467条1項5号参照。持分を対価に財産を取得すれば会社財産は純増するため，その時価いかんにかかわらず会社債権者に不利益はないし，出資者間の価値移転の問題については，その出資の目的と価額を定める定款の承認を通じて，総社員が了解していると考えることができる。相澤哲＝郡谷大輔「新会社法の解説(12)持分会社」商事1748号（2005）13頁ほか。なお，労務出資や信用出資については，後掲注（9）参照。なお，現物出資につき危険負担や瑕疵担保責任に関する民法の規定が適用されることは別論である。前田庸・会社法入門〔第11版〕(2006) 741頁。
（6）　定款による別段の定め（相対的記載事項）としては，持分の譲渡の承諾（会社585条4項），業務を執行する社員の選定（会社590条1項），業務の決定（会社590条2項，591条1項），支配人の選任（会社591条2項ただし書），業務を執行する社員の辞任及び解任（同条6項），業務及び財産状況に関する調査権の制限（会社592条2項），業務を執行する社員の報告義務等の免除（会社593条5項），競業避止義務の免除（会社594条1項ただし書），利益相反取引の制限（会社595条1項ただし書），会社を代表する社員の選定（会社599条3項），任意退社の制限（会社606条2項），法定退社事由（会社607条1項1号・2項），死亡・合併時の一般承継（会社608条1項），計算書類等の閲覧等の制限（会社618条2項），利益の配当に関する事項（会社621条2項），損益分配の割合（会社622条1項），定款変更の方法（会社637条），存続期間・解散事由（会社641条1号・2号），清算人（会社647条1項2号），清算人の解任（会社648条2項），清算会社の業務の決定（会社650条2項），清算会社の代表（会社655条3項），残余財産の分配（会社666条1項），帳簿資料保存者（会社672条2項），合併又は分割の手続（会社793条1項，802条1項，813条1項），公告の方法（会社939条1項）がある。
（7）　定款自治の具体的内容（任意的記載事項）としては，持分割合，利益分配の方法，経営委員会の設置，その開催時期・方法・場所，定足数・決議数，特別決議事項や普通決議事項，業務執行者の人数，選定方法，業務執行者の会合，損害賠償責任・求償範囲，業務執行者に対する損害保険の定め，社員間の紛争が生じた場合の紛争解決方法や機関，会社の解散要件その他の規律が考えられる。山崎茂雄編著・LLCとは何か―新会社法と合同会社（2006）72頁。その他，定款自治の範囲については，弥永真生＝岩倉正和＝太田洋＝佐藤丈文監修／西村ときわ法律事務所編・新会社法実務相談（2006）503頁以下〔寺本振透＝松村英寿〕及びその引用文献参照。流動化・証券化ヴィークルを念頭に置いた場合の定款案については，藤瀬裕司・新しい流動化・証券化

ヴィークルの基礎と実務：新会社法制における日本版LLC（合同会社）を中心に (2006) 186頁以下参照。

(3) 定款の変更

　合同会社の定款の変更は，組合的規律の表れとして総社員の同意（全員一致）によることが原則であるが，定款の全般あるいは規定事項ごとに，特定の社員への一任，拒否権の付与，頭数又は出資額による多数決原理の導入など，定款に別段の定めを設けることは可能である（会社637条）。原始定款にそうした定めがあっても，それは総社員が同意して成立したものであるし，あるいは新たに社員になろうとする者はそれを承認のうえで加入するものだからである[8]。

(8)　なお，会社法585条3項（持分の譲渡等）の場合には，定款変更の要件が法律上も緩和されている。また，社員の退社等に伴い定款変更されたものとみなされる場合として，会社法591条3項（業務執行社員全員の退社），608条3項（持分の一般承継），610条（持分差押えによる退社），639条1項・2項（合資会社の無限責任社員の退社等）参照。

2．出資の履行

　合同会社の社員になろうとする者は，定款の作成後，会社設立の登記をする時までに，その出資に係る金銭の全額を払い込む等しなければならない（会社578条）。構成員全員の有限責任が認められる企業組織における債権者保護を図る趣旨から，定款の記載にかかわらず所定の出資義務を履行しない限り社員となることはできない（会社604条3項参照）。

　社員の労務や信用など出資時に価額の定まらないものの出資は認められない（会社576条1項6号参照）。株式会社と同様の資本制度が採用され，資本維持の原則にかんがみ，定款で定めた出資の価額の範囲内でしか責任を負わない社員には出資内容の決定時に評価額を定められない財産による出資を許さず，もって，債権者保護に資する趣旨である[9][10]。もっとも，金銭等の出資につき金額の規制はないから，1円の出資でも会社設立は可能である。

(9)　労務や信用に係るものであっても出資時に価額の定まる報酬債権や営業権等を出資の目的とすることは不可能ではない。また，後にも付言するとおり，定款自治により，出資割合に比例しない損益分配の割合を定めることが可能であるから，高い技術や能

第 4 章　持 分 会 社

力を有する者に対して出資比率に拘束されることなく厚く配当を行うなどの所期の目的を達する際の支障ともならない。江頭憲治郎「『会社法制の現代化に関する要綱案』の解説（8・完）」商事1729号（2005）15頁注5，相澤＝郡谷・前掲注（5）14頁。もっとも，労務出資を明示的に認めない以上，共同事業における物的資本の拠出と人的資本の拠出のねじれを正面から調整することにはならない。宍戸善一「持分会社（特集新会社法の制定）」ジュリ1295号（2005）111頁注5参照。

(10) 　なお，社員が債権を出資の目的とした場合において，債務者が弁済期に弁済をしなかったときは，その社員は弁済責任を負う（会社582条2項）。

3．会社の成立

合同会社は，本店所在地において設立の登記をしたときに成立する（会社579条，商登118条・94条）[11]。

この設立の登記には，①目的，②商号，③所在場所，④存続期間又は解散事由についての定款の定めがあるときは，その旨，⑤資本金の額，⑥業務を執行する社員の氏名又は名称，⑦会社を代表する社員の氏名又は名称及び住所，⑧会社を代表する社員が法人であるときは，その社員の職務を行うべき者の氏名及び住所，⑨会社の公告方法についての定めなどの各事項が記載される（会社914条）[12]。

(11)　合同会社は，会社の一種として法人格をもつ。法人格をもつことにより，法人が権利義務の帰属主体となり，法人財産と個人財産は明確に区別され，代表者の行為の効果が法人に帰属し，法人名義による登記・登録ができる。しかし，組合の特殊形式である有限責任事業組合に法人格はなく，代理（いわゆる組合代理。鈴木禄弥編・新版注釈民法(17)債権(8)組合・終身定期金・和解・約款論・他（1993）101頁以下〔森泉章〕）により業務執行者の行為の効果を各組合員に及ぼし，組合財産は組合員の共有（いわゆる合有。鈴木編・同上書63頁以下〔品川孝次〕）に属することになり，不動産について共有物分割禁止の定めを登記することはできるが組合名義の登記はできない。有限組合56条・74条，民668条・676条各項，不登59条6号。

この法人格の有無とも関連するが，合同会社については，現在の租税体系が法人課税を基本としていることから（法税2条3号，4条1項），事業上の損益は会社自体に帰属し，課税処理される。これに対して，有限責任事業組合では，事業上の損益は構成員（組合員）に帰属する（いわゆるパス・スルー課税）。もっともこの点については，合同会社を営業者とする匿名組合契約と組み合わせた投資スキーム（従前のいわゆるTK-YKに相当するスキーム）の採用により，実質的には二重課税を回避できる等の指摘もある（藤瀬裕司「新しい会社法制とヴィークル選択(上)」NBL814号（2005）23頁，長島・大野・常松法律事務所編・アドバンス新会社法〔第2版〕（2006）591頁。なお，従前のTK-YKスキームの概要については，西村ときわ法律事務所編・資産・

債権の流動化・証券化（2006）200頁以下，また，法人課税と組合課税の課題につき考察する文献としては，中里実「法人課税の再検討に関する覚書—課税の中立性の観点から（租税特別措置と法人税制）」租税19号（1991）1頁以下などがある。）。
(12) 合同会社においては，業務を執行する社員の氏名・名称は登記事項とされているが，社員の氏名・名称は登記事項とされていない。代表社員を除き，その住所は登記事項とされていない。また，資本金の額は登記事項とされているが，個々の社員の出資の目的及び価額は登記事項とされていない（会社914条5号）。合同会社の社員は，有限責任で，しかも出資時における全額払込みを要するため会社債権者に直接責任を負うことはないから（後記Ⅱ2参照），登記による公示は不要だからである。また，代表社員についてはその住所も登記事項とされているが，これは主に送達の便宜のためである。江頭・前掲注（9）5頁ほか。

なお，定款の記載事項に変更が生じたときは，2週間以内に本店の所在地において変更の登記をしなければならない（会社915条1項）。合同会社に係る登記実務については，青山修・持分会社の登記実務：合名・合資・合同会社の設立から清算結了まで（2007）60頁以下ほか参照。

4．会社設立の無効・取消し

合同会社の設立は法の準則に従わないときは無効となる（客観的無効事由）。また，合同会社においては設立行為者相互の人的信用が重要であるため，設立に係る意思表示に無効事由や取消事由がある場合には，その意思表示（出資行為）の無効や取消しとは別途，合同会社の設立自体の無効事由や取消事由ともなる（主観的無効事由）。しかしながら，画一的確定や法律関係の安定の要請から，設立の無効又は取消しについては，会社成立の日から2年以内に，会社を被告として，訴えをもってのみ請求できるものとされている（会社828条1項1号，832条1号，834条1号・18号）[13]。

設立の無効又は取消しの訴えに係る請求を認容する判決が確定した場合，第三者に対しても効力を生じ（会社838条），判決によって無効とされ，又は取り消された行為は，将来に向かってその効力を失う（会社839条）。

なお，その無効又は取消しの原因が一部の社員のみにあるときは，他の社員の全員の同意によって，その合同会社を継続することができる（会社845条）。

(13) 社員が債権者を害することを知って会社を設立したとき，その債権者は，会社成立の日から2年以内に，会社及び当該社員を被告として，訴えをもって合同会社の設立の取消しを請求することができる（会社832条2号，834条19号）。この場合，設立の

取消しとは別途，債権者は，出資行為のみを詐害行為取消権により取り消すこともできるものと解される。相澤哲＝葉玉匡美＝郡谷大輔編著・論点解説新・会社法―千問の道標（2006）568頁。

Ⅱ　合同会社の社員

1．社員の地位

　社員の地位（出資持分）は，均一の割合的単位に細分化されてはおらず，社員ごとに1個であり，量的な差異があっても差し支えない（持分単一主義）。多数の社員の法律関係を規律するには適せず，そもそも社員は少人数であることが想定されている[14]。

　社員がその地位にあることにより享受する利益配当請求権（会社621条）等については，配当規制に関連して，後に述べる（後記Ⅳ3(2)）。

　なお，持分会社においては，法人も社員となることができる（会社576条1項4号ほか参照）。法人の種類に特段の制限はない[15]。

(14)　なお，合同会社の社員数については会社法による規制はなく，また社員が1人となることが解散事由とされていない（一人社員は同人の自由意思で新社員の加入や持分の一部譲渡を決定できるという意味で，潜在的な社団性が認められるともいえる。）ことから，設立及び存続にあたり社員は1名であっても差し支えない。しかし，組合は構成員が共同の事業を営むことを目的とするため，有限責任事業組合の構成員は2名以上である必要がある。

(15)　もちろん，当該合同会社への出資が社員となろうとする法人の目的の範囲内でなければならない。

2．間接有限責任

　持分会社の有限責任社員は，その出資の価額（既に会社に対し履行した価額を除く。）を限度として，会社債務を弁済する責任を負う（会社580条2項）。もっとも，合同会社の社員は，社員となるにあたり全額払込責任を果たしている建前であり（会社578条本文・604条3項，なお商登117条・119条参照），未履行の価額はないから，

その責任は間接有限責任となる。それゆえ，出資の履行が未了の社員の責任に関する規定は，合同会社の社員には適用されない[16]。

　(16)　ただし，会社法640条2項違反の場合は例外となる（会社582条1項参照）。

3．社員の加入

　合同会社は，新たに社員を加入させることができる（会社604条1項）。社員については定款記載事項とされているが，社員の加入は，その社員に係る定款の変更（会社法576条1項4号ないし6号所定の記載事項の追加）をした時に効力を生ずる（会社604条2項）。ただし，新たに社員となろうとする者が当該定款の変更をした時にその出資に係る払込み等を履行していないときは，払込み等を完了した時に社員となる（同条3項）[17]。債権者保護の趣旨である。

　既に述べたとおり，定款変更には原則として社員全員の同意を要するが，手続の便宜等から所用の定款規定の変更を特定の社員に一任する等の定款の定めを設けることも考えられる[18]。他方，利害関係人の了知しない出資者の加入を回避すべく，他の社員に加え優先債権者の承認を要する等の定款の定めを設けることも考えられる[19]。

　(17)　既存の社員が出資額を増加する場合にも，同条項は類推適用されるものと解される（相澤＝郡谷・前掲注（5）19頁）。
　(18)　なお，合同会社の社員権は金融商品取引法における有価証券とみなされ（金融商品2条2項3号），当該会社以外の者による社員への加入の勧誘など同法により規律される点には注意を要する。川村正幸＝布井千博編集・新しい会社法制の理論と実務〔別冊金判〕（2006）212頁以下〔和仁亮祐＝遠藤聖志〕。
　(19)　かかる定款規定の有効性につき，藤瀬・前掲注（7）190頁参照。

4．社員の退社

(1)　退社の事由
　(a)　任 意 退 社
　会社の存続期間を定款で定めなかった等の場合には，各社員は，6か月前までに退社の予告をして，事業年度の終了の時において退社をすることができる（会社606条1項）。この点，定款で別段の定めをすることもできる（同条2項）。また，やむを得ない事由[20]があるときは，定款の定めにかかわらず，いつでも

退社することができる（同条3項）。

　(b)　法定退社

　社員は，①定款で定めた事由の発生，②総社員の同意，③死亡，④法人である社員が合併して消滅する場合，⑤破産手続開始の決定（破30条），⑥法人である社員の解散（④及び⑤に掲げる事由によるものを除く。），⑦後見開始の審判を受けたこと（民7条，家審9条甲類1号），⑧除名（会社859条）のいずれかの事由によって退社する（会社607条1項）。ただし，会社は，その社員が⑤から⑦までに掲げる事由によっては退社しない旨を定めることができる（同条2項）。なお，社員の除名とは，業務を執行する社員が競業禁止に違反し，業務執行あるいは会社を代表するにあたり不正の行為をし，その他，重要な義務を尽くさない場合に，会社が，対象社員以外の社員の過半数の決議に基づき，対象社員を被告として，訴えをもって請求して行うものである（会社859条，861条1号）。

　(c)　その他の退社

　①債権者が社員の持分を差し押さえて退社させる場合（会社609条1項），②合同会社が一定の事由で解散した後，会社の継続に同意しなかった社員が退社する場合（会社642条2項），③合同会社の設立の無効又は取消しの訴えに係る請求を認容する判決が確定した後，他の社員の同意により会社が継続されるにあたり，当該原因がある社員が退社したものとみなされる場合（会社845条）がある[21]。

(20)　「やむを得ない事由」とは，一応，入社・設立時に前提としていた状況等が著しく変更され，もはや当初の合意どおりに社員を続けることができなくなった場合等と説かれている。相澤＝郡谷・前掲注（5）19頁。これは，共同事業の継続性と投下資本の回収手段の確保，換言すれば，社員の退社の自由をどこまで制限できるか，持分の譲渡の禁止をどこまで緩和できるかという，定款による退社制限の限界とも関連する問題である。デフォルト・ルールに従えば，100％の退社の自由と持分の譲渡禁止となるが，共同事業の主体としての合同会社の利用を考えた場合，特定の社員の退社が事業継続に対する障害となる可能性も容易に想起されるところである。また，間接有限責任社員にとっては，無限責任社員における過剰な責任から解放される手段の必要性は相対的に乏しいであろう。結局のところ，退社員の利益と他の社員の利益の衡量，代替的な投資回収機会（先買権のような譲渡制限の緩和）の有無・程度，定款規定による退社・出資払戻しの制限の程度，といった諸般の利益を勘案して判断せざるを得ない。大杉謙一「LLC制度の導入（特集 会社法制現代化を検証する）」企会56巻2号（2004）65頁，宍戸・前掲注（9）114頁ほか参照。

(21)　合同会社は，社員が死亡し，又は合併により消滅した場合，その社員の相続人その

他の一般承継人が持分を承継する旨を定款で定めることができる（会社608条１項）。この場合，その一般承継人（社員以外の者に限る。）は，その持分を承継した時に社員となり（会社608条２項，604条２項参照），合同会社は，その一般承継人に係る定款の変更をしたものとみなされる（会社608条３項）。なお，清算中の合同会社の社員が死亡し，又は合併により消滅した場合には，かかる定款の定めがないときであっても，その社員の相続人その他の一般承継人は持分を承継する（会社675条）。

(2) 退社に伴う措置

前記(1)により社員が退社し，又は退社したものとみなされる場合には，その社員が退社した時に，その社員に係る定款の定めを廃止する定款の変更をしたものとみなされる（会社610条）。また，合同会社が商号中に退社した社員の氏名などを用いているときは，その社員は会社に対し氏名などの使用をやめることを請求することができる（会社613条）。

(3) 持分の払戻し

(a) **社員の退社と持分の払戻し**

前記(1)により退社した社員は[22]，社員たる地位を失うが，その出資の種類を問わず，退社の時における会社の財産状況に従って計算された持分の払戻しを受けることができる（会社611条）。社員の個性が重視される持分会社においては，社員が会社に対して投下した持分の回収手段は，譲渡（後記**5**）ではなく退社による払戻しが原則となる。しかしそれは会社財産の減少を来すため，社員が間接有限責任しか負担しない合同会社の場合には，一定の場合，債権者保護手続を経る必要がある。

(b) **債権者保護手続**

(ア) 持分払戻額[23]が持分の払戻しをする日における剰余金額[24]の範囲内である場合　　会社債権者からみれば通常の利益配当と同様であるから，持分の払戻しにあたり特段の債権者保護手続を要しない（会社635条１項参照）。

(イ) 持分払戻額が持分の払戻しをする日における剰余金額を超える場合　　債権者保護手続をとらなければ持分の払戻しはできない（会社635条１項）。

この場合，債権者は異議を述べることができるが，その機会を確保するため，合同会社は，剰余金を超える持分の払戻しの内容と，債権者が一定の期間内（最

第4章　持分会社

短1か月）に異議を述べることができる旨を官報に公告し，かつ，原則として知れている債権者には各別に催告しなければならない（会社635条2項。電子公告又は日刊紙への掲載を行う場合は個別催告を省略できる。同条3項本文）。そして，債権者が催告期間内に異議を述べなかったときは，その債権者は持分の払戻しについて承認をしたものとみなし（同条4項），異議を述べたときは，合同会社は原則としてその債権者に対し弁済する等しなければならない（債権者を害するおそれがないときは例外が認められる。同条5項）。減資手続（会社447条）に準じた手続となっている。

(ウ)　持分払戻額が会社の純資産額[25]を超える場合　要するに持分の払戻しにより簿価債務超過に陥るような場合であるが，この場合，債権者に対する催告期間は最短2か月となり（会社635条2項，計算規194条），個別催告の省略は許されず（会社635条3項ただし書），異議を述べた債権者に対する弁済等が必要となる（同条5項ただし書参照）。簿価債務超過に陥る場合であっても，のれん等を含む実質的な企業価値に勘案すれば当該持分（現在価値）の払戻しにより会社の債務支払能力が害されない場合もあり得るところであるが，債権者保護の趣旨から，清算手続（会社660条以下）に準じた手続を経ることとされたものである。

(c)　**手続違背と責任**

合同会社が前記(b)の手続に違反して持分の払戻しをした場合には，持分の払戻しに関する業務を執行した社員は，その職務を行うについて注意を怠らなかったことを証明しなければ，合同会社に対し，持分の払戻しを受けた社員と連帯して[26]，持分払戻額に相当する金銭を支払う義務を負う（会社636条1項）。この業務を執行した社員の義務は，免除することができないが，持分の払戻しをした時における剰余金額を限度として当該義務を免除することについて総社員の同意がある場合は，この限りでない（同条2項）。

なお，合同会社は他の持分会社と異なり社員についての登記制度がないため（会社912条5号，913条5号参照），退社した社員の責任（会社612条）の規定の適用はないと解される[27]。

また，合同会社が退社による持分の払戻しの請求に任意に応じない場合には，当該社員の対抗手段としては，解散の訴えを提起し，解散手続の後に残余財産

の分配を受けるほかない[28]。

(22) ただし，一般承継人が社員となる場合を除く（会社608条1項・2項）。
(23) 会社が持分の払戻しにより社員に対して交付する金銭等の帳簿価額をいう（会社635条1項かっこ書）。
(24) ここにいう剰余金額は，資産の額から，負債の額，資本金の額，資本剰余金の額及び利益剰余金の額を減じた額をいう（会社626条4項，計算規192条3号ホ）。なお，注（55）参照。
(25) 資本金の額，資本剰余金の額，利益剰余金の額及び最終事業年度の末日（又は会社成立の日）における評価・換算差額等にかかる額の合計額をいう（会社635条2項，計算規194条）。
(26) 本来，退社員は，債権者保護手続をとることについて責任を負う立場にないはずであるから，弁済責任を負うのは，業務執行社員と通謀したような特殊な場合に限られると解される（宍戸・前掲注（9）114頁）。
(27) 前掲注（12）参照。
(28) 相澤＝郡谷・前掲注（5）23頁。

5．持分の譲渡

社員は，他の社員の全員の承諾がなければ，その持分を他人に譲渡することができない（会社585条1項）。合同会社では，共同事業性，社員の個性や能力が重視されるためである（会社127条参照）。ただし，業務を執行しない社員は，業務を執行する社員の全員の承諾があるときは，その持分を譲渡することができ（会社585条2項），これに伴い定款の変更を生ずるときは，その持分の譲渡による定款の変更は，総社員の同意（会社637条参照）によらず，業務を執行する社員の全員の同意によってすることができる（会社585条3項）[29]。

以上にかかわらず，社員の持分の譲渡については，定款で別段の定めをすることを妨げない（会社585条4項）。定款の別段の定めについて規制はないから，要件の加重も緩和も可能である。一定の場合に承認を不要とし，あるいは，共同出資者間における経営膠着の解消方法として先買権，買受人指定請求権，買受強制権，共同売却権等の条項を規定しておくことも考えられる[30]。

なお，合同会社は，自己持分を譲り受けることができない。自己持分を取得した場合には，取得した時に消滅する（会社587条）。株式会社における株式とは異なり，合同会社の持分に会社とは独立の価値を見出すことは困難であるからである。

(29) なお，合同会社は他の持分会社と異なり社員についての登記制度がないため（会社912条5号，913条5号参照），持分の全部を譲渡した社員の責任（会社586条）の規定の適用はない。
(30) 弥永＝岩倉＝太田＝佐藤監修／西村ときわ法律事務所編・前掲注（7）505頁以下参照。

Ⅲ　合同会社の業務執行と代表権

1．業務を執行する権利

(1) 原　　則

　社員は，定款に別段の定めがある場合（後記(2)参照）を除き，合同会社の業務を執行する（会社590条1項）。すなわち，社員の数だけ会社の業務執行機関が併存していることになる[31]。社員が2人以上の場合は，原則は多数決によるが（同条2項）[32]，合同会社の日常の指揮命令など通常の業務（常務）は各社員が単独で行うことができる（同条3項）[33]。

　社員の全員が経営に参加する組織形態が基本とされる点，あるいは組織内部の設計が社員の自由な判断に委ねられる点は，合同会社について組合的な内部規律がされていることの表れといえ，株式会社のような出資者と経営者の分離，それに伴う内部規律の法律上の強制はない（会社326条1項参照）。会社関係者の利益保護や利害調整がその自治的判断に委ねられていることを意味するものである[34]。

　なお，業務を執行する社員の報酬については，会社法593条4項が民法648条1項を準用しているから，特約がない限り無償となる。実際，利益配当で手当てする等を前提に，定款で無報酬を明記する例もある。他方，株式会社の取締役の場合，定款に定めがなければ株主総会の決議により報酬額が決定されることになるが（会社361条1項），いわゆるお手盛り防止の趣旨は共通するため，合同会社の場合においても，報酬を特約する場合には，定款の定めもしくは社員の全員一致により決定すべきものと解される[35]。

(31)　宮島司・新会社法エッセンス〔第2版〕(2006) 373頁参照。

420

(32) 業務の執行を事実上特定の社員に専行させても、他の社員の業務執行権を剥奪（定款変更）したことにはならない。上柳克郎＝鴻常夫＝竹内昭夫編集代表・新版注釈会社法(1)会社総則・合名会社・合資会社（1985）226頁〔米沢明〕。
(33) 株式会社の場合と異なり、「重要な業務執行」か否かによる権限の制限は規定されていない（会社362条4項）。多額の借財等も常務とはいえないにせよ、定款により一定の範囲で特定の社員に一任することが可能である（なお、会社591条2項参照）。
　　なお、従前の有限会社は社債の発行ができないとされてきたが（旧有59条4項、60条1項ただし書、64条1項ただし書参照）、会社法は社債を発行できる会社を限定していないから、合同会社は社債を発行できる。合同会社の発行する社債は金融商品取引法上の有価証券に該当するから、情報開示などについては同法による規律を受け、投資家の保護が図られ、振替決済制度とも相まって、社債の流通性に資するものと思われる（金融商品2条1項5号・2項前段、社債株式振替2条1項1号参照）。藤瀬・前掲注（11）20頁参照。
(34) 相澤＝郡谷・前掲注（5）12頁。
(35) 山崎編著・前掲注（7）63頁〔豊島ひろ江〕参照。

(2) 定款の定めがある場合

(a) 選　　任

　合同会社は、複数の社員の中から、業務を執行する社員を定款で定めることができる[36][37]。この場合において、業務執行社員が2人以上あるときは、一定の重要事項については3分の2以上の賛成とする等といった定款の定めがある場合を除き、その過半数をもって意思決定する。もっとも、会社の常務については、定款に別段の定めがない限り、各業務執行社員が単独で行うことができる（会社591条1項）[38]。

　社員である法人も[39]、業務を執行する社員となることができる（会社598条1項）。実際に業務を執行するには、その社員の職務を行うべき者（自然人）を選任して行わせることになる。この職務執行者の義務や責任は、業務執行社員と同一に取り扱われる（同条2項）[40]。

(b) 辞任・解任

　定款で定められた業務を執行する社員は、正当な事由がなければ、辞任することができない（会社591条4項）。また、正当な事由がある場合に限り、他の社員の一致によって解任することができる（同条5項）。ただし、定款で別段の定めをすることを妨げない（同条6項）。

(36) なお，業務を執行する社員を定款で定めた場合，業務執行社員の全員が退社したときは，その定めは効力を失い，定めのない状態に戻る（会社591条3項）。
(37) 定款自治の原則を敷衍すれば，社員の互選による等，業務執行社員の指定方法について定款に規定することも可能と解される。
(38) 以上にかかわらず，定款に別段の定めのない限り，広範な営業代理権を有する支配人の選任及び解任は，総社員の過半数をもって決定する（会社591条2項）。
(39) 前掲注（15）参照。
(40) 業務執行社員の職務執行者の氏名及び住所は，他の社員に通知される（会社598条1項）。当該業務執行社員が代表者でもあるときは，職務執行者の氏名及び住所は登記事項ともなる（会社914条8号）。職務執行者の資格制限はないから，社員以外の第三者に経営を任せる手段となり得るものである（宍戸・前掲注（9）112頁注8参照）。なお，法律上，合同会社の業務執行社員になることのできない法人もある（銀行12条参照）。

(3) 業務を執行する権利の消滅

合同会社は，業務を執行する社員が競業禁止に違反し，業務執行にあたり不正の行為をし，その他，重要な義務を尽くさない場合，あるいはその者が著しく不適任な場合に，対象業務執行社員以外の社員の過半数の決議に基づき，対象業務執行社員を被告として，訴えをもって業務を執行する権利の消滅を請求することができる（会社860条）。

2．業務執行の適正の確保[41]

(1) 業務及び財産状況の調査権

業務を執行する社員を定款で定めた場合には，各社員は，合同会社の業務を執行する権利を有しないときであっても，その業務及び財産の状況を調査することができる（会社592条1項）。なお，定款で別段の定めをすることを妨げないが，社員が事業年度の終了時又は重要な事由があるときにかかる調査をすることは制限できない（同条2項）[42]。

(41) 合同会社の場合，株式会社と異なり，会社機関の分化やそれらの抑制と均衡といった見地からの組織的ないし体系的な内部統制制度を欠くため，業務執行の適正を確保するための仕組みとしては，本文に述べるような個別的な制度に依存することとなるが，それぞれ制約を伴う内容となっている。
(42) 条文の構成からすると，社員の調査権の存在が原則とされているが，実際には，事業年度の終了時又は重要な事由があるときを除き，社員は会社の業務及び財産の状況

を調査することができない旨の定款規定が設けられる場合もある。この点は，事の是非は別として，職務執行状況の報告（後記3(2)）や計算書類の閲覧等請求権（下記(2)）にもいえることである。

(2) 計算書類の閲覧等請求権

社員は，会社に対し，営業時間内は，いつでも，計算書類（会社617条。後記Ⅳ1(3)参照）につき，閲覧又は謄写の請求をすることができる（会社618条1項，会社規226条）。この点，定款で別段の定めをすることを妨げないが，社員が事業年度の終了時に閲覧又は謄写の請求をすることは制限できない（会社618条2項）。

(3) 監視義務の存否

なお，所有と経営が分離している株式会社にあっては，取締役はいわゆる監視義務を負うと解されているが，合同会社の社員については，他の社員による業務執行の適正性を確保するための義務まではないと解される[43]。

(43) 相澤＝郡谷・前掲注（5）18頁。

3．業務を執行する社員と会社との関係

(1) 善管注意義務等

業務を執行する社員は，株式会社の取締役と同様，善良な管理者の注意をもって，その職務を行う義務を負う（会社593条1項）。そして，法令及び定款を遵守し，会社のため忠実にその職務を行わなければならない（同条2項）。これらについては，定款で別段の定めをすることはできないと解される[44]。

業務を執行する社員は，合同会社又は他の社員の請求があるときは，いつでもその職務の執行の状況を報告し，その職務が終了した後は，遅滞なくその経過及び結果を報告しなければならない（会社593条3項）。また，受任者による受取物の引渡し等，受任者の金銭の消費についての責任，受任者の報酬，受任者による費用の前払請求及び受任者による費用等の償還請求等の各規定（民646条～650条）が準用される（会社593条4項）。もっとも，これらについては定款で別段の定めをすることを妨げない（同条5項）。

(44) もっとも，義務の免除とは別途，損害賠償責任の免除に関して定款に別段の定めを

置くことはできる。後記 4 (1) 参照。

(2) 職務執行状況の報告

社員は，業務を執行する社員に対し，いつでもその職務の執行の状況につき報告を請求し，その職務が終了した後は遅滞なくその経過及び結果につき報告を請求することができる（会社593条3項）。ただし，定款に別段の定めのある場合はこの限りでない（同条5項）。

(3) 競業禁止

業務を執行する社員は，他の社員の全員の承認を受けなければ，①自己又は第三者のために合同会社の事業に属する取引，②合同会社の事業と同種の事業を目的とする会社の取締役，執行役又は業務を執行する社員となることが禁止される。ただし，定款に別段の定めがある場合は，この限りでない（会社594条1項）[45]。この規制に違反して①の取引をしたときは，これによって当該社員又は第三者が得た利益の額は，合同会社に生じた損害の額と推定される（同条2項）。

  (45) 合同会社を流動化・証券化ヴィークルとして用いる場合などには，業務執行社員（法人の職務執行者を含む。）について，あらかじめ定款で競業が許容されている例がある。

4．業務を執行する社員の責任

(1) 任務懈怠責任

業務を執行する社員は，その任務を怠ったときは，合同会社に対し，連帯して，これによって生じた損害を賠償する責任を負う（会社596条）。株式会社の取締役の責任と同様の趣旨である。実際上の責任追及の手段としては，会社代表訴訟の制度も設けられている（後記 5 (4)）。もっとも，責任の免除の方法につき特別の制限はないから（会社424条以下参照），事後又は事前における責任の減免の方法や条件について定款等に自由に定めることは可能である[46]。

なお，株式会社の場合と異なり，社員による違法行為差止請求権についての規定はない（会社360条参照）。

  (46) 相澤＝郡谷・前掲注（5）18頁。

6 合同会社

(2) 会社財産確保のための責任

持分の違法な払戻しに関する業務を執行した社員の責任については既に述べたとおりであり（前記Ⅱ4(3)），違法な利益配当や出資の払戻しに関する業務を執行した社員の責任については後に述べる（後記Ⅳ3及び4）。

(3) 第三者に対する責任

業務を執行する社員がその職務を行うについて悪意又は重大な過失があったときは，その社員は，連帯して，これによって第三者に生じた損害を賠償する責任を負う（会社597条）。会社債権者などの第三者に対して間接有限責任しか負わない社員において慎重を欠く経営の行われることがないように事前の牽制をするとともに，これにより実際に損害を被った第三者を事後的に保護する趣旨である（会社429条参照）[47]。

(47) 相澤＝郡谷・前掲注（5）18頁。もっとも，構成員全員が有限責任の組織において業務執行者が一般不法行為責任以外に第三者に対して責任を負うことは必ずしも論理必然ではない，との指摘もあり（宍戸・前掲注（9）113頁），株式会社と異なり所有と経営の分離を制度的に企図していない合同会社については，社員の間接有限責任との整合的な解釈運用が課題になろう。

(4) 利益相反取引規制

業務を執行する社員は，①業務を執行する社員が自己又は第三者のために合同会社と取引をしようとするとき（直接取引），②合同会社が業務を執行する社員の債務を保証することその他社員でない者との間において合同会社と当該社員との利益が相反する取引をしようとするとき（間接取引）のいずれかの場合には，当該取引について当該社員以外の社員の過半数の承認を受けなければならない。ただし，定款に別段の定めがある場合は，この限りでない（会社595条1項）[48]。

(48) 合同会社を流動化・証券化ヴィークルとして用いる場合などには，業務執行社員（法人の職務執行者を含む。）について，あらかじめ定款で利益相反取引が許容されている例がある。

5．合同会社の代表

(1) 代　表　者

　業務を執行する社員は，合同会社を代表する（会社599条1項本文）。業務を執行する社員が2人以上ある場合には，業務を執行する社員は，各自，合同会社を代表する（同条2項）。ただし，他に業務を執行する社員その他合同会社を代表する者を定めた場合は，この限りでない（同条1項ただし書）。

　また，合同会社は，定款又は定款の定めに基づく社員の互選によって，業務を執行する社員の中から合同会社を代表する社員を定めることができる（会社599条3項）。

　なお，合同会社は，業務を執行する社員が競業禁止の規則に違反し，業務執行にあたり不正の行為をし，その他，重要な義務を尽くさない場合，あるいはその者が著しく不適任な場合に，対象業務執行社員以外の社員の過半数の決議に基づき，対象業務執行社員を被告として，訴えをもって代表権の消滅を請求することができる（会社860条）。

(2) 代表者の権限

　合同会社を代表する社員は，持分会社の業務に関する一切の裁判上又は裁判外の行為をする権限を有する（会社599条4項）。この権限に加えた制限は善意の第三者に対抗できない（同条5項）。

(3) 会社の代表者の行為に対する責任

　合同会社は，会社を代表する社員その他の代表者がその職務を行うについて第三者に加えた損害を賠償する責任を負う（会社600条）。業務を執行する社員は，職務を行うにつき悪意又は重過失があると第三者に対して損害賠償責任を負う場合があるが（前記4(3)），さらに，会社を代表する者が職務を行うにつき第三者に損害を与えた場合には，合同会社が損害賠償義務を負うものとされている。

(4) 社員との訴訟における代表権

　合同会社を代表する社員は，合同会社に関する一切の裁判上の行為をする権

限を有するが (会社599条4項), これにかかわらず, 合同会社が社員に対し, 又は社員が合同会社に対して訴えを提起する場合において, その訴えについて当該社員以外に合同会社を代表する者が存しないときは, 当該社員以外の社員の過半数をもって, その訴えについて合同会社を代表する者を定めることができる (会社601条)。

また, 社員が合同会社に対して社員の責任を追及する訴えの提起を請求した場合において, 会社が請求の日から60日以内に訴えを提起しないときは, その請求をした社員は, その訴えについて会社を代表することができる (会社代表訴訟。会社602条本文)[49]。株式会社に関する株主代表訴訟の場合と異なり, 合同会社に対して訴え提起を請求した社員は, 自ら原告 (訴訟担当) となるのではなく, 原告となる会社を代表して訴訟追行をするものとされている。

(49) その訴えが当該社員もしくは第三者の不正な利益を図り又は会社に損害を加えることを目的とする場合は, この限りでない (会社602条ただし書)。また, 実質的には, この訴えにより会社の正当な利益が著しく害されること, 会社が過大な費用を負担することとなること, その他これに準ずる事態が生ずることが相当の確実さをもって予測される場合にも, 訴訟追行は許されるべきではないであろう (相澤＝郡谷・前掲注 (5) 19頁注7)。

(5) 職務代行者

職務代行者選任の仮処分命令 (民保56条) により選任された業務を執行する社員又は合同会社を代表する社員の職務を代行する者は, 仮処分命令に別段の定めがある場合を除き, 合同会社の常務に属しない行為をするには裁判所の許可が必要である (会社603条1項)。これに違反した行為は無効とされるが, 善意の第三者には対抗できない (同条2項)。

Ⅳ 合同会社の計算等

1. 計　算

(1) 会計の原則

　合同会社の計算は，一般に公正妥当と認められる企業会計の慣行に従うものとする（会社614条，計算規3条）。会社法により新たに設けられた会社類型である合同会社の会計についていかなる会計基準等が妥当するかは今後の課題であるが，従前の有限会社の規模で行われてきた一般的な事業会社を想定すれば，基本的には「中小企業の会計に関する指針」（日本公認会計士協会，日本税理士会連合会，日本商工会議所，企業会計基準委員会）が参照されることになると思われる。

(2) 会計帳簿の作成

　合同会社は，適時に，正確な会計帳簿を作成しなければならない（会社615条1項，会社規159条，計算規4条以下）。合同会社は，会計帳簿の閉鎖の時から10年間，その会計帳簿及びその事業に関する重要な資料を保存しなければならない（会社615条2項）[50]。

　　(50)　後記(3)の計算書類と異なり，社員や債権者に閲覧請求権は保障されていない。

(3) 計算書類の作成

　合同会社は，その成立の日における貸借対照表を作成しなければならない（会社617条1項，会社規159条，計算規102条）。また，各事業年度に係る計算書類（貸借対照表，損益計算書，社員資本等変動計算書及び個別注記表）を作成しなければならない（会社617条2項・3項，会社規159条，計算規103条）。

　所有と経営の分離する株式会社と異なり，事業報告及び付属明細書の作成は義務付けられていないし，株主総会のような承認機関もない。不特定多数の者から資金を募ることまでは予定されていないため，決算公告義務も課されていない（会社440条参照）。もちろん，作成手続，報告手続ないし承認手続について定款等に定めることは任意である[51]。

なお，計算書類は作成したときから10年間，保存しなければならない（会社617条4項）。

(51) 会社法上の大会社は株式会社に限られるため（会社2条6号），資本金の額が5億円以上又は負債の合計額が200億円以上であっても，内部統制システム構築の義務はないし，会計監査人設置の義務もない（前掲注（2）参照）。

(4) 計算書類の閲覧等

　合同会社の社員は，会社の営業時間内はいつでも，計算書類の閲覧又は謄写の請求をすることができる（会社618条1項，会社規226条23号）。この点，定款で別段の定めをすることを妨げないが，社員が事業年度の終了時に閲覧又は謄写の請求をすることは制限できない（会社618条2項）。

　また，合同会社の債権者は，会社の営業時間内はいつでも，その計算書類（作成した日から5年以内のものに限る。）について前記と同様に閲覧又は謄写の請求をすることができる（会社625条）。合同会社は，他の持分会社と異なり，この点につき定款で別段の定めをすることはできない（会社618条2項参照）。債権者保護の趣旨である。

2．資 本 金

(1) 合同会社における資本金の意義

　合同会社の資本金の額は，合同会社の純資産額のうち，社員から拠出された財産の価額に相当する額の一部を表示する計数である。設立時の資本金の額は，社員になろうとする者が，設立に際して履行した出資により合同会社に払込み等がされた財産の価額から，設立費用のうち資本金又は資本剰余金の額から減ずるべき額と定めた額を減じて得た額[52]の範囲内で，社員となろうとする者が定めた額である（計算規75条）。

　合同会社の資本金の額の増加は，①社員が出資の履行をした場合，合同会社に対し払込み等された財産の価額等から，出資の履行の受領に係る費用の額のうち合同会社が資本金又は資本剰余金から減ずるべき額と定めた額を減じて得た額の範囲内で，合同会社が資本金の額に計上するものと定めた額，②合同会社が資本剰余金の額の全部又は一部を資本金の額とするものと定めた場合にお

ける当該資本剰余金の額が，資本金の額として計上されることによって生じる（計算規53条）。

　合同会社においては，資本金の額は，有限責任社員に対する会社財産の払戻しの場面における債権者保護のための財産留保額の基準値となるものであるから，その減少については債権者保護手続等の規制がされている[53]。

- (52) 設立費用の資本金からの控除は，現在の会計慣行では認められていないという（中島祐二・LLC（合同会社）・LLP（有限責任事業組合）の制度・会計・税務（2006）67頁）。
- (53) 相澤＝郡谷・前掲注（5）22頁。

(2) 資本金の額の減少

(a) 損失の塡補のためにする場合

　合同会社は，損失の塡補のために，その資本金の額を減少することができる（会社620条1項）。これにより減少する資本金の額は，損失の額として法務省令で定める方法により算出される額を超えることができない（同条2項。会社規159条，計算規190条）。減少した資本の額は資本剰余金の額となる（計算規54条1項4号）[54]。

(b) 出資の払戻し又は持分の払戻しのためにする場合

　合同会社は，出資の払戻し（後記4）又は持分の払戻し（前記Ⅱ4(3)）のために，その資本金の額を減少することができる（会社626条1項）。これにより減少する資本金の額は，出資払戻額（会社632条2項）又は持分払戻額（会社635条1項）から当該払戻しをする日における剰余金額[55]を控除して得た額を超えてはならない（会社626条2項・3項）。

(c) 債権者保護手続

　合同会社の債権者は，合同会社が資本金の額を減少する場合，これに対し異議を述べることができるが（会社627条1項），その機会を確保するため，合同会社は，①資本金の額の減少の内容と，②債権者が一定の期間内（最短1か月）に異議を述べることができる旨を官報に公告し，かつ，原則として知れている債権者には各別にこれを催告しなければならない（同条2項・3項）[56]。

　債権者が②の期間内に異議を述べなかったときは，その債権者は資本金の額の減少について承認をしたものとみなし（会社627条4項），異議を述べたときは，

6 合同会社

合同会社は原則としてその債権者に対し弁済する等しなければならない（同条5項。債権者を害しない場合はこの限りでない。）。

資本金の額の減少は，上記の各手続が終了した日に，その効力を生ずる（会社627条6項）。

(54) この資本準備金への振替えにより，社員の出資あるいは持分の払戻財源が増加する。他方，実際に合同会社の損失を埋め合わせるためには，資本準備金を利益準備金に振り替える必要があるが（計算規54条2項6号，55条1項3号），その結果，かかる払戻財源は減少する。
(55) ここにいう剰余金額は，資産の額から，負債の額，資本金の額及び会社計算規則192条3号イ又はロ所定の額を減じた額をいう（会社626条4項）。なお，注(24)参照。
(56) なお，合同会社が退社する社員に対して持分の払戻しをする場合にも資本金の額が減少することがあるが，この場合の債権者保護手続は会社法635条による（前記Ⅱ4(3)参照）。

3．利益の配当

(1) 利益配当の方法

社員は，合同会社に対し，利益の配当を請求することができる（会社621条1項）。利益の配当を請求する方法その他の利益の配当に関する事項は，定款で自由に定めることができる（同条2項）。複数の社員がいる場合の利益分配の割合は，原則として各社員の出資の価額に応じて定められるが，損益分配の割合について定款の定めがあれば，その定めに従い（会社622条）[57]，あるいは，事情に応じて，特定の社員に対して出資割合を超える分配割合を認めることも可能である（会社454条3項参照）。

しかし，債権者保護のため，合同会社における利益配当には一定の規制がある。

(57) なお，ここでいう損益分配とは，損益取引等により会社が得た利益又は被った損失を，計算上，各社員の持分に割り当てる（配賦する）ことを意味する。これにより損失を分担しても，各社員は現実にそれに相当する額を出資して填補する必要はなく，その分だけ各社員の持分（会社財産に対して有する分け前を示す数額）が減少するにすぎないし，逆に，これにより利益を配賦されただけでは，現実の利益配当（金銭の給付）を受けられるものではない（前田・前掲注(5)746頁ほか参照）。

第4章　持分会社

(2) 利益配当の規制

　合同会社は，配当額[58]が，その利益の配当をする日における利益額[59]を超える場合には，その利益配当をすることは許されず，合同会社は，社員の利益配当請求を拒むことができる（会社628条）。

　合同会社がこれに違反して利益の配当をした場合，その業務を執行した社員は，その職務を行うについて注意を怠らなかったことを証明しなければ，合同会社に対し，利益の配当を受けた社員と連帯して，配当額に相当する金銭を支払う義務を負う（会社629条1項）。この業務を執行した社員の義務は免除することができないが，利益の配当をした日における利益額を限度として当該義務を免除することについて総社員の同意がある場合は，この限りでない（同条2項。なお，会社462条3項参照）。

　この利益の配当を受けた社員が，配当額が利益の配当をした日における利益額を超えることにつき善意であるときは，配当額について，その業務を執行した社員からの求償の請求に応ずる義務を負わない（会社630条1項）。この場合であっても，合同会社の債権者は，利益の配当を受けた社員をして，配当額（その額が債権額を超える場合にあっては，債権額）に相当する金銭を合同会社に対して支払わせることができる（同条2項・3項。なお，会社463条参照）。

[58]　利益の配当により社員に対して交付する金銭等の帳簿価額をいう（会社623条1項第1かっこ書）。
[59]　利益剰余金の額（計算規191条1号），又は，当該配当を受ける社員に配賦されている利益の額（既に配賦された利益の額から，既に配賦された損失の額及び配当を受けた額を減じた額。同条2号）の，いずれか小さい額をいう（会社623条1項第2かっこ書）。なお，株式会社における利益配当の場合と異なり，配当財源に資本剰余金等を含まない（会社453条参照）。

(3) 欠損が生じた場合

　合同会社が利益の配当をした場合において，利益の配当をした日の属する事業年度の末日に欠損額（計算規193条）が生じたときは，利益の配当に関する業務を執行した社員は，その職務を行うについて注意を怠らなかったことを証明しなければ，合同会社に対し，利益の配当を受けた社員と連帯して，欠損額（その額が配当額を超えるときは，配当額）を支払う義務を負う（会社631条1項）。この義

務は，総社員の同意がなければ，免除することができない（同条2項。なお，会社465条参照）。

4．出資の払戻し

　持分会社の社員は，投下資本の回収手段として，持分会社に対し，社員の地位を維持したまま（退社による持分の払戻しとは別に），既に出資として払込み等をした金銭等の払戻し，すなわち出資の払戻しを請求することができるのが原則である（会社624条1項。金銭以外の出資でも金銭によることが可能である。）。しかし，合同会社においては，社員有限責任制度のもとにおける債権者保護の趣旨から，定款を変更してその出資の価額を減少する場合を除き，社員は出資の払戻しの請求をすることができない（会社632条1項）[60]。また，出資払戻額[61]が，出資の払戻しの請求をした日における剰余金額[62]，又はこの出資の価額の減少額のいずれかの範囲を超える場合には，出資の払戻しをすることができない（同条2項）[63]。

　合同会社がこれに違反して出資の払戻しをした場合，その業務を執行した社員は，その職務を行うことについて注意を怠らなかったことを証明しなければ，合同会社に対し，出資の払戻しを受けた社員と連帯して，出資払戻額に相当する金銭を支払う義務を負う（会社633条1項）。この業務を執行した社員の義務は免除することができないが，出資の払戻しをした日における剰余金額[64]を限度として当該義務を免除することについて総社員の同意がある場合には，この限りでない（同条2項）。

　なお，この出資の払戻しを受けた社員が，出資払戻額が出資の払戻しをした日における剰余金額[65]を超えることにつき善意であるときは，出資払戻額について，その業務を執行した社員からの求償の請求に応ずる義務を負わない（会社634条1項）。しかし，合同会社の債権者は，出資の払戻しを受けた社員に対し，出資払戻額（その額が債権額を超える場合にあっては，債権額）に相当する金銭を支払わせることができる（同条2項）。

　基本的には，利益配当の制限と同様の規律である。

(60)　会社財産の確保のため出資の価額と履行された出資との関係を一致させる必要がある。相澤＝郡谷・前掲注（5）22頁。

(61) 出資の払戻しにより社員に対して交付する金銭等の帳簿価額をいう（会社632条2項第1かっこ書）。
(62) ここにいう剰余金額は，資産の額から，負債の額，資本金の額及び会社計算規則192条3号ハ所定の額を減じた額をいう（会社626条4項）。なお，出資の払戻し又は持分の払戻しを行う場合の資本金の額の減少（同条1項）をした場合にあっては，その減少をした後の剰余金額をいう（会社632条2項第2かっこ書）。
(63) なお，当該出資の払戻しにあたり資本金の額を減少する場合（資本剰余金では財源が不足する場合）には，別途，資本金の額の減少にかかる債権者保護手続を経る必要がある（前記2(2)(c)参照）。
(64) ここでいう剰余金の額は，出資の払戻しをする日における利益剰余金の額と資本剰余金の額の合計額をいう（計算規192条3号ハ(1)）。
(65) 前掲注（64）に同じ（計算規192条3号ニ）。

V　会社の種類の変更・組織変更

1．会社の種類の変更

　持分会社は定款変更により相互に会社の種類を変更できる[66]。すなわち，合名会社又は合資会社は合同会社に，合同会社は合名会社又は合資会社に，それぞれ変更できるものである。以下，社員有限責任制の組織に対する需要に照らし，前者について述べる。
　合名会社又は合資会社を合同会社に変更するためには，その社員の全部を有限責任社員とする定款の変更をしなければならない（会社638条1項3号・2項2号）。この場合において，社員が定款変更後の合同会社に対する出資に係る払込み等を履行していないときは，定款の変更の効力は，その払込み等が完了した日に生ずる（会社640条1項）。従前の無限責任社員の出資目的が労務出資などであるときは，これを金銭その他の財産に改める必要もある（会社576条1項6号）。なお，無限責任社員は有限責任社員となった後も会社債務について一定の範囲で責任を負う（会社583条3項・4項）。
　また，合資会社の無限責任社員が退社したことにより有限責任社員のみとなった場合には，合同会社となる定款変更をしたものとみなされる（会社639条2項）。この場合において，社員がその出資に係る払込み等を履行していない

ときは，定款変更をしたものとみなされた日から1か月以内に，その払込み等を完了しなければならない（会社640条2項）。

以上により合同会社となったときは，定款変更の効力発生日から2週間以内に，本店の所在地において，合名会社又は合資会社については解散の登記をし，合同会社については設立の登記をしなければならない（会社919条）。

(66) 株式会社との組織変更と異なり，組織変更計画の作成や債権者保護手続を要しない。それゆえ，債権者に知られることなく手続が進められる可能性もある。

2．株式会社との組織変更

合同会社は株式会社に，株式会社は合同会社に，それぞれ組織変更することができる。以下，事業の成長に応じて組織を変更する必要性に照らし，前者について述べる[67]。

合同会社が組織変更する場合には，定款事項，組織機関，株式ほか，組織変更後の株式会社の基本事項に関する法定の事項を記載した組織変更計画を作成しなければならない（会社743条，746条1項）。そして，所定の効力発生日の前日までに，組織変更計画について総社員の同意を得なければならない（会社781条1項）[68]。

債権者は，合同会社に対し，組織変更について異議を述べることができる（会社781条2項，779条1項）。その機会を確保するため，組織変更をする合同会社は，組織変更する旨，計算書類に関する事項及び一定の期間内に異議を述べられる旨を官報に公告し，かつ，知れている債権者には原則として各別に催告しなければならない（会社781条2項，779条2項各号）[69]。債権者が所定の催告期間内に異議を述べなかったときは，承認をしたものとみなし（会社781条2項，779条4項），異議を述べたときは，合同会社は，弁済する等しなければならない（会社781条2項，779条5項。債権者を害するおそれがないときは，この限りでない。）。

組織変更をする合同会社は，組織変更計画所定の効力発生日に株式会社となる（会社747条1項。効力発生日を変更することができる。会社781条2項，780条1項）。その効力が生じた日から2週間以内に，本店の所在地において，組織変更前の合同会社については解散の登記をし，組織変更後の株式会社については設立の登記をしなければならない（会社920条）。

(67) 株式会社から合同会社への組織変更としては，企業買収や組織再編等の一環として，親会社が株式会社である完全子会社を合同会社に変更するような場合があり得ると思われる。その他，合同会社にも関連する会社の組織再編としては，合併，会社分割，株式交換など考えられるが，いずれについても紙幅の都合によりここでは割愛する。
(68) 定款に別段の定めがある場合は，この限りでない。当初から将来の株式公開を企図した起業の場合，原始定款において，組織変更の条件設定や決議要件の緩和等に関する別段の定めをすることが考えられる。
(69) ただし，電子公告又は日刊新聞紙への掲載により公告がされる場合，官報公告との併用により，債権者への個別催告が省略される可能性がある（会社781条2項，779条3項）。

Ⅵ 合同会社の解散・清算

1．解　散

(1) 解散の事由

　合同会社は，①定款で定めた存続期間の満了，②定款で定めた解散の事由の発生（会社471条参照），③総社員の同意[70]，④社員が欠けたこと（同条参照），⑤合併（合併により当該持分会社が消滅する場合に限る。），⑥破産手続開始の決定（破30条）[71]，⑦解散を命ずる裁判（会社824条1項，833条2項。後記(2)参照）のいずれかの事由によって解散する（会社641条）[72]。

　合同会社は一定の事業目的のために設立されるものであるから，その事業目的の達成，あるいは，その事業目的の達成に不可欠な社員の死亡などを解散事由として定款に定めておくことが考えられる。

(70) 別の視点からすると，実質的には社員全員の退社とその退社に伴う持分の一斉払戻しに擬することもできよう。
(71) なお，合同会社が経営破綻した場合，株式会社を対象とする会社更生手続や特別清算手続を利用することはできないため，法的整理としては，民事再生手続か破産手続を利用することになる。なお，合同会社の業務を執行する社員は破産原因がある場合に破産手続開始の申立てができるものとされているが（破19条1項3号）が，一方で，法的整理の申立てをしない旨の宣誓をすること等を社員の条件として定める定款の実例もある。
(72) 本文①ないし④の事由により会社が解散したときは，2週間以内に本店の所在地に

おいて解散の登記をしなければならない（会社926条）。なお，会社の継続につき会社法642条1項参照。

(2) 解散を命ずる裁判

裁判所は，会社設立が不法な目的に基づいてされたとき，業務執行社員が法令・定款で定める合同会社の権限を逸脱・濫用する行為をする等したとき，その他一定の事由がある場合において，公益を確保するため合同会社の存立を許すことができないと認めるときは，法務大臣又は社員，債権者その他の利害関係人の申立てにより，会社の解散を命ずることができる（会社824条1項）。

また，社員間の不和対立がありこれを打開する手段がないなど，やむを得ない事由がある場合には[73]，合同会社の社員は，会社を被告として，訴えをもって会社の解散を請求することができる（会社833条2項，834条21号）。

なお，株式会社の場合と異なり，休眠会社のみなし解散に相当する制度は設けられていない（会社472条，会社規139条）。

(73) 合名会社の場合につき，最判昭61・3・13民集40巻2号229頁参照。

2．清　算

(1) 清算の開始原因

合同会社は，①解散した場合（合併により解散した場合，及び，破産手続開始の決定により解散し破産手続が終了していない場合を除く。），②設立の無効の訴え（会社828条1号）に係る請求を認容する判決が確定した場合，③設立の取消しの訴え（会社832条）に係る請求を認容する判決が確定した場合のいずれかの場合には，会社法の規定に従い，清算をしなければならない（会社644条）[74]。清算をする合同会社は，清算の目的の範囲内において，清算が結了するまではなお存続するものとみなされる（会社645条）[75]。

(74) なお，社員が会社債権者に直接無限責任を負わない合同会社については，合名会社及び合資会社と異なり，社員が任意に財産の処分方法を定める任意清算に関する規定（会社668条以下）は適用されない。

(75) 最判昭42・12・15判時505号61頁，大判大5・3・17民録22輯364頁参照。

(2) 清　算　人
　(a)　**清算人の選任・解任**
　清算をする合同会社には，清算人を置かなければならない（会社646条）。清算人となるのは，原則として，定款で定める者，社員（業務執行社員の定めが定款にあれば，その社員）の過半数の同意によって定める者[76]，これらにより清算人となる者がなければ業務執行社員である（会社647条1項各号。その他，裁判所が選任する場合につき，同条各項及び657条参照）。法人も清算人となることができる（会社654条）。
　清算人は，定款に別段の定めがある場合を除き，社員の過半数による決定をもって，解任することができる（会社648条1項・2項。裁判所が選任した清算人を除く。）。また，重要な事由があるときは，裁判所は，社員その他利害関係人の申立てにより，清算人を解任することができる（同条3項）。
　(b)　**職務・業務執行・代表**
　清算人の行う職務は，①現務の結了[77]，②債権の取立て及び債務の弁済，③残余財産の分配である（会社649条）[78]。
　清算人は，清算をする合同会社の業務を執行する（会社650条1項）[79]。
　清算人は，清算会社を代表する（会社655条1項本文）。この清算人が2人以上ある場合には，清算人は，各自，清算をする合同会社を代表する（同条2項）。ただし，他に清算をする合同会社を代表する清算人その他清算をする合同会社を代表する者を定めた場合は，この限りでない（同条1項ただし書）。
　(c)　**清算会社との関係**
　清算をする合同会社と清算人との関係は，委任に関する規定に従う（会社651条1項）。
　清算人が任務を怠ったときは，清算会社に対し，損害を賠償する責任を負う（会社652条）。また，清算人がその職務を行うについて悪意又は重大な過失があったときは，これによって第三者に生じた損害を賠償する責任を負う（会社653条）。

　(76)　社員でない者を清算人として選任することもできると解される。上柳＝鴻＝竹内編集代表・前掲注（32）663頁〔米沢〕参照。
　(77)　大判明35・5・21民録8輯102頁，大判大2・6・28民録19輯557頁参照。
　(78)　これは例示列挙であり，清算人は清算事務遂行のために必要な一切の行為をする権限を有すると解される。上柳＝鴻＝竹内編集代表・前掲注（32）498頁〔米沢〕参照。

(79) 清算業務の過程で，事業の全部又は一部を譲渡する場合には，社員の過半数をもって決定する（会社650条3項）。なお，清算会社の財産がその債務を完済するのに足りないことが明らかになったときは，清算人は，ただちに破産手続開始の申立てをしなければならないとされている（会社656条1項）。

(3) 清算事務の流れ
 (a) 財産目録等の作成
　清算人は，その就任後遅滞なく，会社の財産の状況を調査し，清算の開始原因の生じた日（前記(1)参照）における財産目録及び貸借対照表を作成し，各社員にその内容を通知しなければならない（会社658条1項，会社規160条・161条）[80]。社員の請求があれば，清算会社は毎月清算の状況を報告しなければならない（会社658条3項）。

 (b) 債務の弁済
　清算会社は，清算開始後，遅滞なく，債権者に対し，一定の期間内（最短2か月）にその債権を申し出るべき旨を官報に公告し，かつ，知れたる債権者には各別にこれを催告しなければならない（会社660条）[81]。
　清算会社は，この催告期間内は，債務の弁済をすることができない（会社661条1項）。ただし，裁判所の許可を得て，少額の債権，清算をする合同会社の財産につき存する担保権により担保される債権その他これを弁済しても他の債権者を害するおそれがない債権に係る債務について，その弁済をすることができる（同条2項）。
　清算会社の債権者（知れている債権者を除く。）であって上記催告期間内に債権の申出をしなかった者は，清算から除斥される（会社665条1項）。除斥された債権者は，分配がされていない残余財産に対してのみ，弁済を請求することができる（同条2項）。
　債務の弁済にあたり，条件付債権，不確定期限付債権などがある場合には，裁判所の選任する鑑定人の評価額に従って，弁済額を確定することになる（会社662条1項・2項）。

 (c) 残余財産の分配
　清算会社は，会社の債務を弁済した後でなければ，その財産を社員に分配することができない。ただし，その存否又は額について争いのある債務について

弁済に必要な財産を保留した場合は，この限りでない（会社664条）。

残余財産の分配の割合について定款の定めがないときは，その割合は，各社員の出資の価額に応じて定める（会社666条）。

(d) **清算事務の終了等**

清算会社は，清算事務が終了したときは，遅滞なく，清算に係る計算をして，社員の承認を受けなければならない（会社667条1項）。社員が1か月以内に清算に係る計算について異議を述べなかったときは，清算人の職務の執行に不正な行為がない限り，社員は，その計算の承認をしたものとみなされる[82]。ただし，清算人の職務の執行に不正の行為があったときは，この限りでない（同条2項）。

- (80) この財産目録等は清算結了まで清算会社が保存する（会社658条2項）。
- (81) 合名会社，合資会社の任意清算の場合と異なり，清算方法等に対する異議の申述を催告するものではない（会社670条1項参照）。
- (82) この承認の日から2週間以内に，本店の所在地において清算結了の登記をしなければならない（会社929条3号）。この登記の時から10年間，帳簿資料保存者につき別段の定めがある場合を除き，清算人は清算会社の帳簿並びにその事業及び清算に関する重要な資料（帳簿資料）を保存しなければならない（会社672条）。

Ⅶ 合同会社の想定される活用とその問題点

1．想定される活用場面

合同会社は，以上に述べたとおり，他の会社や有限責任事業組合と比較して種々の相違がある。これらの特徴及び相違点，そして有限会社法が廃止され，新たに有限会社の設立が認められなくなったので，その代替会社が必要となったことなどから，合同会社の活用の場面は，伝統的企業形態より「新しい事業形態」が多いといえよう。一般的には①ベンチャー企業，②ジョイント・ベンチャー，③投資ファンド，④証券化スキームにおける特別目的会社（SPC），⑤企業グループ内組織再編，⑥ソフトウェア産業，⑦共同研究開発事業，⑧産業連携事業，⑨公共・公益目的事業等で活用が期待されている[83]。

- (83) 関口智弘「米国ベンチャービジネスにおけるLLCの活用法」商事1683号（2003）24

頁，長島・大野・常松法律事務所編・前掲注（11）589頁参照，弥永＝岩倉＝太田＝佐藤監修／西村ときわ法律事務所編・前掲注（7）504頁，山田剛志＝太田洋＝増田健一・新しいビジネス法（2006）22頁。

2．活用上の利点

　合同会社を活用しようとする事業について，以下に述べる活用上の利点がすべて該当するというわけではないが，これらの利点のいくつかに着目して合同会社を活用することになろう。

　①法人格があること（会社2条1号，3条），②間接有限責任であること（会社576条4項，580条2項），③内部関係は組合の規律の適用があるが，業務執行を一部社員に限定することが可能であること（会社591条，599条），④社員1人でも存続が可能であること（会社641条4号），⑤最低資本金規制がないこと，⑥現物出資に検査役の調査が不要であること（会社578条），⑦株式会社への組織変更（会社2条26号，746条）又は合併も可能であること（会社748条），⑧社債の発行が可能であること（会社676条），⑨大会社の適用がないこと（会社2条6号，328条），⑩会社更生法の適用がないこと（特にSPCにとっては重要）（会更1条），⑪計算書類の公告義務がないこと（会社440条参照），⑫設立登記日数及び設立費用が株式会社に比較して，それぞれ2分の1程度であること。

3．ベンチャー企業などにとっての利点と問題点

　ベンチャー企業等では上記利点の①，②，③，⑤，⑥，⑦，⑧，⑨，⑩，⑪，⑫は活用上重要な利点といえる。

　しかし，これらの利点の多さをもってしても合同会社がベンチャー企業等に多用されるか問題なしとしない。IT産業やソフトウェア産業などのベンチャー企業は企業経営者も出資者も将来の株式公開（IPO）を企図している場合が多い。ベンチャー企業は人が財産であるが，上場してこそ人と資金が集まる傾向にある。設立当初は全株式譲渡制限株式会社（非公開株式会社）として事業を始め，会社幹部のみならず従業員に対してもストックオプション（新株予約権）を与えてモチベーションを維持・拡大する。ところが，合同会社は社債の発行（会社676条）は認められても新株予約権の発行は認められていない（会社745条5項参

照)。理由は別として何よりも旧商法下において株式会社が有限会社より世間の信用を得ていたのと同じく，合同会社との比較においても株式会社信仰は変わらないであろう。また，合同会社にはパス・スルー課税が認められないのが短所の一つといわれているが，例え将来，合同会社にパス・スルー課税が認められたとしても，これらのベンチャー企業が株式会社でなく合同会社を選択するかは問題である。最近のベンチャー企業では会社設立から5年以内の株式公開（IPO）も珍しくない。そこで合同会社を設立して途中で株式会社へ組織変更して株式公開（IPO）を狙うのは組織変更に必要な社員全員の同意（会社781条）や債権者保護手続（会社779条，781条2項）の面倒さがあるばかりか当該企業の拡大発展のスピードに支障となるおそれもある。

4．投資ファンド，証券化スキームにおける特別目的会社（SPC）にとっての利点と問題点

　投資ファンドや証券化スキームにおける特別目的会社（SPC）は投資家からの出資以外に他から借り入れ，社債発行の方法により多額の資金調達を行うのが一般的である。公開会社であれば，借入れ（負債）が200億円以上となれば，株式会社の場合，大会社（会社2条6号）となり，監査役会及び会計監査人を設置しなければならない。公開会社でない大会社も会計監査人を置かなければならない（会社328条）。しかし，合同会社は大会社の適用がないので，事務的負担，費用の負担の点で有利である。株式会社同様に社債の発行も認められているので従来の有限会社より有利である。株主や債権者による会社更生の申立てができない点も利点といえる。会社更生は株式会社を対象としているので合同会社はその対象とならない（会更1条）。投資ファンドにしても証券化スキームにおける特別目的会社（SPC）にしても，第三者からの法的倒産手続の申立て，特に管理型の会社更生申立ては絶対に回避しなければならないからである。

　パス・スルー課税が認められないことは短所ではあるが，従来匿名組合（商535条）と有限会社の組合せで実質的に二重課税を免れてきたと同様に，有限会社に代わって合同会社を利用することは可能であろう。

〔松嶋　英機＝濱田　芳貴〕

第5章

外国会社

1．外国会社

はじめに

　会社法における「会社」とは，会社法に基づき設立される「株式会社，合名会社，合資会社又は合同会社」（会社2条1号）を指す。会社法は会社の設立，組織，運営及び管理に関する事項を定める法律である（会社1条）が，会社法には，外国会社に係る規定も設けられている。旧商法においても，外国会社[1]に係る規定が設けられていたが，会社法においては，その規定の明確化が図られるとともに，その内容についても一部見直しが行われている。
　以下，会社法における外国会社に係る規律について概観する。

(1) 　内国会社と外国会社との区別の基準については，本店所在地法説，設立行為地法説，設立準拠法説等があり，設立準拠法説がわが国の通説（平野俊行「会社の従属法の決定基準―本拠地法主義・設立準拠法主義（特集 国際的な企業組織・活動と法律問題）」ジュリ1175号（2000）5頁参照）・判例（大決大7・12・16民録24輯2326頁・新聞1151号21頁，東京地判平4・1・28判時1437号122頁）の立場である。

I　外国会社の意義

1．外国会社の定義

　旧商法においては，外国会社についての定義が置かれていなかったため，外国会社に係る規定が外国のどのような事業体について適用されるかを判断する基準が，必ずしも明確ではなかったところである。

第5章 外国会社

会社法では,規律の明確化を図るため,外国会社について,「外国の法令に準拠して設立された法人その他の外国の団体であって,会社と同種のもの又は会社に類似するもの」との定義規定が設けられている(会社2条2号)。これにより,①日本法における「法人」に相当する制度が存在しない国の事業体であっても,外国会社に該当する場合があり得ること[2],②外国会社は会社(株式会社・持分会社)と同種のもの又は会社に類似するものに限定されること[3]が明らかにされている。

このように,会社法においては,「会社」及び「外国会社」の各定義規定が明確に定められている結果,単に「会社」と規定する場合には「外国会社」がそれには含まれないことが明らかになっている。外国会社をも含む趣旨で「会社」と規定すべき場合には,条文上,逐一その旨が明記されている(会社2条33号,10条,135条2項1号,155条10号,467条1項3号,978条3号等)。

(2) 準拠法に基づけば法人格を認められる外国法人がわが国において活動する場合,その活動より生ずる権利義務に関して,当該外国法人にその主体となることを認めることを,外国法人の認許という。民法36条本文は,「外国法人は,国,国の行政区画及び商事会社を除き,その成立を認許しない。」と定めているところ,この「商事会社」にはいわゆる民事会社も含まれるものと解されており(江頭憲治郎・株式会社法(2006)868頁),準拠法上法人格のある外国会社は,当該規定により,当然に認許される。

(3) 会社法における外国会社に係る規定は,外国の団体について,会社法上の会社に準ずる規制をすることを目的とするものであるから,当該団体の実質が会社法上の会社と同種のものであるか,これに類似するものである場合に限り,適用されるべきものである。外国の団体であって,その実質においてわが国の会社法上の会社に類似するものであれば,準拠法上法人格のないもの(例えば,ドイツの合名会社や英米法系のパートナーシップなど)であっても,外国会社に係る規定が適用され得る。

2.親会社・子会社と外国会社

会社法においては,子会社について,旧商法とは異なり,実質概念が採用されるとともに,会社以外の法人や人格のない事業体なども子会社の対象となり得ることとされている(会社2条3号,会社規3条1項・3項・2条3項2号)。したがって,外国会社も子会社となり得る。

また,会社法においては,親会社についても,同様に実質概念が採用されており,外国会社も親会社となり得る(会社2条4号,会社規3条2項〜4項)。

3．社債と外国会社

会社が負担する金銭債務が「社債」に該当する場合，会社はその発行にあたり原則として社債管理者の設置をしなければならず，また，社債権者集会の決議によりその権利内容の事後的な変更等が可能となるなど，社債発行会社にとっても，社債権者にとっても，指名債権とは大きく異なる規律が適用されることとなる。

旧商法においては，「社債」に関する定義規定が置かれていなかったが，会社法では，社債に関する規定の適用関係を明確にするために，社債につき「この法律の規定により会社が行う割当てにより発生する当該会社を債務者とする金銭債権であって，第676条各号に掲げる事項についての定めに従い償還されるもの」との定義規定が設けられている（会社2条23号）。

この定義によれば，外国会社が発行する債券は，その発行地が日本国内であったとしても，「会社法の規定により会社が行う割当てにより発生する……」という定義に該当しない以上，会社法上の「社債」には該当しないことになる[4]。

(4) なお，平成16年改正前の商法は，日本においてする外国会社の株券・債券の発行，株式・社債の移転等につきわが国の商法の規定を準用する旨の規定（平成16年改正前商483条）を設けていたが，当該規定は，同改正により削除されている。

Ⅱ　外国会社の日本における代表者

1．日本における代表者の住所

外国会社は，日本において取引を継続してしようとするときは，日本における代表者を定めなければならない（会社817条1項前段）[5]。これは，外国会社が日本において取引を継続してする以上[6]，日本国内の取引先の保護の観点から，日本国内に苦情や紛争の処理に応ずる権限を有する者が必要であると考えられるためである[7]。

なお，平成14年改正前の商法では，外国会社が日本において取引を継続して

第5章　外国会社

する場合には，日本における代表者を定めることのほか，営業所を設けることが要求されていたが，そのような営業所設置義務は，立法例としては珍しく，参入障壁であるとの指摘もされていたため，同改正により，廃止された。

平成14年改正前の商法のもとでは，外国会社の日本における代表者について，そのうちの1名が日本に住所を有していれば足りるものと解されていたが，日本における全代表者の退任に関する旧商法483条ノ3の規定の創設等を内容とする同改正以降，日本に住所を有していない者は日本における代表者とは認められない，すなわち，外国会社の日本における代表者はその全員が日本に住所を有していなければならないものと解されるに至っていた（平14・12・27法務省民商3239号民事局長通達・4の1(4)参照）[8]。

しかしながら，これに対しては，従来から株式会社，有限会社，合名会社及び合資会社については会社を代表すべき社員・取締役，代表取締役・代表執行役のうちの1名が日本に住所を有していれば足りるものと解されていることとの整合性等から，外国会社の日本における代表者についてもそのような取扱いを認めるべきであるとの指摘がされていた。

会社法では，外国会社の日本における代表者について，少なくとも1名は日本に住所を有しなければならないが，複数の代表者がいる場合においてそのすべての者が日本に住所を有することまでは要しないものとされている（会社817条1項後段）。

(5) この代表者の選任については，日本における営業の主任者たらしめる意図があれば足り，必ずしも，選任された者が本国法上代表取締役や支配人のような地位を有することを要するものではない。

(6) この継続取引とは，一定の計画に従う集団的企業的取引活動をいい，偶発的個別的取引は包含しない。継続取引に該当するかどうかの判断は，取引の回数よりも，継続的事業活動の一環として行われるものか否かという観点から行われるべきであり，例えば，日本において債券の発行等の資金調達をするだけであれば，継続取引には該当しない（江頭・前掲注(2)869頁。なお，後記Ⅴ4(1)の注(14)掲記の通達第6部・第1・2(3)参照。）。

(7) 外国会社の普通裁判籍については，民事訴訟法4条5項参照。

(8) 平成14年改正の趣旨については，始関正光編著・Q&A平成14年改正商法（2003）314頁参照。

2. 日本における代表者の権限等

外国会社の日本における代表者は、当該外国会社の日本における業務に関する一切の裁判上又は裁判外の行為をする権限を有し、その権限に加えた制限は、善意の第三者に対抗することができない（会社817条2項・3項）。

また、外国会社の日本における代表者がその職務を行うについて第三者に損害を加えた場合には、当該外国会社は、その損害を賠償する責任を負う（会社817条4項）。

3. 日本に住所を有する日本における代表者の退任

後述（Ⅲ3）のとおり、外国会社が日本において取引を継続してする場合には、外国会社の登記をすることを要するが、その登記をした外国会社において、日本における代表者であって日本に住所を有するものの全員が退任しようとするときは、原則として、当該外国会社は、会社が資本減少を行う場合と同様の債権者保護手続をとることを要し、当該退任は、その債権者保護手続が終了した後にその登記をすることにより、その効力を生ずる（会社820条）。外国会社が債務未履行であるままその外国会社の登記がなくなり、日本国内に紛争処理の対応者がいなくなり、また、日本における裁判籍が失われることにより、当該外国会社の債権者が不利益を被ることを防ぐための措置である。

これは、前述（Ⅱ1）の平成14年商法改正により、営業所設置義務を廃止することに伴い、その代替措置の1つとして設けられたものである。

Ⅲ 外国会社の登記

1. 外国会社の登記の必要性

外国会社が初めて日本における代表者を定めたときは、3週間以内に、外国会社の登記をしなければならない（会社933条1項）。外国会社の登記の申請については、日本における代表者が外国会社を代表する（商登128条）。

第5章 外国会社

外国会社の登記をすべき地は，当該外国会社が日本に営業所を設けていない場合にあっては日本における代表者であって日本に住所を有するものの住所地，当該外国会社が日本に営業所を設けた場合にあっては当該営業所の所在地である（会社933条1項1号・2号）。

2．登記事項等

登記すべき事項は，原則として，日本における同種の会社又はもっとも類似する会社に係る登記事項のほか，①外国会社の設立の準拠法，②日本における代表者の氏名及び住所，③日本における同種の会社又はもっとも類似する会社が株式会社であるときは準拠法の規定による公告方法等の事項である（会社933条2項1号～3号）。

3．登記前の継続取引の禁止

外国会社は，外国会社の登記をするまでは，日本において取引を継続してすることができない（会社818条1項）。

これに違反して取引をした者は，相手方に対し，当該外国会社と連帯して，当該取引によって生じた債務を弁済する責任を負い（会社818条），過料の制裁を受ける（会社979条2項）。

なお，この違反は，当該取引の私法上の効力には，何ら影響を与えるものではない。当該取引の相手方が当該外国会社の登記未了の事実につき善意であるか悪意であるかにかかわらず，当該取引が当該外国会社を代表し，又は代理する者により行われたものであれば，当該外国会社もその相手方も，当該取引の効力を否認してその責任を免れることはできない。なお，登記後であれば，当該外国会社が擬似外国会社である場合（Ⅴ4(1)）を除き，当該外国会社のみが，相手方の善意悪意を問わず，責任を負う（会社908条1項参照）。

Ⅳ 外国会社の公告

1．公告方法

　会社法では，外国会社の公告方法について，会社と同様の規律が設けられている。

　すなわち，旧商法においては，株式会社について，公告の方法が定款の必要的記載事項とされ，定款に①官報，②時事に関する事項を掲載する日刊新聞紙又は③電子公告のいずれかの方法の記載が要求されていたのに対し，合名会社，合資会社及び有限会社については，合併等の場合の債権者保護手続において官報公告に加えて個別催告を省略するための公告を行う場合（日刊新聞紙又は電子公告）を除き，その公告方法については限定がされておらず，定款への記載も要求されていなかったところであるが，会社法においては，会社の類型を問わず，公告方法（①，②又は③）を定款の任意的記載事項としたうえで，定款に公告方法についての記載がない会社については，その公告方法が官報となることとされている（会社939条1項・4項）(9)。

　したがって，外国会社も，その公告方法として，①，②又は③のいずれかを定めることができ，その定めがない外国会社の公告方法は官報となる（会社939条2項・4項）。外国会社の公告方法は，外国会社の登記に係る登記事項とされている（会社933条2項5号〜7号）。

(9)　外国会社が行うべき公告として会社法が規定しているものは，①前述（Ⅱ3）の日本における代表者であって日本に住所を有するものの全員が退任しようとする場合にとるべき債権者保護手続の一環としての公告と，②後述（Ⅳ2）の貸借対照表に相当するもの又はその要旨の公告の2つである。このうち，①については，その方法が官報に限られており，また，②については，その性質に照らし，わが国の株式会社の場合，その公告方法が電子公告であっても，電子公告調査機関の調査を受けることを要しないこととされているため（会社941条），外国会社の場合も同様に取り扱われるべきものである。そのため，会社法上は，外国会社がその公告方法として電子公告を採用することは可能であることとされつつも，当該外国会社が電子公告調査機関の調査を受けることを想定した規定は設けられていない（同条参照）。

第5章　外国会社

2．貸借対照表に相当するものの公告

　外国会社の登記をした外国会社であって日本における同種の会社又はもっとも類似する会社が株式会社であるものは，株式会社における決算公告と同様に，原則として，貸借対照表に相当するもの又はその要旨を日本において公告することが要求される（会社819条1項・2項）。日本において取引を継続してする外国会社について，当該外国会社と取引をする日本国内の債権者の保護を図るため，平成14年商法改正により導入された措置である。

　この公告が要求される外国会社が，日本における同種の会社又は最も類似する会社が株式会社であるものに限られるのは，わが国においても，株式会社についてのみ貸借対照表又はその要旨の公告が義務付けられているためである。また，この公告の方法として，当該外国会社の公告方法のほか，電磁的方法による提供の措置（会社819条3項，会社規215条）をとることも可能であることや，有価証券報告書を提出すべき外国会社にはこの公告が義務付けられないこと（会社819条4項）も，わが国の株式会社の場合と同様である。

　なお，この場合における公告に関して，貸借対照表に相当するものの注記の部分の省略の可否，貸借対照表に相当するものの要旨の区分及び項目並びに使用言語等につき，法務省令において詳細が定められている（会社規214条）。

V　擬似外国会社

1．旧商法482条の規定の内容

　旧商法482条は，「日本ニ本店ヲ設ケ又ハ日本ニ於テ営業ヲ為スヲ以テ主タル目的トスル会社ハ外国ニ於テ設立スルモノト雖モ日本ニ於テ設立スル会社ト同一ノ規定ニ従フコトヲ要ス」と規定していた。このいわゆる擬似外国会社に係る規定の趣旨については，日本の会社法制の適用を回避するために故意に外国法に従って会社に相当するものを設立しようとする一種の脱法的行為を防止することにあるといわれていた。

この旧商法482条の規定に関しては，同条が擬似外国会社に対して適用されるべきこととしている「同一ノ規定」の中に会社法制に関する規定のどこまでのものが含まれるのか，特に会社の設立に関する規定が含まれるのかどうかについて，解釈上疑義があったところである。判例（前掲大決大7・12・16民録24輯2326頁・新聞1151号21頁，東京地判昭29・6・4判時8号29頁）・通説[10]は，この「同一ノ規定」には会社の設立に関する規定も含まれるものと解していたが，会社の設立に関する規定は含まれないとする見解[11]も唱えられていた。

(10)　喜多川篤典「外国会社のはじめにたちかえって―『世界の理論』の精神を基調としつつ」小室直人＝本間輝雄編集代表・企業と法(上)：西原寛一先生追悼論文集（1977）58頁参照。
(11)　山田鐐一「外国会社」田中耕太郎編・株式会社法講座(5)（1959）1852頁。

2．会社法821条についての検討の経過

　このように，旧商法482条の解釈をめぐっては，見解の対立があったところであるとともに，昨今，資産の流動化等の新しい金融手法において，外国法に従って設立された会社を利用するニーズが高まっているところ，同条の適用範囲の外延が不明確であることがそのような利用の障害となっているという指摘もされていた。

　そのため，会社法の制定にあたっては，規律の明確化とともに，その内容の合理化を図る観点から，旧商法482条の規定につきどのような見直しを行うかが慎重に検討された。

　旧商法482条の規定についての判例・通説の見解に従えば，擬似外国会社は，わが国の会社法制が求める会社設立の要件を具備しない限り，その成立が認められず，わが国において法人として取引を行うことはできず，結果として擬似外国会社がわが国において取引をした場合にはその代表者が個人責任を負うこととなり，法人格を取得するためにはわが国の会社法制において規定されている手続に従い再設立されなければならないこととなる。

　そのため，法制審議会会社法（現代化関係）部会が平成15年10月22日に取りまとめた「会社法制の現代化に関する要綱試案」（第5部外国会社関係・1擬似外国会社）では，旧商法482条の見直しの方向性として，次のような2つの案が掲げ

第5章　外国会社

られていた。

　a案：商法482条中の「同一ノ規定」とは，会社の設立に関する規定を含む会社に係る商法等の規定の全部を指すものとして制度を整理し，擬似外国会社については，その法人格を否認するものとする。

　b案：商法482条を削除し，擬似外国会社であっても，通常の外国会社と同様の取扱いをするものとする。

　a案は，いうまでもなく，旧商法482条についての判例・通説の見解を明文化しようとする趣旨のものであった。

　これに対し，b案は，擬似外国会社についての規定を設けないこととするものであった。これは，a案をとった場合には，擬似外国会社の法人格が否定される結果，かえって擬似外国会社と取引をした相手方の利益を害することとなる場合もあり得ると考えられることを重視し，外国会社については外国会社一般の規律を設けるにとどめることとするものであった。

　なお，前述（Ｖ１）のとおり，旧商法482条の「同一ノ規定」には会社の設立に関する規定は含まれないものと解する見解もあったが，会社の設立は会社に係る構成員の権利義務や会社の機関その他の管理運営のあり方を前提として行われるものであるから，擬似外国会社に会社の設立に関する規定が適用されないとすると，会社に係るその余の規定のうちいずれの規定をどのように適用するか，その適用関係を規定上どのように明確化するかは，非常に困難な問題となる。この点については，会社に対する監督規定のみが適用されるとの見解等もあったが，外国会社一般については適用を要せず，擬似外国会社についてのみ適用をすべき規定としてどのようなものがあるかについての議論が十分蓄積されておらず，結果として，「会社法制の現代化に関する要綱試案」においては，a案とb案とが併記されて提案されるにとどまった[12]。

　「会社法制の現代化に関する要綱試案」については，パブリック・コメントの手続がとられたが，この点について寄せられた意見は，b案に賛成するものが多数であった。

　法制審議会会社法（現代化関係）部会の審議の過程では，パブリック・コメントの結果を踏まえ，いったんはb案を採用する方向で審議が進められたが，擬似外国会社の規定を削除することは各国会社法制の自由な選択の許容，すなわ

1　外 国 会 社

ち国際的な制度間競争への突入の許容を意味する（わが国として，外国会社を利用したわが国の会社法制の潜脱を容認すること，ひいてはわが国の会社法制すべてを任意法規化するに等しいことを意味する。）こととなり，その妥当性については慎重な検討が必要である，わが国の会社法制の潜脱防止を目的とした何らかの擬似外国会社に係る規定は維持すべきである等の意見が有力に主張された結果，最終的に同部会が平成16年12月に取りまとめた「会社法制の現代化に関する要綱案」においては，「擬似外国会社は，日本において取引を継続して行うことができないものとし，これに違反して取引を行った者は，その取引について当該擬似外国会社と連帯して責任を負うものとする。」こととされ，平成17年2月の法制審議会総会において採択された「会社法制の現代化に関する要綱」（第4部第2・1）においても，これが維持されている。

　擬似外国会社に係る会社法821条は，このような経緯を経て立案されたものであり，「会社法制の現代化に関する要綱」の内容が忠実に条文化されたものにほかならない。

(12)　「会社法制の現代化に関する要綱試案」について法務省民事局参事官室が作成した「会社法制の現代化に関する要綱試案補足説明」（第5部1参照）においては，擬似外国会社に係る部分について，次のような記載がされている。

　「商法482条は，外国の法令に従って設立された会社であって，日本に本店を設け，又は日本において営業を行うことを主たる目的とするもの（以下「擬似外国会社」という。）は日本法に従って設立された会社と同一の規定に従うことを要する旨規定している。同条の趣旨は，日本法の適用を回避するために故意に外国法に従って会社を設立しようとする一種の脱法的行為を防止することにある。

　この商法482条の規定については，「同一ノ規定」に会社の設立に関する規定を含むかどうかにつき，解釈上争いがあるところである。また，昨今，資産の流動化等の新しい金融手法において，外国法に従って設立された会社を利用するニーズが高まっているところ，同条の適用範囲の外延が不明確であることが，そのような利用の障害となっているという指摘もある。

　以上の点を踏まえ，試案では，a案，b案を併記している。

　a案は，「同一ノ規定」とは会社の設立に関する規定を含む会社に係る商法等の規定の全部を指すものとするものである。この案では，擬似外国会社は，日本法に従って設立し直されない以上，その法人格が否定されることとなるが，この点については，法的安定性を損なうとの批判があるところである。

　b案は，商法482条についての前述の指摘を踏まえ，また，擬似外国会社といえども外国法上は法人格が認められるという事実を尊重する見地から，同条を削除し，擬

第5章　外　国　会　社

似外国会社であっても，通常の外国会社と同様の取扱いをすることとするものである。この案では，a案を採用した場合に起こり得るような法的不安定は生じないが，同条の趣旨である，一種の脱法的行為の防止という点につき，どのように対処するかが別途問題となる。

　なお，部会においては，同条の「同一ノ規定」とは会社の設立に関する規定以外の会社に係る商法等の規定を指すものとするとの案についても議論された。しかし，この案については，会社の設立に関する規定以外の個々の規定につき擬似外国会社への適用関係を明らかにする必要が生ずるなど，法制的に困難な問題があることから，試案においては掲げられていない。」

3．国会における審議

　国会に提出された「会社法案」については，平成17年4月7日に衆議院本会議において趣旨説明・質疑がされた後，衆議院法務委員会に付託され，延べ33時間を超える審議時間の審議を経て，5月17日に同委員会において一部修正のうえ，可決された後，同日の本会議に上程され，賛成多数で可決されて参議院に送られた。参議院においては，5月18日に本会議において趣旨説明・質疑がされた後，法務委員会に付託され，翌19日から延べ25時間余りの審議時間の審議を経て，6月28日に同委員会において可決され，同月29日の本会議において賛成多数で可決され，成立した。

　会社法案についての参議院における審議時間の多くは，主として擬似外国会社に係る問題の審議に費やされた。このように参議院における審議において擬似外国会社に係る問題がにわかに取り上げられることとなったのは，会社法案の衆議院通過の前後から，一部の外国証券会社が，会社法案821条の規定について，旧商法にはない新たな規制であるとの誤解のもとに，同条の修正等がされないまま会社法案が成立することにより，会社法施行後の日本における活動に大いに支障が生ずるのではないかとの懸念を抱き，その懸念が日本に進出する多くの外国企業や関係団体・機関に広まり，政治問題化するに至ったことによる。

　そのような懸念は，旧商法における擬似外国会社に関する規制及び会社法案821条によるその改正内容の実質についての誤解に基づいたものであり，旧商法482条による規制の内容の正確な認識が広まるに及び，日本に進出する外国企業の関心事は，自らが擬似外国会社には該当しないことについての担保措置

1 外国会社

の点に移ったといえる。この点については，参議院法務委員会の審議において，政府側より，会社法案821条が後述（Ⅴ4(1)）のとおり擬似外国会社の意義を変更するものではないこと，同条1項の「日本において事業を行うことを主たる目的とする外国会社」とは，わが国の会社法制の潜脱防止という同条の趣旨に照らすと，日本における事業がその存立に必要不可欠であることを前提に設立された外国会社であり，もっぱら日本において事業を行うことを目的として設立された会社のようなものがこれに当たること等の答弁が繰り返し行われている。

なお，参議院法務委員会における両法案の採決にあたっては，民主党・新緑風会から会社法案821条の削除等を内容とする修正案が提案されたが，否決されている。会社法案821条を削除するということは，わが国として，外国会社を利用したわが国の会社法制の潜脱を容認すること，ひいてはわが国の会社法制すべてを任意法規化するに等しいことを意味するから，修正案は，様々な点でわが国の会社法制のさらなる整備の検討の必要性等を指摘する衆参両院の法務委員会における各附帯決議の趣旨とは矛盾するものであったともいえるが，そのような修正案があえて提出された背景には，前述のような外国企業等の懸念に相当強いものがあったことがうかがわれる。

参議院法務委員会においては，会社法案の採決にあたり，計16項目に及ぶ附帯決議が行われており，その中には擬似外国会社に関する項目も盛り込まれている[13]。

(13) 該当部分の内容は，次のとおりである。
「15 外国会社による我が国への投資が，我が国経済に対してこれまで果たしてきた役割の重要性及び当該役割が今後も引き続き不可欠なものとして期待される点にかんがみ，会社法第821条に関して，その法的確実性を担保するために，次の諸点について，適切な措置を講ずること。
① 同条は，外国会社を利用した日本の会社法制の脱法行為を禁止する趣旨の規定であり，既存の外国会社及び今後の我が国に対する外国会社を通じた投資に何ら悪影響を与えるものではないことについて，周知徹底を図ること。
② 同条は，外国の事業体に対し，特定の形態を制限し又は要求する趣旨のものではないことについて，周知徹底を図ること。
16 会社法第821条については，本法施行後における外国会社に与える影響を踏まえ，必要に応じ，見直しを検討すること。」

4．会社法における擬似外国会社

(1) 会社法821条の内容

　会社法においては，擬似外国会社であっても，一般の外国会社と同様に，当該擬似外国会社が設立された国において法人格が認められる限り，わが国においても法人格が認められ得る（民36条1項本文）ことを前提としたうえで，擬似外国会社は日本において取引を継続してすることができない旨を規定し（会社821条1項），これに違反して取引をした者は，相手方に対し，当該擬似外国会社と連帯して，当該取引によって生じた債務を弁済する責任を負う旨を規定している（同条2項)(14)。

　擬似外国会社につき法人格が否定されることに伴う関係者の不利益を回避することとしつつ，わが国の会社法制の潜脱を目的とする擬似外国会社の設立に対する一定の措置として，擬似外国会社を常に外国会社の登記をする前の外国会社と同様の法的立場に置くこととしたものである。

　擬似外国会社の範囲についての規定ぶりは，旧商法482条と会社法821条とで特に相違するところはなく，擬似外国会社の意義にも特に変更はない。したがって，会社法の施行により，従来は擬似外国会社でなかった外国会社が擬似外国会社に該当することとなるという事態が法的に生ずることはない。

　また，旧商法482条についての前述（Ⅴ1）の判例・通説の見解に従えば，擬似外国会社はわが国の会社法制が求める会社設立の要件を具備しない限り，その成立が認められず，わが国において法人として取引を行うことはできないこととなっていたのに対し，会社法821条によれば，外国会社に法人格が認められるかどうかは，当該外国会社が擬似外国会社であったとしても，当該外国会社の法人準拠法によって決定され，擬似外国会社であることを理由としてその法人格が否定されることはないことになる。

　会社法821条では，擬似外国会社を代表して日本において取引を継続してした者は，当該擬似外国会社と連帯して責任を負うこととされているが，旧商法482条についての判例・通説の見解に従えば，擬似外国会社についてはわが国において法人格が認められない結果，それを代表してわが国において取引をした者は個人責任を負わざるを得ず，この点も，実質的にみて規律の変更はない。

1　外国会社

　なお，会社法821条の規定に違反して取引をした者については，過料規定が設けられている（会社979条2項）。旧商法のもとでは，前述（Ⅴ1）の判例・通説の見解に従えば，擬似外国会社は旧商法482条の規定により日本の商法が定める会社設立の要件を具備しない限りその成立が認められないこととなるため，当該擬似外国会社名義で営業を行った者については，旧商法498条ノ2の過料規定の適用があったものと解される。会社法979条1項が旧商法498条ノ2に相当する過料規定であるが，会社法のもとでは，擬似外国会社についてもその成立が認められる結果，擬似外国会社名義で事業を行った者については，会社法979条1項の過料規定は適用されないことになるため，それに代えて，同条2項の過料規定の適用があることとされたものであり，擬似外国会社に関し，過料規定の強化が図られているわけではない。

(14)　平成18年3月31日法務省民商982号民事局長通達「会社法の施行に伴う商業登記事務の取扱いについて」においては，会社法における擬似外国会社の規律について，次のように記されている。

「第6部　外国会社（抄）
　第1　外国会社に関する改正（抄）
　　2　擬似外国会社
　(1)　会社法第821条の趣旨
　　旧商法第482条は，日本法の適用を回避するために故意に外国法に従って会社を設立しようとする一種の脱法行為を防止する観点から，いわゆる擬似外国会社について，「日本ニ於テ設立スル会社ト同一ノ規定ニ従フコトヲ要ス」と規定しているが，この「同一ノ規定」には，会社の設立に関する規定を含むとするのが判例（大審院大正7年12月16日決定・民録9巻24輯2326頁，東京地裁昭和29年6月4日判決・判例時報8号29頁）の考え方である。したがって，擬似外国会社は，日本法で定める手続に従って再設立の手続をしない限り，①法人格は認められず，②法人として取引をすることは一切できないので，擬似外国会社がこれに違反して取引をした場合には，原則としてその代表者が個人責任を負うことになる。
　　しかし，擬似外国会社について，日本法で定める手続に従って再設立されない限り，法人格が否認されるとすると，その取引の相手方が不測の損害をこうむるおそれがあり，法的安定性の観点から問題がある。そこで，会社法においては，旧商法第482条の趣旨を維持した第821条の規定が設けられたものの，その効果に関しては，①の点については，擬似外国会社であっても法人格が認められ，②の点については，旧商法において認められている効果を明確にするため，擬似外国会社は日本において取引を継続してすることができず，これに違反して取引をした者は，相手方に対し，外国会社と連帯して，当該取引によって生じた債務を弁済する責任を負うものとされた。

第5章　外国会社

　なお、会社法第821条は、外国会社を利用した日本の会社法制の脱法行為を禁止するという趣旨を有するにとどまるものであり、外国の事業体に対し、特定の会社形態を制限し、又は要求する趣旨のものではない。また、同条は、擬似外国会社の意義に一切の変更を加えないまま、擬似外国会社であっても法人格を認めている等、旧商法第482条に比して擬似外国会社にとって法律的に有利な内容を規定するものであるから、旧商法の下で適法に我が国で活動してきた外国会社に対し、この改正が何らの不利益を与えるものでもない。会社法第821条の規定が既存の外国会社及び我が国に対する外国会社を通じた今後の投資に何ら悪影響を与えるものではないことについては、参議院法務委員会の附帯決議において確認されている。

(2) 擬似外国会社の意義

　擬似外国会社の意義については、「日本に本店を置き、又は日本において事業を行うことを主たる目的とする外国会社」と規定された（会社法第821条第1項）。日本に本店を置く外国会社とは、外国会社の営業の統括地として当該外国会社が実際に定めている場所が日本に存在することを意味する。また、日本において事業を行うことを主たる目的とする外国会社とは、会社法第821条（旧商法第482条も同じ。）の規定が外国会社を利用した日本の会社法制の潜脱を防止する趣旨のものであることを踏まえると、日本における事業がその存立に必要不可欠であることを前提として設立された外国会社であり、もっぱら日本において事業を行うことを目的として設立された会社等がこれに当たる。

　擬似外国会社に当たるか否かは、最終的には具体的な事実関係を踏まえて個別に判断されるが、次のような会社は、一般的には擬似外国会社には当たらない。

ア　設立の時点において、もっぱら日本において事業を行う目的があるとは認められない場合

　　目的とは、客観的な概念ではなく、主観的な概念であり、日本国内における事業と日本国外における事業の規模とを単純に比較して判断されるものではない。また、目的の有無は、会社法第821条の規定が外国会社を利用した日本の会社法制の潜脱を防止する趣旨のものであることを踏まえると、当該外国会社の設立時において判断されるべきものである。

　　次に掲げる場合のいずれかに該当するような外国会社は、一般的には、日本において事業を行うことを主たる目的とするという要件を満たさない。

(ｱ)　当初は外国における事業を中心としていたが、後に日本における事業規模が拡大し、現在は、その事業の大半が日本に移行している場合

(ｲ)　現在は日本においてのみ事業活動を行っているが、将来は、他の国における事業活動をも予定している場合

(ｳ)　日本に加えて他の国でも事業を行うために設立されたが、他の国での事業が不成功に終わり、現在のところ日本においてだけ事業を継続している場合

イ　事業の態様からみて、もっぱら日本において事業を行うことを目的としているとは認められない場合

　　事業の場所は、営業所や従業員の所在地で決定されるものではなく、顧客や仕入

1　外国会社

先の所在地，取引場所，取引の方式，資金調達場所等を考慮して実質的・総合的に判断される。

　次に掲げる場合のいずれかに該当するような外国会社は，日本のみならず，外国においても事業を行うことを目的としていると認められ，一般的には，もっぱら日本において事業を行うことを目的とするという要件を満たさない。

(ア)　日本における商品の販売又は役務の提供による売上げが当該外国会社の売上げの100パーセントを占めるが，その取引商品若しくは原材料の相当部分を日本国外の取引先（当該外国会社の日本国外の関連会社を含む。）から調達する場合又は役務の提供のために必要な行為の相当部分を日本国外において行う場合

(イ)　日本において，取引商品若しくはその原材料の100パーセントを調達し，又は役務の提供のために必要な行為の100パーセントを行うが，日本国外においても営業活動が行われる結果，日本国外における商品の販売又は役務の提供による売上げが当該外国会社の売上げのうち相当部分を占める場合

(ウ)　日本における商品の販売又は役務の提供による売上げが当該外国会社の売上げの100パーセントを占めると同時に，日本国内において，その取引商品若しくは原材料の調達又は役務の提供のために必要な行為の100パーセントが行われるが，その営業資金を調達するために，日本国外で借入れや社債の発行等を行う場合

(エ)　日本における商品の販売又は役務の提供による売上げが当該外国会社の売上げの100パーセントを占めると同時に，日本国内において，その取引商品若しくは原材料の調達又は役務の提供のために必要な行為の100パーセントが行われるが，日本国外において事業を行っている他の会社を実質的に支配しており，当該外国会社が日本国外で事業を行っていると評価することができる場合

(オ)　日本国外に役員が在住し，又は日本国外において役員会が開催されている場合

(3)　擬似外国会社の継続取引禁止

擬似外国会社は，日本において取引を継続してすることができないとされた（会社法第821条第1項）。

したがって，擬似外国会社に該当しても，日本において継続した取引に当たらない取引をすることはでき，次に掲げるような行為をすることは差し支えない。

ア　取引に当たるとはいえない市場調査又は情報収集の域を超えない活動をすること。

イ　1回限りの個別的取引を行い，又は複数回の取引であっても，それぞれが個別的な取引であり継続性のないものを行うこと。

ウ　日本における流動化スキームの一環として，日本において事業を行うことを主たる目的として設立された外国会社が当初の契約に基づき資産の譲受け，金銭の授受その他の取引を行う場合において，次のような方法により，外国会社がいわゆるプログラム形式で継続的に資産を取得し，融資を受け，又はコマーシャル・ペーパーを発行すること。

(ア)　特定の当事者間（外国会社，オリジネータ，融資をする金融機関，コマーシャル・ペーパーの引受人，対象資産の賃貸人等）において，取得する資産の範囲，コ

マーシャル・ペーパーの発行の総額，金利に関する事項（金利スワップ契約を含む。），発行手続等を定めた基本契約を締結し，その後の資産の取得やコマーシャル・ペーパーの発行等を当該基本契約の履行の一環として行う方法（実質的に1個の契約が締結されたと認められる場合）
  (イ) 同時に複数のオリジネータ等と基本契約を締結する方法（1個の集団的な基本契約が締結されたと認められる場合）
 (4) 擬似外国会社の登記
  旧商法では，擬似外国会社は，日本法で定める手続に従って再設立の手続をしない限り法人格が認められないため，外国会社の登記をすることはできなかったが，会社法では，擬似外国会社も法人格が認められ，外国会社の登記をすることができる（会社法第933条）。したがって，外国会社の登記の申請の受理に当たっては，当該外国会社が擬似外国会社に当たるか否かを審査する必要はない。」

(2) 擬似外国会社についての登記上の取扱い

　前述（Ⅴ4）の改正に伴い，擬似外国会社についても，会社法第6編や会社法827条等の外国会社に関する規定がすべて適用され，その登記上の取扱いも変更されることになる。

　旧商法では，擬似外国会社については，外国会社としての法人格が否定され，その法人格の取得のためには別途日本の会社として設立することが求められていたため，外国会社に係る登記をすることができず，したがって，擬似外国会社が外国会社に係る登記をしたとしても，当該登記自体が無効であり，そのような不実の登記については，過料の制裁が課され，あるいは，公正証書原本等不実記載罪等が成立するおそれもあったところである。

　これに対し，会社法のもとでは，擬似外国会社についても，外国会社に係る登記を行うことに法律上の支障がなくなり，不実の登記として罰則を課されるリスクもなくなっている（会社933条）。

(3) 資産流動化等との関係

　会社法が，擬似外国会社について，わが国における継続性のない取引を許容したことは，主として，資産流動化スキームの一環として擬似外国会社が用いられることを許容することを目的とするものである。

　すなわち，資産流動化においては，外国会社を設立し，当該外国会社が当初の契約に基づき資産の譲受け，金銭の授受その他の取引を行う場合があるが，

1　外　国　会　社

　旧商法のもとでは，擬似外国会社に法人格が認められなかったため，当該外国会社が擬似外国会社とされれば，資産等をプールするビークルとしての機能を果たすことができなかったばかりか，一回的な取引を行った場合であっても，擬似外国会社を代表して取引をした者に個人責任が生ずる等のリスクが避けられなかったところである。

　しかし，会社法においては，資産流動化のために設立された外国会社が仮に擬似外国会社であったとしても，法人格が否定されることはなくなり，しかも，日本において「継続」的な取引を行わない限り，取引をした代表者等に個人責任が生ずることもなくなっている。

　このような会社法821条の立法趣旨に照らせば，取引の「継続」性の解釈についても，資産流動化の実務が不当に制限されるような狭い解釈を行うべきではなく，例えば，擬似外国会社の設立時に，プログラムされた範囲で，資産の買取りや資金調達が行われる場合には，そのプログラムのみが「取引」にあたり，個々の資産の買取り・資金調達は，その当初の取引の履行行為にすぎないため，会社法821条1項には違反しないと解するのが妥当である。

Ⅵ　外国会社の取引継続禁止命令等

　外国会社については，会社の解散命令に準ずるものとして，取引継続禁止命令及び営業所閉鎖命令に係る規定が設けられている（会社827条）。

　すなわち，裁判所は，①外国会社の事業が不法な目的に基づいて行われたとき，②外国会社が正当な理由がないのに外国会社の登記の日から1年以内にその事業を開始せず，又は引き続き1年以上その事業を休止したとき，③外国会社が正当な理由がないのに支払を停止したとき，④外国会社の日本における代表者その他業務を執行する者が，法令で定める外国会社の権限を逸脱しもしくは濫用する行為又は刑罰法令に触れる行為をした場合において，法務大臣から書面による警告を受けたにもかかわらず，なお継続的に又は反覆して当該行為をしたときは，法務大臣又は株主等の利害関係人の申立てにより，当該各命令を発することができる（会社827条1項1号～4号）。その手続等については，会社

の解散命令に準じた規定が設けられている (同条2項)。

なお，平成14年商法改正前は，営業所閉鎖命令に係る規定のみが設けられていたが，同改正により，外国会社に係る営業所設置義務が廃止されたことに伴い，取引継続禁止命令に係る規定が追加されたものである。

Ⅶ 日本における外国会社の財産の清算

外国会社が取引継続禁止命令もしくは営業所閉鎖命令を受けた場合又は日本において取引を継続してすることをやめた場合には，裁判所は，利害関係人の申立てにより又は職権で，日本にある外国会社の財産の全部について清算の開始を命ずることができる (会社822条1項)。その場合には，裁判所において清算人が選任され，また，その清算に係る手続等については，会社の清算 (特別清算を含む。) の規定が基本的に準用される (同条2項・3項)。

なお，日本における代表者であって日本に住所を有するものの全員が退任しようとする場合においては，原則として，当該外国会社において所定の債権者保護手続をとらなければならないことは前述 (Ⅱ3) のとおりであるが，当該外国会社が会社法822条の清算の開始を命じられたときは，債権者保護は清算手続において図られることから，そのような者の退任につき別途の債権者保護手続をとる必要はない (会社822条4項)。

Ⅷ 外国会社についての他の法律の適用関係

前述 (Ⅰ1) のとおり，会社法においては，「外国会社」についての定義規定が置かれるなど，外国会社に対して適用されるべき規律の明確化が図られているが，他の法律との関係では，外国会社は，他の法律に別段の定めがある場合を除き，日本における同種の会社又はもっとも類似する会社とみなされる (会社823条)。すなわち，外国会社は，経済社会法規，行政警察法規，訴訟関係法規等，会社法以外のすべての法律の適用関係において，原則として，その法人

1　外国会社

格の有無を問わず，日本における同種の会社又はもっとも類似する会社と同等に取り扱われる。私権の享有のほか，公法上の地位についても同等に取り扱われることとなる点に実益がある。

〔相　澤　　哲〕

判例索引

〔大審院〕

大判明35・5・21民録8輯102頁 …………………………………………… 438
大判明35・6・12民録8輯63頁 ……………………………………………… 141
大判大元・12・25民録18輯1078頁 ………………………………………… 310
大判大2・6・28民録19輯557頁 …………………………………………… 438
大判大5・3・17民録22輯364頁 …………………………………………… 437
大判大5・11・22民録22輯2271頁 ………………………………………… 301
大判大5・11・29民録22輯2329頁 ………………………………………… 125
大判大6・4・30民録23輯765頁 …………………………………………… 370
大決大7・12・16民録24輯2326頁・新聞1151号21頁 ………… 445, 453, 459
大判大9・5・29民録26輯796頁 …………………………………………… 323
大判大12・3・26民集2巻171頁 …………………………………………… 325
大判大12・9・2判決全集4輯896頁 ……………………………………… 320
大判昭2・7・4民集6巻428頁 ……………………………………… 220, 221
大判昭2・8・3民集6巻484頁 ……………………………………………… 212
大判昭4・5・13民集8巻470頁 …………………………………………… 358
大判昭5・6・12民集9巻543頁 …………………………………………… 325
大判昭7・4・19民集11巻837頁 ……………………………………… 305, 321
大判昭7・6・29民集11巻1257頁 ……………………………………… 193, 216
大判昭7・10・29民集11巻1953頁 ………………………………………… 144
大判昭8・5・9新聞3561号7頁 …………………………………………… 196
大判昭9・2・9法学4号500頁 ……………………………………………… 370
大判昭10・11・16判決全集2輯1262頁 …………………………………… 320
大判昭13・2・7民集17巻50頁 ……………………………………………… 310
大決昭13・12・13民集17巻2318頁 ………………………………………… 358
大判昭13・12・24民集17巻2713頁 ………………………………………… 323

〔控訴院〕

大阪控判大5・9・14新聞1168号31頁 ……………………………………… 93

〔最高裁判所〕

最判昭24・6・4民集3巻7号235頁 ………………………………………… 144
最判昭24・7・26民集3巻8号283頁 ………………………………………… 375
最判昭27・2・15民集6巻2号77頁 ………………………………………… 310
最判昭28・12・3民集7巻12号1299頁 ………………………………… 223, 266
最判昭29・10・7民集8巻10号1795頁 ………………………………… 165, 169
最判昭29・11・26民集8巻11号2098頁 …………………………………… 237
最判昭32・3・5民集11巻3号395頁 …………………………………… 141, 146

467

判 例 索 引

最判昭32・6・7 裁判集民26号839頁 ……………………………………	325
最判昭33・5・20民集12巻7号1077頁 ……………………………………	95
最判昭33・5・20民集12巻7号1086頁 ……………………………………	376
最判昭35・12・9民集14巻13号2994頁 ……………………………………	177
最決昭36・3・28刑集15巻3号590頁 ……………………………………	183
最判昭36・9・15民集15巻8号2154頁 ……………………………	263, 264
最判昭36・9・26民集15巻8号2256頁 ……………………………………	121
最判昭36・10・13民集15巻9号2320頁 ……………………………………	170
最判昭36・10・17裁判集民55号255頁 ……………………………………	264
最判昭37・3・2民集16巻3号423頁 ……………………………………	188
最判昭38・3・1民集17巻2号280頁 ……………………………………	164
最判昭38・12・6民集17巻12号1633頁 ……………………………………	183
最判昭38・12・24民集17巻12号1744頁 ……………………………	222, 262, 265
最判昭39・1・23集民18巻1号87頁 ……………………………	328, 329-340
最大判昭40・9・22民集19巻6号1600頁 ……………………………………	157
最判昭40・11・11民集19巻8号1953頁 ……………………………………	356
最判昭41・1・27民集20巻1号111頁 ……………………………………	165
最判昭41・12・23民集20巻10号2227頁 ……………………………	268, 269
最判昭42・4・28民集21巻3号796頁 ……………………………………	135
最判昭42・9・26民集21巻7号1870頁 ……………………………	218, 223, 264
最判昭42・11・17民集21巻9号2448頁 ……………………………………	188
最判昭42・12・15判時505号61頁 ………………………………………	437
最判昭43・5・28裁判集民91号151頁 ……………………………………	266
最判昭43・11・1民集22巻12号2402頁 ……………………………	134, 209
最判昭43・12・24民集22巻13号3349頁 ……………………………………	143
最判昭44・3・2民集26巻2号183頁 ……………………………………	235
最大判昭45・6・24民集24巻6号625頁・判時596号3頁 ………………	105, 113
最判昭47・3・2民集26巻2号183頁 ……………………………	166, 167
最判昭48・5・22民集27巻5号655頁 ……………………………………	380
最判昭48・6・15民集27巻6号700頁 ……………………………………	64
最判昭49・3・22民集28巻2号368頁 ……………………………	134, 135
最判昭49・12・20判時768号101頁 ………………………………………	360
最判昭54・5・1判時931号112頁 ………………………………………	142
最判昭58・4・7判時1078号137頁 ………………………………………	386
最判昭58・10・7民集37巻8号1082頁 ……………………………………	122
最判昭61・3・13民集40巻2号229頁 ……………………………	95, 437
最判昭61・9・11裁判集民148号445頁 ……………………………………	265
最判昭62・1・22判時1223号136頁 ………………………………………	317
最判平2・2・22裁判集民159号169頁 ……………………………………	147
最判平6・4・19民集48巻3号922頁 ……………………………………	135
最判平7・4・25裁判集民175号91頁 ……………………………………	65
最判平7・11・30民集49巻9号2972頁 ……………………………………	164
最判平10・9・10判時1655号160頁 ………………………………………	122
最判平11・2・23民集53巻2号193頁 ……………………………	59, 355

判 例 索 引

最判平11・12・14判時1699号156頁 …………………………………………………………… 373
最判平16・2・20民集58巻2号367頁 ………………………………………………………… 164, 167

〔高等裁判所〕
福岡高判昭25・3・20下民1巻3号371頁 …………………………………………………… 149
福岡高判昭30・10・12高民8巻7号535頁 …………………………………………………… 235
東京高判昭30・12・19判タ56号65頁 ………………………………………………………… 146
名古屋高判昭36・9・16高民14巻6号379頁 ………………………………………………… 274
東京高判昭36・11・29下民12巻11号2848頁 ………………………………………………… 320
東京高決昭37・10・25下民13巻10号2132頁 …………………………………………………… 82
東京高判昭40・9・28下民16巻9号1645頁 …………………………………………………… 93
大阪高判昭41・8・8下民17巻7＝8号647頁 ………………………………………………… 62
東京高判昭42・6・30判時491号67頁 ………………………………………………………… 148
東京高判昭48・1・17高民26巻1号1頁 ……………………………………………………… 188
東京高判昭50・5・30判時791号117頁 ………………………………………………………… 316
東京高決昭54・8・2判時947号113頁 ………………………………………………………… 82
東京高判昭60・5・30判時1156号146頁 ……………………………………………………… 166
東京高判平元・5・23金法1252号24頁 ………………………………………………………… 223
東京高判平元・6・7金法1249号30頁 ………………………………………………………… 146
東京高判平元・11・29東高民時報40巻9～12号124頁 ………………………………………… 166
東京高判平3・10・31金判899号8頁 …………………………………………………………… 87
東京高判平5・6・29判時1465号146頁 ………………………………………………………… 68
高松高判平8・1・29判タ922号281頁 ………………………………………………………… 87
東京高判平10・11・26判時1671号144頁 ……………………………………………………… 169
東京高判平12・2・23金判1091号40頁 ………………………………………………………… 87
東京高判平12・12・27金判1122号27頁 ……………………………………………………… 170
東京高判平13・10・1判時1772号139頁 ……………………………………………………… 167
大阪高判平14・6・13判タ1143号283頁 ……………………………………………………… 167
東京高判平14・8・30金判1158号31頁 ………………………………………………………… 167
東京高判平14・9・26判時1807号149頁 ……………………………………………………… 167
東京高判平16・9・29判タ1176号268頁 ……………………………………………………… 178
東京高決平17・6・5判タ1186号254頁 ………………………………………………………… 61
東京高判平17・6・21判時1912号135頁 ………………………………………………………… 27
東京高判平18・11・29判例集未登載 …………………………………………………………… 27

〔地方裁判所〕
東京地判大14・6・30評論全集14巻諸法431頁 ……………………………………………… 93
東京地判大15・10・11評論全集15巻民法985頁 ……………………………………………… 85
大阪地判昭7・12・20新聞3509号9頁 ………………………………………………… 92, 355
東京地判昭16・8・29評論全集30巻商法222頁 ……………………………………… 92, 355
東京地判昭29・6・4判時8号29頁 ………………………………………………… 445, 459
和歌山地判昭33・8・20下民9巻8号1666頁 ………………………………………………… 324
大阪地判昭35・1・22下民11巻1号85頁 ……………………………………………………… 87
札幌地判昭36・1・17下民12巻1号28頁 ……………………………………………………… 360

469

判 例 索 引

東京地判昭38・10・31下民14巻10号2172頁……………………………………… 256
大阪地判昭40・1・25下民16巻1号84頁 …………………………………… 166, 167
東京地判昭42・7・12下民18巻7＝8号814頁 ……………………………………… 166
岐阜地判昭43・2・24下民19巻1＝2号97頁 ………………………………………… 95
名古屋地岡崎支判昭43・3・25判時541号59頁 ………………………………… 235, 241
札幌地判昭44・1・30判時569号80頁 ……………………………………………… 236
札幌地判昭45・12・25判時631号92頁 ……………………………………………… 166
東京地判昭49・12・9判時778号96頁 ……………………………………………… 165
横浜地判昭50・5・28判タ327号313頁 ……………………………………………… 154
水戸地判昭54・1・16判時930号96頁 ……………………………………………… 166
那覇地判昭54・2・20判時934号105頁 ……………………………………………… 170
東京地判昭54・7・19下民30巻5〜8号353頁 ……………………………………… 165
東京地判昭54・7・19判時946号110頁 ……………………………………………… 166
東京地判昭55・4・14判時977号107頁 ……………………………………………… 166
大阪地判昭57・5・12判時1058号122頁 …………………………………………… 87
大阪地判昭57・9・24金判665号49頁 ……………………………………………… 166
山形地判昭60・1・31判時1158号235頁 …………………………………………… 95
東京地判平元・7・18判時1349号148頁 …………………………………………… 87
東京地判平4・1・28判時1437号122頁 …………………………………………… 445
東京地判平4・4・17判時1451号157頁 …………………………………………… 68
神戸地決平4・5・14判時1439号150頁 …………………………………………… 271
大阪地判平5・12・24判時1499号127頁 …………………………………………… 87
東京地判平9・7・30判時1638号150頁 …………………………………………… 169
東京地判平9・10・13判時1654号137頁 …………………………………………… 358
東京地判平12・9・29金判1131号57頁 …………………………………………… 166
東京地判平12・12・2金法1621号54頁 …………………………………………… 168
東京地判平13・5・25金法1635号48頁 …………………………………………… 170
東京地判平13・8・28判時1785号81頁 …………………………………………… 167
東京地判平14・3・26判時1805号140頁 …………………………………………… 167
東京地判平14・5・31判タ1124号249頁 …………………………………………… 148
東京地判平14・9・10判例集未登載 ………………………………………………… 27
東京地判平15・6・25金法1692号55頁 …………………………………………… 167
東京地判平15・10・10金判1178号2頁 ……………………………………… 188, 256, 328
東京地判平17・5・19判時1900号3頁 ……………………………………………… 27
東京地判平17・7・6判例集未登載 ………………………………………………… 27
東京地判平17・9・21判タ1205号221頁 …………………………………………… 27
大阪地判平19・4・13判例集未登載 ………………………………………………… 27
東京地判平19・10・25判時1988号131頁 …………………………………………… 68

〈編集代表〉

江 頭 憲治郎
早稲田大学大学院法務研究科教授

門 口 正 人
元東京地方裁判所民事第8部（商事部）判事

〈編 集 者〉

西 岡 清一郎
元東京地方裁判所民事第8部（商事部）判事

市 村 陽 典
元東京地方裁判所民事第8部（商事部）判事

相 澤 哲
法務省民事局商事課長

河 和 哲 雄
弁護士

会社法大系
会社法制・会社概論・設立
第1巻

2008年9月5日　初版第1刷発行
2009年2月25日　初版第3刷発行

編集代表　　江 頭 憲治郎
　　　　　　門 口 正 人

発 行 者　　逸 見 慎 一

発 行 所　　株式会社　青 林 書 院
　　　　　　　　　電話（03）3815―5897
　　　　　　　　　振替　00110-9-16920
　　　　　〒113-0033　東京都文京区本郷6―4―7
　　　　　　　　印刷・三松堂印刷株式会社

検印廃止　落丁・乱丁本はお取り換えいたします。
ⓒ 2008 江頭憲治郎　門口正人　Printed in Japan
ISBN978―4―417―01461―4

JCLS〈㈱日本著作出版権管理システム委託出版物〉
本書の無断複写は著作権法上での例外を除き禁じられています。複写される場合は、そのつど事前に、㈱日本著作出版権管理システム（Tel. 03-3817-5670, Fax. 03-3815-8199, e-mail:info@jcls.co.jp）の許諾を得てください。

会社法大系 （全4巻）

第1巻　会社法制・会社概論・設立
第1章　会社法制概論
1. 会社法の趣旨 ……………………………………………………………… 江頭憲治郎
2. 会社法とその他の関連法，会計基準 …………………………………… 弥永　真生
3. 各種会社における社員の地位と債権者保護 …………………………… 仮屋　広郷
4. 各種会社における投下資本の回収手段 ………………………………… 小林　俊明

第2章　会社法総則
1. 会社の目的 ………………………………………………………………… 葉玉　匡美
2. 商号の選定と商業登記の効力 ……………………………… 岩渕　正紀＝野下　えみ
3. 会社の使用人等 …………………………………………………………… 藤原総一郎
4. 競業避止義務 ……………………………………………………………… 近藤　昌昭

第3章　株式会社①設立
1. 発起設立と募集設立 ……………………………………………………… 小原　正敏
2. 定　款 ……………………………………………………………………… 清水　　毅
3. 発起人と設立時取締役の権限と責任 …………………………………… 本間　健裕
4. 現物出資・財産引受け・事後設立 ……………………………………… 氏本　厚司
5. 資本に関する原則 ………………………………………………………… 小柿　徳武

第4章　持分会社
1. 持分会社の設立 …………………………………………………………… 尾崎　雅俊
2. 持分会社の社員の責任 …………………………………………………… 小澤　優一
3. 持分会社の社員の加入と退社 …………………………………………… 太田　穰
4. 持分会社の業務執行 ……………………………………………………… 菅　　尋史
5. 持分会社の計算等 ………………………………………………………… 相澤　光江
6. 合同会社 …………………………………………………… 松嶋　英機＝濱田　芳貴

第5章　外国会社
1. 外国会社 …………………………………………………………………… 相澤　　哲

第2巻　株式・新株予約権・社債
第1章　株式会社②株式
1. 株主の権利 ………………………………………………………………… 周　　剣龍
2. 株主の平等 ………………………………………………………………… 出口　正義
3. 授権株式制度 ……………………………………………………………… 杉井　　孝
4. 譲渡制限株式・取得請求権付株式・取得条項付株式 ……… 西村　光治＝松山　昇平
5. 株式の種類とその発行手続 ……………………………………………… 豊田　祐子
6. 株式買取請求権 …………………………………………………… 河和　哲雄＝深山　徹
7. 株主名簿 …………………………………………………………………… 渡邉　光誠
8. 株式担保 …………………………………………………………………… 土岐　敦司
9. 自己株式の意義 …………………………………………………………… 近藤　純一
10. 自己株式の取得手続と手続等違反の効力 …………………………… 小松　岳志
11. 株式の併合・分割・無償割当て ……………………………………… 新保　克芳
12. 単元株式制 ……………………………………………………………… 長島　良成
13. 募集株式の発行等 ……………………………………………………… 瀬戸　英雄
14. 株券不発行・不所持 …………………………………………………… 池田　光宏

第2章　株式会社③新株予約権
1. 新株予約権の発行 ………………………………………………………… 内藤　良祐
2. 新株予約権の譲渡・質入れ・差押え ……………………… 宮川　勝之＝野本　彰
3. 新株予約権付社債 ………………………………………………………… 大西正一郎

第3章　社債
1. 社　債 ……………………………………………………………………… 永石　一郎
2. 社債の発行 ………………………………………………………………… 森末　暢博
3. 社債の譲渡と質入れ ……………………………………………………… 矢吹　徹雄
4. 社債管理者 ………………………………………………………… 大橋　正春＝渡邊　賢作
5. 社債権者集会 ……………………………………………………………… 中井　康之

第3巻　機関・計算等

第1章　株式会社④機関

〔1〕機関総則
1　機関設計　石井　裕介

〔2〕株主総会
1　株主総会の権限　揖斐　潔
2　株主総会の招集手続　長谷部幸弥
3　株主総会における議決権の行使　岡　正晶
4　種類株主総会　桃尾　重明

〔3〕取締役・取締役会
1　取締役・取締役会の権限　上田　裕康
2　取締役の報酬・退職慰労金　関口　剛弘
3　内部統制システムの構築　小舘　浩樹
4　社外取締役　手塚　一男
5　競業避止義務と利益相反取引　川畑　正文
6　取締役の会社に対する責任　松山　昇平＝門口　正人
7　取締役の第三者に対する責任　奥宮　京子

〔4〕会計参与・監査役・会計監査人・委員会設置会社
1　会計参与の権限と義務　松本　真＝澁谷　亮
2　監査役の権限と責任　山本　憲光
3　会計監査人の権限と責任　松井　秀樹
4　委員会設置会社　坂井　秀行＝小野塚　格

第2章　株式会社⑤計算等
1　資本金・株式・会社財産　河野　玄逸＝古澤　陽介
2　資本金の額の増加と減少　岩崎　友彦
3　剰余金の配当と債権者保護　永沢　徹
4　会計帳簿・計算書類等　和久　友子

第4巻　組織再編・会社訴訟・会社非訟・解散・清算

第1章　組織変更・組織再編
1　各種組織再編の概要と債権者保護手続　前田　修志
2　組織変更　細川　充
3　会社の合併　小川　宏嗣
4　会社分割　羽田野宣彦
5　株式交換と株式移転　中村　直人
6　事業譲渡　山田　隆夫
7　組織再編行為と会計処理　郡谷　大輔
8　買収防衛策　戸井川岩夫

第2章　株式会社⑥解散・清算
1　解　散　鹿子木　康
2　清　算　小川　雅敏
3　特別清算　河合　芳光

第3章　訴　訟
1　設立無効の訴えその他の会社の組織に関する無効の訴え　山口　和宏
2　新株発行等の無効・不存在の確認，差止めの訴え　真鍋美穂子
3　株主総会決議不存在・無効確認の訴え　真鍋美穂子
4　株主総会決議取消しの訴え　真鍋美穂子
5　取締役会決議に関する訴え　大寄　久
6　取締役の解任の訴え　福田千恵子
7　持分会社の設立の取消しの訴え　小川　雅敏
8　合併・会社分割無効の訴え　佐々木宗啓
9　株式交換・株式移転無効の訴え　佐々木宗啓
10　会社の解散の訴え　佐々木宗啓
11　株式会社における責任追及の訴え　松山　昇平＝門口　正人
12　担保提供命令　名島　亨卓

第4章　非　訟
1　会社非訟事件　髙山　崇彦

第5章　雑　則
1　解散命令　山口　和宏
2　計算書類・会計帳簿・株主名簿の閲覧謄写等　福田千恵子